ザ・ミドル
起業の「途上」論

事業創造という迷宮を突破するための114の言葉

スコット・ベルスキ
関美和［訳］

The Messy Middle
Finding Your Way Through the Hardest and Most Crucial Part of Any Bold Venture
Scott Belsky

英治出版

THE MESSY MIDDLE
Finding Your Way Through the Hardest and Most Crucial Part of Any Bold Venture
by Scott Belsky

This edition published by arrangement with Portfolio,
an imprint of Penguin Publishing Group,
a division of Penguin Random House LLC through Tuttle-Mori Agency, Inc., Tokyo

僕の「旅の途上」をいつも支えてくれる
エリカ、クロエ、マイルズに感謝を込めて

起業の「旅の途上《ザ・ミドル》」には何が起こっているのか

ゼロから何かをつくり上げるまでの道のりは、山あり谷ありだ。話題になるのはそのはじまりと終わりだけど、大切なのはその旅の途上だ。この「道中」に何が起きているかはほとんど話題にならないし、とんでもなく誤解されている。

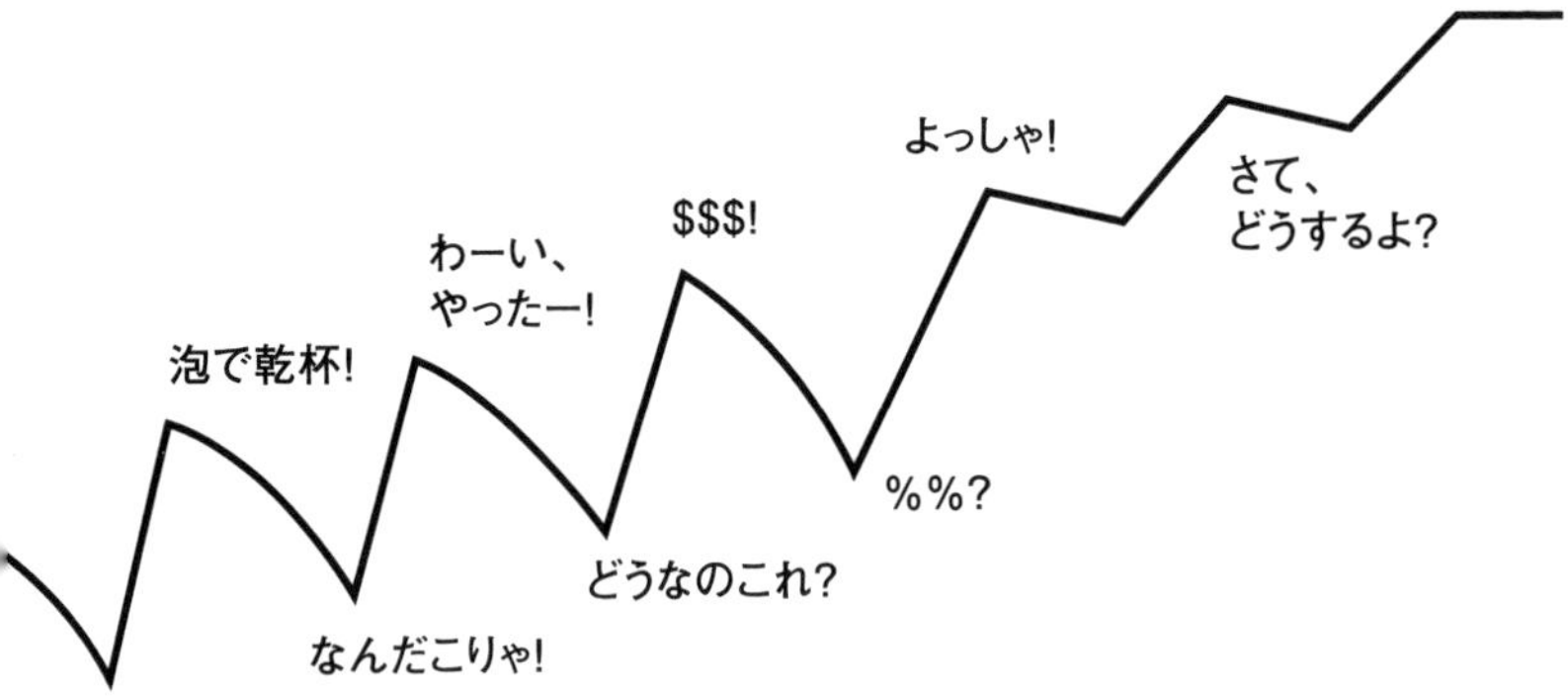

旅の途上の「谷の時期」を耐えることで起業家は生き延び、「山の時期」には波に乗って事業を拡大する。正しい道を見つけるためには、自分自身の発見と他者からの学びをうまく調和させるしかない。でないと、迷子になってしまう。時には希望を失ってしまうこともある。それでも、いつでも好奇心を持ち続け、アンテナを張っていれば、直感と信念があなたを導いてくれるはずだ。

踏ん張り続けるのは難しいし、気持ちが先走ることも多いけれど、旅の途上《ザ・ミドル》にはあなたの力を伸ばしてくれるさまざまな発見が詰まっている。道中はとりとめのない混乱の連続だ。でもそこから、世の中を変えるような、思いもかけない果実が生まれる。

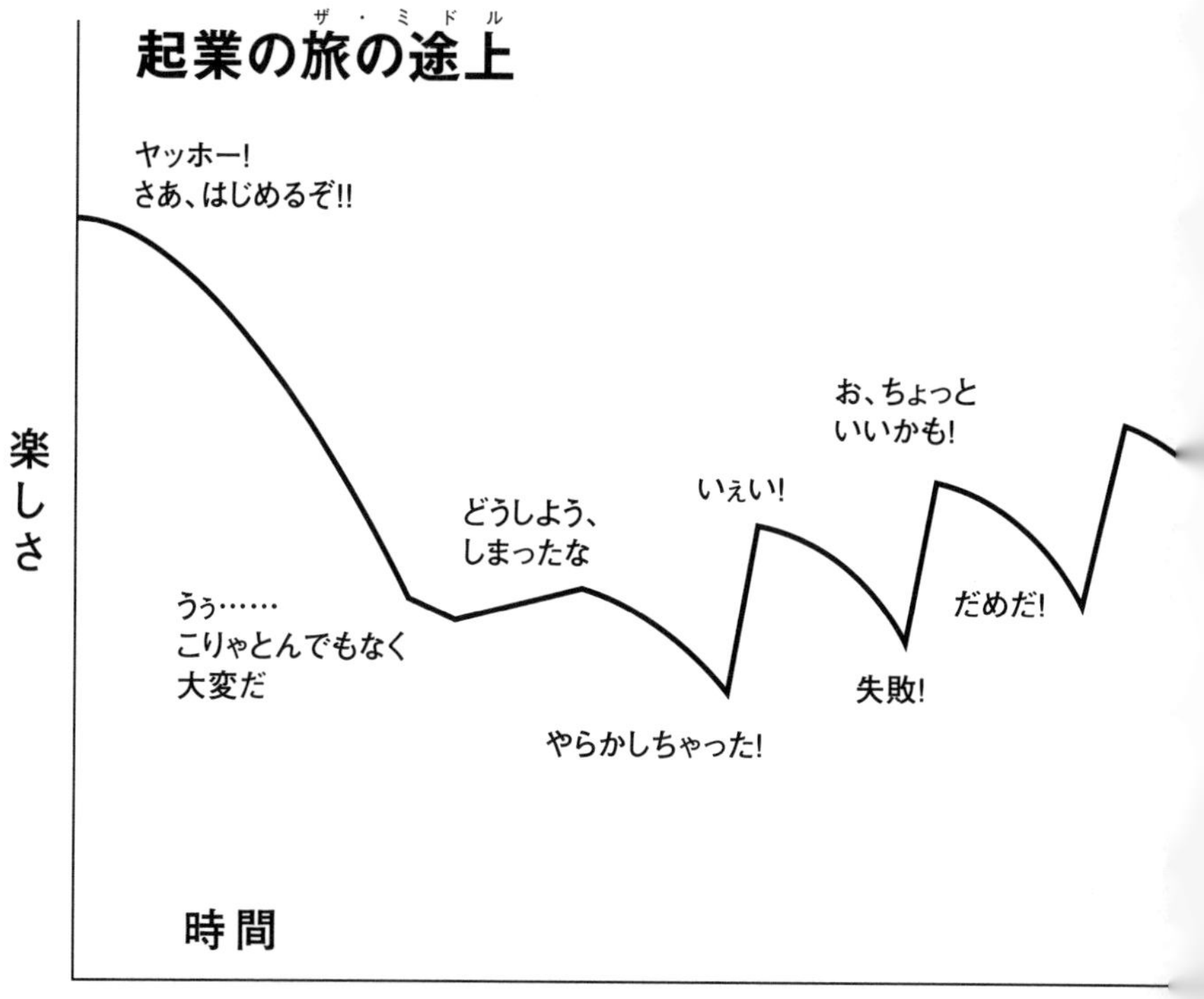
起業の旅の途上《ザ・ミドル》
ヤッホー!
さあ、はじめるぞ!!
楽しさ
うぅ……
こりゃとんでもなく
大変だ
どうしよう、
しまったな
やらかしちゃった!
いぇい!
お、ちょっと
いいかも!
失敗!
だめだ!
時間

Part 1

耐える ENDURE

3. 長丁場を闘う

Part 2

波に乗る

OPTIMIZE

4. 解決への障害を取り除く

6. 顧客にこだわる

8. ビジネスの勘を鍛える …… 430

9. エッジを磨く …… 460

Part 3

ゴール直前

THE FINAL MILE

走り切ること

3. 終わりなき旅

本書に登場する人物の肩書きや企業の情報は、すべて原著刊行当時のものです。

イントロダクション

大胆なプロジェクトを成功させるまでの旅の「途上」の部分についての本を書こうと思い立ったら、普通は自分の記憶にまず頼るものだろう。5年間もあくせく自転車操業を続けて、起業家としてそれなりの苦労を経験してきた身としては、この本を通して僕が学んだことのすべてを公開できるはずだと思っていた。それなのに、僕はほとんどなんにも覚えていなかった。記憶喪失とは違う。旅の途上のすべてがぼんやりとしているのだ。

そこで、いつものように、とりとめなく考えごとをするとき活用しているツールに頼ることにした。自分のスマホだ。起業から事業を築き上げるまでの旅の途上で撮りためた写真を遡って見ていった。そうやれば、記憶が蘇ると願いながら。

僕がベハンスを立ち上げたのは、2006年8月。アドビへの売却に調印したのが、2012年12月だ。そこで、スマホをたどって2009年まで戻ってみた。その頃がちょうど旅のど真ん中のはずだ。スマホには無数のスクリーンショットが残っている。ウェブサイトのエラー、僕たちやライバル会社についてソーシャルメディアに取り上げられたこと、さまざまなプロダクトのアイデアや改変。僕はこうしたスクリーンショットを何年にもわたって撮りためていたし、自分の写真より仕事のスクリーンショットのほうが多い月もあった。膨大な数のスクリーンショットを見ていると、毎晩自分たちのプロダクトをあれこれと考えながら寝落ちし、何を追いかけているのかもはっきりわからないままにドキドキしながら何かを追い続けた日々を思い出した。

スマホの中には別の種類のスクリーンショットもあった。ユーザーからのメッセージやフィードバックだ。スマホに残したのは、もちろんユーザーの意見をチームと共有したかったからでもあるけれど、僕自身にそれが必要だったからだ。僕たちを気にかけてくれる人などひとりもいないような気分になっていた当時は、ユーザーのメッセージが心の支えだったし、ちょっとしたご褒美だったのだ。

もう少し遡ってみると、大学の同窓会で友達と一緒の写真や、新婚旅行に行ったタイで出くわした象の写真もあった。でも、当時の写真の中の自分の笑顔は、びっくりするほどこわばっていた。見ているうちに、その頃の気分を思い出してきた。一生に一度の瞬間を喜びたいという想いと、金欠であと数か月で給料も払えなくなるかもしれないという不安のあいだで心が揺れ動いていたからだ。チームから離れている自分が無責任に感じられ、その罪悪感がどこに行ってもつきまとった。

さらに遡ってみると、レストランのキッチンを借りてみんなで食事をつくってチームイベントを開いたときの写真が目に入ってきた。金欠だったけれど、チームの一体感を保つことが何よりも大切だと僕は思っていた。チームの写真を見ていると、生まれも育ちも違うメンバーが、あんなに大変な状況で固く結びついてひとつのことに没頭していたことに心を打たれた。支えになるはずの売上も利益もないような逆境のなかでは、チームも人間関係も普通とは違う。仕事が仕事でなくなる。毎日が生き残りと自己発見になるのだ。

写真をめくるうち、自分がどれほどクタクタで不安だったかを思い出した。人がアッと言うような何かをつくりたいという執念みたいなものが、なおさら僕を不安にさせていた。人は苦難の最中にあるとき、先入観や感情で心がいっぱいになって、そのあいだの出来事がぼんやりしているのかもしれない。もしくは、その最中のことを思い出したくないだけかも?

あなたがこの本を手に取った理由は、これからまさに起業という一大事に取り組もうとしているからかもしれないし、すでにその旅の途上にいるからかもしれない。あなたがライターであれ、起業家であれ、大企業に勤めるイノベーターであれ、アーティストであれ、僕が感じたのと同じ希望と恐れを抱いているに違いない。

あなたは、もしかしたら多国籍企業に勤めているのかもしれないし、小さな非営利組織にいるのかもしれないし、新しいクリエイティブスタジオにいるのかもしれないし、ひとりで働いているのかもしれない。普通、何かをつくり出すにしろ、変革するにしろ、成功への道のりはまず、アイデアへの興奮からはじまり、たくさんの困難を経て、少しずつ直線的にゴールに近づいていくと思われている(20ページの図を参照)。

でも、成功への道のりは決してまっすぐではない。大胆なアイデアを持ち、その実現というゴールに向かって一直線に近づいていくことなど不可能だ。大きな起伏もないようなまっすぐな道のりを歩んで成功するケースがないわけではないだろうが、それでは新しい何かをつくり出すことにはなかなかつながらない。

現実には、旅の途上はあり得ないほど浮き沈みが激しい。上がっては下がり、広がっては縮むことの繰り返しだ。旅のはじめのハネムーン気分が消えると、現実がいきなり迫ってくる。厳しい現実が目の前にドンと立ちはだかる。起業家は道に迷い、新しい方向を見つける。

そして、先に進んだと思ったら、新しい障害が現れる。大失敗から新たな気づきが生まれ、突破口につながる。二歩進んで一歩下がれば上出来だ。最悪の場合は、気がつくと何か月も間違った道を歩き続けていることになる。それが現実の道のりだ。

創造の道のりで経験するのは、「相対的な喜び」だと僕は思うようになった（21ページの図を参照）。起業家の仕事は、ピンチを耐え、チャンスにうまく乗ることで、ジグザグの人生の軌道をできるだけ右肩上がりに持っていくことだ。そうすれば、ならしたら谷の底が前回の谷よりもましになり、山のピークが前回よりも少し高くなる。起伏を歩んでいるあなたは、目の前

よくある成功の図式

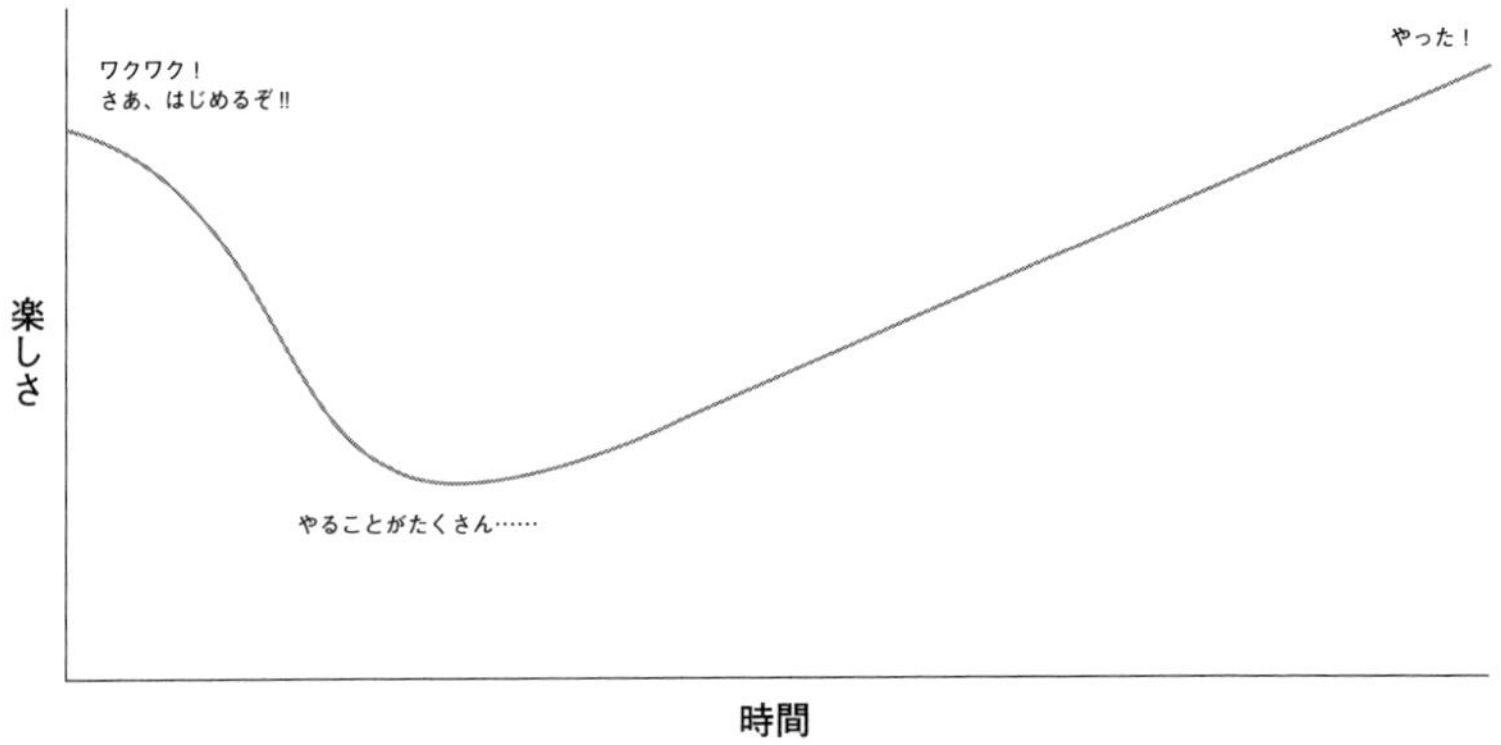

の上り坂か下り坂しか見えないけれど、時間が経って振り返れば方向性が右肩上がりになっていることがわかるはずだ（22ページの図を参照）。

　ピンチとチャンスのあいだの大きな揺れは、胃に悪い。日々の進捗はあまり気にせず、右肩上がりの方向性に注意を向けたほうがいい。方向性を右肩上がりに持っていけるかどうかは、ぐちゃぐちゃな旅の途上をうまく切り抜けられるかどうかにかかっている。

はじまりと終わりはどうでもいい。大切なのはそのあいだだ

　起業家にとってスリリングで危険な瞬間は数えるほどしかない。そのほとんどは旅のはじまりと終わり（または、旅の途上の再出発やニセの終点らしきもの）にある。世の中の話題になるのは、そんなはじまりと終わりの瞬間ばかりだが、そのあいだの道のりそのものについてはほとんど知られていない。

　はじまりについては誰もが話したがる。

創造の相対的な喜び

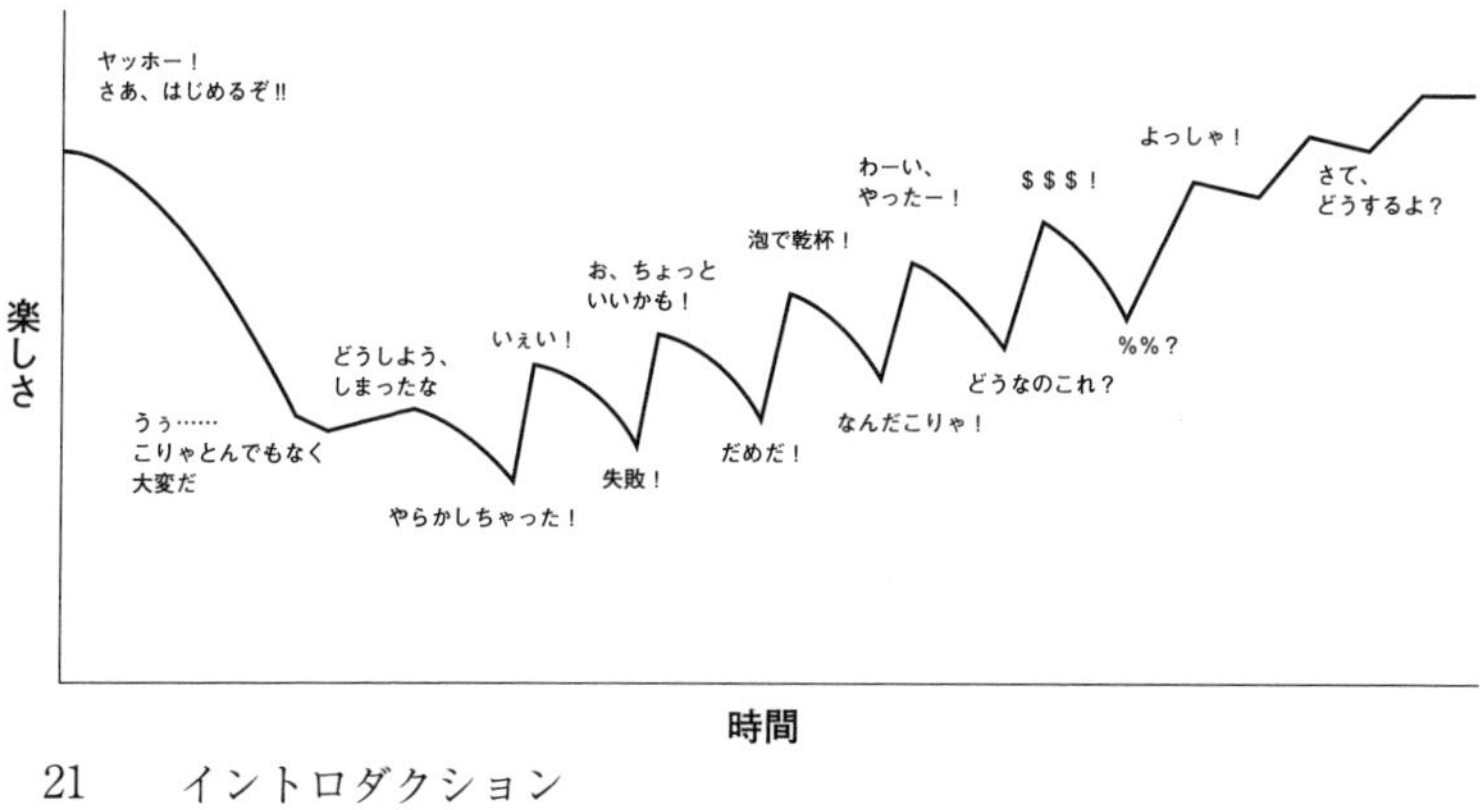

はじまりはいつもロマンチックだ。まだ厄介な問題もいざこざもなく、気持ちがいいので、はじまりは話題になりやすい。壮大なビジョンと無邪気さが重なって、アドレナリンがドッと出てくるのが、このはじまりの時期だ。行き先を夢見てただ旅をはじめるだけで、どうやってそこにたどり着くかは実はわかっていない。心に浮かんで見えるのは「バラ色の終わり」だ。とんでもない障害が待ち受けていることを、まだ知りもしない。

この時点で、何も知らないことは幸せだし、何も知らないからこそ理屈通りに物事が解決できると思い込んでいる。怖いものなしだ。

終わりの話もまた、話題になりがちだ。

焦り、ヘトヘトに疲れながら、とうとう誇らしくゴールに到達した姿を、僕らは思い浮かべる。苦しみながら何かをつくり出している最中にずっと夢見ているのは、そんな姿だ。それはエクササイズの終わりの解放感のようなものだ。「終わり」は旅のあいだのさまざまな時点でも訪れる。プロダクトを発表したとき。本を出版したとき。資金を調達したとき。記念すべき

創造の相対的な喜び

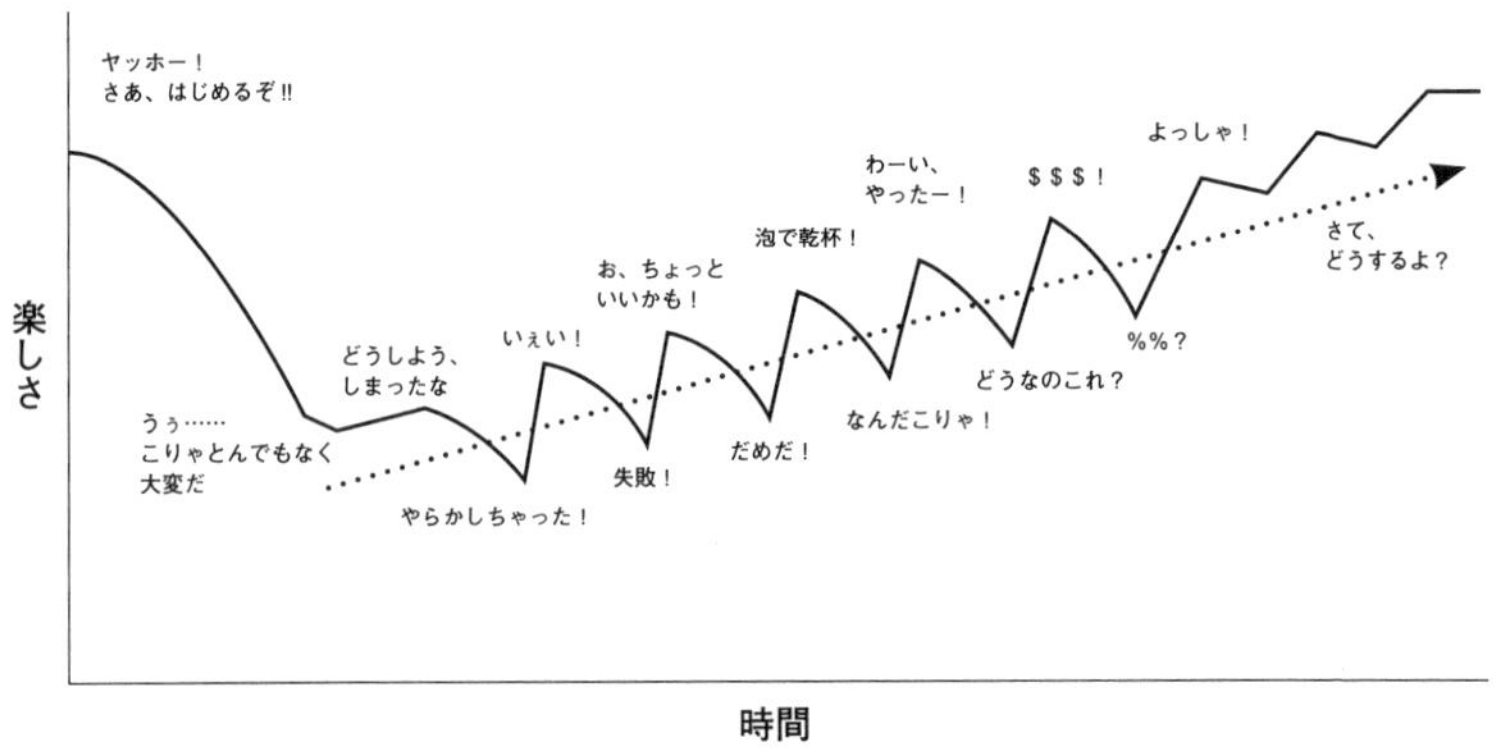

節目に到達したとき。売却したとき。解散したとき。上場したとき。四半期を終えたとき。こうしたニュースをマスコミは書きたがるし、人はそれを読みたがる。大げさな賛辞を目にすると、こうした瞬間がただの節目にすぎないことを忘れてしまう。そうした節目に人は目を向けたがるが、実際に学べることはほとんどない。

奇妙なことに、起業家のコミュニティは「はじまり」と「終わり」に取り憑かれている。投資家ははじまり（投資するとき）と終わり（リターンを手にするとき）にしか関心がない。起業話といえばだいたい、聞こえのいいことばかりだ。起業家も、大企業のCEOも、お互いに支え合うつもりがマウンティング合戦になってしまう。自信のなさやもやもやした不安を誰も話したがらない。どんな会社も破綻するまではずっと「うまくいっている」ように見える。道のりの途上でぶつかるあれこれの障害について、起業家は黙って耐えている。道中のほとんどは面白くもないし、恥をさらすようなものなので記録に残しもしない。

僕は若くして起業を経験したが、はじまりと終わりばかりが話題になるのがずっと嫌だった。経営者として僕が採用したかったのは、特定の結果を求める人間よりも、一緒に旅をしてくれる人間だ。スタートアップの世界にどっぷりと浸かるにつれてますます、煽ったり盛ったりせずに経営したいと思うようになった。起業という旅がリアルで地に足のついたものに感じられたときにこそ、自分の能力がよりはっきりと見えてくるものなのだ。

のちに投資家になってから、事業構築中のさまざまな段階にいるたくさんの起業家と一緒に仕事をするようになった。そこでもまた、はじまりと終わりに注目することがどれほど害になるかがよくわかった。誰かの成功を祝うとき、旅の途上をすっかりはしょった物語から学びを得ようとする。では、その途上には何があるのか？　ニュースになるようなことは何もないけれど、大切なことはすべてそこに詰まっている。自分への疑念と闘うこと。交互にやってくる成功と失敗のジェットコースター。たくさんの雑用。そして、誰にも知られない存在へと埋没してしまうこと。

この途上の部分を語る人はめったにいないし、疲れの中ですべてが一緒くたになってしまう。あとに残るのは、エゴとマスコミ受けのために編集された薄っぺらな真実だ。人は忘れたい瞬間ではなく自分が覚えておきたい瞬間だけを取り出し、それを成功の要因だと思いたがる。周りのみんなが、起業という旅ははじまりから終わりまで一直線に進むという、まことしやかな話を信じていれば、自分たちもまた同じような旅ができると勘違いしてしまう。旅が理屈通りに進むというのは、勘違いだ。絶対にそんなことはない。ほかの人の話を聞いて、わかったような気になってはいけない。誰かの物語を真似することは、途中のページがスッポリ抜けた指南書に従うようなものだ。

旅の途上のぐちゃぐちゃな部分をみんなが語らないのは、創造にはつきものの混乱や絶望からやむなく取った行動を、どこか恥ずかしく思っているからだ。自分が抱える難題を打ち明ければ、自我が揺さぶられる。それに、旅の途上の出来事は、いいニュースにはならない。

旅の途上はキレイなものではないけれど、ハッとすることや本質的な気づきに満ちている。やろうと思ってはじめたことを終わらせるために必要なのは、そんな気づきだ。だとしたら、そろそろ旅の途上について話しはじめたほうがいい。

製品やサービスをつくるまでの旅は、意外な形で最終的な結果の中に表れる。そこまでの道のりがとても大切なのだ。

日々の生活の中で使っている製品のことを考えてみよう。シンプルか、複雑か？ 多機能か、単機能か？ 使って楽しいか、ただ退屈なだけか？ 誰かのつくったものを使うとき、その体験にはつくり手のたどった道のりが反映される。製品やサービスの成功のカギは、材料のプラスチックや金属やピクセルではない。むしろ、つくり手がどれだけ深く考えたか、厳しい選択を下したかにかかっている。つまり、チームワーク、粘り強さ、組織設計（そして再設計）、制約、経験した闘い、その旅で指針にした価値観に左右される。

この本の目的は、そんな旅の途上に経験する浮き沈みと、チームや製品、そして自分自身を向上させたいという絶望的な欲求から生まれた知見のすべてを掘り起こすことにある。希望も名声もなく自分を小さく感じてしまうとき、この本が、創造のプロセスを生き延びる助けになれば幸いだ。

僕は、大胆な新しいプロジェクトに挑戦する起業家やそのほかのリーダーが、人には話さないけれど旅の途上でずっとやっていることは何かを知りたかった。それを書き留める試みをはじめたのは数年前だ。痛みを管理するテクニック、最適化のコツ、チームの生き残りと成長を助けるような直感を記録に残しておきたかった。

この本は、7年にわたる走り書きや仕事の最中に撮りためたスマホの画像、記憶に残った一言の集大成だ。この本には、僕が会議室の中で見たり気づいたりしたこと、危機を乗り越えるためにチームメンバーと交わした真夜中の電話、難しい判断に悩んで眠れなかった夜、ほかの起業家たちと行ったブレインストームの会、長時間のフライトのあいだに、ぼんやりとした頭で考えたことが詰まっている。ここに書かれた知見は、小さな組織やスタートアップから巨大企業までさまざまな場所で働く起業家やライターなど、業界を変えてきたさまざまな人たちの経験から引き出されたものだ。僕は気になった手法や教えがあればそれをスマホに残し、みんなと共有してフィードバックやさらにいいアイデアを募ってきた。その中で生き残った教えを、この本に書き出した。またここにはインタビューや、自分自身の苦労やちょっとした勝利から得た教訓もあれば、これまで僕がアドバイスをし、一緒に働いてきたたくさんの起業家から得た知見もある。そうした知見を見出しごとにまとめてはいるものの、コース料理というよりむしろビュッフェのような本を目指した。目次の中から、今この瞬間にあなたの心に一番響く部分を参考にしてもらえたら幸いだ。

ここに書いたことが僕を助けてくれたように、この本を通してあなたが自信を高め、将来の計画をより底堅いものにし、自分の思い込みを疑うことを願っている。自分にとって何よりも大切なことにインパクトを与えようと行動するあなたに、この本がはじまりから終わりまでの道のりを照らし出す助けになれば幸いだ。

語られない物語

2006年、僕はベハンスを立ち上げた。ベハンスは、クリエイティブな仕事に関わる人たちをつなぎ、彼らに力を与えるプラットフォームだ。僕とチームが解決しようとした問題は単純なものだった。クリエイティブ業界はこの地球上で最もまとまりのないコミュニティのひとつだった。好きな写真家の作品をすべて見たくても見られないし、お気に入りのプロダクトをデザインしたのは誰なのかを知りたくても知れないし、話題のキャンペーンの陰で活躍した映像作家やクリエイティブ・ディレクターが誰かを探そうとしても探せない。僕たちは、クリエイティブな仕事に関わる人たちやチームや全体をまとめる助けをしたかった。

問題は単純でも、答えは単純からほど遠かった。何度もはじめからやり直し、大失敗や苦労から教訓を学び、5年間も自転車操業を続け（ベンチャーキャピタルに頼らず、売上に頼って事業を展開しようとしていたので）、僕たちは多面的な事業を築き上げた。僕たちがつくったベハンス・ネットワークを通して、1200万人を超えるユーザーが自分の作品を公開し、つながり合い、協力し、仕事を得るようになった。ベハンスはクリエイティブ業界で働く人にとって最大のオンラインプラットフォームになり、僕はデザインとテクノロジーに関わる大規模なチームを率いるチャンスを得た。僕たちは、クリエイティブな仕事に関わる人たちのためにオンラインでもオフラインでもコンテンツやイベントを提供し、シンクタンクやウェブサイトをつくり、2007年には99Uという年次のカンファレンスを開いて、ベハンスを拡大していった。99Uは「天才は1パーセントのひらめきと99パーセントの努力から生まれる」というエジソンの有名な言葉にちなんだカンファレンスで、アイデアそのものではなく、アイデアを実行することに注目した集まりだ。

2012年の末に、ベハンスはアドビに買収された。アドビはフォトショップやイラストレーターやPDFといったプロダクト以外にも、クリエイティブ業界向けのさまざまな製品やサービスを開発している世界最大級のテクノロジー企業だ。アドビへの事業売却は、チームのみんなにとって信じられないような、予想外の結末だった。僕がはじめに紙のプロダクトをデザインし、フリーランスのデザイナーのためにセミナーを開いて何とか生き延びようとしていたときには、そんなことになろうとはまったく思ってもみなかった。

売却に伴って僕はアドビのプロダクト担当者になり、この会社のモバイルとクラウド戦略を再構築する責任を負った。それからの3年間は、意外な気づきの連続だった。僕は古いプロダクトを終了し、新しいプロダクトを立ち上げ、変化が激しく先の見えない環境の中でチームを率いた。そしてアドビを辞めるときには、大企業の中にある摩擦を理解し、そこにありがたみさえ感じるようにもなっていた。摩擦がどう障害になり、どう役に立ち、それがどう大きな船を少しずつ前に進めているかがわかるようになっていたのだ。

僕はデザインとテクノロジーの交差点で仕事をしていたことで、投資家としてまた助言者としてさまざまな機会をもらい、ほかの起業家のチームづくりやブランド構築、プロダクト開発を手伝うことができた。その中でも、ピンタレスト、ウーバー、ワービー・パーカー、スウィートグリーン、ペリスコープといった会社は成功を収めた——少なくとも、ある程度は最初に決めた目標を達成したといっていいだろう。もちろん、まだ道半ばで厳しい時期を耐えて何とか上昇気流に乗ろうともがいている会社もある。それでも、どの段階にあるにしろ、ひとつだけ確かなことがあるとすれば、それは物事は変わっていくということだ。

ベハンスの事業でゴールテープを切り、アドビで3年働いたあと、僕はフルタイムの投資家として、アドバイザーとして、また時には共同創業者として、起業家たちと肩を並べて働き、彼らが自身の旅を歩む手助けをしてきた。それから2017年の終わりにまた熱いかまどの中に舞い戻った。アドビの最高プロダクト責任者としてクリエイティブのために製品とサービスを開発することになったのだ。ただ、ベハンスの話をするときにはいつも、はじまりと終わりの長いあいだに経験した困難や自分の成長については省いてきた。普段、僕の話はこんな感じだ。

5年間、カツカツのところで事業をつないだあとにやっと、ベハンスネットワークというプロダクトにユーザーが集まりはじめた。そこで、大手のベンチャーキャピタルから資金調達し、その資金でドリームチームをつくることができ、僕たちのプロダクトはクリエイティブ業界の人たちに欠かせないグローバルなプラットフォームに成長した。アドビがフォトショップとそのほかのソフトウェアをサブスクリプションモデルに移行したとき、僕たちのようなネットワークが必要になった。タイミングもチャンスもぴったりと一致したので、アドビは僕たちを買収した。

そしていきなり、10年にわたる努力が報われましたとさ。めでたしめでたし。

僕の話も、ほかの起業話と同じで、細々と事業をはじめ、前に進み、最後に成功を収めたというよくあるものだ。でも実際にはチームメンバーでないとわからない時代が、僕たちのプロダクトを誰も気にかけていないような時代があった。すべてがバラバラになってしまいそうな瞬間もあった。起業してからしばらくは、吐き気止めを飲んでいないと食事が喉を通らないこともあった。僕たちを気にかけていた人たちでさえ、僕たちを疑っていた。僕自身も、自分を疑っていた。ビジョンを現実に変えるまでの長い期間を耐え抜くことは、僕が想像もしていないほど辛かった。既存のものを変えようとすれば誰でも苦戦を強いられる。いいアイデアでも悪いアイデアでも、新しいものを潰そうとする力が働くのは自然のことだ。イノベーションは逆風にさらされる。追い風はめったに吹かない。

最初の年は、4人しかいなかった。僕たちの誰も、これから向かおうとする旅にふさわしいスキルを備えていなかった。でも経験がないからこそ自信も決心も揺るがなかった。ただアイデアに惚れ込んでいて、でもそれを実現するのに何が必要かをまったくわかっていなかった。

マティアス・コレラはバルセロナからニューヨークに来たばかりで、グラフィックデザインの仕事をはじめてからまだ数年しか経っていなかった。僕にはじめて会ったとき、彼がサックスのメーカーのためにデザインした薄いパンフレットを見せてくれた。マティアスはジャズの大ファンで、紙媒体のデザインは経験があったけれど、ウェブサイトをデザインしたことはなかった。

デイブ・スタインは大学を卒業してすぐに僕たちに加わった。専攻は心理学で、学費稼ぎのために寮の一室で簡単なウェブサイトをデザインしていた。履歴書に作品として載せていたウェブサイトは、ニューヨーク郊外にあるセクシーな下着ショップのサイトだった。

3人目に雇ったクリス・ヘンリーは大学を卒業してから1、2年のあいだに数件のウェブサイトをつくった経験があったけれど、検索アプリケーションもデータベースもつくったことはなかった。

僕はといえば、昼間はゴールドマン・サックスでアソシエートとして働いていた。学部生時代にデザインの授業を数コマ履修したことはあったけれど、エンジニアでもなければ、会社を経営したこともなかった。それまで金融と組織開発の世界をうろついていただけの僕だったけど、本当にやりたかったのはデジタルなプロダクトをつくり、クリエイティブ業界で仕事をすることだった。

そんなわけで、アマチュアに毛の生えたようなチームをまとめて、クリエイティブコミュニティをつなぐというアイデアを追いかけることにした。もちろん成功の可能性は万にひとつもない。でも、ここから10年の旅に漕ぎ出し、その旅が思いもよらない形で僕ら自身とグローバルなクリエイティブコミュニティを変えることになるとは、そのときは考えもしなかった。

さて、ここで本音を話そう。僕たちがよく耳にする薄っぺらい成功物語には、何か足りないものがある。僕がいつも語っているベハンスの短い物語もまた、よく考えるとおかしな話だ。5年間もユーザーを引きつけられず、給料を払うだけで精一杯だったチームがどうしてずっと一緒に働いていられたのだろう？　何年も無名のまま、どんな仕事をしているのかと聞かれても言葉に詰まるような時代を、どうやって耐えてきたのだろう？　素人の集団が、どうやって自分たちよりも優秀なプロたちを採用し、管理し、つなぎとめてきたのだろう？　何も知らない業界で何年も生き延び、その道の専門家になれたのはどうしてだろう？　どうすればやる気を削がずに、事業を変え続けていける（廃止できる）のだろう？　まったく経験のないチームがどうしてこんなことをやってのけられたのだろう？

旅の途上のぐちゃぐちゃで浮き沈みの激しい瞬間の中に、誰も語らない本当の物語がある。起業家はそんな瞬間を自分の中にとどめ、静かにピンチを耐え、できる限りチャンスをものにし、その瞬間を持続させようと努力する。問題が手に負えないと感じるとき、新たなやり方でチームを鼓舞しようと実験を試みる。対立に悩みながら、できるだけ感情を

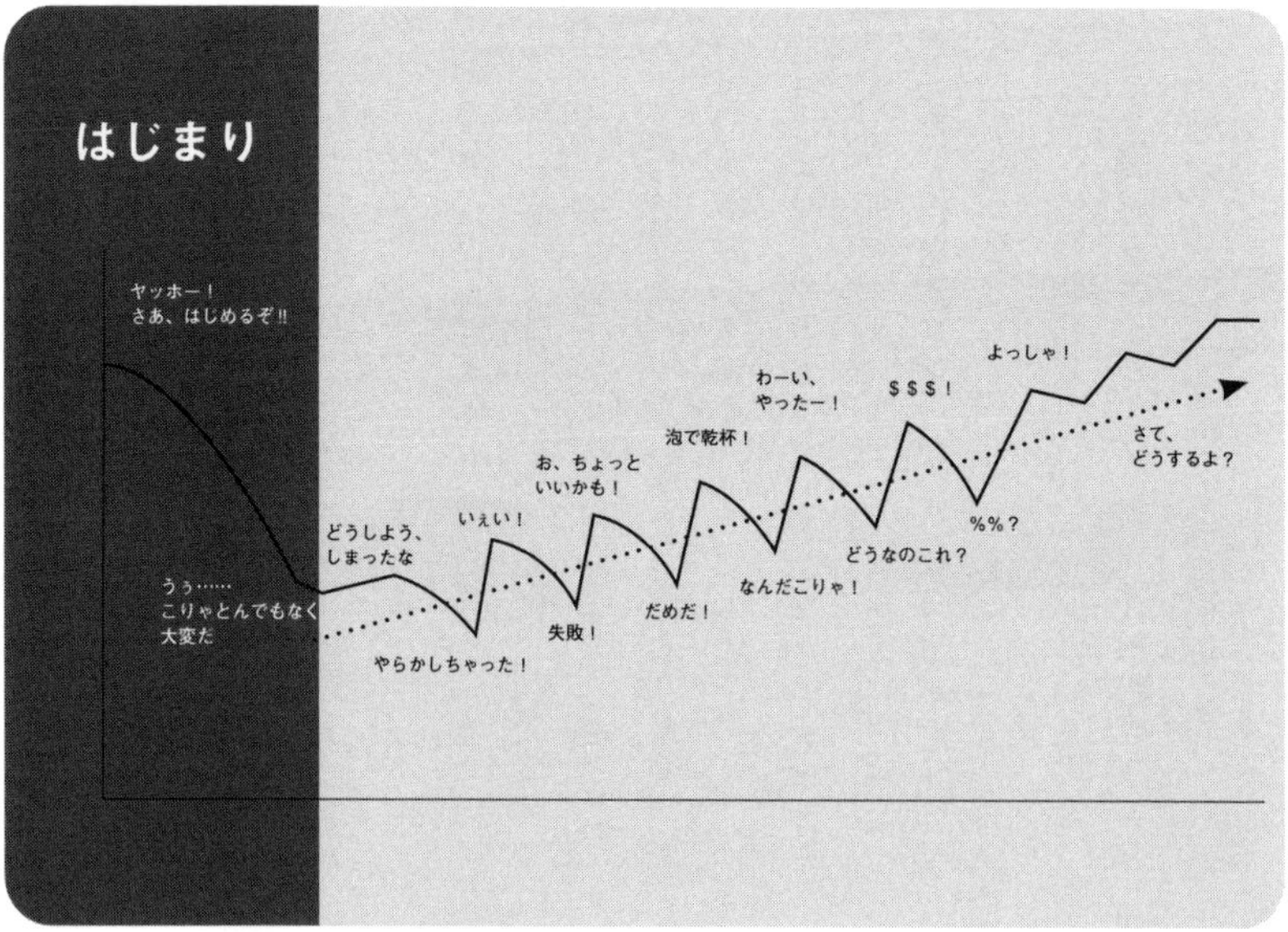

抑えようとがんばってみる。進歩がないときに、少しずつ前進しているように仕事仲間が感じられるよう魔法をかける。

成功と失敗を分ける一線がどれほど脆いかを起業家は知っているのに、それを認めたがらない。旅の途上が成功と失敗を分ける。そのあいだのすべてをどう扱うかで、最後に正しい側にいられるかどうかが決まる。必要なのは、強い忍耐力と、自己認識、プロ意識、そして戦略だ。もちろん、運も大切だ。幸運に出合ったら、必ずそれを活かすことも欠かせない。

苦しむごとに、知恵は増える。困難によって能力は伸びる。本能が研ぎ澄まされ、直感は鋭くなる。こうした旅の宝物を得ることで、次にやってくることにもっと上手に対処できるようになる。僕自身の人生もまた、この宝物を得たことで大きく変わった。

はじめる、耐える、波に乗る、終わる、そしてこれを繰り返す

はじまり

はじまりはただ純粋に楽しいだけだ。自分が何を知らないかにまだ気づいてないし、大変な障害が待ち受けていることもわかっていないからだ。はじまりでは何でもバラ色に見えてしまう。そうでなければ、無謀にもこの旅に出ようとする人などいなくなる。

だけど、新しいアイデアへの興奮が冷めると、現実が迫ってくる。さまざまな雑事に追いかけられ、

未知の世界に怖じ気づく。あなたはあわてて気持ちを落ち着かせようと必死に努力するだろう。底なし沼に落ちていき、どこで止まるかわからない感覚に陥ってしまう。そこで向かい風に気づく。誰もが自分を疑っている。進歩は見えない。業界もチームもライバルも、社会も変わりたがっていないことがわかる。ユーザーでさえ、変化を望んでいない。

そんなときにやっと、底に突き当たり、がつんとやられる。何とか勇気を振り絞り、時間とお金と面目をこれ以上失えないと感じたところで、目の前に巨大な山がそびえ立っているのが見える。

本当の旅がはじまるのはここからだ。

旅の途上――耐える、そして波に乗る

旅のあいだは、ピンチの時期をひたすら耐え、チャンスになったら思い切り波に乗るしかない。立ち上げの喜びが鎮まったあとは、挫折するたびに傷を負

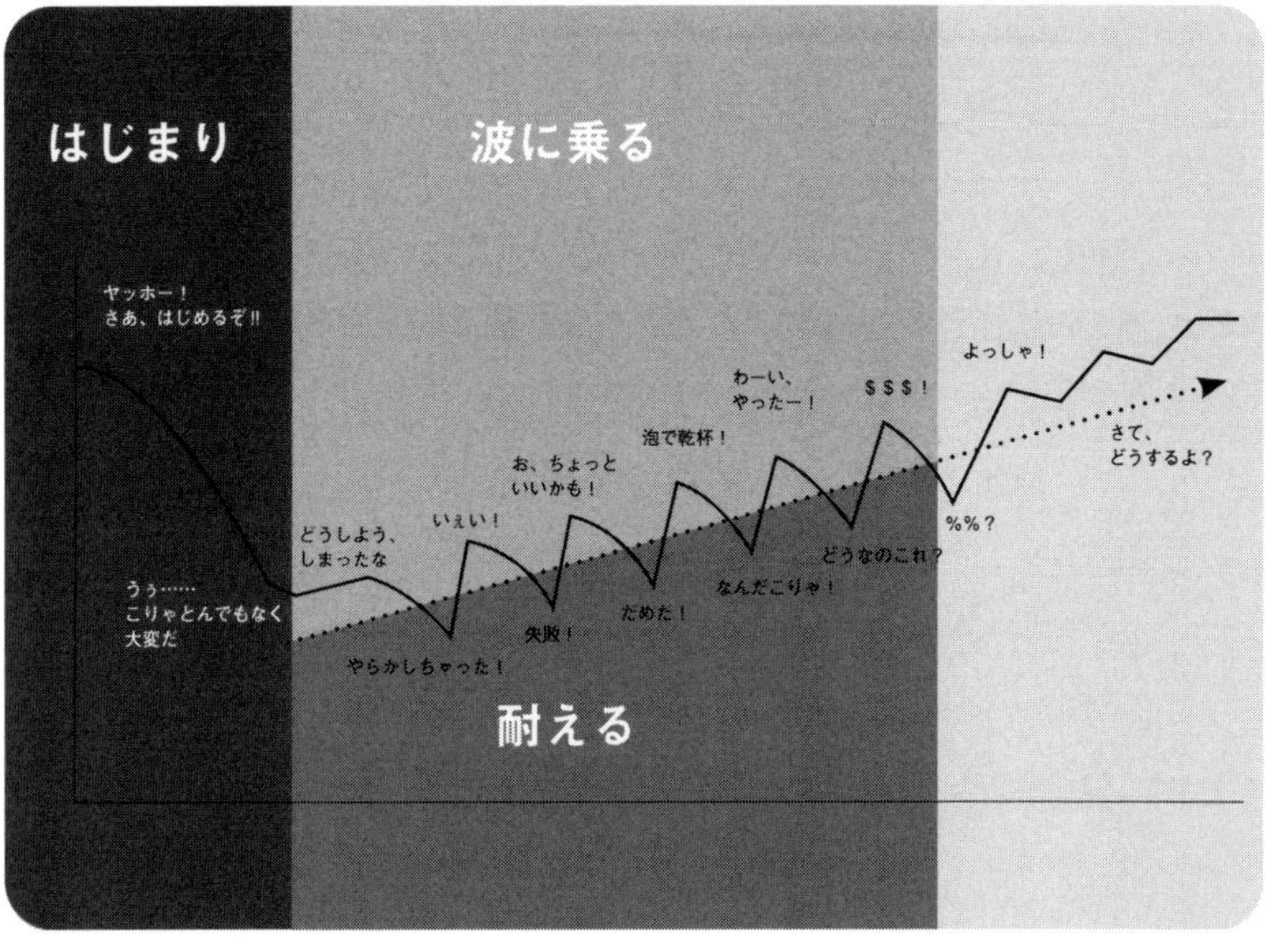

いにくくし、立ち直るたびに以前より少しでも高いところへ登れるようにするのがあなたの目標になる。

ジグザグでもゆっくりと右肩上がりの傾斜を実現しようと思ったら、ピンチ（度重なる挫折や苦労）を耐え抜き、チャンス（何もかもがうまくいっているように見える時期）を最大限に利用しなければならない。前進すればやりがいを感じるけれど、その前の苦労に比べていくらかましというだけだ。大切なのは、右肩上がりに登り続けるのに必要な知恵を学びとり、得られた洞察をひとつにまとめあげることだ。

浮き沈みがあるのはいいことだ。それが組織の前進スピードを速めてくれる。速く動けば動くほど、失敗を繰り返せば繰り返すほど、学習の機会は増え、波に乗ってライバルを追い抜くチャンスも増える。速く動くということは実験をたくさん繰り返すということだ。実験の多くは失敗に終わるし、目まぐるしく動いているとあなたもチームもくらくらしてくる。浮き沈みが激しいとモラルが下がり、不安も高まるけれど、その分だけ非凡な結果を生み出す可能性も大きくなる。

旅の途上には、耐えられないほどの苦しみがある。しかし、時折回復の瞬間が訪れる。もう少しがんばってみようと思えるのは、そんな瞬間があるからだ。たとえばプロダクトの中にチームのＤＮＡを見つけて感動したとき。あなたに心から感謝してくれるユーザーに会ったとき。組織文化が育ち、雇った人が見違えるほど優れたリーダーへと成長したとき。そんなたくさんの瞬間が、あなたを動かし続けてくれる。必要なのは、ピンチを耐え、うまくいっていることをできる限り伸ばすことだ。

終わり

「終わり」はゴール直前の一歩で、次のプロジェクトに移る前の回復期間だ。いつ終わりがきたのかはわかりにくい。というのも、どのプロジェクトにもあなたの一部が残っているし、それは消えてなくならないからだ。その意味で、「終わり」がいつかは気持ちの問題とも言える。

　とはいえ、どんなプロジェクトにも、すべてが変わる転換点が存在する。たとえば、プロダクトを世界に向けて発表したとき。自分の会社を売却したとき。本を出版したときもそうだ。競争は続いていても、そんなときには「終わり」を感じるものだ。もう時計と競争しなくていいからだろう。浮き沈みがおさまったり、興味が薄れたり、その両方が同時に起きることもある。すると仕事のペースが変わり、やっと自分を休ませて生活に変化をつけようと思えるようになる。

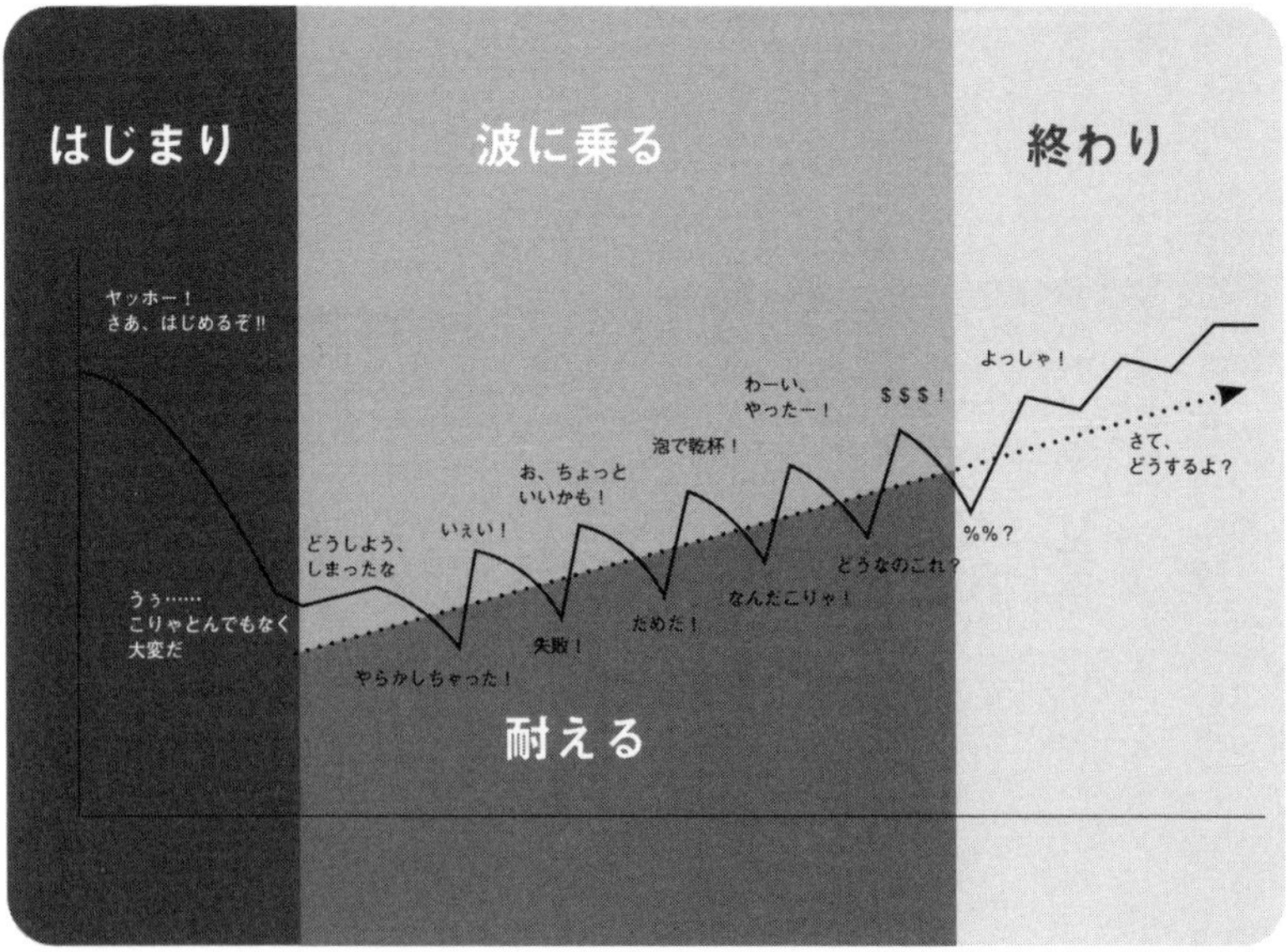

僕がこの本を書いた理由のひとつは、大胆でクリエイティブなプロジェクトや、これまでにない事業を成し遂げるということの本質を、さらけ出したかったからだ。つまりそれは、ピンチを耐え、チャンスの波に乗るというサイクルを、果てしなく繰り返すということだ。

ここから、「ピンチ」のパートと「チャンス」のパートで書いたことを、前もってまとめておこうと思う。このふたつは補い合う力になり、どんな大胆なプロジェクトでも「途上」の部分を乗り越える助けになってくれる。あらかじめ警告しておくと、「ピンチ」の章はあまり気持ちのいいものではないし、時に読むのが嫌になるかもしれない。僕は、痛みや苦しみや疑いを甘い言葉で誤魔化さず、こうした感情と辛い瞬間を包み隠さずに書くように努めた。あなたが何かを成し遂げたいのなら、避けようのない困難に慣れ、ほかの起業家がそれをどう乗り越えたかを知っておいたほうがいい。「ピンチ」のパートを読み終えたら、次には前向きで動きのある「チャンス」のパートが待っている。ここでは、強みを活かし、チームやプロダクトや自分自身のあらゆる面を伸ばすことに集中すればいい。

ピンチに耐えることとチャンスの波に乗ることは、創造のリズムだ。どんな旅でも経験する浮き沈みのパターンとも言える。仕事においてもこのリズムがあるし、人生のどんな面にもこのリズムは当てはまる。

この本から読み取ってほしいことのひとつは、浮き沈みと覚悟の関係だ。今あなたがいる場所から、行きたい場所までは、遠く離れている。そのあいだには困難が待ち受けている。その距離と困難には理由があるし、ピンチとチャンスはお互いに価値のある形で補い合っている。ブッダは「自分自身が道にならない限り、道をゆくことはできない」と言っている。旅の途上を受け入れることではじめて、行くべき道を見つけることができる。

運命に流されるまま、ずるずると成り行きに任せるのは簡単だ。しかし、ただ状況に振り回されながら生きれば、受け身の参加者になるだけだ。運命（つまり現状）と闘わなければ、ありきたりを超えることはできない。自分の可能性を広げるには、旅の浮き沈みを耐え、障害に好奇心を持ち、プロダクトとチームと自分自身のすべての面を伸ばし続けるしかない。

Part 1

耐える

ENDURE

3年が経った。いや、2年だったかもしれないし、4年だったかもしれない。正直まったく覚えていない。真ん中の日々の記憶は何もかもが混じり合っている。僕はこの期間を「失われた日々」と呼んでいる。ベハンスの歩みは遅すぎて拷問のようだったし、痛い思いをしてからやっと何かを学ぶという調子だった。今さらながら、あんな調子でよく生き残れたものだ。

当時は、このチームが僕らの世界のすべてだった。それは空想とポエムの世界だった。僕らはプロダクトをつくるように、目標と自尊心を無理やりにつくり出していた。チームのいざこざも遊びもみんな、自分たちが勝手につくり出した世界にメリハリを持たせるための小道具のようなものだった。事業と言えるようなものは何もなく、ユーザーのほとんどは僕たちに情けをかけてくれているだけだった。お互いの関係と一筋の希望だけが、僕たちの拠り所だった。

とはいえ、オフィスを一歩出ると、自分がものすごく小さくなったように感じた。オフィスと言ってもユニオンスクエアから数ブロックのところにあった僕のアパートの隅っこだったけれど。道ばたで果物を売っている男性のほうが、僕らよりたくさんお客を抱えていたくらいだ。夜出かけると、「今どんな仕事してるんだい？」と聞かれて答えに詰まった。「クリエイティブ業界をうまくまとめる助けになるような会社をつくっている」と言うと、たいていポカンとされた。まともな仕事をクビになったと思われただろうか？　もし僕のビジョンを話して、その後失敗したら、敬意を失うだろうか？家族も友達も手助けを申し出てくれたけれど、彼らにできることは何もなかった。一つひとつの決断に責任を感じ、仕事を辞めて僕の会社に入ってくれた人たちへの責任を感じた。彼らの人生が僕の肩にかかっていた。

そんな「失われた日々」を振り返ると、いつも暗く孤独で、誰にもわかってもらえないという気分に悩まされていたことを思い出す。一方で、チームや未来のユーザーやパートナーには前向きな姿を見せようと努めていたので、余計に辛かった。恐れと現実がまず目の前に立ちはだかって、その奥をほじくり返さなければ希望は浮かんでこなかった。スタートアップの熱気と、誰にもわかってもらえず落ち込んだ気分とを同時に感じて、心が砕けそうだった。前向きでいようとするとドッと疲れ、時にはがっくりと落ち込むこともあった。

心の葛藤は別にしても、3年が失われたように感じたのは、僕たちが堂々巡りをしていたからだ。このあいだに、ベハンス・ネットワークの核になるテクノロジーを、3回も構築し直すことになった。業者を変えたり、ダメな人間を雇ってしまったり、数えきれないほど判断ミスもした。プロダクトをきちんと動かし続けるだけでも、モグラ叩きのようだった。一箇所を直すと、別のところが壊れる。それでも、まともなプロダクトをつくるんだという決心は固かった。急にプロダクトがよくなることはなかったけれど、困難によって決意はより強まった。チームとしても個人としても、ピンチのたびにいつも何とかしのぐ方法を見つけていった。

スタートアップの旅の途上には、不安と疑念と恐れとドタバタと危機と不和と大量の雑用が詰まっている。こんがらかった状況を整理して、ピンチから抜け出したと思ったら、また息つく暇もなく別のピンチに見舞われる。旅の途上には、避けられない谷が数えきれないほどあり、それを耐えなければ生き残れない。

「耐える」ということは、仕事で何日も夜更かししたり、見返りのない努力をしたりする以上の何かだ。耐えるということは、自然には生み出されないような果てしない活力と忍耐力の源泉をつくり出すことにほかならない。ユーザーも存在せず、目に見える進歩の証拠もないと、チームのモチベーションを上げてくれるような外部の承認も励ましも存在しないことになる。ご褒美になるものが何もないと、心が空っぽになる。その空白を埋めるのは、人工的な前向きさだ。起業家は、何者でもないことに耐え、常にイライラしている状況に耐えなければならない。自分にしかない力があると無理やりにでも信じ、事業プランと自尊心への打撃を最小限に抑えなければならない。もちろん、取り組んでいる課題への情熱は支えになる。それでも、何も食べずにマラソンは走れない。人工的

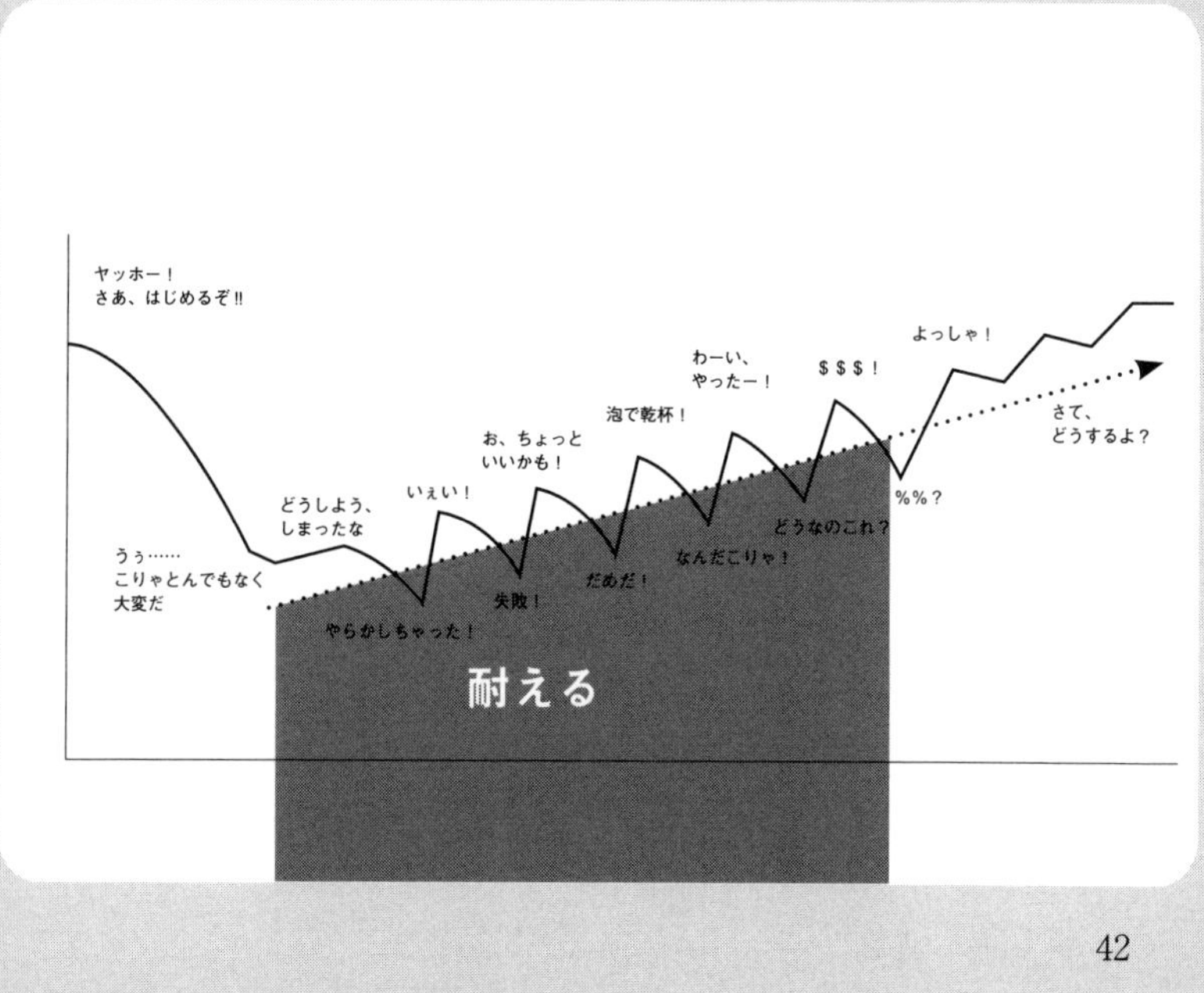

なものでもいいので、栄養が必要になる。その栄養になるものが、この章で紹介する知恵と信念だ。

大成功と大失敗は紙一重だ。重要な課題に正しく答えても、長い期間にわたって耐え続けることができなければ失敗する。自転車操業でベハンスを回していた時期を振り返ると、崩壊寸前まで行ったのは一度や二度ではなかった。僕たちはチームでそうした大ピンチを切り抜けてきた。お互いに頼り合い、最悪の状況の中でも何とか軽口をたたき、苦難の年月を耐えて現実を乗り切ってきた。

これから紹介する知恵は、旅の途上の浮き沈みへの備えになると思う。また、あなたがひとりでないことが改めてわかるはずだ。それでも、まずは正面から混乱に向き合い、浮き沈みをしのぎ、ピンチとチャンスを利用するすべを学んでほしい。旅の途上に経験する失望や先行きへの不安、心身の消耗を知ってそれらに慣れることで、苦痛に耐え、苦痛をコントロールできるようになるかもしれない。

1.

苦痛と
未知の中で
チームを導く

報酬系を騙す

モチベーションを最高に高めてくれるのは、何といっても進歩の兆しだ。自分の仕事が認められれば（誰かが褒めてくれたり、金銭的な見返りがあれば）、苦労も耐えやすくなる。だが、起業という長旅の中では、誰もがわかるような進歩は感じられない。ユーザーもおらず、聴衆もおらず、自分たちのプロダクトについて誰も知らず、または誰も気にかけてくれず、だとすると、自分たちを鼓舞する何かを無理やりつくり出すしかない。

ベハンスを立ち上げてから最初の数年というもの、リーダーとしての僕の仕事の大半は、モチベーションの源泉をつくり出すことへの挑戦だったと言ってもいいだろう。２００７年から数年間、ほとんど成功の兆しは見えず、売上もなく、マスコミにも取り上げられず、それ以外の目に見える進歩もなかった。僕たちはブログとクリエイティブな仕事に関わる人たちをつなぐシンプルなネットワークを立ち上げていたが、誰にも知られていなかったし気にかけられてもいなかった。ベハンスと検索してみるとまず、「エンハンスですか？」と表示されてしまう。グーグルにさえ、スペルミスだと思われてしまう始末だった。

ページビュー、ユーザー数、有料加入者数、売上といった、これまでのインターネットビジネスの評価基準は僕たちには役に立たなかった。僕らの場合は、ゼロからはじめて、生き残れるかどうかも怪しい状態だったからだ。僕はリーダーとしてチームのモチベーションを上げるためにありとあらゆることをやってみた。目標とする節目にいつ到達できるかを賭けてみたこともある。僕は筋金入りのビーガンだけど、目標に到達したら肉を食べると約束した（メンバーたちはなぜかこの賭けで盛り上がってくれた）。ユーザー数はまだ本当に少なかったけれど、新しいユーザーが加入すると、みんなで祝った。タスクを書き出した紙を壁に貼ってタスクの終了を喜んだり、ソフトウェアの隠れたバグを退治したら、シャンパンを抜いて祝ったりもした。どんな小さなことでも、目標として掲げられるものなら何でも掲げていた。

そんな初期の目標の中で僕が楽しんで挑戦したのは、グーグル検索でベハンスと打ち込んだときに「エンハンス」と間違われないようにすることだ。ベハンスの名前が検索結果として上位に表示されることは僕たちの悲願だった。そのためには、裏技を使ってグーグルの検索アルゴリズムを攻略しなければならなかった。ブログの本数を増やし、ユーザーがアップロードする作品数が増えれば、インターネット上の認知度は高まる。認知度と言っても、ユーザーによる認知度ではなく、グーグルのゲートキーパーによる認知度が上がるということだ。これは短期目標だし、僕たちががんばれば何とか達成できそうな目標だった。ただ時間と努力が必要なだけだ。「いつか必ず、ベハンスが検索ミスじゃなくなる日がくる」。僕は仲間にそう約束した。

そしてある日、チームメンバーがグーグルにベハンスと打ち込んでみると、勝手にスペルを変えられることもなく、検索結果の1位に表示されていた。僕たちはやってのけた。やっとベハンスがこの世に存在できた！　それはちょっとした人工的な勝利で、進歩の兆しを少しでも感じるための裏技だったけれど、それでも気分がよかった。

でもなんとその後の２００８年にビヨンセが大人気になった。するとまた、グーグルが「ビヨンセですか？」と聞いてくるようになった。でも僕らは諦めずまたがんばって、数週間もしないうちに検索上位に顔を出すようになった。

リーダーは孤独で、希望や自尊心を持ちにくくなる。だから、少しでも進歩の兆しのようなものがあればそれを取り上げて、祝うのだ。

立ち上げたばかりのスタートアップにはフィードバックもご褒美もない。その虚しさは言葉で説明できない。特にスタートアップが集まるカンファレンスに参加すると、本当に虚しくなる。たとえば、毎年ヨーロッパと中東とアジアからスタートアップが集まるウェブサミットというカンファレンスがある。アメリカではスタートアップとインキュベーターとベンチャーキャピタルとエンジェル投資家の生態系が確立されているけれど、それ以外の地域では、ウェブサミットのような巨大カンファレスが起業家と投資家を引き合わせる場所になっている。ウェブサミットでスタートアップのブースをぶらぶら回るといつも、数千社というスタートアップが畳一畳分もないブースで誰彼なく捕まえてとにかく売り込みを聞いてもらおうとする姿にハッとしてしまう。

これほど多くのアーリーステージのアイデアが一堂に集まるのは楽しいけれど、そんなものすごいエネルギーの中に僕は痛みと絶望を感じてしまう。すべてをこれに賭けていると、仕事と事業が自分のアイデンティティや自尊心と絡み合って区別できなくなる。自分の未来がすべてかかった狭苦しいブースをみんなが一瞥もせずに通り過ぎていく光景に、小さなプライドなどズタズタにされてしまう。

誰にも知られていないということは、ミスをしても、プロダクトに大胆な変更を加えても、誰も失望しないということだ。失望する人がいないのは、誰も気にかけてさえいないからだ。売上やユーザー目標といった短期的なご褒美がないなかで、誰も気にかけてくれない時期を耐え抜くには、ニセのご褒美で自分たちをやる気にさせるしかない。

人は幼い頃から、短期的な報酬系に強く支配されている。幼児は親の愛情と瞬間的な満足が得られるように行動する。学校ではいい成績というご褒美のために勉強する。成績がいいと親や先生や友達からの承認というご褒美がもらえる。社会人になるとお給料とボーナスをもらうようになる。伝説的なベンチャーキャピタリストのフレッド・ウィルソンは99Uカンファレンスでこう言っていた。「この世で一番中毒になりやすいのは、ヘロインと月給だ」

『起業家の本能』（未邦訳、*The Entrepreneurial Instinct*）を書いたモニカ・メータは、起業家の脳内物質の役割を研究している。モニカはこの本の中で「成功のたびに脳がドーパミンを放出する。ドーパミンが報酬系の回路（快楽や学習ややる気を司る回路）に流れ込むと、集中力が増し、ドーパミンの放出を引き起こした行動をもう一度経験したくなる[1]」と説明している。このドーパミンの放出と、それによって引き起こされる自己不信からの解放によって、人は短期的な報酬の中毒になるのだ。逆に、

「失敗のたびに脳からドーパミンが引き上げられて、集中力がなくなり、失敗から学ぶことが難しくなる」。つまり、人間は生理学的に、瞬間的な成功を得られるような行動や判断やプロジェクトを強烈に嗜好するようにできている。すぐに報酬が得られないと、不安や不快な気持ちになる。

初期の人類の寿命がどれほど短かったかを考えれば、人間が短期的な報酬を求めてしまうのは自然の摂理だ。17世紀でさえも、ニューイングランドの平均寿命は25歳で[2]、人口の4割は大人になる前に死んでいた[3]。昔の人たちにとって、5年も10年も先にならないと結果が出ないことに努力するのは、それがどれほど偉大なことであっても、理にかなっていなかった。つまり人というものは生物学的に、長期的な努力を諦め、短期的な報酬を追い求めるようにできているわけだ。長期的な目標にコミットし続けるのが難しいのは、無理もない。

短期的な承認へのこだわりは人間に深く刷り込まれている性質で、逆らおうとしても逆らえない。この事実を、受け入れてほしい。壮大で長期的なビジョンを掲げるリーダーは多いけれど、ご褒美がずっと先にしかもらえなければ、長期間モチベーションを維持するのは不可能だ。遠い未来の目標を目指すのは尊いことだが、だからといって段階的な進歩とご褒美が必要でないわけではない。短期報酬への欲求にあらがうよりも、ご褒美を与えて報酬系を操ったほうがいい。

チームの文化を育てるにあたって、「成功」の基準を下げることを僕はお勧めする。新規ユーザーの獲得から、頭を悩ませていた問題の解決まで、祝えることは何でも祝ってほしい。目に見えるご褒美、たとえばお金を与えても、工夫も面白味もない。どうせご褒美を出すのなら、ユニークで心に残るものにしてほしい。そのほうが、昇給やボーナスよりもメンバーを強く引きつけることができる。進歩を感じられるご褒美は、何より大きなモチベーションになる。

前向きなコメントを求めない。真実に背を向けてニセの成功を祝わない

初期のうちからちょっとした成功を認めて祝うことは大切だが、それがニセの成功でないことを確かめてほしい。誰かに褒めてもらいたいという気持ちはわかるけれど、前向きなフィードバックを無理やり求めても、ニセのいいことしか出てこない。前向きな証拠を探し続けていれば、必ず何かが見つかるはずだが、それではもっと大切な真実が見えなくなってしまう。

ベハンスを立ち上げたばかりで、同時にプリファーというフリーランスの紹介ネットワークの立ち上げを手助けしていた頃、僕は毎日ことあるごとに自分たちのプロダクト解析データを眺めていた。ユーザーの登録数は昨日よりも増えただろうか？「いいね！」やシェアは先週より増えたか？ツイッターのフォロワーを何人獲得したか？ もちろん、こうした指標は大切だったけれど、僕はすべてのトレンドを客観的に見ていたのではなく、よくなっている兆候だけを探していた。ほかの何よりも承認が欲しかったのだ。

プロダクトマネジャーでありテクノロジー起業家としていくつものスタートアップを立ち上げてきたベン・エレズは、前向きなフィードバックばかりを探して自分を励ますのは危険だと言っている。

起業すると、前向きなフィードバックらしきものなら何でも、美味しいステーキみたいに感じられるんだ。起業の途上では、自分のアイデアをベタ褒めしてもらうとこの上なく幸せな気持ちになる。僕には子どもがいないけど、スタートアップの立ち上げは、自分の赤ちゃんを見せびらかすのにすごく近いように思う。起業家が、自分のビジネスについて触れ回るのは、親が自分の赤ちゃんのことを話したがるのと同じだし、会う人みんなが赤ちゃんの誕生を祝ってくれ、なんて美しくて玉のような赤ちゃんなんだと褒めてくれる。今振り返ると、前向きなフィードバックばかりを探すことには害がある。自分たちが正しい方向に進んでいると勘違いしてしまうからだ。

自分たちのプロダクトやサービスがどう受け止められているかを客観的に観察したかったら、他人の立場に自分を置いてみるといい。真実に少しでも近づこうと思ったら、たくさんの異なる視点を集めるしかない。疑り深い投資家は、自分たちの数字をどう見るだろう？　せっかちなユーザーは、自分たちのサイトをどんなふうに使っているだろう？　ライバルたちは自分たちのプロダクトについて何と言っているだろう？　肯定的な意見だけでなく、否定的な意見も積極的に探し出してほしい。どれだけ長く生き残れるかは、自分たちの強みだけでなく弱点を認識できるかにかかっているのだから。

苦い薬を甘い衣に包みたくなる気持ちはわかる。勢いに乗り、マスコミに記事が出ると特に、そちらに気が向いてしまう。でも、いい評価を見つけたり、マスコミに褒められたりしても、厳しい真実が消えてなくなるわけではない。誰でも、自分たちのいいニュースには飛びつきたくなる。だからいい兆候ばかりに目が向いてしまい、最悪の場合、いいニュースを捏造してしまう。リーダーが自分を鼓舞して自信と支えを集めて立て直そうと努力しているとき、実際には、現実を直視したり難しい判断を下したりすることに伴う痛みや打撃を和らげようとしているのだ。

リーダーが好意的な記事をチームに流して、もっと大きな組織の問題から目を背けさせようとすることもある。僕は投資家として、投資先の起業家から報告を受けるたびに、それを思い出す。株主への進捗報告書は、必ず「事業は絶好調です！」という決まり文句ではじまる。そして5ページほどめくったところに、悪いニュースがひっそりと埋まっている。チームメンバーが次々と離脱して、あとふたりしか残っていないこと。家賃の節約のためにシェアオフィスから出たこと。このままいくとあと5か月もせずに社員の給料さえ支払えなくなること。「ですが、先月のフォーブスに素晴らしい記事が掲載されました！」。そんな言葉は、微妙なメールに添える泣き笑いの絵文字のようなものだ。

ベンチャーキャピタル界の超大物ベン・ホロウィッツは、この問題を取り上げてブログにこう書いていた。「真実を語るのは、誰にとっても簡単なことではない。自然にできることじゃないし、当たり前でもない。人間は、相手が聞きたいことを話したくなるものだ。そのほうがみんないい気分になれる。少なくとも、そのときだけはね。逆に、真実を話すのはすごく骨が折れるし、スキルもいる」。

たとえば、経営陣がやめるとか、社員を大量解雇しなくちゃならないとか、売上が落ちているとか、そのほかの危機的な状況はみんな、話しづらいことの例だ。「会社を破壊しないように、真実を話さなければならない。そうするにはまず、自分が真実を変えられないことを受け入れなくちゃならない。真実は変えられなくても、そこに意味を見出すことはできる」[4]

厳しい真実に意味を見出すには次の3つが必要だとホロウィッツは書いている。

まず、事実をはっきりと正直に言うこと。たとえば、人が抜けてしまったとしたら、その人たちが抜けたのは会社にとっていいことだったとか、その人のパフォーマンスに問題があったとか言い繕おうとしてはいけない。事実を事実と認め、君自身が事実を知っているということを、みんなにもわかってもらおう。

もし君が問題を引き起こした張本人だとしたら、どうしてそんなひどいことが起きてしまったのかを説明すること。必要以上に事業拡大を焦ってしまったのは、どうしてだろう？　また同じようなミスを起こさないためにはどうしたらいいだろう？

大きな使命を果たすためになぜその行動が必要なのか、自分たちの使命がどれほど大切なのかを説明すること。大量解雇は、もしやり方が適切ならば、会社の生き残りを助けてくれるし、そもそもみんなが目指していた使命や目標を達成するために必要な施策だ。リーダーの仕事は、解雇を無駄にしないことだ。それを何らかのいいことにつなげなければならない。

いいニュースだけに注目して、悪くなっていることから目を背けたり、悪いニュースを伝えたくないという誘惑に負けたりしないでほしい。起業という旅の中では、前向きなエネルギーや希望だけが頼みの綱になってしまう。だが実は、うまくいっていないことに目を向ける時間と余力を常に保ち続けることが何より大切だ。定期的に開かれる月次会議でも、オフサイトミーティングでも、メンバーが不安や疑いを共有できるように励ますことはできる。チームが抱える一番深刻な悩みについて匿名でアンケートを取り、結果を公開する会社もある。手法はともかく、チームが耳を傾けるべきニュースをうやむやにしてはいけない。率直に事実を打ち明けて、どうするつもりかをメンバーに話そう。敗北の原因になりそうなところがどこにあるかを知らなければ、勝つことはできない。

そして、祝う価値のあることを見つけたら、チームに繰り返してほしい行動や進歩だけを祝おう。生産性の向上につながらない賛辞や出来事、たとえば有料のPR記事や自分たちにふさわしくない賞の受賞といったことを祝うのは危険だ。大胆で挑戦的な試みは、実のところマスコミの好みには合わないし、ちょうどいい賞のカテゴリも存在しない。

もうひとつ、ニセの成功の中でも危険なのは、資金調達だ。資金調達は祝うようなことではない。むしろ、資金を調達できたら、ビクビクすべきだろう。資金調達に成功したということは、失うものが増え、自分が責任を負う相手が増えるということだからだ。強い会社にとって、資金調達は財務上の戦術にすぎない。弱い会社にとっては、資金調達そのものが目標になってしまう。

チームの自信を高め、困難に耐えることを助けるために煙幕を張ると、価値観が捻じ曲がってしまう。ニセの成功は麻薬のようなものだ。人工的にやる気を高めてはくれるけれど、あとになって自信は萎《しぼ》み、最初より小さくなってしまう。

では、何を祝ったらいい？

進歩とインパクトだ。チームが動き、やるべきことリストを一つひとつ片づけていっても、日々の進歩はあまりにも小さすぎてなかなか実感できない。そこで自分へのご褒美が必要になる。到底無理に思われた締め切りに間に合ったときや、締め切りより前に何かを達成できたときには、自分たちを褒めていい。自分たちの仕事が本物のインパクトをもたらしたときには、シャンパンを抜こう。新しいプロダクトや新機能を利用してくれたユーザーがほんの数人だったとしても、そんなときには本物の節目として祝ってほしい。

先の見えない不安を受け入れる

人は確かなものを求めるものだが、不確かななかで生き延びるすべを身につけたほうがいい。1日1杯のワインは身体にいいと言われると気が休まるけれど、人生はそれほど単純じゃない。僕たちはたいてい、確かな答えを追い求めているようで実は、自分の見方を裏づけるような専門家の意見や研究ばかりを取り入れている。不確かなことを避け、必死でお手軽な答えを探していると、間違った答えや稚拙な考えに飛びついてしまいがちだ。不確かさに耐えるすべを身につけてはじめて、物事が自然に展開し、あるべき答えが現れるようになる。

トルコのイスタンブールにあるオジェギン大学の経営学部で行動科学を教えるエムレ・ソイヤー准教授は、先の見えない環境で経営の舵を取り決断を下すリーダーたちを研究している。「不確かさを受け入れているリーダーは、いつも自分が正しいなどとは言いません。彼らはさまざまなアイデアを自分で実験したり、ほかの人に実験させたりすることに抵抗がないんです」とソイヤーは言う。確かなものを求めていると、本当の問題から目を逸らしたり、近道を通ろうとしたりしてしまう。それは未知のものへの恐れを断ち切りたいからだ。「私たちは、専門家が不確かさをすべて取り去ってくれることを願うものです。彼らがいつも物事を正確に予測し、私たちがどうすべきかを教えてくれることを欲しているわけです。ですが、それはニセの確かさにつながり、自分が物事をコントロールできるという幻想につながります。ひいてはその確信をもとに特定の戦略や処方に投資し、挙げ句の果てにそれが的外れだったり害があったりすることに気づくのです」

それよりもむしろ、自分たちの脳を訓練して、白黒つかないことを受け入れ、答えばかりに注目しないように心がけるほうがいい。「リーダーやエグゼクティブの重大な責任は、いい判断を下すことです。ですが、先の見えない不確かな環境でいい判断を下すのは難しいことです。不確かな状況で保証もないのに物事がすべて把握できていると唱えても、長い目で見ればそのリーダーの評判を傷つけることになりかねません。一方で、不確かさを受け入れて行動するリーダーは、たとえ運悪く満足できない結果になったとしても、公正で能力のある人間だと見なされるでしょう」

はっきりしない状況をそのまま受け入れることは、必要ではあっても難しい仕事だ。来る日も来る日も、自分が積極的に不確かさと格闘しなければならないからだ。僕自身も、起業したての苦しい時代、終わりが見えず、うまくいっている兆しもまったくつかめないなかで、先の見えない状態を受け入れるのに苦労していた。家族行事のたびに、何度も必死で頭の中の不安を消し去ろうとしたことを覚えている。クリスマス、自分の結婚式の週、娘が生まれたときでさえも。僕はその場に「いた」けれど、頭の中の2割は別のことで占められていた。特定の案件や問題が頭から離れなかったというわけではない。むしろ、未知のことが、僕の心を侵食していた。つまりそれは、「何を知らないかがわからない」不安だ。航海図がないために、片目を方位磁石からかたときも離せないまま生活し、眠りにつかなくてはならない。そんな気分だった。

連続起業家のベン・イレーズは、自分の経験をこう語っている。「昔は私生活と仕事をちゃんと分けられると思っていたけど、起業したら話は別。会社を立ち上げると、人生のいろいろな部分が全部一緒くたになって、頭の中で切り分けることができなくなってしまう。もちろん以前から、起業は大変だとは聞いていたけれど、これほど区別がつかなくなるとは思わなかった」

「すべてが一緒くたの状態」とは、確実な答えがないまま常に頭の中であいまいな問いを考えている状態だ。起きているあいだずっと不確かさに向き合っている状態が続き、スイッチを切ろうとしても切れない。だが、不確かさに向き合わないと、脳の奥深くに潜って考えることはできないし、さまざまなシナリオにどう対処するかを想像してみることもできない。

つまり、頭の中でさまざまなことを同時に行う並行処理のスキルを練習し習得することが、起業家には必要になる。どこまでもつきまとって離れない不安をやり過ごしながら、特定の問題に集中しなければならない。不安を鎮めることはできても、消し去ることはできない（し、消し去らないほうがいい。不安と向き合っているあいだに直感が熟成されるからだ）。瞑想の訓練をする人もいれば、頭の中をきっぱりと切り替えられるという自信のある人もいる。僕は、チームに寄り添い、そこにある問題に集中しながら、全体像を忘れないよう、自分に言い聞かせていた。頭の裏にずっと処理しきれない不安はあったけれど、目の前の問題や人に好奇心を持とうと努力した。学ぶべきことや解決すべき問題に集中することで、気持ちをまぎらわせていた。

何かを生み出そうとすれば、不確かさがいつもつきまとうことになる。不確かさを逃れることはできないし、あなたもチームも不安を消し去ることはできない。そこにこだわって足を引っ張られるよりも、不安をずっと頭の隅で処理しながら、その重荷を受け入れ、注意を別のことに向けよう。

抵抗勢力と戦う

この世の中には、新しいアイデアを抑えるような強力な免疫系が備わっている。社会には、生きるのに必要なものを維持するために、異質なものを排除しようとする力が自然に働く。その力は、疑念や批判や同調圧力といった形で、目の前に現れる。そんな社会の抵抗にあらがって生き延びるには、ものすごい粘り強さが必要になる。

情熱と共感だけでは抵抗をはねのけることはできない。アイデアを進めて実現させるまでの長い年月のあいだ、積極的に苦しむ覚悟がなければダメだ。しかも覚悟だけではなく、苦しみに自分から進んで飛びこまなければならない。ループ・ベンチャーズの投資家、ダグ・クリントンは、創業者は5年間は苦しみにコミットしなければならないと言っている。

「極端すぎると思われるかもしれないが、起業は苦しみのジェットコースターだ。繰り返し『ノー』と言われることに慣れる必要があり、そんなことで意志を挫かれないようにしなくてはならない。予想外の顧客離れや社員の離脱、投資家からの拒絶、納税、共同創業者との争いといった、必ず訪れる最悪の時期に耐えなければならない。困難な時期に浮かれる必要はないが、多少でも気持ちが上がれば、それに越したことはない。それなりのいい兆しが見えはじめるまでに少なくとも2年はかかり、さらに成長して何らかの足跡らしきものを残せるようになるにはそれから数年かかる。そこでやっと一息つける。といってもほんの一瞬だけだが」

苦しみにコミットしてはじめて、チームは苦労に耐え、心理的に大きな負担の伴う挑戦を乗り越えることができる。たとえば、これまでに築いたものをすべて捨てて、もう一度ゼロからやり直すといったことができるようになる。スタートアップやプロダクトチームが、このままでは絶対うまくいかないと気づいて何もかも変えようと決めたら、何年もの時間が無駄になるし、またはじめからすべてやり直すことを考えるだけでも心が砕けてしまう。

それでも、現代の素晴らしい人気企業の中には、創業時とはまったく違うアイデアを実現して生まれ変わった会社も少なくない。ユーチューブは、はじめは出会い系サイトで、必死にユーザーを獲得しようと努力していたけれど、さっぱり芽が出なかった。ツイッターは、オデオというポッドキャストとしてはじまったけれどモノにならなかった。インスタグラムのチームは当初、バーブンという使いにくい位置情報アプリを開発していた。バーブンの失敗から学んだことを活かしてシンプルさを何より優先させた起死回生の策が奏功し、今のインスタグラムになった。

どのケースでも、突破口になったプロダクトが賞賛されがちだが、信念を保ち続けてもう一度最初からやり直すのがどれほど大変なことだったかは理解してもらえない。インスタグラムの共同創業者のケビン・シストロムは、バーブンが行き詰まっているのはわかっていても、なかなかやり直す決断ができなかったと語っていた。常識で考えればやり直したほうがいいとわかっていても、大胆な方向転換は気持ちがドッと疲れる。だからこそ、苦しみにコミットしていなければ、やり直せない。

起業家はどんな技や術を使っても、必ず繰り返しヤケドをする。社会の免疫系は強力で相手を選ばない。苦しみは避けられないけれど、苦しみを予期することで、自分とチームの期待値をコントロールすることができるはずだ。プロダクトそのものだけでなく、そのプロダクトをつくり上げる経験に重きを置く組織文化を築くことは可能だ。そうすれば、少なくとも仲間と一緒に苦しむことができる。一緒に働く仲間を採用する際には、スキルと興味だけでなく、忍耐力と覚悟があるかどうかを見たほうがいい。でなければ、現実の人生と社会が投げかけてくる、疑いと胸が苦しくなるような困難に耐えられない。

作り話がチームをひとつにする

僕たちが障害や挫折、対立などの抵抗を避けたがるのは、ちょっとばかり皮肉なことだ。なぜなら、そんな摩擦が、将来の摩擦への耐性をつくってくれるからだ。人は、摩擦を避けることに膨大なエネルギーを費やすが、摩擦を自分から求めたりそれを活かしたりはしない。

「石は摩擦によって磨かれる」という格言は本当だ。摩擦によって本質が表に出るだけでなく、本質そのものがつくられる。衝突を避けていると、アイデアや計画の粗い部分が磨かれていかない。モノクルマガジンのデザイン編集者、ヒューゴ・マクドナルドは、『クオーツ』誌のインタビューに答えて、摩擦はいいことだと言っている。

摩擦と聞くと心が落ち着かないかもしれない。だが、摩擦は困難とは違う。摩擦という言葉の定義は次のようなものだ。「摩擦（friction）」は「こする」という意味のラテン語「フリカーレ（*fricare*）」に由来する。そして……（中略）……一般的には、接触しているふたつのものが反対に動くときに働く力を指す。反対方向にこすると聞くと、たとえば対立・争い・ケンカといった、うれしくない経験を直感的に思い浮かべてしまう。だから摩擦という言葉が否定的なイメージで捉えられるようになったのだ。

だが、俯瞰して見ると、ものをこすり合わせてひとつにすると、何かが壊されるのではなく、何かが生み出される。摩擦は火と熱を与えてくれる。文字通り山をも動かす。ふたりの人間をこすり合わせたら、口論になるかもしれない。でも、ふたりをこすり合わせることで、赤ちゃんもできる。摩擦はさまざまな人生を歩む人たちを前に進める力になる。反対の力があることで、僕たちは前に進むことができる。個人と社会が前に進むためには、もっと摩擦が必要なのだ。摩擦を避けてはいけない。[5]

目先のことしか見ていないと、摩擦のない経験を求めてしまう。完全に摩擦を排除して、ほんの少しの苦しみも避けたり否定したりしていると、頭が空っぽになってしまう。摩擦はプロセスの手触りを感じさせてくれ、その手触りが経験として記憶に残る。摩擦がなければチームは拙速に動きがちになり、接触が滑らかすぎるとお互いが固くつながることはできない。

困難がチームをひとつにし、長丁場に耐える備えをもたらしてくれる。天地がひっくりかえるほどのことがあると、人々は些細な違いにとらわれなくなり、共通の志に向けてひとつになる。逆境を通して築かれた絆は、悲惨な出来事が起きたときにはっきりと表に出る。戦争や自然災害のあとで、苦しみを分け合った経験が人々をひとつにする。２００３年の大停電の夜にニューヨークのソーホーを歩いていたとき、お店ではタダで飲み物を配っていたし、普通の人が交通整理を手伝っていたり、見知らぬ人たちがお互いに話し合ったりしているのを見た。

摩擦は、人々が一緒に働くことの潜在的な力を解き放ってくれる。協力によって集団で生き延びようという人間の本能が発動されれば、みんなが同じ方向を向くようになる。

「生き延びることが個人だけの責任ではなく同じ種のほかのメンバーの責任でもあり、お互いに助け合うとき、すべてのメンバーが生き延びられる可能性が高まる」[6]と言うのはワシントン州立大学のリチャード・タフリンガー教授だ。集団で力を合わせれば、集められるリソースは増え、自分たちの領土は拡大し、略奪者から身を守れる可能性も高まる。協力の輪から外にはみ出る人がいれば多数派の安全が脅かされるため、多数派は逸脱者をなくそうとする。協力は人間にとって自然の本能で、摩擦によってその本能が表に現れる。

複雑な生き物ほど、社会的な集団を使って生き延びようとする。人間は、心身の安全のために、集団をつくる。「有史以前から、種族というものは親しい付き合いを通して本能的な安らぎと誇りの拠り所になり、またライバルから自分たちを守る手段になっていた」[7]。生物学者のE・O・ウィルソンは、『ニューズウィーク』誌にそう書いている。「近代における集団は、古代の種族と同じような心理的役割を果たしている。今の集団は、原始的な人類のつながりがそのまま引き継がれたものだ」

社会的な集団がどれほど複雑になっても、集団イコール安全という心理は変わらない。人は逆境にひとりで立ち向かうよりも、直感的に安心と拠り所を求めて集団に頼ろうとする。

ハーバード・ビジネス・レビューのアイデアキャストで、組織心理学者でペンシルバニア大学ウォートン校教授のアダム・グラントは、シェリル・サンドバーグとの共著『オプションB』について語るなかで、集団の支え合いが企業にもたらすメリットについて説明していた。社員が思いがけない逆境に出合ったとき（たとえば、自然災害で自宅が破損したり、親族が病気になったりしたとき）、経済的支援や休暇を与えるといった助けの手を差し出すと、「社員を気にかけてくれる会社に勤めてよかったとみんなが思い、その企業も恩恵を受ける」[8]とグラントは言う。「社員が自分の会社のことを人を大切にする職場だと感じ、心から誇りを持つようになる。そしてますます仕事に熱を入れるようになる」

フェイスブックのCOO、シェリル・サンドバーグもまた、『オプションB』で、夫のデイブ・ゴールドバーグが突然亡くなったときの体験をこう語っていた。「マーク（ザッカーバーグ）がいなければ、耐えることはできなかったでしょう。私がメキシコから帰ってきて子どもたちに夫が亡くなったことを話したその日に、マークは私の家に来てくれました。お葬式の手配はすべてマークがやってくれたんです。それから何をするにも、マークが支えてくれました。仕事に復帰して、魂が抜けたように感じ、誰も私に話しかけられなかったとき、マークの部屋に逃げ込みました。友達に助けの手をさしのべるように、職場でも同じことができるはずです。助け合うことで一緒に働く人と近しくなれるのです。そうすればはるかに強い組織になります」[9]

助け合いが人生の摩擦に対処する助けになり、困難は人々をひとつにする。摩擦を避けたり隠したりせず、摩擦を使って、チームで力を合わせて逆境を乗り越える力をつけよう。衝突や緊張を恐れてはいけない。受け身の姿勢はチームの成長を止めてしまう。争いは人々を深く考えさせ、衝突によってさまざまな意見が表に出て、結局は最良の回答が浮かび上がる。危機によって物事がはっきりと見えてくることは多い。ローマ皇帝マルクス・アウレリウスはかつてこう言った。「困難は行動を促す。道に立ちはだかるものが道になる」[10]。摩擦に正面から向き合うことが、よりよい道を探す助けになるのだ。

道案内になる

起業というものは、窓のない乗り物で長旅をするようなものだ。自分がどこにいるのかがまったくわからず、道しるべもなく進歩も感じられず、あとどのくらいで到着するのかもわからないと、拷問のように感じてしまう。時間の感覚がわからなくなり、心の中でイライラが募りはじめる。

自分たちが今どこにいて、どう進歩しているのかを、チームがいつも心に留めておけるようにしてほしい。リーダーはチームの窓だ。旅の途上の節目をチームに説明し、節目を通過したことをはっきりと伝え、これまでに獲得した領域を固め、この先の旅への備えをさせなければならない。

ただし、事実を伝え期待値を管理することは、この仕事のほんの一部でしかない。もっと大切なのは、物語を語ることだ。リーダーの仕事は、起きたことをより面白く、よりチームに身近なものとして伝えることだ。実のところ、旅の途上の景色はぼんやりとして、あまり変わることがない。節目と節目のあいだでは、まったく何も起きていないように感じられる。その巨大な空白を満たすには、道案内が必要だ。リーダーは旅のナレーターなのだ。

アップルの創業者、スティーブ・ジョブズと長年一緒に働いていた人たちは、ジョブズが「現実歪曲空間」を通してチームの世界観や思い込みや限界を変え、それが新しいアイデアにつながっていたという。ジョブズは自分のビジョンを強く信じていたために、その力によって彼の周りの現実が歪められたのではないだろうか？　揺るぎない情熱と自信を持ってビジョンと想いを強く打ち出せば、現実がその方向に向かっていく。それは嘘でも捏造でもなく、自分の信念を売り込んでいるだけだ。作り話を誰かに信じさせようとしているのではなく、自分自身に語っている物語を人に伝えているのだ。

現実歪曲空間と同じ力が、もうひとつの現実、つまり終わりのまったく見えない仕事を耐える助けになる。どこにも希望が見えないときに、現実歪曲空間がチームに希望を見せてくれる。

たとえば、何のためかもわからずに全員が耐えている辛い毎日を、チーム構築のチャンスとして、またはプロダクトの優位性を生み出すチャンスとして見ることもできる。あなたは進歩がないと愚痴を言っているだろうか？　それとも、生き残り、新たな力を得られることを祝福しているだろうか？　あなたはチームに、激務を苦労として伝えているだろうか、それとも市場での優位性を確立する手段として売り込んでいるだろうか？　チームの必死の努力とこれまでの長年の苦しみから、ワクワクするような世界観をつくり出し、チームに伝えているだろうか？　味気なく意味のない過去でも、ストーリーテラーは過去を未来に関係づけて話すことができる。

また、解決策につながるかどうかはわからなくても、世界観を示すのがリーダーの責任だ。「イエス」か「ノー」かでは答えられないような話が、一番役に立つこともある。そうした話を通して答えを出すのではなく、チームに自己発見のプロセスを体験させるのが、リーダーの役目だ。

短期的な行動や解決につながらない会話はむしろ、問題がどこにあるかを浮かび上がらせてくれる。

盲点、しわ、思いがけないささくれといったものを表に出してくれる。議論を交わすことでチームの意欲とやる気が高まり、あいまいさや「暗黙の了解」が取り払われる。みんなが参加することで、自分の命運を自分でコントロールできるという感覚が強くなる。

特に、失敗や大きな挫折に見舞われたときには、リーダーがチームの立ち直りを支えなければならない。何年も努力して自分たちのプロダクトを発表して大喝采を浴びたあとに、突然政府から数年にもわたって販売を禁止されたらどうなるだろう？　遺伝子検査会社の23アンドミーの創業者であるアン・ウォジスキーに起きたのは、まさにそれだった。

２００６年に設立された23アンドミーは、ユーザーが小さなチューブの中に唾液を入れて送るだけで、数週間で自分の祖先や遺伝的な疾患のリスクやそのほかの遺伝情報を教えてくれるサービスを提供する企業だ。この会社は立ち上げ当初から順調に拡大し、熱心なユーザーやシリコンバレーの大物投資家を味方につけていた。しかし、２０１３年になって突然、食品医薬品局から個人の遺伝子情報提供サービスの中止を命令された。その理由は、検査結果がユーザーを混乱させ、不必要な治療や手術につながるリスクがあるからということだった。販売中止を受けて、23アンドミーは2年にわたって必要な研究を行い、食品医薬品局の懸念に応え、２０１５年10月にやっと当局の承認を受けて改訂版の遺伝子検査サービスを再開した。

振り返って見れば、事業とチームの士気を直撃したあれほど深刻な大事件も、23アンドミーの初期の歴史の中のちょっとしたつまずきにすぎなかったとわかる。とはいえ、あのような逆風にさらされたら、どうするだろう？　アンによると、チームはこの会社の使命を心から信じていたので、ほとんどひるむことはなかったという。「組織の使命に大きな情熱を持っていれば、それほど大変だとは思わないんです。自分たちが正しいことをしていると強く確信していれば、あんな難問でも障害というよりプロセスの一部だと思えます。そもそも私たちを理解してくれない人や、私たちを嫌いな人たちには慣れてました。だから、『自分たちのどこが間違っているだろう？』とはあまり感じず、『相手にきちんとわかってもらおう』という姿勢でいつも臨んでいました。強い信念があれば、もやもやは晴れるんです」

大きな挫折を乗り切れるだけの強い信念をチームの中で保ち続けるためにリーダーがやらなければならないことは、いい人を採用し、コミュニケーションを取り、決断力を発揮することだ、とアンは言う。「最初から、自分たちの使命を心から信じてくれる人を採用したいと思っていました。社会のつまはじきになるのが怖い人は、どこか別のところに行ってくれて結構。私たちは人々の生活に影響を与え、医療と健康を根底から変えているんです。この会社の使命も私の仕事も、その目的のためだということを、ここにいる全員が知っています。販売中止になったときも、辞めた人はあまりいませんでした。私は社内を回ってみんなに伝えていました。『私たちが正しいことは、歴史が証明してくれる』ってね。それが私たちの口癖でしたし、別の道を探ればいいと考えていました。最初の道は間違っていたけれど、使命が間違っていたわけではありません。目的に到達する方法を変えただけで、目的地は同じです」

キラキラの肩書きや報酬をエサにするのではなく、使命に人を引き寄せることで、より忍耐力のあるチームをつくることができる。使命に引き寄せられた社員は、それを達成するためにさまざまな方法を進んで試してみるはずだ。そして、最も困難な時期にリーダーが指し示す世界観は、社員の不安を払拭する助けになる。

挫折や悲劇が起きたとき、それを認め、文脈を提供し、目の前の大きなチャンスに比べれば苦しみは些細なものであることを示そう。どうしてここにいるのかをチームに思い出させてほしい。彼らがここにいるのは、あなたのビジョンを信じ、何か非凡なことを成し遂げたいと思っているからだ。あなたのストーリーは、あなたが思うよりも社員を引きつけるはずだ。あなたの仕事はチームに戦略を納得してもらうことだ。自分たちが見ているもの、していること、向かっている場所を、信じる手助けをすることだ。リーダーは全体像を示す存在だし、それをチームに説明していれば、必ず前に進む道が見つかる。

気分を上げる言葉で締める

新規事業を立ち上げるときにしろ、既存事業を大きく変えるときにしろ、辛く苦しい会話を延々と続けて、まったく結論が出ないことがある。何の落とし所もない会話は、ドッと疲れるものだ。人は何らかの決着を求めるものだし、はっきりとした計画があれば自信とやる気も生まれる。

リーダーがいつも答えを差し出せるとは限らない。時期尚早で拙速に答えを出すべきでない場合もある。それでも、リーダーは活気を与えることはできる。後ろ向きな会話を前向きに変える力のあるリーダーを、僕は昔から尊敬してきた。

かつて同僚だったデイビッド・ワドワーニはとりわけ、チームを活気づけるのがうまかった。今ではシリコンバレーのエンタープライズソフトウェア企業、アップダイナミクスのCEOになったデイビッドだが、アドビがベハンスを買収してアドビのチームに加わったときには、アドビのデジタルメディア部門を率いていた。

当時、アドビは歴史的な事業転換をはじめたばかりで、箱入りのソフトウェアを売り切る昔ながらのビジネスモデルから、月額課金でさまざまなサービスを提供するサブスクリプションモデルへと変わろうとしていた。サービスモデルへの転換を打ち出した上場ソフトウェア企業の一番乗りがアドビで、その転換には大きなリスクがあった。デイビッドはアドビのベテラン社員を率いて転換を進めるという難しい仕事を任されていた。チームメンバーの大半はアドビに10年以上勤めているツワモノたちで、実際にプロダクトを変更するのは、このメンバーたちだった。ビジネスモデルの転換をトップが打ち出してはいたものの、変化に抵抗するベテラン社員は多かった。プロダクトリーダーの中には、変更への備えがなかったり、変更する意志のない人もいた。

デイビッドのチームは、この大変な挑戦をどう受け止め、向き合えばいいのかわからなかった。毎週火曜日のスタッフ会議で、絡まった問題を整理し、解決への道を話し合った。たいていは、物事がいい方向に向かう前に、まず悪くなることに気づくことも多かった。会議で出てくるアイデアはどれも悪い手という場合も多かったけれど、とにかく一歩一歩前に進むしかなかった。

状況は改善せず、雰囲気が暗いときでも、デイビッドはいつも会議の終わりを明るく締めくくっていた。目の前の大変さをまず認め、そのうえで、なぜチームの仕事が大切なのか、成功したあかつきにはどんなふうになるかということを、メンバーに思い出させていた。数時間も議論して何の決着も見られないときでさえ、デイビッドは最後に上手にまとめて僕たちの気分を上げてくれた。たとえば「大変なのはわかってる。まだ相当に難しい仕事が残ってるのも知ってる。だけど、いい計画もあるし優秀な人間がいるじゃないか」と言ってから、面白い冗談をつけ加えて、最後にチームを盛り上げていた。

リーダーの仕事は、活気を奪うのではなく、活気を与えることだ。僕が尊敬する創業者やリーダーはみんなそうしている。そんななかでも、ジョン・スタインバーグは格別だ。スタインバーグはバズフィードの元社長で、その後ニュースメディア企業のチェダーを立ち上げた。ジョンを知る人は、彼が元気の素だと口を揃えるはずだ。ジョンの激励はいつも、チームにカツを入れてくれ、なぜ古いモデルのケーブルニュースが間違いで、なぜチェダーが業界の未来を切り開く先駆者なのかを思い出させてくれる。チームから素晴らしいアイデアが出てくれば、方向を180度変えてでも、アイデアを実現する。

ジョンの会社の取締役を務めた僕は、彼がチームと取締役とクライアントの気持ちを盛り上げる姿を、この目で見ることができた。ジョンがいつも全力投球していることはみんなに伝わる。ダンキンドーナツがチェダーの大広告主になったとき、ジョンはダンキンドーナツのロゴ入りの洋服を着て、すべての会議にダンキンドーナツとコーヒーを届け、週末にはダンキンドーナツで家族と過ごす写真をインスタに上げていた。ジョンはそうやって、クライアントとの関係を盛り上げ、チェダーが忠誠心と奉仕を重んじていることをこれ以上ないほどはっきりと現在と未来のクライアントに伝えていた。

すべての節目を、ジョンは元気の素に変える。目標が達成されたら、ジョンはこんなふうにメンバーを鼓舞する。「これって、マジですごいことじゃない？　こんなすごいことができるのは俺たちだけだろ。トレンドラインを見てくれよ。大変だってのはわかるけど、こんなにうまくいってるんだ。すごい番組と、視聴者と、ライブ放送をつくってきたのはみんなだ。もっとがんばって、もっと戦って、この調子でどんどんいこう！」。ジョンとのミーティングのあとや、ジョンからのメールを読んだあとは、それ以前よりも元気になる、ということがわかってもらえると思う。

リーダーはチームに活力を注ぎ込んでほしい。特に、旅の途上でどうしようもない状況になってしまったり、まったく終わりが見えないときには、元気が必要になる。試練や不安を認めたうえで、どうやってここを乗り越えるか、何を成し遂げようとしているのかをもう一度伝え、なぜみんなで力を合わせているのかをチームに思い出させ、それからあなた自身の熱意と信念を伝えよう。ミーティングや会話の最後に必ず、目的を再確認し、その目的を達成するための元気をメンバーに与えよう。

なわばりを超える

大企業はいつもさまざまな批判にさらされているが、それでもグローバルなインパクトを与えられるチャンスに恵まれていることは間違いない。規模が大きければ大きいほど、新しいアイデアを実現する力も強くなる。とはいえ、規模の大きさに足を引っ張られることも多い。盛り上がった上腕二頭筋は、ウェイトを持ち上げるには役に立っても背中をかくには邪魔であるように、大企業もまた無駄に体重が増えすぎて、ひっくり返ってしまいがちだ。

僕はそれを「企業の肥満」と呼んでいる。伝統的な大企業に勤めたことがあれば、おそらくこんな様子を見たり聞いたりしたことがあるはずだ。

- 誰がどこに所属して誰に報告するかばかりに話がいって、目的をどう実現するかの話ができない
- メールの内容はもっぱら、誰が問題を解決するかに終始して、どう解決するかが書かれていない
- ほかのチームをどう迂回して仕事を終わらせるかを考えることに時間を使いすぎ、みんながひ

とつになるにはどうするかを考えない

- メールのBCCからたくさんの人が口を挟んできて、メールはいつもそれとなく足を引っ張るコメント（や、ただの悪口）だったり、上から目線の質問だったりで終わってしまう
- 会議での言動と、会議を出たあとの言動が違う
- 相手を怒らせるような質問はしても、建設的な議論に相手を参加させるような問いを発しない
- 心の中では反対していても報復を恐れてただうなずいたり黙っていたりする

そんな行動や傾向が充満する環境で働いていると、何事も遅々として進まず、優秀な人はやる気と想像力を失ってしまう。すべての大企業が肥満に苦しんでいるわけではないにしろ、リーダーが意識してチームに健全な食生活をさせていなければ、肥満になりやすくなってしまう。

ベハンスが買収されて半年が過ぎた頃、僕はクリエイティブクラウドのモバイルとサービス部門を引き継ぐことになった。するといきなり、誰が何を担当し、誰と誰が一緒に働くか、もしくは働かないかという問いにはまり込み、抜けられなくなってしまった。そこで僕は判断を迫られた。大組織の階層や経営の命令系統を尊重し、社内政治に気を遣って仕事をしていくのか。それとも、部門や階層の垣根を超えて組織全体の中から適任者を探し、適任者のあいだで話を進めるか？　そのときは、そんな当たり前のことすら見えていなかった。大企業の圧力をひしひしと感じていたし、この環境に慣

れて、地雷を踏まないように他人のなわばりには入らず、今の社内政治の枠組みを尊重したほうが簡単だった。

でも僕はこれまでの仕事のやり方を変えて、自分で新しいやり方をつくり出すことに決めた。目標の達成に貢献できる人たちを見つけ出し、従来の組織階層と役割分担から彼らを自由にする方法を考えた。別の部署からキーパーソンらに参加してもらうため、僕が上司ではなくても、彼らを僕たちのミーティングに呼んだ。命令系統が違ってもすべての関係部署を引き込んで、話を運んだ。チームの偉いリーダーだけに話をするのではなく、この技術に一番詳しく、最も尊敬されるメンバーを引き入れるように努力した。プロダクトリーダーにデザインを見せてもらうのではなく、実際にデザインしたデザイナーに参加してもらった。もしおかしいと思うことがあったら、すぐに教えてほしいとチームリーダーに頼んだ。そして、反対意見が出たら、お互いに面と向かって直接話し合うように促した。ちぐはぐなこともあったけれど、最終的には数百人のメンバーがひとつの目標に向かって力を発揮してくれた。

社内政治のせいで人はどうでもいい小さなことにこだわるようになり、賛否両論のある深刻な問題に取り組まなくなる。対立をズルズルとうやむやのまま長引かせるほうが、組織階層の一つひとつに働きかけて説得し、話を進めていくよりも楽なのだ。でも、前に進むには、組織を破壊せずになわばりを壊さなければならない。僕たちはどこで戦うかを慎重に選んだ。もちろん、僕が組織の中で高い地位にあったからできたことではあるけれど、肩書きがなくても同じ原則を実践することはできる。

組織の中のさまざまなチームのメンバーと個人的なつながりをつくり、自分から進んで仲介役を務め、適任者を見つけて問題の解決を早めることは、誰にでもできるはずだ。

それから1年ちょっとが経った2015年、感動的な瞬間が訪れた。僕たちのチームの上級デザイナーだったエリック・スノーデンが、初代のiPad Proの発表会の舞台に立ち、基調講演者として僕たちの新しいプロダクトのデモンストレーションを行ったのだ。チームのもうひとりのメンバーでエンジニアリングの総責任者だったゴビンド・バラクリシュナンは、僕のほうに近寄って、これをやり遂げられたことがいまだに信じられないと言った。僕たちは、もうダメかもしれないと思った瞬間や、まだアイデアしかなかったはじめの頃にどれほど怖じ気づいていたかを思い出していた。もちろん、頭数で争ったり、命令系統やチームの優先順位で言い争ったりしたけれど、大勢の人が同じ方向を向き、大企業のメリットを活かすことができた。そして今、これまでにないサービスと明確な戦略を携えて、僕たちはアップルの基調講演の舞台に立っていた。アドビ・フラッシュをめぐるアップルとアドビの長年の確執を考えるとなおさら、アップルに招かれたことには大きな意味があった。そしてやっとこの瞬間に、お互いのわだかまりが水に流れたのだ。

大企業では、変革は混乱を引き起こし、変革に伴って多くの人とプロセスの転換が求められる。それがわかっているので、これまでと同じ手法や階層、プロセスを維持して安全な場所に居続けようと考えるのも無理はない。だが、そうなると、適任者がお互いに話をすることがますます難しくなる。でも正しいことをするほうが、波風を立てないことよりも大切だ。

もし大企業から社内政治とややこしいプロセスを排除できれば、規模の大きさは長所になる。でも排除できなければ、残念ながら大企業はぐうたらになり、業界の未来はその脇を通り過ぎてしまう。もちろん、すべてはリーダーにかかっているし、伝統的な役割からはみ出ることを許容する文化があるかどうかにかかっている。

適任者を集めて、できる限り政治色をなくすことで、企業の肥満と闘おう。

やるべきことをやる

どんな仕事にも、冷や汗をかくような厳しい瞬間がある。社員を解雇するとき。企業イメージが壊れそうな危機に対応するとき。訴訟を闘っているとき。そんなときには、四苦八苦しながら泥の中を進むことになる。問題の後始末に思い悩むこともあるだろう。誰かを傷つけることはあなたの本意ではないはずだ。特にあなたの決断のせいで仕事を失う人がいるとすれば、なおさら悩むだろう。もっと分析したほうがいいと自分に言い聞かせ、行動を遅らせ、打撃を和らげようとするだろう。だがほとんどの場合、答えは明らかで、あなたが行動を起こすだけなのだ。

あなたは、やるべきことをやらなければならない。

僕も、厳しい会議の前、ギリギリの交渉の前、社員を解雇すると決める前に、そう自分に言い聞かせる。短期的には辛くてもみんなのためになることをやらなければいけないとき、僕は自分にこうささやく。「スコット、お前のやるべきことをやれ」と。

弱腰の自分を責めないでほしい。対立を避けたがり、誰かをがっかりさせたくないと思うことは弱さではなく、善意だ。人間関係は大切だし、人とのつながりやチームの文化を危険にさらせば、大きな損失につながりかねない。でもただの風邪を放っておくと肺炎になるように、チームの中の病気を放っておけば感染が広がりかねない。リーダーの仕事は病原を突き止め、それが広がるかどうかを判断し、蕾《つぼみ》のうちに悪い部分を摘み取っておくことだ。

大変な時期にチームを率いていれば、「絆創膏を引っ剝がさ」なければならない瞬間が何度もある。誰かを痛がらせたいと思う人はいないが、感染が広がるまで放っておくより、さっと一瞬の痛みで終わるほうが相手にとってはいいはずだ。待って損をするよりも今行動したほうがいい場合には、やるべきことをすぐにやったほうがいい。さっさとやれ！

２０１７年の中頃、ＳＮＳ動画の領域で急成長していたスタートアップのＣＥＯから、相談したいことがあるという連絡をもらった。それまでに顔を合わせたのは一度か二度しかなく、僕は株主でもなかったけれど、何かを話したいということだった。

僕たちはソーホーにある小さなカフェで待ち合わせて、悩みを聞いた。彼の会社の経営幹部が部下への不適切な行動で告発を受けて、短い調査でそのことが確認されたという。次の資金調達が迫り、会社も好調の波に乗れそうな今、「拙速な」判断を控えるように、彼は取締役から詰め寄られていた。でも、彼自身、それが正しくないと感じていた。彼の知る事実と、直感と、やるべきことと、投資家からの雑音と、混乱を招きそうな判断に伴ういつもの不安とのあいだで、彼は揺れ動いていた。待つことのメリットとデメリット、またこうした話をどう切り出したらいいかを語るうちに、彼がその人を解雇するのにこれ以上理屈を探さなくてもいいことに気がついた。すでに正しいとわかっている判断を下した場合の悪影響や居心地の悪さをあれこれと考え続けるより、むしろすぐ行動に移したほうがいいはずだ。彼も自分で同じ結論を出していた。別れるときに、僕は「さっさとやったほうがいい」と言い、彼はうなずいた。おそらく彼に必要だったのは、背中を押してもらうことだったのだ。リーダーがあれこれ考えるのをやめて勇気を持ってやるべきことをやらないと、重要な仕事は、そして一番難しい仕事は終わらないということを、もう一度思い出せばいいだけだった。

一番辛い時期には、落ち着きを保ってチームのために目標を掲げ続けることにも、苦労するかもしれない。チームメンバーは懸念を表に出し、絶望的な雰囲気になったとしても、リーダーは自分を信じてこれまでと同じように歩き続けなければならない。

長年僕が尊敬してやまない起業家のひとりが、ケーガン・ショーウェンバーグだ。ケーガンは3D印刷サービス企業のシェイプウェイズでしばらく働いたあと、カスタムメイドの義肢をデザインする会社を起業した。SOLSという彼女の会社は、波乱の連続だった。ケーガンは共同創業者をクビにし、何度も事業転換を迫られ、ハードウェアのスタートアップにとって資金調達の難しかった時期に数ラウンドの調達までこぎつけた。最終的には、この会社を売却することになったけれど、それは彼女の望んだ結末ではなかった。それでも僕はずっと彼女の粘り強さと前向きさに心を打たれていた。最も大変だった時期を振り返って、ケーガンはこう言っていた。「このあいだたまたま会った元社員に言われたんだけど、私が昔『このままがんばろう』って小声で歌ってたらしいのよね。でも、ほんとにそれがすべてなのよ。ただ自分の姿を見せてチームに寄り添うしかない。チームが頼れるのは私だけだから。みんなが私の導きを求めて、私の言葉に耳を傾け、私の仕草から自信をもらおうとしている。そこから生まれるリーダーの責任感が、先の見えない状況を切り抜ける力を与えてくれる」

「リーダーが落ち込まず、チームを失望させず、自分のエゴを捨てたら、すごいことが成し遂げられるはずだ」とケーガンは言っていた。最も困難で大変な時期に、ただ歩みを止めずに努力を続け、勇気を出してやるべきことをやり続ければ、限りない可能性が生まれる。

2.

決意を強める

自己認識こそが、ただひとつの「持続可能な競争優位性」

絶好調のとき、そして絶不調のとき、自分への認識がガラリと変わる。

何もかもうまくいっていると、自分が大きくなったように感じる。自分がいつも正しいように思ってしまう。防衛本能と、上に登り続けるにはこれまでやってきたことをこのまま続けたほうがいいという思い込みの両方が働いて、アドバイスや周囲の意見にあまり心を開かなくなる。自分へのおべんちゃらを信じはじめ、自分の能力を過信し、現実が見えなくなる。

逆に、やる気がなかなか出ず、どちらに進んだらいいかわからない困難な時期にも、同じように周りのことにも自分のことにも気づきにくくなる。ストレスを感じると人は引いてしまう。長所が短所に変わり、才能が裏目に出て、傷つきやすくなる。周りの人や環境を責め、将来の見通しへの自信がなくなり、言い訳がましくなる。

絶好調のときも絶不調のときも、自分が本来の一番いい状態でないことに気づくことから、自己認識ははじまる。

物事がうまくいっているときは、エゴに乗っ取られてその人の一番いい部分が出てこない。ピンチのときは、関係する誰もが不安でいっぱいになる。そんなとき、自分と他人の心の変化を認識してはじめて、心と頭をコントロールできるようになるし、正しい判断や行動もとれるようになる。状況は自分たちにはどうにもできないが、その状況をどう見るかは自分たち次第だ。希望と見るか、危機と見るかはその人にかかっている。それがわかっていれば、何もかもうまくいっているときや、すべてがダメなときに、自分の反応と判断をより慎重に見つめ直すことができるはず。状況が極端にいいときや悪いときに厳しい問いかけをしてくれるのが、本当に優れたアドバイザーや取締役だ。

自己認識とは、自分の感情を深く理解し、何が自分の気に障るのかがわかるようになることだ。

何かにイライラしたり、不満を感じたりするとき、それが気に障るのは、心の奥深くにある価値観に抵触するからだ。自分が熱心に信じていることや、強く反発している何かがそこにある。たとえば、僕は正義に反することが気になって仕方がない。不正を見ると正したくなる。自分が利用されたら、わざわざ正義を通すより忘れるほうが割に合うとわかっていても、正義を通したくなる。そんな僕の行動は、破壊的な結果を引き起こす可能性もある。それでも、正義は僕にとってコアとなる価値観と結びついている。ただ、今は自分の傾向に気づいたので、心の中でもやもやが膨らんできたら、その気持ちをなんとか抑えようとできる。少なくとも抑えるための努力はする。何が感情の引き金になっているのかを、自分でわかっていれば、感情の引き金から指を外すことができるというわけだ。

自己認識とは、心を開くことだ。

僕が一緒に仕事をしてきた起業家を見てきて絶対に言えることは、言い訳がましくない人ほど、成長の可能性が大きいということだ。心を開いて他人の意見を吸収し、いいと思ったら取り入れている人は、人の意見に耳を貸さない人よりも、着実に高い実績をあげている。積極的にフィードバックを求める創業者やデザイナーを、僕は心から尊敬する。ただし、心を開いて建設的な批判を受け止めるのは、決して簡単なことではない。批判されたり攻撃されたりしたら、あなたならどうするだろう？　すぐさま言い訳をしようとするだろうか？　自己弁護に走り、相手を攻撃するだろうか？　引き下がって衝突を避けようとするだろうか？　前より頑固になるか、それとも自信をなくして傷ついてしまうだろうか？　そうした両極のあいだのバランスをとる助けになるのが自己認識だ。自分の行動をその場で認識し、なぜそんな行動をしたのかを深く探ることができれば、他人の正しい意見に対してもっと心を開けるようになるだろう。

自分のパターンを記録することで、自己認識は深まる。

困難な時期に現れる不安や生意気さや自信のなさは、そのときにはじまったことではなく、昔から抱えてきたものがパッと浮かび上がっているだけだ。僕が尊敬するリーダーたちは、自分の心理を理解し、自らの過去を紐解くために長い時間を費やしている。エグゼクティブコーチング、心理分析、グループセラピーなどを通して自分の心の働きを理解することが、ストレスの多い時期にきちんとした自己認識に到達するためのただひとつの道である。

自分の否定的な傾向がどこからくるのかを知ることはまた、他人の行動を理解する助けにもなる。分析心理学という分野をつくったカール・ユングは、こう言っている。「自分の闇を知ることが、他人の闇とつき合うための最善の方法だ」と。自分の欠陥を知ることは、他人の欠陥を支える助けになる。自分のダメな部分について話し合うことで、他人も同じようにしてくれるようになる。

自己認識とは、優越感や過信を捨てることだ。

人は何かを成し遂げると、自分の力を過大評価し、他人の貢献や運を過小評価するものだ。自分の力を過信すると、助けてくれた人は離れていき、共感を持たれなくなる。人はみんな自分のことを少し気にしすぎ、他人の気持ちには少し鈍感なものだ。数多くの優れたアーティストや起業家が、有名になるにつれて孤立し偏執的になっていくのを、僕は見てきた。周囲の人の下心を疑うようになるのかもしれないし、自分たちを偉いと思いはじめるのかもしれない。そうなるといずれにしろ、自分の成功を支えてくれた人たちとの純粋なつながりが切れ、共感も失われる。他人の問題に共感できなければ、実効性のある解決策を思いつくことができなくなる。

謙虚さを思い出させてくれる何かを生活の中に持つことは、過信を防ぐことにつながる。たとえばそれは、心を開かせてくれるような精神の拠り所だったり、地に足をつけてくれるようなパートナーだったり、何かを知りたいと思わせてくれる果てしない好奇心かもしれない。成功は周囲の人のおかげで、失敗は自分の責任だと思ったほうがいい。

つまるところ、自己認識ができるということは、健全な判断力を保ち、周囲とつながり、現実的であり続けられるということだ。あなたのプロジェクトや夢がどれほど大きくても、起業の旅とは、次から次へと決断し続けるということ以上の何ものでもない。いい決断をたくさんしても成功するとは限らないが、悪い決断をひとつでもすれば失敗が待っている。明晰な判断力が何よりも大切なのだ。自分や周りのことを知れば知るほど、判断材料は増え、よりよい決断ができるはずだ。

おさまりのいいものは誰も覚えていないし、感動しない

これまでにない事業をつくろうとしている場合、それを手っ取り早くわかってもらおうとして、既存のビジネスの枠組みを使って説明をしたくなってしまう。たとえば、「ウーバーのマッサージ版」とか、「ひげそり界のアップル」とかいった具合に。

他人に理解してほしいと願うのは自然なことだが、それが同調圧力のもとになる。既存モデルに乗っかる形で理解を得ても、制約のない自由なイノベーションは生まれない。

このトピックについて、僕がなるほどと思っているのはジェームズ・ヴィクトーレの考え方だ。ジェームズは広く業界の尊敬を集めるデザイナーで、次世代のデザイナーを育てることに人生の一部を費やすほど熱を入れている。僕は、ジェームズが学生のために開いているワークショップに参加させてもらった。ワークショップのテーマは、既存の枠組みにおさまろうとする衝動に抵抗するということだった。僕はジェームズに、どうして一見奇妙に思えるものがいいのか、彼自身がこのことにど

う取り組んでいるかを尋ねてみた。

僕はつくりたい作品をつくる。そうすることしかできないんだ。生まれたときからそうだし、誰かのふりはできないから。もちろん、今の流行や時代の空気はわかっているけれど、僕にとってはそんなのどうでもいいんだ。イマドキの商業的なスタイルに合わせることも、僕にはできない（みんなはやってるけどね）。それに流行とは変わっていってしまうものだ。だからこそ、僕の作品が今も時代遅れにならないんじゃないかな。僕の作品みたいな作品は、僕にしかつくれないから。

生まれつき「変なやつ」ってことは、才能があるってことだ。生まれつきのスターアスリートと同じようなものだと思う。その才能を否定したら罪になる。僕は「変」だから強いんだ。変だから目立つ。変だから他人やクライアントに気に入られることもあれば、嫌われることもある。それでいいと思ってる。僕は万人向けじゃない。かっこいい人向け。君みたいにね。

自分だけのレアなこだわりを追いかけていると、それに共感できない人からは反発を食らう。排除されるかもしれない。ほとんどの人には理解されないだろう。しかし、未来はいつも少数派からはじまる。未来を先取りしようと思ったら、大衆を喜ばせることを狙うより、自分のプロダクトを愛してくれる少数のファンを狙ったほうがいい。

ジェームズは、「変な自分」を受け入れるべきだと僕たちに教えてくれる。他人が理解できない、自分の誇れる部分を愛してほしい。それが、あなたの最大の強みだからだ。ジェームズは僕たちに、自分の変な部分や、他人からの拒絶を、独創性のバロメーターとして使うように言って、励ましてくれる。僕たちは、誰からも受け入れられるプロジェクトを目指していないだろうか？　誤解を恐れて、自分を抑えていないだろうか？　わかりやすいものをつくろうとして、可もなく不可もないところに落ち着いていないだろうか？

普通のものや慣れたものに落ち着こうとする社会の引力に負けないでほしい。ぐちゃぐちゃな旅の途上でよくある最悪なことといえば、大胆で斬新なアイデアが、引力に引っ張られていつのまにか平凡なものに成り下がってしまうことだ。そんなことにならないでほしい。世の中は同調を求めるものだ。でもあなたには決まり切った枠を破って、違うものの見方を示してほしいし、僕たちの生活をよりよいものにしてほしい。

かつてアメリカ人アーティストのソル・ルウィットはこう言った。「たまには世の中に『くそくらえ』って言えるようになろう」[11]

あなたにしかできないことをしよう。

自信のなさを振り払おう

僕の父は、ニューヨーク市のベルビュー病院のレジデントとして、医師のキャリアを踏み出した。父は救命救急室で多忙な夜を何度も過ごし、薬物の過剰摂取やそのほかの深刻な症状に苦しむ患者たちを診てきた。

救命救急室に勤務していた頃の父から、不安が引き起こす体や心の問題を抱えている患者には、注射または錠剤で「オベカルプ（OBECALP）」という薬を処方するのだと教わったことがある。オベカルプを処方するとほとんどの人は落ち着きを取り戻し、医師や看護師と会話できるようになったそうだ。

オベカルプとはもちろん、プラセボ（*placebo*）、つまり偽薬を逆さに読んだだけだ。

この20年間、多くの治験で不思議な現象が見られている。偽薬の効果が強まっているのだ。2015年に専門誌に掲載された研究によると、1996年に本物の鎮痛薬は偽薬に比べて27パーセント高い効果があった[12]。それが2013年になると本物と偽薬の差はわずか9パーセントに縮まっていた。さらに不思議なことに、この現象がアメリカだけで見られるということだ。新しい鎮痛薬がなかなか治験を通らないのには、そういう理由もある。偽薬は強力だ。患者にとって、薬が回復力を与えてくれるという希望こそが必要な場合もあるのだ。

先行きが暗く、希望を失いかけるような厳しい場面で落ち込むと、状況は悪くなるだけだ。自分の考えを疑いはじめ、自分をダメな人間だと思い込み、チームの力も足りないと感じるようになる。あなた自身が最悪の敵になり、自分の計画も能力も信じられなくなる。そうなったときに必要なのが、一粒の偽薬だ。しかも、今すぐに。

ここで思い出してほしいのは、社会には、はみだし者を排除する強力な免疫系が働いているということ。あなたの自信のなさは、そのせいだと考えてみよう。あなたが自分を疑うのは、人と違うことをしているからで、社会があなたを止めようとしているからだ。あなたの身体は、異物を取り除こうとする社会の力に抵抗しようとしている。既存の仕組みに大人しく従う人ばかりだったら、イノベーションや変革は生まれないはずだ。ビジョンに行動が伴って、はじめて進歩できる。あなたが感じている絶望は、進歩の前に必ず訪れるものだ。免疫反応が効き出す直前、人は具合が悪くなる。その時期を乗り越えるために、時には思い切って偽薬を飲み込むことが必要になる。疑いを乗り越えるということは、自分への不信を先送りするということだ。地に足をつけて決断を下すことは大切だが、現実から離れて可能性に夢を膨らませることもあっていい。

グーグルの共同創業者のラリー・ペイジと仕事をしていた友達が教えてくれたのだが、プロダクトやビジネスの目標をラリーに提案すると、よくこんな質問をされたという。

「どうしたら、その提案の１００倍の目標を達成できるかな？」

もちろん、そんな目標は夢のまた夢だ。でもラリーの質問はチームにまったく違うことを考えさせる。チームがはるかに大きなインパクトを狙える何かを考える行為自体に、大切な効果がある。まず、今チームが抱えている不安が、新しい課題に比べてはるかに小さなものに思えてくることだ。次に、チームは自分たちに刷り込まれた思い込みを疑い、現実の引力から自分たちを解き放たなければならなくなる。ある意味で、ラリーはオベカルプを処方して、チームの自信のなさを先送りし、希望を呼び起こしているのだ。

あなたもまた、あなたなりの偽薬を上手に自分に飲ませる方法を見つけ出さなければならない。もしかしたらそれは、未来のプロダクトがどんなふうに見え、感じられるかを大胆なストーリーにしてチームで何度も唱えることかもしれない。あるいは、まさかの時に備えて計画を立て、メンバーの不安を減らして前に進めるようにすることかもしれない。自信のなさを先送りした状態で何が可能かを思い描くことで、些細な問題を気にやまなくて済むようになる。その目標が心に持てたら、一つひとつできることを実行していけばいい。

自分にどんな力があるかを、あなたはまだ知らない。仕事をうまくこなしていくにしろ、起業するにしろ、病気を乗り越えるにしろ、ある種の偽薬を飲んで不安を止めることが、前に進むための大きな力になるはずだ。

諦める前に見方を変える

本当に状況が厳しい場合、どんなときにやり続けるべきで、どんなときに諦めるべきなのだろう?

アンジェラ・ダックワースは20代の終わりにマネジメントコンサルタントの仕事を辞めてニューヨーク市の中学校で数学を教えはじめた。そこで、生徒が成功するかどうかは、何よりも努力できるかどうかにかかっているのだということが見てとれたという。興味をひかれたアンジェラは、なぜ一部の人はほかの人たちよりはるかに必死に努力するのかを研究しはじめ、ペンシルバニア大学の心理学の博士課程に入学した。そして2016年、自分の発見をまとめて『やり抜く力』(原題*GRIT*)を出版した。[13] アンジェラは、失敗と成功を分けるのは「やり抜く力《グリット》」、つまり長期的な目標の達成に向けた情熱と粘り強さの両方があるかどうかだと書いた。

「グリットはスタミナがあるということです。未来を信じて、粘り強く、その週やその月ではなく何年ものあいだ、くる日もくる日も、未来を現実にするため必死に努力することです。グリットとは短距離走ではなくマラソンを走るように人生を生きることです[14]」

アンジェラは2013年のTEDトークでそう言っていた。

しかし、必死に努力するということは、痛みを見せないことでもなければ、すべてがうまくいっているふりをすることでもない。アンジェラは『ニューヨーク・タイムズ』のインタビューにこう答えていた。「健康で成功し寛容な人たちは、並外れた自己認知能力を持っています。『しまった！　今朝、癇癪《かんしゃく》を出しちまったよ』なんて言えるんです。そうした、自省の能力もまた、グリットの特徴です」[15]

旅の途上で、諦めるべきかどうか悩むときがきっと来る。その瞬間にはわからないが、あなたの苦しみは、ライバルや模倣者にはできないような、新しい何かに取り組んでいるという印かもしれない。問題は、プロジェクトの成功を分ける境界線までもう一歩のところまで近づいているのか、それともただ疲れているだけなのか、あなたの信念がもしかしたら間違っているから大変なのか、ということだ。

これまで進めてきたことをすべて諦めてまたはじめからやり直すというのは本当に難しいことだが、大胆なプロジェクトにはそんな「リセット」が何度もある。僕らの時代で最も開発が難しくて重要な、消費者向け製品のひとつにiPodと、その後のiPhoneが挙げられるだろう。そこで、僕はトニー・ファデルに、どんなふうに多くの行き詰まりを乗り越えて前に進んで行ったのかを聞いてみた。トニーはスティーブ・ジョブズがiPodとiPhoneの開発責任者として雇い入れた人物で、その後スマート室温計の会社、ネストを立ち上げた。

トニーの説明はこうだ。「リセットには2種類あると思う。ひとつはプロダクトの規格がユーザーのニーズに合っていない場合。もうひとつは、エンジニアリングが原因の場合。つまり、今この社内外のチームやテクノロジーでは、計画が実行できない場合だ。iPodの開発からiPhoneの開発に至る道のりで、何度も何度もリセットがあった。まず、iPodをもとにiPod Phoneの開発を試し、それから大きな画面のiPodを試し、タッチスクリーンのMacを試し、それから全部を一緒にしてiPhoneの開発を目指した。そのあいだずっとテクノロジーとユーザーエクスペリエンスのバランスがぴったり合うところを探していた」

振り返れば当たり前のことに聞こえるけれど、数か月も数年もひとつの方向を追いかけたあとにリセットボタンを押すのは、ドッと疲れるしチームのモチベーションも下がる。それでも、そのプロダクトやサービスに確信を募らせ、失敗から学んでいる限り、どこからかやる気とエネルギーが湧いてくることをトニーは感じていた。

「そのプロダクトなりサービスがなぜ存在すべきなのか、その根っこにある理由が正当なものなら、チームはたいていの場合その挑戦を受けて立つものだ。もちろん、時間とカネをあまりにも無駄遣いしすぎないことが前提だし、たまにクレイジーで意外な方法をとってもその挑戦がチームの知的な学びにつながることも前提だ。僕たちはチームとして、リセットのたびに、自分たちが何を学んだか、どの前提が変わったか、変わらなかったかをきちんと言葉にして復習していた。それを『学習期間』と呼んでいた。そうやって教訓を意識して、次の挑戦に進むエネルギーをかき集めていたんだ」

ここで大切なのは、自分たちが学んでいることと、困難さを切り離すことだ。前提が間違っていることを学んでいるとしたら、たとえば、ユーザーが自分たちのプロダクトを求めていなかったり、間違ったものをつくっていることがわかったりしたら、こう自問してほしい。今わかっていることをすべて知っていたとしたら、もう一度最初からこのプロジェクトを追いかけるだろうか？　この問題を解くために、もう一度はじめからお金とエネルギーを使ってここまで深入りするだろうか？

もし答えが「イエス」なら、諦めてはいけない。続けたほうがいい。進歩のなさにイライラしたり、気分が萎んでしまうことがあっても、確信を持ち続けている限りはかまわない。

でも、答えが「あり得ない！　時計を巻き戻せるなら、こんなグダグダのプロジェクトじゃなくて、まったく違う方向を目指すはず」と思うなら、なぜ続けているのかを自問したほうがいい。これまでの努力が無駄になるからやめられないのか？　ハマり込みすぎて抜けられなくなってしまったのか？　ただのエゴのせいか？　どれほど大変だったかや、諦めたらどれくらい損をするかに価値を置くのはやめたほうがいい。

「諦めなければいつか勝つ」という常套句は、僕は好きじゃない。最初のアイデアを諦めてピボットしたあとに大成功を収めたスタートアップをたくさん見てきたからだ。ツイッターも、ピンタレストも、エアビーも、そのほかの多くの会社が、最初は違うアプローチをしたり、まったく違うプロダクトで起業したりして、そのあとに別のやり方で正解を見つけている。確信を失っているのに、これまでに投資したことや達成したことを捨てるのが惜しくて方向を変えないとしたら、間違った理由で続けているということだ。

全部を諦めるのではなくて、問題への取り組み方を変えようとしているならば、間違いだとわかった過去の結果をすべて捨てることが大切だ。何年もアップルで働いていた僕の友達は、スティーブ・ジョブズはよりよい解決策を見つけると、何のためらいもなく瞬時に心変わりできると言っていた。

ジョブズは、何かがうまくいっているからといって決して自動運転モードにはならなかった。彼のこだわりの強さは有名だが、こだわりをすぐに捨てることもできた。スティーブはまさに、「強いこだわりを弱く持つ」人間の代表格だった。こだわりを捨てることでやっと、心から新しい取り組みに挑戦することができる。

心配ごとと自分を切り離す

アレクサ・ボン・トーベルにとって、2015年の春は人生で最もエキサイティングで、かつ大変な時期だった。個人の家計と資金計画を助けるために5年前に立ち上げたラーンベストが3500万ドルの資金調達に成功し、複数の企業から買収の打診を受けていた。この会社が成長するうえで大切な節目を迎え、アレクサは経営陣の総入れ替えを終えたところだった。しかも、明日にも第一子の出産を迎えてもおかしくないという状態だった。そのうえ、まだチームの第一線に立って働き、会社の顔として表に出ていたし、金融業界の顔としての役割もますます担うようになっていた。

「不思議なことに、クレイジーな忙しさだったからこそ、判断力や客観性が研ぎ澄まされたんだと思う」。そうアレクサは僕に語ってくれた。「トライアスロンをやってるような感じだった。何マイルか泳いだり、数百マイルを自転車で走ったりするくらいでヘトヘトになってなんていられなかったの。だってそのあとにマラソンを走らなくちゃならないんだから。大変なことが全部一度に降りかかってきたからこそ、落ち着いて俯瞰する力が生まれたし、何が大切なのかが再確認できた。そのときたくさん抱えていた大変なことのひとつだけに悩んでる余裕はなかったのね。客観性を失うと判断を間違えてしまう。人生の大切な瞬間が全部一度にやってきたのはいいことだった。矛盾するようだけど、ある瞬間にドッと忙しいほうが、客観的に自分を見られるようになって、いい判断ができる。新しい命をこの世に生み出すということは、当たり前だけど、自分を俯瞰して見る機会になるの」

アレクサはたくさんの試練を抱えていたからこそ、その中のひとつに思い悩むことはなかった。試練を一つひとつ切り離して考え、未来に目を向けてそれぞれに力を入れることができた。アレクサは事業売却の決断をする際に、3種の関係者に目を向けた。株主と社員とユーザーだ。そしてみんなにとって一番いいと思えることをした。アレクサはラーンベストをノースウェスタン・ミューチュアルに推定3億5000万ドルで売却し、その4日後に赤ちゃんを出産したのだった。

アレクサは長期的な視点で、試練をひとつずつ個別に乗り越えていった。母になり、チームを率い、会社のためにいい結末を確保するという、最終的な目標の全体像を俯瞰できたから、日々の問題は些細なものに思えたのだ。

自分のキャリアの中で一度に大変な試練がいくつも降りかかってきたら、それぞれの試練を個別に切り分け、明日はよくなると自分に言い聞かせよう。切り分けるということは、辛さを否定することでもなければ、葬り去ることでもない。一度にひとつの試練に向き合い、ひとつの試練から学んだことを別の取り組みに活かすことだ。台風はそれ自身が生き物のように感じるが、本当はただの気象の変化にすぎないし、動いていくものだ。

試練が重なる時期に、悩みを一つひとつ切り離して考えることは難しい。だが、日常でもなかなかできることではない。背負う責任が増えるほど、心配が大きく膨らんで目の前のことに手がつかなくなってしまう。前進するには、その瞬間の心配ごとや不安から自分を切り離し、精神と活力をコントロールして、すべてうまくいくと自分に言い聞かせてほしい。

「不安をまぎらわせるための仕事」にとらわれていることに気づく

大変な時期を過ごしているうちに気がついたことがある。それはものすごく長い時間を、データや自分たちへのフィードバックを見ることに費やしていたということだ。日々の売上データ、サイトのトラフィックの傾向、ツイッターでのコメント、ユーザー解析、チームの進捗、それ以外にもたくさんのことをいつもチェックしていないと気が済まなかった。人によっては、スプレッドシートに没頭して予算数字をいじくっているかもしれないし、自分が送ったメールの返事がいつくるかと何度もチェックしているかもしれない。仕事が不安で仕方がないと、つい何かをチェックしてお手軽に不安をまぎらわせたくなるものだ。そうやって何かをチェックすることに一日を費やしていると、本当の変化を生み出すことができなくなる。

僕はこれを「不安をまぎらわせるための仕事」と呼んでいる。つまりそれは、次のような仕事だ。

1　結果を生み出さない
2　前進につながらない

3　お手軽なので日に何度も無意識にやってしまう

「不安をまぎらわせるための仕事」をすれば気は休まるが、それでは何も果たせない。

そんな習慣をやめるには、自己認識力を高め、自分を抑え、他人に仕事を任せるしかない。何度も同じワードを検索しているにしろ、まるでぐつぐつ煮えている鍋を見張っているように絶え間なく受信箱をチェックし続けているにしろ、まずは自分が不安をまぎらわせるためにどうしているかを認識し、その行動を変えたほうがいい。特定の質問にはまり込んで30分も答えに悩んでいるとしたら、「どうしてその質問が重要なのか、答えは実行できるのか」を自問してみるといい。その答えが実行可能でなくただ自分を安心させるだけのものならそれは、おそらく不安をまぎらわせるための仕事と思っていいだろう。

不安をまぎらわせるための仕事がどれかわかったら、自分でガイドラインと習慣を決めるといい。たとえば、自分が知りたいことのリストをつくって、一日の終わりに30分だけそれをチェックしていいことにする。蚊に刺される場所を1箇所に集中させ、一度にかゆいところをまとめてかくようなものだ。

不安をまぎらわせるための仕事に費やす時間を減らせれば、心が解放され、元気になり、新しいアイデアを生み出し、実行する時間ができる。

前を向く

人生の一番困難な時期を乗り越えるにしろ、日々の浮き沈みに耐えるにしろ、すでに起きたことを心配し続けるのをやめて、前を向くことではじめて前進できる。

このあいだ日本に旅行したとき、僕は寺院を訪れて、石庭とその背後にあるデザイン哲学について学んだ。石庭では、美しく磨かれた細かい石が熊手で精密に線引きされ、石庭の重しになる大きな岩の周りに見事な文様が描かれている。その線引きの作業の中に、禅の哲学が込められている。線の一本一本を気にしすぎると、まっすぐにならない。熊手を引きながら自分が進む先のほうを見ていると、線がまっすぐになる。

こうした禅の哲学が、チームを率いて日々の困難を乗り越えながら、長期的なビジョンを見失わないというリーダーのあり方に似ていることに、僕は心を打たれた。足元の小石の列ばかりに気を取られ、うつむいて熊手を引いているとキレイな線は描けない。僕たちが毎日やってしまう不安をまぎらわせるための仕事もまた、足元にある気になることだけに目をやって、先々どうなりたいかに目を向けずに、旅を率いるのと同じだ。でも、頭の中の心配ごとを一つひとつ切り離して、日々の難題にあまり気を取られず、前を見つめていれば、あとで振り返ったときにキレイな線を引いていたことに気づくだろう。そうしていれば夢に大きく近づくことができるはずだ。

視界を開くような問いを発する

旅の途上で出合う苦しい経験の大部分は、不確かさに耐えるということだ。それは、深さもわからず、どんな生き物がいるかもわからない暗い海を泳いで渡るようなものだ。しかし時としてそこに灯りが見えることがある。その灯りは、水平線全体を照らすような明るい光ではなく、周囲の様子が少しだけわかって安心できるようなスポットライトだ。そんな瞬間にだけ、自分がどこにいるのか、自分の後ろがどうなっていたか、次に何がやってくるかが突然目に入る。

僕が長年にわたって率いてきたチームやアドバイスしてきたチームは、そうした灯りの差し込む瞬間に、大きな進歩を成し遂げることに成功している。理想的なブランドを構築したり、ライバルにない機能を搭載したり、プロジェクトの軌道を大きく変えるような決定を下したりできるのは、そんな瞬間だ。では、どうしたらその灯りをともせるのだろう？　そして眩《まぶ》しさに目がくらんでしまわずにいられるのだろう？　何がきっかけで、周囲がはっきりと見える瞬間が訪れるのだろう？　その瞬間を活かすには、どうしたらいいだろう？

ペリスコープにとってそんな光の差す瞬間が訪れたのは、２０１４年のはじめにライブ配信サービスを開始したときだった。その一筋の光が、その後のプロダクトの大改編のきっかけとなり、ツイッターによる買収につながった。

ペリスコープ創業者のケイボン・ベイクポールとジョー・バーンスタインに僕がはじめて会ったとき、彼らはバウンティという別のプロダクトを開発中だった。バウンティが目指したのは、世界中の誰でも、料金を支払えば、特定の場所や出来事の近くにいる人にその写真を撮って送ってもらうように依頼できるようなプラットフォームだった。アイデアはよかったが、ソーシャルメディアの領域全体で起きていることや、立ち上がったばかりのライブ動画配信についてチームで何度もブレインストームをするうちに、わずか数日でこの会社の前提となる考え方が大きく変わっていった。

当時、ソーシャルメディアに掲載されるのは、写真と録画された動画がほとんどだった。フェイスブックにしろ、ツイッターにしろ、スナップチャットにしろ、そこにあげられている写真や動画は過去に起きたことだった。そこから臨場感は伝わってこない。人は、自分の目で出来事を目撃すると、より共感やつながりを覚えるものだ。だが動画は、たとえそれが生番組であったとしても、自分ごとと思ってはもらえない。

僕はペリスコープのチームとこのことを話し合い、さらにスマホの伝送速度が上がっていることも踏まえて、「ライブ配信が可能になるなかで、どんなソーシャルな体験が真実性と共感を育むだろう?」と考えた。この核心を突く問いをきっかけに「瞬間移動（テレポーテーション）」のアイデアが生まれた。つまり、誰もが配信者の目を通して経験を共有し、かつ配信者と対話することで目撃している出来事に影響を与えることができないかと考えたのだ。瞬間移動という思いつきによって一瞬光が差し込み、すべてがはっきりと見え、ペリスコープの方向性が変わった。それから何日もしないうちにケイボンとジョーは新しいプラットフォームをつくり、動画のエンジニアを雇い入れた。そして、この新しいビジョンをもとに資金調達を行った。それからの活躍はみんなも知る通りだ。

まだ周りがはっきりと見えないチームや、行き詰まりを感じているチームは、もともと解こうとしていた問題への新しい解決策を考えるより、問題や問いそのものを考え直してみることが突破口につながる。時間もリソースも限られている（ストレスの多い）なかで決断を下す場合、もともとの前提を受け入れて、そのまま前に進み、新しいプロダクトや機能をつくりがちで、そもそも解こうとしていた問題や前提そのものを問い直すことはなかなかしない。

スランプに陥った作家であれ、ユーザーからの要求になかなか応えられないスタートアップチームであれ、問いを変えてみることが解決になる。今、「どうして自分たちのプロダクトに人が集まらないのか」という問いに悩んでいるとしたら、「自分たちのプロダクトで一番得をするのはどんな人たちか？」と問うてみるといい。道に迷ってどうしていいかわからない場合には、問いを変えてみよう。

僕たちが考えているより、問いには答えを導く力がある。トム・ブロコーやケイティー・クーリックといった優れたジャーナリストを観察していると、いい質問をするには、経験と技術がいることがわかる。議論を避けるために答えの予想できるような質問をするのはやめよう。誰かを責めるような質問は、言い訳しか生み出さない。たとえ話のような問いからは、ユニークな答えが出てこない。イエスかノーかを問う質問では、議論が発展しない。

優れた問いを発することで、視界がパッと開かれる。いい問いが真実を表に出し、心を開く。ユーザーの痛みに共感し、埋没費用を無視し、思い込みを捨てて問題の根っこをつかむことによって、いい問いがじわじわと浮かび上がってくる。新しいものをつくるときには、正しい答えを探るよりも、正しい問いを見つけることに努力しよう。

前進するにはリセットしかない

何もかもうまくいかず、やる気が地に落ちたとき、どうやって回復したらいいだろう？　プロジェクトに失敗したり、クビになったりしたら、どうやって気持ちを立て直す？

キャスリン・ミンシューは、ニューヨーク発の人気キャリアサイト「ザ・ミューズ」の共同創業者だ。だがその前に自分がつくった会社、プリティー・ヤング・プロフェッショナル（ＰＹＰ）をクビになってしまった。

マッキンゼーに勤めていたミンシューは、２０１０年に若い女友達３人で、ＰＹＰを立ち上げた。ピンクのハイヒールがトレードマークの、女性のための女性のネットワーキングサイトだった。２０１０年12月、ミンシューは３人の中で最初にマッキンゼーを辞め、無給のＣＥＯとしてフルタイムでＰＹＰを運営することにした。このときの決断を、ミンシューは『フォーブス』のピーター・コーエンにこう語っていた。「若い専門職の女性に役に立ち、女性に力を与えるようなコンテンツには大きな可能性があるんです。賢い女性が見たがるような賢いコンテンツが足りません」。この想いが、後にザ・ミューズを生み出した。今、ザ・ミューズは５０００万人のユーザーを抱えるまでに成長し、その65パーセントは女性だ。

しかし、PYPの立ち上げまでの道のりは順調なものではなく共同創業者のあいだのいざこざが絶えなかった。何度もデザインを変更し、経営方針も食い違ったことから、創業から1年足らずでミンシューは難しい選択を迫られた。『アントレプレナー』誌にミンシューはこう語っていた。「3週間もベッドとホワイトボードのあいだを行ったり来たりして、この会社のために闘うか、諦めてはじめからやり直すかを悩んでいました[16]」。最終的に少数株主のふたりの共同創業者が、法的な脅しをかけてCEOのミンシューを追い出した。「裏切られるとは思ってもみませんでした。本当にショックでした[17]」。そうミンシューは振り返る。残ったふたりは、レボ・リーグという新しい（今も続いている）サイトを立ち上げた。

ミンシューは自分を憐れむこともできたし、夢を諦めてもよかった。だが、彼女はリセットすることにした。裏切られてから数か月もしないうちに、デイリー・ミューズ（今はザ・ミューズ）を立ち上げ、自分のやり方でキャリアサイトを運営することにした。PYPのスタッフ（そのほとんどはミンシューが雇った人だった）とPYPのもうひとりの創業者がミンシューのもとに集まった。ミューズは立ち上げたはじめの月に、PYPのピーク時を超えるアクセスがあった。

「辛い経験でしたが、無理にやり直さなければならなかったことが、ある意味でよかったんだと思います。大変なことを一緒にたくさん経験したからこそ、チームに自信がつきましたし、自分たちを誰も止められないと感じることができました[18]」

ミンシューは『アントレプレナー』誌にそう語っていた。2011年11月、ザ・ミューズはYコンビネーターのアクセラレータープログラムに受け入れられた[19]。

今ミューズはミレニアル世代に最も信頼されるキャリアサイトで、ゴールドマン・サックス、ウェルズ・ファーゴ、ギャップ、HBO、コンデナスト、ブルームバーグなど数多くの企業の求人や企業案内を掲載している。「実生活で私が憧れるのはだいたい、壁を打ち破ったり、大きな障害を乗り越えた人です。個人的に達成したことというより、誰かのために道を切り開いた人にすごく憧れます[20]」。ミンシューは専門誌のインタビューにもそう答えていた[21]。ミンシューもまた間違いなく、道を開いた人のひとりだ。

ミンシューの話は、例外ではない。衝突は失望につながり、その後新しい自己認識と自己検証を経て、最後に新たな目的意識のもとに再挑戦がはじまる。リセットの過程には6つの段階がある。怒りを感じ、一歩引き下がり、状況を分解し、自分の役割を認識し、自分の筋書きを描き、試合に戻る。

①怒りを感じる

怒りと失望がどうしてもおさまらないときには、そんな気持ちになる自分を許して、怒りと失望を自分に感じさせてほしい。その感情は本物だし、否定しても怒りが消えるどころか、ますますひどくなり、生活のほかの面にその気持ちが漏れ出してしまうからだ。

②一歩引き下がる

次に、一歩引いて自分を俯瞰してみよう。うまくいかないことがあって、あなたは怒り、動転している。でも人生は一度だけだ。怒りがおさまらず自分を正当化したくなるかもしれないが、気持ちを切り替えたほうが、脳が鎮まりいい判断ができる。今いる状況から一歩引き下がるのは難しいかもしれないが、休憩を取ったあとには、休みがなければ回復できなかったと気づくはずだ。1週間海外旅行をしてもいいし、ビーチに行くだけでもいい。あなたは自由だし、生きている。それを忘れないでほしい。

③状況を分解する

怒りがおさまって、その出来事といくらか距離を置いたら、健全な心と客観的な頭で状況を分解してみよう。どこで失敗したのだろう？　それは予想できていたことか？　なぜ見えていたのか、もしくはなぜ見えていなかったのか？　誰が何をなぜ言ったのか、ひとことひとことを思い出してみよう。ほかにどんな外部要因が影響していただろう？　パートナー、配偶者、親しい友達に、彼らの見方を聞いてみよう。彼らは状況をどう分析しているだろう？　今は学びの段階だ。誰かに責任を押しつけようとしているわけではない。何が起きたかを理解しようとしているだけだ。偏りのない目で犯罪現場を捜査する刑事になったつもりで、結論に飛びつかず、できる限りデータを集めよう。

④自分の役割を認識する

状況の全容が理解できたら、その中で自分が果たした役割をしっかりと認識しよう。今考えて間違っていたと思う自分の判断はどれだろう？　自分がしっかり周囲に伝えられなかったことは何だろう？　過大評価、もしくは過小評価していた人やものは誰、または何だっただろう？　もしやり直すとしたら、どうするだろう？「もし～だったら」という仮定は、お互い様だということを心に留めよう。外部要因や問題を未然に防げたかもしれない人だけを挙げて、「もし彼らが違うようにしていれば（こんなことにはならなかったかもしれない）」と思うなら、自分についても同じように、「もしあのとき自分がこうしていれば（こんなことにはならなかったかもしれない）」と考えてほしい。そうした学びを吸収するごとに、未来の可能性が広がる。

また、自分の間違った言動で迷惑をかけた人たちとのわだかまりも解消したほうがいい。自分が傷つけたかもしれない仕事仲間やクライアントや投資家に声をかけ、今の自分の見方を伝えよう。けじめをつけるのは彼ら彼女らのためでもあるし、自分のためでもある。自分がやったことの責任を認めて溝を埋めてはじめて、まっさらな状態で再出発できる。そうしたけじめがなければ、罪の意識や怒りを処理するのに無駄なエネルギーを使い続けることになってしまう。

⑤自分の筋書きを描く

ここでやっと、これまでの自分の体験と未来に向けた計画をつなぐことができる。まずは、起きたことと学んだことを書き出そう。この部分は筋書きを描くというより、何が起きたか、そこから何を学んだか、次にどうしたいかをまとめる時間だ。次のプロジェクトをはじめるにあたって、自分に伝えるストーリーがここだ。だが何年か経ったあとに、これからの試みに過去の経験がどう関係するかという文脈で、誰かにこの部分を話すことになるはずだ。失敗からの立ち直りと学びのストーリーを他者に伝えることで、ピンチがチャンスに変わり、周囲を刺激し、信頼と尊敬を得ることができる。僕はキャリアチェンジをする人や、挫折から立ち直ろうとしている人に、たとえ公開しなくてもブログや長い手紙を書くことをいつも勧めている。

⑥試合に戻る

痛い失敗から学び、明確なストーリーができたら、再び行動に戻ろう。新しい方向に進むには、何歩か後ろに下がることを覚悟してほしい。以前より少しだけ小さな夢からはじめなければならないかもしれないが、それでも前に進んでいることには違いない。自分が純粋に興味のあるプロジェクトを進めていて、自分が役に立っていると感じられている限りは、正しい方向に進んでいるはずだ。過去の経験が蘇り、自信を失いそうになったら、失敗からの学びを活かしてこれから先の困難を以前よりもうまく乗り越えられる自分になっていることに目を向けてほしい。ボロボロにやられたあとでもう一度挑戦するのは、簡単なことではない。でも、大切なことはどれも、簡単にはいかないものだ。

あなたは立ち直れるし、成功できる。一歩一歩、進んでいくしかない。

3.

長丁場を闘う

長丁場の試合には、従来の生産性の指標に合わない動きが必要になる

人間というものは、驚くほど目先のことしか考えられない。因果関係を見つけて、自分たちの言動が短期的にどんな結果を引き起こすかを予想するのは得意だ。だが連鎖反応を考えて未来のチャンスのために土台を固める作業は苦手だ。長丁場の試合に参加し、その期間を耐え抜くには、まったく違う手段が必要になる。

先の長い仕事では、時として生産性を無視しなければならないこともある。たとえば、近々取引してくれそうな相手とだけ会うのか？　それとも、何年も先にならないと協力できそうもない相手と関係を築こうと努力するのか？　たとえ忙しいなかでも、ブレインストーミングのためのブレインストーミングに進んで時間を費やしているだろうか？　今この時点で自分の欲しいものを与えてくれそうな人とだけ付き合うのか？　それとも、今相手が進めているプロジェクトは失敗しそうでも、その先の可能性を信じて誰かに投資できるだろうか？　長期的な行動を大切にしていると言う人は多いけ

れど、それに必要な忍耐力のある人はほとんどいない。

長丁場を乗り切るのに必要なのは、好奇心だ。何かに純粋に好奇心を持っていれば、従来の方法で生産性を測ったりはしないはずだ。むしろ、ぬかるみにはまったことを喜び、新しいことを学んで充実感を覚えるだろう。やるべきことリストをただこなしているとは感じないはずだ。好奇心があれば、いい結果を求めるのではなく、知りたいと思うことを知るためにすべての選択肢を探るだろう。

僕の知るスゴ腕のベンチャー投資家たちもまた、人並み外れた好奇心の塊だ。たとえば、オープンテーブル、スティッチ・フィックス、ジロウ、ウーバーといったスタートアップを支えてきた有名投資家のビル・ガーリーは、超多忙ななかで自分の好奇心をとことん追求する。輸送業界についてであれ、腫瘍学についてであれ、救急医療についてであれ、何か月でも何年でも興味のあることを学び続ける。いい投資機会がそこにあるかどうかや、それがいつになるかは考えない。ガーリーは、今すぐに投資できるものを追いかけてはいない。深く学ぼうとしているのだ。

長丁場の試合は、他者が関わるとますます大変になる。長い長い先のことを本気で見つめて目の前のチャンスを断っていると、誰もが頭をひねりはじめる。先を見据えた関係や、好奇心からの探求や思考実験といった、あなたが植えている種が、社会的にも金銭的にも周囲から認められることはあまりない。

長期的ビジョンで知られるアマゾン創業者のジェフ・ベゾスは、2009年のアスペン・インスティチュートの講演で、こう語っていた。「長いあいだ誤解され続ける覚悟がなければ、新しいものを発明することはできない。自分が純粋に信じること、長期的な確信のあることをやろうとすると、善意の人たちがその努力を批判する[22]」

この時期を耐え抜くには、賞賛を求めず、理解されようとしてはいけない。長丁場の試合では、意志の固さと忍耐力と好奇心の純粋さが試される。

戦略は忍耐によって育つ

業界を一変させ、時代を象徴するようなブランドをつくり出すためのアイデアを持った人は世界中にいくらでもいる。だが、自分のビジョンを実現させるまで長期にわたって戦略を遂行できる人はほとんどいない。

時間や現実を無視して偉大な戦略を思いつくのは簡単だが、その後の長いあいだの試行錯誤と苦労と厳しい現実（旅の途上の混乱！）を経てはじめて、その戦略が実行できる。戦略を先に進めるには、自分自身の期待値と前進の手段を戦略にもう一度組み入れ、チームが辛抱強く自分についてきてくれるような組織文化と構造をつくり上げなければならない。

人も企業も、同じくらいにせっかちだ。四半期業績によって評価される大組織の中でプロジェクトを進める場合には、大胆な戦略を実現できるだけの時間と空間を得ることがほぼ不可能と言っていいくらいに難しい。

だからこそ、文化的にも組織構造的にも忍耐を育むようなシステムを構築しなければならないし、長期的な闘いをさまざまなプレッシャーから守り抜く覚悟がリーダーには必要になる。

忍耐を育む文化

1997年、アマゾンが上場した初年に、ジェフ・ベゾスが投資家に宛てて書いた手紙は有名だ。ベゾスはまず、市場リーダーになるという大きな戦略から説明しはじめた。「私たちは長期目標を何より重要視し、他社とは異なるやり方で決定を下し、他社とは異なる基準でトレードオフを考慮する場合があります。ですからここで、私たちの根本的な経営哲学と意思決定の原則を、株主の皆さんにお伝えし、株主の皆さんの投資哲学と私たちの哲学が一致することを確かめておきたいと思います[23]」

それからベゾスはさらに、この言葉が、投資家と、彼のチームにとって具体的に何を指すのかを語っている。ベゾスの言葉は、忍耐を育む企業文化をどう育て、そしてどう戦略と一体化させるかを物語るものだ。

私たちはこれからも、徹底的にユーザーに目を向け続けます。

- 私たちは、長期的に市場のリーダーであり続けるにはどうしたらいいかを考えたうえで、この目標に合う投資判断を行います。目先の利益やウォール街の反応は気にしません。
- 私たちは、事業活動と投資効率を徹底的に分析し、十分なリターンをもたらさない事業は捨て、最良のリターンをもたらす投資を加速します。私たちは引き続き、成功と失敗から学んでいきます。

- 私たちは、市場リーダーとして優位性を得るチャンスが十分にあると考えられる場合には、臆病にならず大胆な投資判断を下します。こうした投資の中にはすでに成果をあげているものもあれば、まだ成果が見えないものもあります。いずれの場合にも、そこから貴重な教訓を学ぶことになるでしょう。
- 投資家に対して開示する財務情報の見栄えか、将来のキャッシュフローが生み出す現在価値の最大化か、どちらかを選ばなければならないとしたら、私たちはキャッシュフローを選ぶでしょう。
- 大胆な選択を行うにあたっては、自分たちの戦略的な思考過程を（ライバルとの競争優位上、許される限り）投資家の皆さんに開示することをお約束します。私たちが長期的に市場リーダーの地位を確実にするために理にかなった投資を行っているかを、投資家の皆さんがご自身に判断していただきたいからです。
- 私たちは、堅実経営に努め、無駄のない文化を維持するために努力します。現在、事業が純損失を出すなかで、節約の文化を徹底させることが大切だということを、私たちは理解しています。
- 私たちは、長期的な収益性を見据えた成長と、資本管理とのバランスに目を向けていきます。今の時点では、成長を優先させることを選びます。それは、規模拡大によって私たちのビジネスモデルの潜在力が引き出せると考えているからです。

• 私たちは、多様な才能のある人材を雇い、引き止めることに力を注ぎ続けます。また引き続き、現金よりもストックオプションでの報酬に重点を置きます。一人ひとりが個人事業主のように考えて、かつ実際に行動できる、やる気のある社員を引きつけて留めることが成功のカギだということを知っています。

• ここに書いたことが「正しい」投資哲学だと言い切ることはできません。ですが、これが私たちの哲学ですし、私たちのこれまでと今後の取り組み方を、ここで皆さんにはっきりさせておくことが、私たちの責任だと思っています。

ベゾスはそれ以来毎年、アマゾンの株主への便りの中にこの最初の手紙を付録として添付している。ベゾスがことあるごとに、この原則を株主と社員に何度でも伝えたいと思っているのは明らかだ。

もうひとつ、アマゾンの初期に、絶好調の四半期業績を出したあとでベゾスがチームに語ったという話を、僕は忘れられない。ベゾスはチームを褒めたあと、こう念を押したという。「好調な四半期があったとしたら、それは3年前、4年前、5年前の仕事の結果であって、この四半期にやったことのおかげじゃない」[24]。偉大なイノベーションの結果が出るまでには、長い時間がかかる。新しいプログラムには数々の改良と調整が必要だし、それが広まって結果が出るまでには自然と時間がかかるものだ。

アマゾンは、時間をかけて忍耐強く戦略を実行した企業のうちでも最高の実例だろう。アマゾンに勤める友人は、ベゾスがいつも長期的な思考の重要性を唱えていることが、社内でのリスクテイクと長期戦略の追求につながっていると言っていた。たとえばわずか1年ちょっとで撤退したスマートフォン「ファイアフォン」のような失敗があっても、アマゾンがどんどんイノベーションを起こしていればもっと数多くの、もっと大きな失敗があって当たり前だとベゾスは明言している。音声アシスタントのアレクサのような新しいテクノロジーが生まれると、すぐに利益にならず、どんな役に立つかわからなくても、開発を続けることが許される。長期的な戦略に自信がある限り、中止されることはない。アマゾンの文化の隅々まで戦略と忍耐を浸透させることで、ベゾスは目先のリターンと短期的な進歩の印を求めたがる人間の本能に対抗してきたのだ。

忍耐を育む組織の仕組み

グーグルのように、忍耐を育てる仕組みを戦略の中に組み入れている会社もある。収益の9割が広告からくるグーグルは、コア事業と新しい大胆な試みを切り離すために、思い切った手を打った。2015年になんと企業名をアルファベットと改名し、グーグルを持ち株会社傘下の一企業と位置づけ、長期的な新しいプロジェクトをグーグル外の独立企業とすることで、それらを守る仕組みをつくったのだ。

アルファベットの傘下企業には、自動運転技術を研究するウェイモのような会社もある。傘下企業は短期的な価値を生み出す必要はなく、四半期ごとに存在理由を証明しなくてもいい。グーグルほど規模が大きくない企業では、特定のチームだけ指示系統を分けたり、物理的な場所を分けたり、四半期利益や短期インパクトとは別の基準で評価したりすることで守ることもある。

忍耐を育むようにプロジェクトや会社を設計するということはつまり、人間の自然な本能を抑えて、従来の短期指標で進歩を測るのをやめるよう努力するということだ。忍耐とは、無作為を許すことでもないし、進歩が遅くてもかまわないということではない。それは、活動のインパクトをこれまでとは違う基準で測るということだ。クラウドストレージサービスのボックスの創業者兼CEOアーロン・レビーは、このことをツイッターでうまくつぶやいている。「スタートアップは、長期にわたってせっかちで居続けることで勝てる[25]」

成功談では、忍耐の大切さがあまり語られない。進歩のスピードばかりが語られ、それを信じた起業家はすぐに諦めそうになってしまう。たとえば、映像配信のネットフリックスが、レンタルビデオチェーンのブロックバスターに取ってかわったのは自然の成り行きだと思っている人は多い。だが一見単純に見えるトレンドの変化も、ビデオレンタルを店からオンラインに移すというひとつの戦略を、10年にわたって粘り強く実行したことの結果だ。

この戦略の最初の段階は、これまで店舗でDVDをレンタルしていたユーザーに、郵送によるレンタルに移行してもらうことだった。１９９０年代の終わり頃にはまだ、２時間のオンライン動画配信は、送り手にとっても受け手にとっても、テクノロジーの面でとんでもなく不便だった。手頃な高速ブロードバンドが登場してはじめて、ネットフリックスの定額サービスがすべての消費者にとって現実的な選択肢になったのだ。

長年のあいだ、ネットフリックスは業界のアナリストからうまくいかないと思われていたし、バカにされてさえいた。まだネットフリックスが郵送でのＤＶＤレンタル事業を行っていた頃、ＣＥＯのリード・ヘイスティングスは、ブロックバスターのジョン・アンティオコＣＥＯに５０００万ドルで自社の売却を持ちかけたと言われる。[26]『バラエティ』誌によると、アンティオコはネットフリックスを「零細なニッチ企業」だと思い、[27]申し出を断ったらしい。ブロックバスターは２０１０年に倒産し、[28]一方のネットフリックスはこの本の執筆時点で１５００億ドルの時価総額にまで拡大した。[29]ネットフリックスの戦略が実現し、潮目が変わるまでに、20年近い歳月が経っていた。

一見簡単に見える成功には、深く張った根っこがある。チームが長期にわたって自己不信や先の見えない不安や誤解されることに耐え続けられるよう、何らかの支えは必要だ。長いあいだハングリーさとやる気を持ち続けていられることが、究極の忍耐力だからだ。

目先の生産性を犠牲にするなら、チームの短期集中力を高めることで、生産性を補わなければならない。リバイバルした映画『ワンダーウーマン』の監督を務めたパティ・ジェンキンスは、『ビジネスインサイダー』のインタビューで、数年越しのプロジェクトに集中し続けることの必要性について、こう答えていた。「何年間も集中力を保ち続けるのが、一番難しいことです。ビジョンを持ち、そのビジョンを保ち続け、毎日周りで無数の要因が変わり続けていても、ビジョンを変えないことが大切なんです。場面が変わったり、筋書きがあちこち変わったりしても、核をしっかりと保ち続けるのはすごく難しいことです[30]」

長期にわたって戦略を実行できるようにどんな形でチームを構築するにしろ、ビジョンの核になる要素はしっかりと保ち続けなければならない。

個人の忍耐力を育むには

我慢強く戦略を追いかけることの大切さをどれほど頭で理解していても、我慢の代償を喜んで支払うという人はほとんどいない。交渉ごとでは、誰しも最小限のリスクで手っ取り早く最大のリターンを手に入れようとするものだ。たとえ長期のビジョンを信じていても、日々の市場の変動の中で、その時々の投資テーマに一喜一憂しがちだ。ひとつのプロジェクトに1年を費やしたとしても、立ち上げた数週間後にはそれを疑うようになる。十分な時間をかけてアイデアを醸成させ、アイデアなりブランドなりがその時代に合うまで待ったり、認知を得るまで辛抱したりすることはなかなかできない。

残念なことに、ほとんどの人は長年努力を重ねてその果実を摘み取るまで待てないものだ。苦境を耐えることによって強さや回復力を得るのが優れたチームであって、頂上からの眺めを楽しむことだけがいいチームの証しではない。それなのに、スタートアップは逆境に置かれると人が辞めてしまう。だが、この困難を乗り越えることで、自分たちが差別化され、守りが固まる。長期にわたる忍耐と粘り強さは、驚くべき優位性につながる。たとえ最高の戦略と人材とリソースが手元にあったとしても、進歩には時間がかかるものだ。

自分とチームの忍耐力を育てるには、まずどのくらいのスピードで目標に到達したいかを考え、それに従ってペースを配分すればいい。長期にわたる粘り強さを祝うと同時に、目標に到達するまでの過程で経験する短期的な成功もできる限り祝うといい。従来の生産性の測り方を超えた、ビジョンと継続的な進歩に価値を置いた文化をプロジェクトやチームの中に育もう。チームが日々の業務の引力に負けず、長期にわたるプロジェクトを追いかけられるような仕組みをつくってほしい。そして、長期的な戦略を保ち続けることがどれほど珍しいかを思い出してほしい。大きなチームでも小さなチームでも、我慢強く集中力を保ち、みんながひとつになって前に進んでいくことは、どんなチームにとっても競争優位性につながる。

誰でも簡単に通れる道は、混雑した場所につながっている

長期的にインパクトのある決断を下すにあたって、たとえばプロダクトづくりにどのテクノロジーを使うかを決めるとき、あなたがそれを簡単に手に入れられるなら、誰にでも手に入れられることを覚えておいてほしい。アドビのプロダクトチームとロードマップを議論しているとき、また技術的なアーキテクチャを決めようとしているとき、望ましい機能の「ほとんど」を備えた「簡単な選択肢」

はたくさんあっても、残念ながらもう一段上の「ベストな選択肢」は実現が難しくコストがかかるという場合はよくある。

そんなとき、僕はいつもこう自問する。簡単な道を選んだら、ライバルがどのくらいすぐに自分たちに追いつくだろうか、と。ライバルの群れと本当に差別化できるような、他社にはできない投資の機会が今なのか？　業界の一番手になりたいなら、他社とは違う道を行かなければならない。抵抗の少ない道には、注意したほうがいい。簡単な道は、短期的には魅力があっても、差別化につながらず、長い目で見ると優位を守れない。近道はあとで回り道だったとわかることが多い。長丁場の闘いは辛いものだが、そこで勝てれば最高に大きな実りを手に入れることができる。

長期の闘いを短い「章」に区切る

ほとんどのチームはともかく実用最小限の製品（ＭＶＰ）を世に送り出すことに力を注ぐ。だがピンタレストの創業者兼ＣＥＯのベン・シルバーマンは、誰にも気づかれず、過小評価されていても何とも思わない。ベンは、ニュースに取り上げられ、華やかな講演の場に立ち、進歩を見せびらかすことで評価されがちな業界の中で、目立たずに仕事を続けられる人物だ。収益を生むことに関しても、ベンは並外れて気長に、プロダクトとチームが準備できるまで待つことができる（なかにはそれを拷問のように感じる投資家もいる）。ベンがこれほどの気長さで自制心を持っていられるのは、ライバルたちとはまったく違う時間の捉え方をしているからだ。

「シリコンバレーもだし、テクノロジー業界全体もそうだが、僕が育ってきた環境に比べるとすごく時間軸が短いんだ」とベンは教えてくれた。「僕は医師の家庭で育った。医師になるまでに7年から12年は勉強しなくちゃならないし、それでやっと一番下っ端の医師になれる。僕はピンタレストにも同じ考え方で臨んだ。もちろんスピードが大切なのはわかるけれど、業界の動きが速いからといって僕たちも速さにこだわらなくちゃいけないわけじゃない。また、何がベストプラクティスかを考えるときには、テクノロジー業界自体が成熟していないということも心に留めておいたほうがいいと思うんだ。なぜ業界の常識や時間軸に従わなくちゃならないのか、わからない。僕の時間軸は長いんだ」

ベンは自分たちの進歩を「章ごと」に分けて、それぞれにはじめと終わりと振り返りの期間とご褒美を設けている。たとえば、起業して数年後、ピンタレストのウェブサイトにユーザーが集まり熱心なファンベースができたところで、ピンタレストは「モバイルサービス」という新たな章をはじめることにした。当時ピンタレストはウェブサイトとして知られていたが、ここからは頭を切り替えてモバイルを優先させなければならないとベンは確信していた。

ピンタレストのその次の章は「グローバルサービス企業になる」ことだった。そして再び、彼らは方向性を変え、全社を挙げてこの目標を実現するために、いくつかの特定地域にターゲットを定め、異なる国々のユーザーを取り込む戦略を立て、サイトを多言語で運用できるようにした。

それから1年ほど経った頃、次の章がはじまった。それは「資金繰りをよくし、黒字にすること」、つまりプロダクトを充実させると同時に、規模の拡大が可能なビジネスモデルをつくり上げることだった。この章では、新たな経営陣や提携企業を迎え入れ、プロダクトの優先順位を変えた。

ベンの「章ごと」の取り組みのいい点は、全社員が受け入れる必要がある点と、それぞれの章が戦術ではなく目標を体現している点だ。章が変わるたびにプロダクトへの新しい考え方と、ユーザーへの新たな共感が必要になり、今あるチームを正直に評価して、どんなチームが必要なのかを考えなければならなくなる。ひとつの章そのものが明確な目標になっていて、なぜそれが大切なのかもみんなにはっきりわかるので、全員で戦術を決められる。章が終わるとチームは総括を行わなければならないし、リーダーはメンバーの努力に報いなければならないとベンは言う。

章ごとの取り組みとは、非凡な何かをつくり出すのに必要な長い時間軸を分割することにほかならない。ベンは小説家ではないが、ストーリーを紡ぎ出すよう心がけているという。「夢や、ドラマや、浮き沈み——そんな瞬間やストーリーのおかげで、僕たちは仕事に熱中し続けられるんだ」とベンは説明してくれた。「ひとつの章を最後まで完成させるには、たくさんの短いストーリーが必要だし、そんなストーリーを生み出してくれる使命が必要になる」。はっきりとした使命がなければ、みんなが道に迷ってしまう。

生き残った人が専門家になる

その道の専門家がすでに確立した手法や戦術、前提はやがて時代遅れになる。専門性があればあるほど、その業界の常識から離れるのが難しくなる。

業界リーダーが強力な刷り込みから逃れられないからこそ、新参者が入り込むチャンスが生まれる。仮説を持ったアウトサイダーが、つまりその業界にうんざりしてどこを変えるべきかについて強い信念を持っているよそ者が、業界を「破壊」するスタートアップになる。ただし、その業界の中でそれなりに生き残ってはじめて、よそ者としてのスキルや経験を活かして戦うことができる。この生き残り作戦を、「プロになれるまでそのふりをする」作戦と呼ぶ人もいる。つまり、新たな問題解決の手法を売り込み続けて、それが業界の常識になるまで踏ん張り続けるということだ。

まさに、それをやってのけたのがエアビーアンドビーやウーバーといった企業だ。創業者はよそ者だが、業界のどこを変えたらいいかについて、信念とビジョンがあった。そしてなんとか生き延びて、自分たちがエキスパートになり、よりよいテクノロジーと、ユーザーの使い勝手のよさと、低いコストという優位性を持ってライバルと戦った。

エアビーアンドビーの共同創業者ジョー・ゲビアは、観光業界についてほとんど何も知らずに、この会社をはじめた。「本当に何も知らなかった。10段階で言うと、どうだろう……3くらいの知識しかなかった」。ジョーと仲間たちは無知だからこそ厚かましく起業したが、それから何年もかかって、いくつもの試みを経たあとにやっと、今の成功につながるモデルを見つけた。それでも、生き残るのは簡単ではなかった。古臭い規制によって、廃業に追い込まれそうになることもある。自分たちの存在を誰にも気づいてもらえずに、諦めたくなることもある。技術が足りないために、生き残りが厳しくなることもある。よそ者にとっては、立ち直る力《レジリエンシー》が何よりも大切になる。

起業家は、専門知識が強みになる場合と、弱みになる場合を理解しておいたほうがいい。カギになるのは、あなたがおかしいと思う業界の常識と、その常識をひっくり返すような何かがあるかどうかだ。自分たちが既存企業より、「うまくやれる」とただ思い込むのではなく、業界のみんなが間違っていることについて仮説を立て、その課題を土台に起業するほうがいい。また、チームで長い年月にわたって寄り添い、専門性を高め、小回りを利かせ、長期的な課題を解決できるだけ長く生き残ることを目指すのが大切だ。

ベハンスの初期の頃を振り返ると、僕たちも恥ずかしくなるくらいにまったく何もわかっていなかった。企業のミッションについても、クリエイティブ業界のどこを変えたいかについても、全員が同じ方向を向いていたけれど、クリエイティブ業界のベテランはメンバーにいなかった。大規模なオンラインアプリをつくった経験もなかった。でも、知識も経験もなかったからこそ、ベハンスはここまで大きなプラットフォームになったとも言える。とはいえ、当時の業界の常識は、僕らが考えていた仮説と真逆のことも多かった。

たとえば、当時、デビアント・アート、マイスペース、サーチのデジタルコミュニティなどのアート系サイトは、あれやこれやの作品の画像を集めて掲載しているだけだった。画像が羅列されているだけで、何の枠組みもなかった。作品の画像を多く集めれば集めるほど、ページビューを稼げて、売上も上がると考えられていた。

ベハンスはむしろ、作家のオンラインポートフォリオを一連の「プロジェクト」として構成し、それぞれに画像と文章とその他のフォーマットをつけて、作品の背後にあるストーリーが見えるように情報を整理した。ライバルサイトは、作品画像を集めたオンラインの画廊になろうとしていたのに対して、僕たちはクリエイティブな活動をする人たちが、自身の作品ポートフォリオについて、自分のストーリーを語る助けになろうとしていた。そう言うと聞こえはいいが、僕たちの取り組みは、画像をただ羅列するだけのサイトより、作品を集めるのにはるかに長い時間がかかった。だから、最初はあまりユーザーが集まらなかった。だがそのうち、作家たちにも、僕たちのかける手間暇が自分たちの得になることが伝わっていった。

もし僕たちにもっと知識と経験があったら、おそらく安全な道を選んでいただろう。幸いにも、僕たちは何も知らなかった。だからこそ、クリエイティブな作品を見せる側にも発見する側にも、ベハンスはより通やプロ向けの整理されたプラットフォームとして知られるようになった。

経験のない僕たちのチームは、寄り添って生き残り、自分たちの仮説と計画が実現されるのを見届けることができた。数か月先も見えなかった不安定な時期には信念が試されたし、最後にどうなってほしいかを頭に描いてきた。長期的な信念が消えることはなかった。何度か死にそうになったけれど、その経験によって僕たちはより賢くなり、信念はより強まり、チームはより固く結びついた。起業当時に集まってくれた十数人の社員のうち、7年経ってもまだ10人がここにいる。忠誠心、寛容さ、忍耐力、そして共通の使命にかける情熱の高さが、素人集団が何も知らないクリエイティブ業界で成功するための強みになった。

　プロジェクト管理ソフトウェア会社のベースキャンプの共同創業者、ジェイソン・フライドは、ただ「生き残る」のが最高のスタートアップだと言っている。「ライバルより長生きすることが、何より強い一手になる[31]」

誰の仕事でもやる

自分の仕事でなくても、やるべきことをやる。それが大切だ。大企業では、自分が賛成できない戦略に文句を言ったり、自分ではなくプロダクトの欠点を挙げたりする人は多い。零細企業の社員やフリーランスなら、クライアントや状況を責めることもある。みんなディスったり、文句を言ったりすることにたくさんの労力を費やすくせに、自分からその問題に取り組もうとはしない。

口だけの人は多いが、実際に行動する人は少ない。とりわけ、自分に振られた仕事でない場合はそうだ。自ら日常業務の外に踏み出すことで、意外な出来事が起きる。チームのマーケティングがイケてないと思っている？　それなら、自分で戦略を考え、プレゼンをまとめ、やってみるといい。同僚のプロダクトを改良するためのいい案がある？　だったらそれが同僚の得にしかならないとしても、やってみるといい（いつかそのご褒美は自分に戻ってくる）。

僕はたくさんのチームでこれまで働いてきて、誰かが縁の下の力持ちになってくれて誰の仕事でもないことを自ら進んで引き受けてくれると、アイデアが瞬く間に形になるケースを見てきた。普通、プロセスやアイデアが途切れることはない。だが、自分の仕事でもないことを進んで引き受けてくれる人はまれだ。自分の仕事でないことに力を注いでくれる人たちこそ、これまでにないプロジェクトのリーダーになれる。

もちろん、自分の仕事の範囲外のことに力を入れる人がほとんどいないのには、わけがある。大変だからだ。力を使い果たしてしまったり、ほかのことができなくなったりする。でもそれは、先頭に立つための代償だし、新しいプロジェクトを導くチャンスの代償でもある。既存のシステムの歯車でいたいか、新しくよりよいシステムの設計者になりたいかを考えてみてほしい。もちろん、業界を根底から変えて世界に自分の足跡を残したいなら、自分を縛っているシステムすべてに対抗しなければならなくなるだろう。何か間違っていることを見つけたら、自ら進んで正してほしい。

LCDサウンドシステムの創業者で、同社の顔でもあるジェイムズ・マーフィーは、うまいことを言っている。「最高のディスりは、ものをつくることだ[32]」。何かにイライラしたり、批判したくなったら、そのエネルギーを次々と創造へと向けてほしい。自分の仕事でなくても、とりあえずやってみよう。個人的な時間を使ってでも、調査をし、実験を行い、プレゼンテーションや資料にまとめてみよう。いつもの退屈な仕事からは得られない充実感を覚えるに違いない。

大企業の中の起業家やイノベーターに共通している特徴は、決められた役割から逸脱することだ。やらなくてもいい仕事をやる人が、未来をつくる。あなたにはそんな人になってほしいし、そんな人を雇ってほしい。考えたり話したりする人は多いけれど、行動する人は少ない。大切なのは不言実行だ。自分のことでなくても、気にかけよう。やらなくてもいい仕事を進んでやっていれば、自分の守備範囲しか守らない人よりも大きな影響力を持てるようになるはずだ。

Part 2

波に乗る

OPTIMIZE

旅の途上では、不調や失敗は避けられないし、大ピンチに陥ることもある。だが、好調のときには、うまくいっていることを見出し、それを活用し、勢いに乗って攻めることもできる。ピンチを耐え、失敗から学ぶことができれば、それがチャンスを見つける助けになる。何かがうまくいっているとき、たとえば新しい仕事のやり方で生産性が上がったり、重要な判断によってチームが改善したり、プロダクトの小さな修正でユーザーを喜ばせることができたりしたときには、徹底的にそれを評価してほしい。なぜそれがうまくいったのか？　もう一度同じようにうまくいくにはどうしたらいいか？　これをチーム全体に広げるにはどうしたらいいか？

そんなチャンスが旅の途上のどこでやってくるか、あらかじめわかるわけではない。計画は単なる絵に描いた餅でしかなく、タイミングや人材といった現実の不都合は計画に反映されない。これまでにないことをやろうとすればするほど、インパクトを予測するのは難しくなる。一見些細な変化が、あとになって根深い影響を与えていたとわかることもあるし、徹底的に考え抜かれた判断が実はどうでもいいことだったりもする。起業家は、予想外のことにも心を開き、どんな出来事にも猛烈な好奇心を持ち、うまくいっている兆候があったらそれを最大限に活用しなければならない。

明日もいい仕事をしようと思ったら、常に今日を超える努力が必要になる。プロダクトのすべての側面が、もっといいものにならなければいけない。チームの力が上がらなければならない。このビジネスをもっと上手に説得力を持って売り込まなければならない。仕事の習慣やプロセスの効率を上げなければならない。自分たちの成果に誇りを持ちながらも、満足してはいけない。

最高を目指す気持ちは、自分ならもっとできるという確信から生まれる。ダメなものを直すより、うまくいっていることをさらに改善することのほうが、チャンスを活かすことになるのだ。

グーグルやその他のインターネット企業は、A／Bテストを通してプロダクトの最適化を目指す。ウェブページやユーザー体験の改善を目的にして、もとのバージョン（A）と変更したバージョン（B）を比較するプロセスが、A／Bテストだ。たとえば、あるEコマースサイトが、一定割合のユーザーに対してのみ購入ボタンの色を変えてみたとする。色を変えることで購入が増えたら、それをサイト全体に適用する。もし購入が増えなかったら、諦めてもとの色に戻す。うまくいっているように見えることでも、常に改善の余地はある。

A／Bテストは、ウェブサイト以外のことにも使える。このテストを使って、日常の習慣から、チー

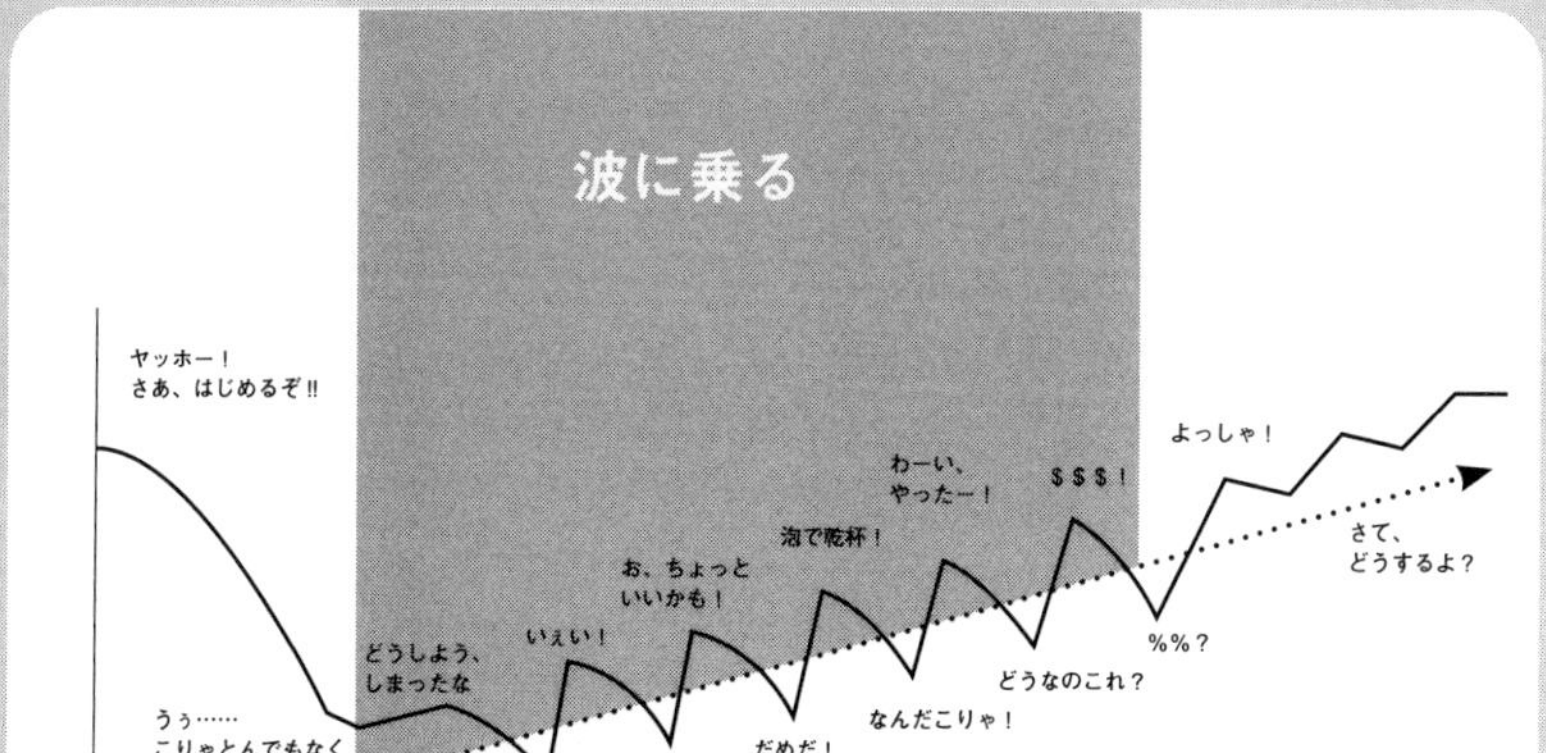

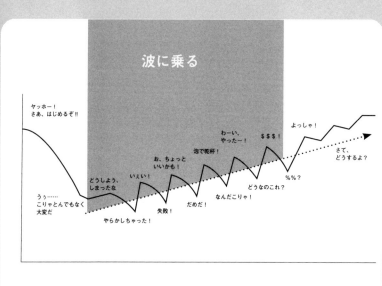

ムの機能まで、人生のさまざまな面をよりよいものにすることができる。チームが、いつどのようにミーティングを開くかを変えてみてもいいし、新しいツールを1週間使ってみてもいい。変えたことでうまくいったら、そのままにすればいい。変えないほうがよかったなら、もとの習慣に戻せばいい。

最適化の達人は、うまくいっていることに注目し、それはなぜかをいつも見極めようとしている。ピンタレストのベン・シルバーマンはこのプロセスを「過去を振り返り、未来に取り入れる」ことだと言う。「失敗よりも、成功から学ぶことのほうが多いと思うんだ。物事がうまくいかないのにはありとあらゆる理由があるけれど、うまくいく理由はだいたい限られているからね。偉大なランナーになりたければ、足の遅い人じゃなくて速い人を見習うだろ？　じっくり時間をかけてどうしてうまくいったのかを理解し、それが自分のおかげか他人のおかげかを知ったほうがいい。すごくうまくいったことに注目して、それはなぜかを考えたほうが学びが大きいんだ。成功の要因を理解して、それをもっとやってみることが必要だ」

うまくいったことを掘り下げてみることで、自分たちのチームとプロダクトならではの強みがわかる。そんなことは当たり前に聞こえるかもしれないが、すでにうまくいっていることにわざわざ時間を割いて改善しようとする人は少ない。うまくいっていないことにさらに力を注いで鎮火しようとがんばるよりも、自分たちを前に進めてくれているものをさらによくするほうが、前進に勢いがつく。

既存企業が優位性を失ってしまうのは、成功にあぐらをかいて改善努力を怠ってしまうからだ。大企業は普通、トラブルシューティングに時間を使い、成功の要因を維持することに力を注ぎ、その改善にはあまり時間をかけない。その結果として、安定を保ち、短期的には株主に報いることができるが、時間が経つと時代遅れになってしまう。「可もなく不可もない」状態は、誰かがもっといいものをつくり出すチャンスになる。

こうやればうまくいくという法則が固まっているときほど、改善は難しい。運転を例にとってみよう。A地点からB地点までの最短距離を自分で見つけたつもりでも、地元のタクシー運転手のほうが必ずもっといい近道を知っている。自分がすでに答えを知っていると思い込んでいると、ほかの選択肢を試すことはない。時間の無駄だからだ。リソースの豊富な大企業の問題は、何事にも確立された手順があり、その手順を遵守するためにたくさんの人が雇われているということだ。決まった手順が確立されればされるほど、新しい道を発見できる可能性は低くなる。

僕たちは、人生においても仕事においても、たいていは細かい知識より大雑把な知識をもとに方向性を決めている。ひとつの領域だけに絞って深く追求しているときにだけ、たまたまにしろ進んでにしろ、よりよい道を知ることができる。

ここからは、旅の途上でうまくいっていることを祝い、好調を利用することについて書いていく。壊れていないものを修理するのは抵抗があるかもしれない。なぜなら、まず壊さないといけなくなるからだ。しかし、最高を追求することが、卓越への道だ。旅が右肩上がりの傾斜を描き、波の山の部分が毎回最高点を更新するようにするには、チームとプロダクトと自分自身を繰り返し評価し、壊し、立て直すことが必要になる。

チームを最適化する

偉大なチームは、偉大な人たちの集まり以上のものだ。偉大なチームはむしろ、集まるというより育つものだ。役割や文化やプロセスや構成を何度も立て直し、問題が起きるたびにそれに取り組み、果てしない改善を経てつくられる。メンバーがどう力を合わせたら最高の結果が出るのか、解決策を探し続けることによってしか、偉大なチームは築けない。

スタートアップの経営において、リーダーは自分の目標よりもチームを優先させなければならないし、プロダクトよりもチームに寄り添わなければならない。チームの居心地が悪く、組織文化が欠如していれば、最高の人材であっても偉大なプロダクトをつくることはできないし、長期にわたってい い仕事をすることもできない。起業家は、自分がつくり出しているものと同じくらい、心からチームを大切に思っていなければ成功できない。

プロダクトには細やかに気を配るのに、チームには高圧的な起業家は多い。そんな起業家のほとんどは失敗する。チームは何より大切だ。

1.

チームづくりと採用

リソースより創意工夫

事業が成長し、もっと大きなことをやろうと思えば、チームも拡大させたくなるものだ。手っ取り早く規模を拡大させようとしてリーダーが反射的にやってしまうのは、人を雇うことだ。頭数を増やし、人手を増やせば、もっと仕事がはかどるというわけだ。しかし、チームを拡大させることが正解とは限らないことを、優秀なリーダーならわかっている。すでにいる人の力を最大限に活用すべきなのに、つい人を雇ってしまうのはよくあることだ。人を雇うことは誰にでもできるが、既存のリソースの上手な活用こそ競争優位になる。リソースは減る。だが、創意工夫は減らない。

僕は両極端を経験した。ベハンスで5年ものあいだ外部の資金調達に頼らず自転車操業を続けていたときには、規模を拡大するには生産性を上げるしかなかった。人を雇ったほうがいいとわかっているときでさえ、雇う余裕はなかった。その後入ったアドビは真逆で、規模を拡大するには人を雇うのが当たり前だった。でも人を増やしてもうまくいかないこともあった。

ベハンスの初期に、事業の成長と黒字化を両立させようと苦労したことは忘れられない。エンジニアのチームには、「絶対に採用したい人」のリストがあった。でもそれはデザイナーチームもコミュニティ運営チームも、サポートチームも同じだった。どのチームに人を雇うかを決めるのは大変だった（もちろん肩書きをどうするかも悩みのタネだった）。

当時管理部門の責任者だったウィル・アレンはいつも、人を増やす前に、働き方をどう変えられるかをチームに考えさせた。「改善の上に改善を重ねて。採用はそれから」がアレンの口癖だった。「採用が必要なポジションのリスト」を持ったチームがミーティングにやってきても、会議室を出るときには「今いるメンバーがプロセス改善のためにできることリスト」が出来上がっていた。

人を増やす前に、チームの働き方を改善しよう。もっといいツールはあるだろうか？　自動化や外注できる仕事はあるか？　時間のかかる仕事で、省けるものはあるか？　今は、リソースのなかった時代に感謝している。創意工夫のおかげで僕たちは賢くなれた。アレンと僕はいつも工夫できる点はないかとメンバーたちと一緒に考え、無駄を見つけ、生産性を上げられる大きなチャンスを発見していった。人を雇う前に、効率を上げた。そうやって滞りなく充実した働き方ができるようになったおかげで、より優秀な人を採用し、留めることができた。効率のいい人は、効率のいい環境で働きたがるものだ。

リソースが足りないことで、人はよりクリエイティブになれる。いいデザイナーは、制約があったほうがアイデアが浮かびやすいという。リソースも選択肢もほとんどないと、今あるものでなんとか工夫するしかないからだ。

そうした例のひとつが、スカイボックスだ。スカイボックスは、低価格の衛星をつくることで、衛星画像やその他の衛星関連のサービスのコストを劇的に引き下げた。スカイボックスが登場する前、衛星をつくって打ち上げて管理するには数百億ドル（数千億ドルの場合もある）ものコストがかかっていた。４人のスタンフォード大学の卒業生は、既成部品を使って衛星をつくることにした。第一号の衛星、スカイサット１は２０１３年に打ち上げられたが、かかった費用は２００万から５００万ドルだといわれている。[1] 自分たちに制約を課したおかげで彼らは成功し、２０１４年にはグーグルに5億ドルで買収された。

逆に、突然リソースが流れ込んでくると創意工夫が止まってしまう。アーリーステージの投資家のあいだでよく話題になるのは、お金がありすぎることにも善し悪しがあるということだ。というのも、資金調達には、目に見えない深刻なコストが伴うからだ。

世界一有名なインキュベーターでスタートアップ投資家でもあるＹコンビネーターの共同創業者、ジェシカ・リビングストンは、年次サミットの講演で、あまりに早いうちから過剰な資金を手に入れることにはリスクがあると語っていた。

少ないリソースで多くをやってきたスタートアップが、資金調達したとたんに生産性が下がる例をこれまで数多く目にしてきました。人は、お金で問題を解決できると考えがちです。ユーザーに電話したり営業したりしたくない？　じゃあ営業マンを雇えばいい。プロダクトを誰も使ってくれない？　知名度が低いからに違いない――それなら一流のＰＲ会社を雇って、カネをかけて告知すればいい。どちらもスタートアップのやるべきことではありません。手抜きですし、間違っています。

お金がなければ、いやが応でも正しいことをするよりほかに道はありません。大金が手に入ったら、無理やりにでも自分たちを縛って、正しいことをするように仕向けなければならないのです。[2]

イノベーションを起こすには、リソースだけではなく、工夫が必要になる。でも、メディアが資金調達を素晴らしいことのように報道すると、それが見えなくなってしまう。リソースのないなかで事業を立ち上げることが、どっしりした運営基盤や健全な収益性、大企業（資金の潤沢なスタートアップ）にない自分たちの強みを築くことにつながる。こうした教訓は、ほかの方法では身につかない。

あまり早い時期に資金を調達すると、自分が本当に好きでもないことや心から信じていないことをやらなければいけない状況に追い込まれるリスクもある。はじめてのデートで、さあ子どもをつくって家族になろうとは思えないのと同じで、資金調達も、本気で確信が持てるまで待ったほうがいい。ひとつのプロジェクトに長い時間をかけて長所も短所も愛せるようになってから、資金調達をするべきだ。その仕事を本当に愛していなければ、最後まで生き延びることはできない。

リソースは、手に入っては出ていくものだ。創意工夫は、どんな事業でも最初から最後までずっと使える力になる。創意工夫がなければ、資金を効率的に使えない。チームの創意工夫の力を育ててほしい。

やる気は経験より大切

チームをつくるときは、自分たちのアイデアに熱狂し、すぐに飛び込む力があり、学ぶ意欲と能力のある人を探してほしい。

経験不足はやる気で補える。経験よりやる気のある人を採用するのが、優れた創業者に共通の原則だ。履歴書の立派な業界の大物を採用したくなるのはわかるが、起業したてのスタートアップは、何でも学んですぐに取り入れようとする図々しさと意欲が、成長の源泉になる。

やる気は本当に経験に勝るのか？

経験はなくても、やる気満々の賢い人なら、たいていの場合期待を超える働きをしてくれる。逆に、経験豊富なその道のプロほど、思い込みを覆して新しいことを学ぶのが難しくなる。新鮮な視点から、問いそのものを見直して新しい解決策を提案するよりも、専門家は前回うまくいった答えをもう一度使いたがる。それとは対照的に、経験よりもやる気の勝るチームは、好奇心に突き動かされる。専門性がないということは常識や思い込みもないということで、だからこそ人とは違う考え方ができる。

専門家を雇うときには、手っ取り早い答えを差し出そうとする人よりも、学ぼうとする意欲の強い人を選んだほうがいい。

やる気は伝染するが、経験は伝染しない。

ここで、ベハンス時代に採用して大成功したマルコム・ジョーンズの例を話そう。マルコムは入社してすぐから、いつもニッコニコの笑顔と笑い声、そしてできると信じて何かに取り組む姿勢でみんなに知られるようになった。エンジニアリングの経験はあまりなかったが、最初の面接からみんなが彼のファンになった。マルコムは開発チームの3番目の社員になった。開発チームは、ベハンスのプラットフォームの基盤をつくり、安定性とセキュリティを守るエンジニアのチームだ。このチームが、悪夢のような出来事の最前線で立ち向かってくれる。迷惑メール、セキュリティ侵害、数百万人のユーザーが毎日膨大な数のポートフォリオをアップロードする際の処理速度の遅れ、サイトのダウンといった出来事があると、問題の原因を探り当て、修復するのが開発チームの役目だ。一日中火消しに奔走し、炎上を抑えようと努力する仕事は、ストレスが多い。それに加えて、各方面からの質問や懸念に応え続けなければならないから、なおさら大変だ。

履歴書を見る限り、マルコムはエンジニアとしての経験は浅く、この仕事に最適というわけではなかった。だがどんな仕事にも情熱を燃やし、意欲的に取り組んで学ぼうとする姿勢を持っていた。それによって彼は自分の仕事をうまくやってのけたし、それだけでなく開発チーム全体のやる気が上がった。マルコムのおかげでチームの雰囲気がガラリと変わり、彼はみんなの憧れのリーダーになった。スキルは教えられるかもしれないが、前のめりな態度（とそれに伴う活気と熱量）は、チームの文化を助け、山火事のように広がる。それはいい炎だ。

やる気の有無を見分けるにはどうすればいいか？

やる気があるかどうかは、過去の行動を見ればいい。正式な履歴書に書いてあることだけでなく、趣味は何か、好きなことを追求するために何をしたかを聞こう。どんな趣味でもかまわない。盆栽、詩作、何であってもいい。興味のあることに自分から前のめりに取り組んだことを評価してほしい。

やる気はこだわりから生まれる。こだわりが強ければ強いほど、そのことを突っ込んで知りたくなる（見つけ出したくなる）。これまで、産業を破壊してきたのは、よそ者だった。その産業に強いこだわりを持つよそ者が、なんとか生き残りの道を見つけて専門家になり、新しいテクニックを利用して勢力図を変えてきた。専門知識があれば仕事はしやすいが、こだわりがあれば専門家の先まわりをして動くことができる。

多様性が差別化を生み出す

プロダクトに独自の特徴があれば、ライバルと差別化できる。そうした独自の特徴は、意見の衝突や常識外れの考え方を通して形づくられる。だが、どんな市場も放っておくと平均に回帰し、それがベストプラクティスとして広く確立されていく。そんななかで、差別化を進め、差別化を維持し続けるには、チームを多様化するのが一番いい。

僕がこれまでに出会った最高のチームはいずれも、極端に違った非凡な人たちの集まりだった。メンバーが違っていればいるほど、プロダクトはより斬新で違ったものになる。

これまでに見たものやしたことから導かれるのが、合理的な思考だ。合理的思考は僕たちをこれまでと同じ道に留めてくれる。しかし、人生を変えるほどの偉大なプロダクトは、古い問題を新しく、かつ一見非合理な方法で解こうとするチームによってつくられる。チームの誰かがどう考えてもデタラメなアイデアや取り組みを思いつき、それをもとにだんだんと斬新なソリューションが出来上がってきたとしたら、チームにかなり違うメンバーがいるということだ。イノベーションは合理と非合理のギリギリの境界線で起きる。チームに同じようなメンバーしかいないと、そのギリギリのところに届かない。

異なる個性、性別、人種、国籍、背景、教育、経験の違う人たちが同じ場所に集まって、一つひとつの問題への解決策の範囲を広げていくことが、差別化への近道だ。

僕たちは自分の創造性を考えることに時間をかけすぎていて、創造性を生み出すようなチームづくりへの努力はほとんどしない。ニコラス・ネグロポンテは、ブログに掲載されたジョン・マエダとのインタビューの中で、こう言っていた。「新しいアイデアがどこからくるかって？　答えは簡単。違いだ。意外な組み合わせが創造性を生み出す」[3]

マエダはさらにこう言っている。「すごくシンプルなことだよね。僕が信じてることすべてがここに詰まっている。異なる背景の人たちが一緒になったら、予想もしないものが生まれる。創造性というのは、予想外の結果を生み出すことそのものだ」[4]。多様な人が集うことの優位性はそこにある。

ベンチャーキャピタルの多くで昔から欠点とされているのが、多様性のなさだ。２０１５年の研究によると、大手ベンチャーキャピタルの運用責任者の92パーセントは男性で、78パーセントは白人だった[5]。均一性と集団思考が重なると、これまで誰も見たことのない何かを発見するのが難しくなる。スタートアップのプレゼンテーションを聞き、議論し、投資するエンジェル投資家はまさにそうだ。最悪のモデルだと思う。同じような人たちがつるんでいると、当たり前の考えしか浮かばない。しかも、コンセンサスがないと前に進めない場合には、イノベーションやイノベーションへの投資などできるはずがない。

強いチームには、性別、人種、性的嗜好、政治的信条の多様性が必要だ。メンバーの属性ができるだけ広い範囲にまたがっているほうがいい。でも、そこで終わってはいけない。それ以外の、それほどはっきりとはわからない要因、たとえばメンバーの母国語も考慮に入れたほうがいい。

『リンガノミクス』（未邦訳、*Linguanomics*）を著したガブリエル・ホーガン - ブルンはブリストル大学で言語学を研究している。ガブリエルの専門は多言語使用が脳に与える影響と、多言語話者がチームに与える影響の研究だ。単言語話者の脳と、多言語話者の脳は構造的に違っていることが多くの研究で証明されている、とガブリエルは言う。[6] たとえば、多言語話者の脳は、抽象的なことを考えるときに使われる左の下頭頂小葉の密度が高く、灰白質が大きい。異なる言葉を使う社員は、問題への取り組み方も少し違う。『クオーツ』誌のインタビューに、ガブリエルはこんな例をあげている。

ドイツ人にとって、英語の「プット」はさまざまに異なるイメージが頭の中に浮かぶ言葉だ。ドイツ語では「レーゲン」は何かを横に置くという意味だし、「ゼッツン」は何かを固定するという意味だし、「シュテーン」は縦向きに立てるという意味だ。ドイツ人なら自動的に違う意味を読み取り、違う発想が生まれる。複雑な仕事に取り組んでいるときは特に、チームの中に違う言語を使う人たちがいることが、新たな取り組みにつながることもある。[7]

多様性のメリットは発想の豊かさやチームワークだけではない。明らかにビジネス面のメリットもある。ガブリエルは『カンバセーション』誌に掲載した「なぜ多言語主義は経済成長に役立つか」という記事にラリー・サマーズのこんな言葉を引用していた。「英語を話す人とだけしか取引しないとしたら、それは悪い戦略だ」[8]。多言語話者を雇うことで、組織は即座にふたつのメリットを手に入れられる。ベルン大学の研究によると、スイスでの多言語の経済価値はGDPの10分の1にものぼるといわれる[9]。また『エコノミスト』誌の調査によると、多国籍企業の経営陣572人のうち3分の2は、多言語主義によってイノベーションの潜在能力は高まったと答えていた[10]。

外国語の習得が脳にいいことは知られているが、バイリンガルにもいろいろなタイプがある。たとえば、学校で使う言語と家庭で使う言語が違う場合だ。生まれたときから2か国語を話す環境で育った場合と、成長してから外国に渡って第二外国語を習得した場合とでは、脳への影響が変わってくる。いずれにしろ、自分とは違う言語で考えられる人はチームの強みになる。ペンシルバニア州立大学のアンジェラ・グラントは、『イーオン』誌に掲載した「バイリンガル脳：みんな違ってみんないいのはなぜか」という論考の中で、バイリンガルであることのメリットが過剰に強調されることも確かにあるけれど「認知面または能力的な利点は脇に置くとしても、バイリンガルの人たちは単言語の人たちの2倍のコミュニティとつながり、2倍の文化を経験し、2倍の新聞を読む。それが利点でないとは思えない」[11]と述べている。

ベハンスの創業メンバーのひとり、マティアス・コレラはバルセロナ出身で、母国語はスペイン語だ。少年時代にアメリカに移住した。マティアスのほかにも僕たちのチームにはスペイン語やフランス語が母国語のメンバーがいる。だから僕にはそのメリットがよくわかる。デザイン感覚も違うし、起業当初からグローバルなコミュニティを巻き込む力もあった。だから外から見れば僕たちは実際より大きな存在に見えていたと思う。ベハンスが今の姿になれたのは、豊かな多言語文化が築かれていたおかげだ。

スタートアップの立ち上げ期には、知り合いを引き入れたり、自分に似たタイプを雇ったりしたくなるものだ。だが、手っ取り早く近くにいる知り合いを雇いたいという気持ちは捨てたほうがいい。日常的に周りにいるのはだいたい自分に似たタイプで、同じように考え、同じようなスキルを持った人が多い。自分と同じタイプを雇うと居心地はいいが、プロダクトの差別化には障害となる。自分とは違う人たちに囲まれることで、見かけも考え方も同じ集団の中にいるよりも適応能力が高まる。多様性のあるチームは、メンバーそれぞれが異なる状況に耐え、幅広い経験をしてきたことで、チーム全体が幅広い選択肢を考え、さまざまな状況にも耐えることができる。自分たちのプロダクトが異なる層にどう受け入れられるか？　マーケティングにおいてどのような文化的傾向を活用できるか、またはどのような気配りが必要か？　多様なチームは、異なる視点から新しい考え方を提案し、逆張りの発想をする場合も多い。

人を採用するときには、自分の無意識のバイアスを見つけてほしい。「文化に合う」ということの意味を深く考えることもせずに、「自分たちの文化に合わない」とあわてて決めつけるのはやめたほうがいい。採用プロセスの入り口で、自分たちに「似ている」かどうかに関係なく、真剣に採用を検討すべき優れた候補者たちをバイアスに惑わされることなく見つけられるような手順をつくってほしい。目標を設定し、多様な人たちを広く受け入れるようチームの背中を押してほしい。異なるタイプのメンバーがチームに入ってくるにつれ、そのうちさらに多様な人材を受け入れることに抵抗がなくなるはずだ。多様性への慣れは寛容さにつながる。

自分よりもはるかに若い人やはるかに年上の人、違う場所で生まれ育った人、母国語の違う人たちと一緒に働くことに慣れると、心も採用プロセスもオープンになり、可能性が開かれる。

逆境を乗り越えた人を雇う

多様性には、過去の経験も含まれている。人生の中で逆境に耐え、大きな障害を乗り越えてきた人たちをチームに迎え入れてほしい。そうすることでチームのDNAに強さと忍耐力が持ち込まれる。

ウォーカー・アンド・カンパニー・ブランズの創業者でCEOのトリスタン・ウォーカーは、彼の会社の文化には自分の生い立ちが反映されていると話していた。「まず大切にするのが、勇気だ。勇気がなければ、ほかのどんな価値観も日々実践することはできないから。僕はクイーンズの貧困地域で生まれ育った。殺人も銃撃も日常茶飯事だった。『トリスタンってヤツは生き残りのためならあそこまでやるのか』って驚かれるのは、そのせいなんだ。あの肥溜めみたいな場所から抜け出すために犠牲も払ったし、そういう生い立ちだから僕は人とは違う判断を下せる」

どの人生経験が一番僕を大人にしたかを振り返ってみると、それは大学教育でも、大企業で働いたことでもなく、僕が小さい頃から向き合ってきた個人的な悩みだったと思う。

僕の人生の悩みとは、妹のジュリーとの関係だった。妹は出産時の低酸素症で、生まれたときから脳に深刻な損傷を負っていた。子どもの頃から特別学級に通い、会話や社会的機能の訓練を受けていた。ずっとかかりきりの支援が必要で、周りが辛抱強く妹の世話をしていなければならなかった。

ジュリー自身が大変だったのはわかっているが、障がい者の兄弟姉妹もまた、複雑な子ども時代を送ることになる。僕はものすごい罪の意識を抱えていた。妹に比べて僕の未来は明るく、チャンスや家族から励ましをもらっても悲しみと不公平感は拭えなかった。だが一方で、認めたくないことだが、僕は怒っていた。妹のせいでないことはわかっていたけれど、彼女の障がいのせいで普通の生活が奪い取られたような気がしていた。自分の子ども時代を振り返り、ずっとジュリーに償いたいと思ってきた。これまで、罪の意識と怒りとがないまぜになった強い感情が僕を突き動かし、僕を自立させ、仕事のやり方にもリーダーとしての導き方にも影響を与えてきた。間違いなく、逆境は人を成熟させる。

勇気や、あいまいさを許容できる心の強さ、自立心、そして自分を証明したいという欲求は、仕事での成果につながるやる気の素になる。こうした特徴のほうが、肩書きや職歴よりも、はるかにあてになる。僕が人を雇ったり誰かに投資したりするときには、年齢や経歴などまったく気にしない。僕が大切にするのは、人としての成熟度とものの見方だ。チームをつくるときには、逆境に耐え抜いた人を探すといい。メンバーの面接では、人生で一番大変だったことを聞いてほしい。苦労を経ると人は大人になれるし、ほんの短いあいだにたくさんの人生経験ができる。

前向きに議論を積み上げてくれる人を探す

自分のアイデアに何かをつけ足してくれ、相手のアイデアに自分が何かをつけ足すことを歓迎してくれる人と一緒に働こう。

候補者との2度目の面接で、はじめてのときよりはるかに面白いと思える人を探したほうがいい。第一印象も大切だが、初対面での熱量をさらに大きなものにしていけないと、いい関係は続かない。考え方はさまざまでも使命や価値観への熱い想いが一致していると、同じ方向を向いて力を合わせられる。僕はこれを「熱量の一致」と呼んでいる。熱量と方向性が同じなら、小さな火を燃やし続けて大きな炎にできる。

スタンブル・アポンやウーバー、エキスパの共同創業者のギャレット・キャンプは、僕にとって方向性が同じだと感じられる友人だ。ピンタレストに投資する前、ベン・シルバーマンに対してもそう思えたし、ペリスコープに投資する前のジョーとケイボンもそうだった。みんな、話をするたびに前よりも興味をそそられた。彼らとは対照的に、第一印象は強烈でも次に会ったときにはまったくときめかなかったり、少しだけ違和感を覚えてしまったりする起業家も多い。創業メンバーを選ぶときでも、一緒に働く人を採用するときでも、投資するときでも、前向きな会話が進むかを確かめたほうがいい。

優れたチームプレーヤーは、ほかのメンバーの意見を土台にして、自分の思いついたことをそこに加え、さらに発展させる力を持っている。他人の意見を拒絶して自分の意見を押し通す人は、クリエイティブなひらめきには長けていても、長い目で見るといいチームプレーヤーにはなれない。

これはスタンダップコメディの世界で、「イエス！　アンド……」の原則として知られるものだ。ニューヨークのアドリブコメディ集団「どこでもアドリブ」の創立者、チャーリー・トッドは以前、僕にこう説明してくれた。「舞台で体を張って話をしているときに一番嫌なのは、途中でやめさせられることだ。劇をその場で終わらせなくちゃいけないってだけでなく、何よりも屈辱的だからね。俳優のジレンマやその状況を受け入れて、そこに何かをつけ加えてほしいんだ。会話を打ち切ったり『ノー』と拒絶したりするんじゃなくて、『イエス、アンド……』って答えるほうがいい」

もちろん、誰かのアイデアの上に何かを積み上げて発展させるためには、アイデア自体を理解していなければならない。とても理解できないようなことをわかりやすく説明できる人を探そう。採用で一番苦労するのは、専門性の異なる人を評価するときだ。たとえば、暗号通貨の専門家やデータサイエンティストの能力をどうやって評価したらいいだろう？　その業界の第三者に意見を求めることができる場合もあるけれど、候補者がほかの会社で働いていて、応募を秘密にしておきたい場合もある。すると、外部の意見を聞けないかもしれない。とはいえ、どんなに科学的なことでも、素人にわかる言葉で説明できるはずだ。もちろん、専門的なことをわかりやすく説明するのはとんでもなく難しい。

そのことを深く理解し、まとめる力がなければ、単純な言葉には直せない。どんな分野でも偉大な思考家は単純明快に問題を説明し解決策を提案できる。天才は複雑なことを簡単にわかりやすく言い換えられる。

どんな会話も前向きに一歩先へと進め、前よりも面白くできるような人、そして複雑なことをみんなにわかりやすく簡単な言葉で語れる人を集めてチームをつくろう。

極端な人を避けていると大胆な結果が生まれない

ゼロから何かをつくり出すのは、格闘技のようなものだ。延々と終わりのない議論を交わしてチームの思い込みを覆し、猛烈な反対意見を出してみんなの気に入らない道を選ばなければならないこともある。しかし、議論も反対意見も、仲間たちがあなたに対してもお互いに対してもどうでもいいと諦めたりせずに徹底的に闘う覚悟があってはじめて実のあるものになる。お互いが強く反論し合えばし合うほど、隠れていたものがよりはっきりと表に現れる。

強力な文化があれば、多少のいざこざには耐えられるし、それが優位性にもつながる。お互いを心から気遣っているときにこそ、人は信念を持って反論できるし、信じることのために闘える。特に口うるさく、極端な意見を持つ人は、組織の中で重要な役割を果たす。そんな人たちのおかげで、チームはありがちでお手軽な解決策に落ち着かず、常識を疑い続けることができる。チームの使命を信じている限り、物議を醸すメンバーは、集団思考や安易な妥協からチームを守ってくれる。

自分が苦手な人に心を開いて接するすべを身につけよう。僕は、あまり評判のよくなかった人を何人も雇ってきた。倫理観や誠実さでは妥協を許さなかったけれど、ただの仲良しチームをつくろうとは思わなかった。偉大なクリエイターは心に悪魔を抱えている。つまるところ、クリエイティビティが苦闘から生まれるものだとしたら、チームは痛みを受け入れなければならない。僕の経験では、頑固さとフラストレーションは、技術的な天才に共通の特徴だ。時代の先をいく人たちは、時代遅れの慣習に我慢ならないのだ。

ベハンスでもアドビでも、特に扱いにくい人を何人か雇ってきた。そして、そんな人たちが、誰にも破れなかった壁を破ってくれた。もちろん、彼らに頭にきている人も多かったけれど、彼らのインパクトを薄めずに痛みだけを和らげるのが僕の仕事の一部だと思っていた。特に大企業で、昔からある問題に対して大胆な解決策を押し通すには、慣習や手順を無視する意志の強さが必要になる。その点、少しくらい攻撃的になるのはいいことだったし、邪魔なことではなかった。

極端な人たちと一緒に働くときには、彼らが背負ってくれる役割に感謝し、彼らがなぜ適応できないのかを考えたほうがいい。彼らへの嫌悪感を共感に変えてほしい。カール・ユングは「他人のどこが自分をイライラさせるのかを突き詰めて考えると、自分自身が理解できるようになる」と言った。僕はいつもその言葉を思い出す。他人に対してどう反応するかによって、他人ではなく自分がわかるのだ。

自分が苦手な人と付き合うと、欠点ばかりが見えてしまう。なぜ自分がそう感じるのかを考えず、相手が悪いと決めつけてしまうのは、簡単で臆病な生き方だ。苦手な人を受け入れるには、その人の振る舞いのどこが苦手なのかを考えてほしい。あなたもその人と同じように振る舞ってはいないだろうか？

誰かに責任を押しつけようとしてしまうと、せっかくの学びを得られない。気難しい人を受け入れ、彼らに共感できるようになれば、組織文化はよりしなやかになり、プロダクトに優位性が生まれる。チームをつくったりチームに投資したりしているときには、気の合う人ばかりを集めてはいけない。衝突を大事にし、熱のこもった誠意ある反論を受け入れることをチームに教えてほしい。人を採用する場合、「すごく気の合う人」ばかりを探そうという傾向に抵抗してほしい。むしろ「この人は自分たちを変えられるだろうか？　自分たちと違うものの見方を持ち込んでくれるだろうか？」と考えてほしい。そして、火花が散りはじめたら（健全な範囲内で）、それは進歩の証拠だとチームに思い出させよう。

チームの免疫系を育て、時にはそれを抑える

人間の身体と同じように、どんなチームにも独自の免疫系があり、それがいくつもの役目を果たしている。中でも一番大切な役目は、病原体を素早く感知して排除することだ。自分の身体に入ってきた異物に強く対抗する力がなければ、些細な問題がすぐに大問題に発展し、簡単に取り除くことができなくなってしまう。

これまでチームを導いてきた経験から、メンバーがお互いに波長を合わせ、同じ方向を向いていればいるほど、問題があったときにそれがすぐに表に出ることがわかってきた。優先すべきことに違いがあったり、判断をミスしたり、ダメな人を採用したりしてしまったとき、何かがおかしいことがすぐにわかったし、それに対応しなければならないと認識できた。しかし、チームの取り組み方を大きく変えようとするときには、その健全な免疫系がむしろ邪魔になってしまうこともある。

たとえば、ベハンスにとって最も大切な人材のひとりを採用したときのことだ。僕は何年もウィル・アレンを引き入れようとしていた。ウィルはＴＥＤのウェブ事業を立ち上げ、運営していた人物で、ベハンスのＣＯＯ（最高執行責任者）になってほしいと、僕は声をかけていた。２０１１年の終わりになってやっと、ウィルが来てくれることになった。ベハンスは急拡大していたし、財務や法務、開

発スケジュール管理、チームのタスク運用を任せられる助っ人が必要だった。頭も人柄もよく、経営の経験も豊富なウィルなら、ベハンスに大きな価値をもたらしてくれることは確かだと思っていた。チームも大喜びでウィルを迎え入れ、ウィルは早速仕事に取りかかり、プロダクト評価やエンジニアリング計画の会議に参加し、僕がこれまでずっと担ってきた仕事のいくつかも引き継いでくれた。

でも、数週間もしないうちにチームの免疫系が目を覚ました。ウィルは先頭に立って声をあげ、チームを変えはじめた。古いプロセスをいじって新しいものにし、効率の悪さを指摘した。でも実は、その効率の悪いところこそ僕たちが一番楽しんでいた仕事だった。ウィルは、デザインチームと僕自身が長年慣れ親しんできたチームのやり方を変えていった。

ウィルがやってきてから数週間後、社員たちが僕に時間をくれと言ってきた。心配ごとがあるという。ウィルは僕たちが生き延びるために必要な、新しい臓器だった。だが、強力な免疫系に速攻で拒否されようとしていたのだ。最初は僕も不安になった。でもウィルが引き起こしている炎症の背後にあるものを見てみると、新しく見慣れないリーダーがやってきて、いろいろと聞き回られ、これまで触られたことのない部分をいじくられていることが、メンバーたちの気にくわないのだということがわかってきた。ウィルへの反感はその症状にすぎなかった。そこで僕がやるべきなのは、強力なチームの免疫系を一時的に抑えることだとすぐに理解した。チームメンバー一人ひとりと個別に面談し、一見邪魔者に見える存在に価値があることを伝え、警戒を解くように伝えた。

免疫系が活発になると、たとえば経営陣への不平不満という形でそれが現れる。また積極的な反対意見や、受け身の抵抗という形で表に出ることもある。それがユーモアの形をとることもある。

僕が学んだハーバード・ビジネス・スクールは、ひとクラス90人で、どのクラスにも昔から続く「スカイデック」という伝統があった。週の終わりに全員が集まって、その週の面白い出来事を生徒が持ち回りで寸劇にしてみんなに見せることになっている。そこで、クラスの誰かと教授の言い合いを再現してみせたり、ディスカッションのあいだに誰かがやらかした面白い出来事をネタにしたり、その週で印象に残った洒落た言い回しを使ってみたりしていた。それは、忙しい毎日のなかで自分たちを笑い、息抜きをする時間だった。

でも、そこには隠れた意味や無意識の目的があったと思う。それは、たとえば誰かがひとりで話しすぎたり、クラスメイトに話をさせずひとりが何度も手を挙げたりといった、いきすぎた振る舞いをそれとなく指摘するということだ。クラスにはリーダーがいないため、スカイデックは、健全でバランスのとれたグループを育てるための免疫系の一部になっていた。この時間にはみんなが笑いながらも、警告はきちんと伝わっていた。面と向かって楯突いたほうがいいときもあれば、それとなく調整したほうがいいこともある。

免疫系の別の役割は、異物やリスクの高いアイデアを排除して、チームの逸脱を防ぐことだ。強力な免疫系がなければ、締め切りは守れず、新しくてキラキラしたものばかりに注意と労力が注がれることになってしまう。チームの中にはだいたい厳格な「仕事人」タイプがいて、この人たちが強力な抗生物質の役割を果たし、時間や予算をリスクにさらすような新しいアイデアを排除している。その対極にあるのが、世間知らずの「夢追い人」で、現状を否定するような新しいアイデアを外から持ち込んで、チームを感染させてしまう。たいていの場合には、強い免疫系（仕事人）が外からの菌（夢追い人）を水際で防ぎ、チームの生産性を保ち、軌道から外れないように守っている。

だが時として、この免疫系の働きを抑えて、夢追い人や新しいアイデアを持ったリーダーが「臓器移植」を行わなければならないこともある。たとえば新鮮なアイデアを持ち込み、根本的にプロセスやプロダクトを変えることが、人の身体でいえば「臓器移植」にあたる。新しい臓器に身体が拒絶反応を示すように、ベハンスのチームもウィルに抵抗したのだ。

チームをつくるときには、仕事人と夢追い人を同じ割合で雇ったほうがいい。そして時に応じて彼らに力を与えてほしい。日常業務では仕事人が新しいアイデアを疑い、いいかげんな思いつきに邪魔されないようにチェックし、最もインパクトの大きなアイデアをきちんと前に進めていくことが必要だ。しかし、今までにない問題が発生したり、ブレインストームをはじめたりするときには、仕事人の厳格さを抑えて、夢追い人に仕事をさせなければならない。

もちろん、多くの人には仕事人と夢追い人の両方の資質があり、状況によって違う顔が表に現れる。その両面を最大限に利用するのが、優れたチームだ。

自分が夢追い人の傾向が強い場合には、自分ほど楽しくも柔らかくもないように思えても仕事人を雇ったほうがいい。組織の免疫系の中心になるのがそんな人たちで、彼らがいなければ道を踏み外してしまう。ビジョナリー的な創業者がいるクリエイティブ制作会社やスタートアップは、そうなりやすい。クリエイティブ企業はクリエイティブな人たちで成り立つと思い込み、自分と同じようなタイプばかりを雇ってしまうからだ。

それとは逆に、成功しているクリエイティブ企業では、クリエイティブなリーダーが大胆なビジョンを掲げながらも実務家や進捗を管理する仕事人たちが経営を行っている。自分にとっては居心地がよくないとしても、もともとの性格が自分とは違う人を雇い入れ、力を与えたほうがいい。

新しい人を雇い入れるたび、またイノベーションと実行を繰り返すたび、チームの免疫系に注意してほしい。本来の役目を果たさせ、大きな変化の時期がきたら、その働きを抑えるために必要な手を打ってほしい。

雇い入れた人が活躍できるような環境をつくる

強いチームは、才能を持った人たちを採用しやすくなる。だがチームが強くなればなるほど、新しい才能を融合するのが難しくなる。特に、何かに秀でた人をうまくチームの力にするのは難しい。リーダーは採用に時間をかけすぎる割には、採用した人たちが活躍できるような環境をつくることにはあまり時間をかけていない。

前項で述べたように、健全なチームでは免疫系が機能していて、新しいメンバーを排除する力が自然に働く。新しいメンバーが経験豊富で責任ある地位の場合にはなおさら、抵抗も大きい。経験豊富な人材は、すでに確立した「自分のやり方」がある。その人なりのこれまでの成功の要因を持ち込んでもらおうと雇ったのに、チームにとってはまさにそこが排除の要因になる。強い意志と、過去の経験を通して確立された手法と、大きな使命感はいずれも、新しいチームに入る際の摩擦の原因になる。

チームが新しい人を迎え入れ、そのやり方を取り入れようとしなければ、どんなに素晴らしい才能を雇い入れても無駄になってしまう。そんなことが続くうちに、問題を回避しようといつの間にか経験のない人ばかりを雇い入れるようになる。すると、チームの進化は止まり、それが終わりのはじまりになる。

優秀なメンバーを採用するだけではダメだ。その人たちをチームで活かしてほしい。それには新しい人をただチームに迎え入れる以上の努力が必要になる。新しい人のこれまでの経験に目を向け、強みをチームに知らしめ、その人の心のパートナーになり、コーチになり、応援する人にならなければならない。

新しく採用した人が成功できる環境は自然には生まれない。だからリーダーが積極的に手を貸さなければならない。新しく入った人の気持ちを理解し、チームとの融合を助け、安心させ、コミュニケーションの途切れない環境をつくってほしい。

共感からはじめる

新しく入ったメンバーの立場に自分を置いて、その人がどんなことを経験しているかを想像してほしい。あまり支えのないなかで、チームやプロダクトについて学ぼうと努力しているのでは？　家族と一緒に別の州から引っ越してきたばかりということはないだろうか？　仕事内容がまだはっきりしていないのでは？　入ったばかりの人がチームに慣れようとする際のさまざまな障害に気づいたら、ほかのメンバーたちにもそれを伝え、敏感になるような努力をしよう。

チームを多様化しようと思えば、共感はなおさら大切になる。あなたは同じ人種、性別、年齢のメンバーに囲まれているだろうか？　チームの団結やチームワークが大切と言うけれど、そこにいる少数派の居心地の悪さに気づく人は少ない。全員を同じ立場に立たせれば、平等が実現されるというわけではない。メンバーそれぞれがお互いの不安や懸念に共感することが、チームがひとつになる助けになる。

新しくきた人がチームに馴染むだけでも大変なのに、人種や年齢、性別、信条のために偏見にさらされたり疑いを持たれたりしている人はなおさら、チームとひとつになるのは難しいはずだ。新しい試みを疑われるならまだしも、その他のことでさらに疑いを持たれるのは、まったく別の大変さがある。

偏見を生み出す要因はさまざまだ。生まれたてのプロジェクトにつきものの混乱の中では、とりあえずそこに飛び込んで何かをやろうとしてしまう。誰がそこに関係しているのかや、水面下にどんな力関係が働いているのかを考えずに動いてしまうことも少なくない。

たとえば、テクノロジーや金融やその他の業界で女性起業家が事業を立ち上げようとすると、とんでもなく無神経な言動や許せないような振る舞いに直面することになる。マイノリティや、若者や高齢者も、資金調達や飛び込み営業や講演の場面で、陰に陽に偏見にさらされる。僕が投資したパートピックというスタートアップの創業者でアフリカ系アメリカ人女性のジュエル・バークスは、投資家との会合でいつもとんでもない質問をされたと教えてくれた。「CEOとして誰か別の人を雇うことは考えました?」「チームメンバーもほとんど黒人ですか?」

ジュエルの経験を聞いて僕の心は沈み、毎日のようにこんな偏見に耐えなければならない人がいることに気づかされたのだった。ジュエルは最終的に企業売却に成功した。スタートアップ業界は彼女の成功事例をもっと全面に押し出して、もっといい方向に向かう必要がある。

正義と平等に向かう道は、共感からはじまる。僕も人生の中で性別や人種の偏りがある状況を見つけたら、いったん立ち止まるようにしている。そして、その状況にもう少し注意深く注目し、意見を聞いて、何が「おかしいのか」を観察するようにしている。もし誰かが不適切な行動をしていたり、相手の気持ちを考えない振る舞いをしていたりしたら、僕があいだに入ることはできるのだろうか？新しい人をチームに迎え入れる際には、できる限りその人の立場に立ったうえで行動しよう。

統合を促進する

新しく入った人の成功を手助けするのに一番いい方法は、はじめからその人の強みに合った重要な仕事を任せることだ。その人が小さくてもはっきりとわかる価値をチームにもたらすことが、チームに調和するきっかけになる。特殊な知見、専門性、その人にしかない人脈といったものは、はじめから価値として認められる。スキルのギャップより、信頼のギャップを埋めるほうが、新しい人にとっては大切だ。スキルの研修はいつでもできる。しかし、新しく入った人に潜在能力を発揮してもらうのに何より必要なのは、チームからの信頼だ。新しいメンバーが入ってきて、いきなり何かチームに価値をもたらしてくれるようなことをしたと感じられたら、チームの免疫系は緩む。

何らかの正式な受け入れプロセスがあったほうが、新しい社員はチームに馴染みやすくなる。入ってくる人に何でも自分でやらせるよりも、チームが必要なものを準備して迎え入れるだけでも、ありがたく感じてもらえるはずだ。

ベハンスの初期に、新入社員の机の横を通りかかると、その男性がノートを広げて椅子に座っていた。短く挨拶を交わして、最初の数日はどうだったかと聞いてみたところ、まだコンピュータが届いてないのだと知らされた。僕たちはスタートアップで人事部もなかった。彼が出社するまで誰もコンピュータを注文していなかったのを知って、僕は恥ずかしくなった。入社早々からそんな調子では、がっかりしたはずだ。でも僕はその失敗から学んだ。

心理的安全性を育む

失うものがほとんどない小さなチームでは、リスクや失敗が重なっても許される。リスクを取り、失敗することこそ、成功への道だからだ。しかし、企業の構造が出来上がるにつれ、リスクや新しい考え方に優先順位をつけ、リスクを許容する仕組みを組織に取り入れる必要が出てくる。そうした仕組みなくして、人は自然にリスクを取ることはできないからだ。ボーナスがなくなることや人事評価が悪くなることを恐れると、社員はスタートラインに立つことさえしなくなる。

現在ハーバード・ビジネス・スクールで教鞭を執るエイミー・エドモンドソンは、かつて全国の病院で医療チームを研究していた。最も優れた医療チームを研究し、成功の要因を発見するのが目的だ。

意外なことに、最も優れたチームは、パフォーマンスの悪いチームよりも多くの失敗を報告していた。

エエドモンドソンは、この現象を「心理的安全性」という言葉で説明した。心理的安全性とはつまり、チーム内で個人がリスクを取ることを許されているとメンバー全員が信じているということだ[12]。最も優秀なチームが一番多くミスをしていたわけでなく、ほかのチームよりも進んで失敗を認めてそれをみんなで話し合っていたことに、エドモンドソンは気づいたのだった。1999年に発表された研究で、エドモンドソンは、心理的安全性とは「声をあげた人をチームが辱めたり、排除したり、罰したりしないという自信のこと……チームメイトが信頼し合いお互いを尊敬し合う環境の中で、一人ひとりがありのままの姿でいられるチームの雰囲気[13]」と書いていた。

『ニューヨーク・タイムズ』に掲載され話題になった「理想のチームを追い求めたグーグルが学んだこと」という記事の中で、著者のチャールズ・デュヒッグは、グーグルの最もイノベーティブで生産性の高いチームの特徴は心理的安全性だと言っている。

「プロジェクト・アリストテレス（社内での暗号名）からグーグルが学んだことは、『仕事用の仮面』をつけて会社に来たい人はいないということだ。自分の個性や内面を隠さなければならないような職場は嫌だと思っていた[14]」とチャールズは書いていた。「だが、職場に全人格を持ち込み、安心を感じられるには、自分の悩みや心配を周囲に打ち明けても損にならない環境だとわかっていなければならない。自分のダメな部分や悲しいことを話し合えて、嫌いな同僚とでも厳しい会話を交わせるような環境でなければならない。効率だけに目を向けていたら、それはできない。相手がきちんと自分の話を聞いてくれていると思えなければ、朝イチでエンジニアのチームと一緒に仕事をし、マーケティング担当者にメールを送り、それからカンファレンスコールに参加するようなことはできない。仕事はただの労働とは違う、と思わせてくれる環境が必要だ」

生産性を上げ、チームに仕組みとプロセスを取り入れる過程で、リスクテイクを避けたり、独自のものの見方を表に出したりすること妨げるような環境をつくらないよう注意してほしい。

コミュニケーションを積み重ねる

新しい人と意見を共有し、自分たちの文化と期待にどっぷりと浸ってもらうには、常にコミュニケーションを取り合っていくしかない。

ただし、まだよく知らない人と率直なコミュニケーションを途切らせずに続けていくことは、難しい。とりわけ、日常業務に追いかけられているなかで、タイムリーかつ率直にフィードバックを与えようとすれば、労力も使うし居心地も悪い。リーダーには、新しい社員と定期的に話す時間を持つように、と僕は勧めている。新しい臓器への拒否反応は気づかないうちに忍びよるものだ。だから、新しい社員とコミュニケーションを取り続け、彼らの抱える課題を尋ね、人間関係を築いてほしい。

新しい社員にとっては、フィードバックと議論の積み重ねが、考えるための情報になる。たとえば僕は、チームの期待、僕の観察、試してみたほうがいいと思うことについて、継続的な対話ができるように努力している。僕が期待していることと、社員のやっていることが違っている場合には、見守るのでなく、そのことを指摘する。新しい社員は、自分がチームの中でうまくやっているか、ほかのメンバーに自分がどう見えているか、どうやり方を変えたらいいのかがわからなければ、チームに価値をもたらせない。

新しいメンバーが加入するごとに、チームのDNAは変わる。新たな才能を引き入れたら、チームの文化や関わり方を少し変えて、新たな臓器をうまく身体に適応させなければならない。才能が自然に継ぎ足されることはない。その才能がチームに価値をもたらすような環境をつくらなければならない。輸血した血液が身体を破壊してしまう危険はあるが、新しい血がないと死んでしまう。

徒弟を育てる

その昔、人は何かを実際にやってみながら、その技術を身につけていた。いい教育を受けるということは、自分を弟子にしてくれる専門家を見つけるという意味だった。鍛冶屋にしろ、靴屋にしろ、徒弟関係を通してスキルが伝承されていた。弟子の能力を伸ばすのが親方の役目だった。弟子は仕事をしながら、試行錯誤を通して浴びるほどふんだんに技術を吸収した。理論よりも実践の中でスキルを身につけていた。そこで人脈がつくられ、学位や知識よりも仕事のできる人が尊敬されていた。

そんな徒弟制度のあった時代は、もう遠い過去だ。歴史のどこかの時点で、もっと効率よく多くの人に教育を受けさせたほうがいいという考え方が生まれた。徒弟制度には時間がかかり、密な関係が必要になることや、知識労働者という新しい階級が生まれたこともあって、余分な教育内容を削ぎ落とし、一度にたくさんの人を教えることが、社会の目指すところになった。技術や工芸を伝える教育でさえ、一対一ではなく組織的なものになっていった。教室の中で多数の生徒を相手に授業をするようになると、現場での身体を使った学びが失われていった。経験から学んでいたものがより標準化され、一人ひとりを細かく指導する教育はできなくなった。

健全なチームは、経験豊富なエンジニアが新入りのエンジニアと一緒に仕事ができる仕組みをつくっている。たとえ一時的に生産性が下がったとしても、そのほうがいい。新人のエンジニアと経験のあるデザイナーを隣同士に座らせて、どんな細かなことでも知識のやりとりがすぐにできる環境をつくるのが、いいチームだ。新しい社員が事業のさまざまな側面を現場で経験できるように、長期のローテーション研修を行うチームもある。徒弟制度は未来の才能に投資することだ。ぜひ積極的に進めてほしい。

経験を通した教育がどれほど大切かということが僕の中に刷り込まれたのは、ゴールドマン・サックス時代に、パインストリートというプロジェクトで3年間働いたからだ。パインストリートとは、ゴールドマン・サックスの中からリーダー候補を探し育成することを目的とした全社横断的なプロジェクトだった。チームリーダーは、リーダー育成の第一人者で、ゼネラル・エレクトリック（GE）のジャック・ウェルチCEOのもとでエグゼクティブ教育の仕組みをつくり上げたスティーブ・カー。スティーブは、GEのクロトンビル研修センターをつくったことでも有名だ。

僕はスティーブと一緒に働くうちに、リーダーシップ開発における70／20／10の法則について学んだ。リーダーを育てるにあたって、教室での講義から学べることは10パーセントしかなく、フィードバックの交換とコーチングから学ぶことが20パーセントで、学びの70パーセントは経験によるものだ。このことを前提に、多くの企業では社員に「背伸びの必要な」大胆なプロジェクトを与え、居心地のいい場所から追い出し、厳しい体験に身をさらさせて、学ばせている。経験を通した実務研修こそ、専門性を育成する一番自然な方法だ。

教室や正式な研修は役に立たないことがほとんどだ。僕たちは、理論に飽き飽きし、教師に退屈し、ご褒美が何かへの愛ではなく成績に基づいて決まることにうんざりするようになる。その隙間を補うために、リーダーは自分のエネルギーの一部を支援と指導に使うべきだ。徒弟関係はお互いにとってメリットがある。将来のチームリーダーとなる存在を育てれば、より大きな責任を任せることができるようになるし、同時に継続的に教え合い、学び合う文化を育むことにもなる。チーム内での徒弟制度を当たり前のものにしてほしい。

いい人をつなぎ留めるために ダメな人に退出してもらう

誰かをクビにするのは、本当に難しい。

人々の隠れた力を見つけ、どうやったら成功に手を貸せるだろうと想像してしまう自分がどこかにいる。でも、チームやプロジェクトが苦境に陥っていたら、素早く手を打ったほうがいい。

チームメンバーを友達と思いたい気持ちはやまやまだが、人々がここに集まったのは偶然ではなく使命に共感したからだろう。チームリーダーの仕事は、メンバーそれぞれの能力を最大限に活用し、チーム全体がひとつになって使命に向かい、生産性を高め、ともにいい結果を出せるようにすることだ。そんな環境をつくるには、難しい判断も必要になる。

ネットフリックスのリード・ヘイスティングスは、アイルランドで開かれたイベントで、家族とスポーツチームの違いを次のように語っていた。家族は、お互いにありのままの姿を受け入れる。家族を変えることはできない。毎年叔父さんが感謝祭の日にやってきて、べろんべろんによっぱらっていたとしても、叔父さんは叔父さんだ。だが、スポーツチームでは、メンバー同士がお互いに高いレベルの技術を持っていることを期待するし、チームメンバーを変えながら全体の力を上げていくことが求められる。全員がたすきをつなぐ義務がある。いつも同じ位置にいてはいけないし、メンバーは勝つためにそこにいる。叔父さんは変えられなくても、守りのできないディフェンダーは変えていい。リーダーは、家族ではなくスポーツチームとしてメンバーを管理しなければならない。

頭痛のタネを取り除かないと、チームの要になるメンバーを失うことになりかねない。メンバーがここに集まったのはわくわくするようなプロジェクトに参加したり、切れ者揃いのベンチャー企業で人生最高の仕事をしたいと思っているからだ。心から尊敬できる人たちと働くのでなければ、またはチームと仕事に全力を注いでくれるクリエイターと働けなければ、どこか別のところに行くだろう。リーダーが仕事のできないメンバーをなかなかクビにできないと、一番仕事のできるメンバーの能力がフルに発揮されず、チームの手足を縛ることになる。仕事のできないメンバーをクビにするのは、できる人間を守るためだ。問題のあるメンバーを切るのは短期的には痛みを伴うが、残ったメンバーがより仕事に没頭できるようになり、長期的には大きなメリットがある。

チームの免疫系が強ければ、メンバーを失っても自然に回復できるし、リーダーはチームの回復力を信じるべきだ。たいていは誰もクビにしたくないのが当たり前だが、よそに移ってもらうほうがお互いにとってベストなこともある。ベハンスの初期に働いていた若いプロジェクトマネジャーは、人がよく志も高かったけれど、チームの中で自分にぴったりな役割をなかなか果たせずにいた。彼は何度か僕に不満を打ち明けていた。僕は経営経験が浅く、チームメンバー全員にとどまってもらい、誰ひとりとして辞めさせないのが自分の仕事だと思い込んでいた。メンバーを失うことは、自分にとってもその人にとっても失敗だと感じていたのだ。誰かが辞めたらどうなるのかと不安で仕方がなかった。ほかのメンバーからリーダーの能力不足だと思われて、ほかのメンバーも辞めようかと考えはじめるかもしれない。

でも、最終的には、その若いプロジェクトマネジャーが適任ではないのに、僕は彼を縛りつけようとしていることに気がついた。結局その彼は辞めてしまった。クビにしたわけでなく自分から辞めたことに最初はショックを受けたが、それはチームの免疫系が機能している証拠だと思い当たった。適任でない人がいなくなると、チームは強くなる。一軍メンバーを上手に留めることに力を注ぎ、二軍メンバーにはそこまで力を入れなくてもいい。

「今いるメンバーをいつも評価し直したほうがいい」と言うのは23アンドミーのアン・ウォジスキーだ。「適材適所って本当に難しいこと。メンバーに失敗してほしいと思って責任を持たせるリーダーはいないわ。メンバーが失敗すればチームと組織が傷つくことになる。リーダーにとってすごく難しいのは、みんなに感情的に入れ込んでしまわないようにすることなの。人としてはすごく気に入っていても、プロとしては専門的になりすぎたり、逆に専門性が足りなかったりすることもある。メンバー一人ひとりがそれぞれの役割をどう果たしているかをいつも見直しておく必要があるし、時には進んで変更を加えることも必要になる」

誰かを見送ったり、辞めさせたりするのは、気持ちのいいものではないし、もやもやも残るけれど、長期的にチームの力を上げるには、それしか道はない。もちろん、必要なサポートと指導を提供するのは当たり前だ。与えられた役割よりも大きな成長を見せる人もいれば、力に比べて責任が大きすぎることもある。チームの機能を壊してしまうような人もいれば、お荷物になってしまう人もいる。リーダーの仕事は、チームの調子を常に観察しながら、人を足したり引いたりして、チーム全体として最大限の力が出し続けられるようにすることだ。

安定は続かない。人を動かしたほうがいい

人はいったん座ってしまうと腰が重くなり、プロジェクトにつくとそのやり方に慣れ、チームに入ると居心地がよくなって動けなくなる。リーダーにとっては、何の波乱もなく、メンバーがみんな自分の仕事を楽しんでいれば安心できる。いさかいのない落ち着いたチームは、最高の仕事をしてくれるとリーダーは思いがちだ。リーダーは、意外性がなく、メンバーが言われたことをきちんとやってくれるような、安定した状態をつくろうとする。

だが、居心地がいいと人は現状に満足しすぎてしまう。学びが止まり、好奇心が失せてくる。何か興味のあることを学ぼうと努力しているあいだは気持ちがそこに向かうが、いったんそれをマスターして自分の思い通りにできるようになったとたん退屈し、興味が薄れていく。定期的に安定が崩れたほうが新鮮に仕事ができるし、好奇心や熱意が薄れずに済む。

つまり、強いチームを維持するためには、いつも環境を変化させていたほうがいい。

若くして経営者になった僕は、メンバーそれぞれが自分の仕事に没頭できる環境をつくるのが僕の役目だと思っていた。だけどそのうちに、キャリアというものはひとところにとどまるものではないことがわかってきた。たとえ今の立場に満足していても、さまざまなチャンスを模索したいと思うも

のだ。そうしたチャンスを与えたり、今よりも一段上の力を必要とするような難しい仕事を与えなければチャンスを待っている若い人たちは育たないし、経験のある人たちは退屈して新しい仕事を探しはじめるだろう。

僕はこうしたことをすべてわかっていながら、アドビに買収された2年後に、ベハンスの核になっていた人たちが数人辞めていったとき、本当に落ち込んだ。最初、見捨てられたと感じてしまった。チームや文化の穴をどう埋めたらいいのかわからず、途方にくれた。でも、残ったメンバーの中からリーダーシップを発揮してくれる人が現れ、前向きにチームを変えてくれた。そこでやっと、チームの中にいた人たちの力を僕が過小評価していたことに気づいたのだ。主要なメンバーが思いがけなく辞めたことで、新しい人たちが力を与えられ、僕も彼らも思ってもみなかった能力を発揮して、責任を果たしてくれた。僕の望み通りにずっと同じメンバーがとどまっていたとしたら、チームは進化できなかっただろう。

昇進や役割の変更は、メンバーを居心地のいい場所から押し出して、キャリアにおいて新しい成長期に押し上げるひとつの方法だ。たとえば、GEはジョブ・ローテーションを行うことで有名で、タービン事業の責任者が照明事業に異動することもある。各事業部のベストプラクティスを全社に広め、リーダーとしての能力を育成することも狙いだが、才能ある人材を社外に出さないこともまたローテーションの目的だ。「限界を広げるような仕事」を社員に課す企業もある。いつもの手慣れた範囲外のプロジェクトや、専門外の重要なプロジェクト、たとえば新規事業や新しい地域の開発なども、「限界を広げる仕事」だろう。こうした仕事を通して社員は自社や業界の中で自分が知らなかった側面に触れる。社員は新たな挑戦を得て大きな学びを身につける。

環境やプロセスの変化がチームの役に立つことは多い。同僚やオフィス周りを見回して、昔はワクワクしたのに今は当たり前になっているものがあるかどうか、探してみよう。進捗を測るために壁に貼っていた古いグラフがある？　古いグラフを取り外して、やり直してみよう。当たり前になってしまった定期会合や習慣がある？　やり方を変えてみたらどうだろう？　席が近い人同士でちょっとした派閥のようなものができている？　席替えをしてみよう。職場の一体感は大切だが、周りの人だけとしか付き合わなくなると、全社的な協力の機会が失われ、偶然の出会いからチームが生まれることもなくなる。1年に一度くらいは（大企業なら数年に一度は）席替えをしたほうがいい。机の場所が変わって、隣に座る人も変わると、新しい人間関係や新鮮な視点が生まれやすくなる。

変化には痛みが伴う。特に何も変える必要のないときに、何かを変えようとすると嫌がる人もいる。しかし、まだ変えなくてもいいと思えるようなときに前倒しで変えていくほうが、何かが起きてから対応するよりはるかにいいということを、リーダーは自覚しなければならないし、チームにもそのことを伝えていかなければならない。友達のティム・フェリスは以前にこう言っていた。「自分から進んで人生に苦しみを持ち込んでおけば、思いがけない苦しみに苛まれることは少なくなる」[15]

リーダーの役目は、チームが常に動き続けられるように、健全なリズムをつくってあげることだ。定期的にチームを揺さぶっていなければ、予期せぬ形で外から揺さぶりをかけられることになる。いつもが静かすぎると、少し邪魔が入っただけで大騒ぎになりかねない。チームにも自分にも変化への耐性をつけさせることが、長い目で見ると忍耐力を育てることになる。

2.

組織文化とツール

文化はチームの物語によってつくられる

組織やチームの「文化」という言葉は気軽に使われている。たとえばカクテルアワーを設けたり、サッカーゲームの台を置いたりすれば、チームの「文化」をつくり出せると思っている人もいるようだ。しかし、経営者や管理職が文化をつくり出すことはできない。文化とは、チームが紡ぐ物語から、自然に形づくられるものだ。

チームメンバーが自分たちについて思い出したり話し合ったりする物語を通して、そこにいる全員がなぜここにいるのか、このチームの何が特別なのかをいつも意識する。人々をひとつにしている夢や事業の土台になるものを思い出させてくれるのが、そうした物語だ。

物語はまた、教訓を授けてくれ、時が経てばさらに深い学びを与えてくれる。物語がなければ過去はぼんやりとしたままで、思い返すこともなければ、見直されることもない。しかし、物語になった過去は、人々が拠って立つことのできる、形ある土台になる。物語は新しい社員に方向性を与え、組織としての知識を授けてくれる。あいまいで先の見えない時期が続いても、物語の上に成り立つ健全な文化は、メンバーがひとつになって前に進んでいくための文脈と居場所を与えてくれる。

会社が大きくなるにつれ、日々の物語が企業文化に与える影響は少なくなり、創業時の逸話が企業のDNAと見なされるようになる。いわゆる「創業物語」が組織文化に偏った影響を与えていることは多い。人々は、そもそもなぜどのようにすべてがはじまったのかを振り返り、それを企業の核になる価値観として考えるようになるからだ。僕たちもベハンスの10年あまりの歴史の中で、創業の物語を何度も語ってきた。共同創業者のマティアスと僕がある晩ユニオンスクエアで出会ったこと、最初のエンジニアとして入ってくれたデイブに多少見苦しくないジーンズを買ってあげるためにみんなでお金を貯めたこと、1年間ずっと朝食にサラダしか食べられなかったこと。そんなちょっとした、一見何でもない物語が、僕たちの文化を紡いできた。

忠誠と偏屈さと強い決意が僕たちの核になる価値観だった。僕たちの物語と、その物語の中でつくられてきた習慣を通して、ベハンスの価値観はほかのメンバーにも伝わっていった。たとえば、僕たちはいつも、決まった目標に到達できるかどうかを、チーム内で賭けの対象にしていた。僕はずっと菜食を貫いているのだが、ベハンスのユーザーが100万人に到達したら肉を食べると約束していた。2007年にはユーザーが2万人しかいなかったので、僕が賭けに負ける可能性はほとんどないと思ったのだ。それから3年か4年たった頃、チーム全員の前で僕は約束を果たさなければならなくなった（そのときは大人しく鶏肉を食べたが、それ以来、一口も食べていない）。

こうした物語によって形づくられてきた文化は、僕たちだけの独特なものだ。さっきの賭けのような一風変わった習慣が、チームの差別化につながる。今振り返ると、その独特な文化のおかげで、さまざまなことを判断する際に僕たちなりの直感を働かせることができるようになったのだとわかる。

たとえば、他社と提携するときにも、新しいアイデアを取り入れるときにも、「ベハンスらしさ」が感じられるか、まったく「らしくない」と感じられるかで、正しいか正しくないかを嗅ぎ分けられるようになっていた。

テクノロジー業界で知らない人のないストラテチェリーというオンラインメディアを運営しているベン・トンプソンは、創業当時の逸話を語り継ぐことの大切さについて、次のように書いている。

（組織の）文化とは、成功を生み出すものというよりも、成功の産物といったほうが近いだろう。どんな会社も創業者の強い信念と価値観からはじまるが、その信念が正しいと証明され事業が成功するまでは、疑いを持たれることもあれば、変わっていくこともある。しかし、もしその信念のおかげで真に成功し続けることができたら、それまで意識的に保持されてきたその信念と価値観は、無意識のものに変わる。無意識で当たり前のものになるから、会社に成功をもたらした「隠し味」として、その信念と価値観が会社が大きくなったあとにも伝え続けられるのだ。そうなれば、創業者が1万人もの社員にいつも価値観を説く必要はなくなる。その会社にいる全員が当たり前にその価値観に従って行動し、その価値観に従って大きな意思決定も些細な判断も行うようになる。[16]

組織の文化は創業者ではなく起業当時のメンバーみんなによって形づくられると僕は思う。もし誰かひとりが大きな影響をチームの文化に与えるとしても、それはその人の肩書きではなく性格によるものだとも思っている。とはいえ、ベンが言っていることも重要だ。時間が経つにつれて、物語そのものは忘れられても、信念や価値観や組織文化のニュアンスはみんなの中に残る。

物語の価値を軽く見てはいけない。日々の雑事や業務に追われて、物語がつくられる瞬間を無視したり、それに気づかなかったり、その邪魔をしたりしてしまうことはある。ベハンスが独特な存在になれたのは、日々の仕事の中で起こった深刻な危機の瞬間やうれしい出来事に、メンバーの個性がよく現われていたからだ。強烈な文化があったからこそ、創業メンバーの大部分がアドビによる買収後も10年余り一緒に働き続けられた。動きの激しいテクノロジースタートアップの中で、それほど長く一緒に働き続けているチームはあまりない。

特に創業期には、物語が紡がれる瞬間にリーダーがその場にいなければならない。そして、適切な頃合いにその物語を思い出させることも必要だ。そしていつか、リーダーは手綱を手放して、チームのメンバーにその人自身の物語をつくらせてほしい。どんなチームにも、文化の運び手となる存在が数名はいる。それは素晴らしい物語を上手に捉えて、繰り返し語ってくれるような人だ。物語の運び手は、チームの物語を象徴する存在でなければならないし、文化を強化するような独特な能力がチームの中で尊重されるようにならなければいけない。

プロジェクトやチームの創始者は、物語を大切にし、自分を物語の一部に組み込んでほしい。僕の場合は、20年も守ってきた菜食主義を破ったことがこの会社の物語のひとつになった。物語はあなた自身がつくるものだ。リーダーは物書きの気持ちになって、どんな経験にもチームのきらめく個性を見出し、自分たちに影響を与えた瞬間を捉えてほしい。文化とは自然現象だ。チームが引き起こす物語を育み、受け入れ、祝ってほしい。日々の物語が、永遠に続く組織文化の土台になる。

フリーラジカルをチームに入れる

化学用語でフリーラジカルといえば、不対電子を持つ原子や分子を指す。フリーラジカルは化学反応を起こしやすく、ほかの物質や同じフリーラジカル同士が触れ合うと、永遠に連鎖反応を続ける可能性がある。フリーラジカルは、環境によっては極めて破壊的なこともあれば、貴重なこともある。

このフリーラジカルという言葉は、21世紀に現れた新しいタイプの職業人を表すのにぴったりだと僕は思っている。職場のフリーラジカルたちは、仕事の世界での果てしないエネルギー源になってくれる。盲目的にルールに従う人が多い仕事場で、フリーラジカルたちは自分のキャリアを自分でコントロールし、自分に合うように世界を変えようとする。フリーラジカルたちはどんなチャンスにも貪欲に食らいつき、大きなリスクを取って大きなリターンを狙おうとする。

フリーラジカルには、特定の人口動態上の特徴があるわけではない。ベビーブーマーの中にも、ミレニアル世代の中にもいる。ただし、共通の特徴がある。立ち直りが早く、自立心があり、極めて有能だ。フリーランスとして働いている場合もあれば、少人数のチームにも、大企業の中にもいる。どこにいても、彼らは諦めない。そんな存在に気づいていても気づかなくても、彼らはどこにでもいる。未来をつくっているのは、そんなフリーラジカルたちだ。

僕は大企業でも少人数のスタートアップでも働いてきたが、フリーラジカルたちが仕事場でどれほど誤解されているかを見て、興味をかき立てられた。フリーラジカルを自己中心的な若者だと思い込んで除《の》け者にする上司もいれば、彼らを育てて社内でイノベーションを起こそうとした世話焼きの上司もいた。ベハンスが開いた99Uでも、クリエイティブ人材を率いるリーダーを教育するために、僕はある種の声明文のようなものを発表して、頑固だが力のあるフリーラジカルをチームの中で活かすよう、手ほどきをしようとしたこともあった。その声明文を、ここで紹介しよう。

フリーラジカルとは？

フリーラジカルは、まず何より仕事に充実感を求める。でも、もしチームや世界に何らかの影響を与えられたら、周囲に認めてほしいと思う。僕たちが何かをつくり出すのは、自分だけのためじゃない。本物の永続的なインパクトを世界に与えたいと思っている。

フリーラジカルは、企業に属していても、独立していても、自由に実験し、いくつかのプロジェクトを掛け持ちし、アイデアを前に進められる環境を求めている。僕たちは柔軟な環境で成長し、活動に没頭できる環境でたくさんのものを生み出せる。

フリーラジカルは、たくさんのものをつくり出し、たくさん失敗する。僕たちは失敗によって成長し、失敗によって方向を修正できる。どんな失敗も学びのチャンスになる。失敗は、経験を通した学びだと思っている。

フリーラジカルは、官僚主義や閉鎖的な人脈や古臭い商習慣が我慢できない。昔ながらの事業運営の手法を疑い、自分のやり方を押し通したがる。それがかなわなくても、現状に屈服することはない。僕たちは古臭い手順を迂回して（ハックして）、もっと賢いやり方を見つける。

フリーラジカルは、スタートアップにいても、大企業にいても、自分の力が最大限に発揮され、能力が活用されることを望んでいる。貢献や学びが頭打ちになったら、その場所を去る。逆に、大企業のリソースを利用して、自分が気にかけている分野にインパクトを与えられたら、気分が上がる。僕たちは、いつも最高の仕事をしていたいし、できる限り大きなインパクトを与えたいと思っている。

フリーラジカルは、オープンソースのテクノロジーやAPI、インターネット上の莫大な集合的知識を、自分の個人的な武器だと考えている。デザイナーや開発者、思想家が利用するウィキペディア、クオラ、オープンコミュニティといったものは、僕たちフリーラジカルが自分自身のためにつくったものだ。僕たちはできる限り集合的な知識を利用して、自分とクライアントのために最善の判断をする。そして、未来の世代への返礼の精神を持って、こうしたオープンリソースに貢献する。

フリーラジカルは、何事も共有する。人々が僕たちの意見を聞き、僕たちをフォローするのは、僕たちが人と違っていて、キュレーターとしての直感があるからだ。僕たちは、自分の創作物を共有し、自分たちの関心を共有することで、自然とサポーターのコミュニティをつくり、サポーターがフィードバックと励ましと新しいチャンスを与えてくれる。だからこそ、僕たちはプライバシーより透明性を大切にする（いつもではないけれど、たいていの場合はそうだ）。

フリーラジカルは、実力主義を信じ、コミュニティの力を信じる。実力主義とコミュニティの力のおかげで、僕たちは自分の愛することに没頭できるし、愛する仕事をさらに上手にできるようになる。僕たちにとって、競争は脅威ではなく前向きなモチベーションになる。僕たちは最良のアイデアを一番上手に実現し、勝ちたいと願っている。

フリーラジカルは、大好きな仕事をしながら、いい暮らしを送ることができる。僕たちは芸術家であると同時にビジネスパーソンでもある。僕たちは会計もやるし、マーケティングもやるし、事業開発もやるし、交渉も営業もやる。必要なエネルギーを自分に投資し、最良のツールと知識を活用して自分自身を近代的な企業に見立てて経営する。

これまで、フリーラジカル的な人間は、気難しいとか自己中心的で独りよがりだと見られてきた。一匹狼で無責任だと見られてもきた。だが今、フリーラジカルは、さまざまな業界で極めて有能なリーダーとして姿を現すようになってきた。

大企業のフリーラジカルは、規範を疑い、残酷なほど正直で、フットワークの軽い人間だと見られている。彼らは時代遅れの情報共有プロセスを、スラックやグーグルワークプレイスといった簡単で透明性の高いツールに置き換えている。ソーシャルメディアを活用して、市場の知見を調査部門に先駆けていち早く（そのうえ安く）手に入れている。より自由で進歩的な仕事のやり方を常に推し進め、意味のないミーティングよりも意味のある創造物に価値を置く。騒動を引き起こしたり無理やり変化を生み出したりすることもあるが、メンバーとプロセスとプロダクトを前進させてくれるのは、そうしたフリーラジカルだ。

かつてないほどにフリーラジカルに対する摩擦や障害が取り除かれた今、彼らは21世紀のアイデアに奉仕するリーダーであり、チームにとって最高の資産になる。チームをつくり、運営するにあたって、フリーラジカルを仲間に入れ、彼らを仕事に没頭させ続けてほしい。

節約第一だけど、ベッドと椅子と空間とチームにはお金をケチるな

起業も人生全般も、出費は細かく気をつけて管理したほうがいい。だが、あまり節約しすぎるとダメなこともある。

たとえば、人生の3割はベッドの中で過ごすし、睡眠は日中の活動に大きく影響するのだから、ベッドにお金を惜しんではいけない。仕事で使う椅子も同じだ。今どきは、ベッドの中にいるよりも、椅子に座っている時間のほうが長いのだから。とにかく最高の椅子を買ってほしい。

椅子もそうだが、仕事の空間も大切だ。僕は決して豪華なオフィスがいいとは思わないが、ものをつくり出すためのツールや環境をよく考えることが、結果として出来上がったもののクオリティーを左右すると思っている。

ほとんどの会社はオフィス環境を事務用品と同じ感覚で捉えている。つまり、取るに足らないことだと思っているのだ。施設をつくるときは、面積当たりのコストと、動線や物流の効率だけに注目し、

そこで働く人たちに空間がどんな影響を与えるかは考えない。でも、空間の位置づけとデザインは、チームのスキルと同じくらい重要だ。というのも、環境が、集中力やモチベーションや創造性に直結しているからだ。

空間は、そこでつくり出されるプロダクトに大きな影響を与える。僕のメンターのひとりで、スティーブ・ジョブズのもとでキャリアの大部分を過ごし、ネクスト、アップル、ピクサーを渡り歩いてきたジェームス・ヒガは、スティーブがそれぞれの会社の空間設計にどれほど熱を込めて取り組んでいたかを教えてくれた。スティーブは世界中を飛び回って建築資材のサンプルや参考になる建造物を見学し、有名な日本人アーティストのイサム・ノグチがつくったオブジェを買い入れようとしていたこともある。アップルの社員が会社のロビーで「毎日、美しいものに出合えるように」、というスティーブの想いがそこにあった。

スティーブはまた、ものすごいエネルギーを注ぎ込んで頭の固い建築家の意志を変えて、自分のビジョンに沿うものをつくらせていた。ピクサーの空間にも、そんなスティーブの想いが込められている。スティーブは、ピクサー映画のストーリーや日常業務に口を出すことはなかったが、物理的な建物の構造とデザインを計画するにあたって、細かいところまで指示を出していた。当時、ピクサーの施設を監督し、その後アップルの新本社となるスペースシップキャンパスにも関わったトム・カーライルは、スティーブが思い描いた「街の中心になる広場」をピクサーの本社で実現させる手助けをした。キャンパスの真ん中にアトリウムを設け、そこにトイレも設置した。そうすることで、毎日ここに人々が集まり、いやでも「偶然のアイデアのやりとり」が起こるようにしたのだ。

また、スティーブはピクサーの社員一人ひとりが「個室をやりたい放題に改造する」ように勧めていた。表現の自由がこの会社の核になることを知らしめたかったからだ。スティーブはアップルの経営やそのほかのたくさんの責任を抱えていたし、ピクサーでもほかのことに時間を注いでもよかったはずなのに、空間づくりに集中することをあえて選んだ。それは、この会社にとって空間がどれほど大切かがわかっていたからだ。

それなのに、施設のデザインや空間づくりを無視したり、他人任せにしてしまったりするチームは多い。プロダクトや利益のほうが「はるかに大切」だと考えているからだ。どうしてそうなってしまうのだろう？　才能の測り方を間違えているからだ。情報通信産業で働く人たちは、予算をきちんと管理し、企業の制度に上手に従っているかどうかで評価が決まる。施設の計画者は、建築の専門家であって、クリエイティブな文化には詳しくない。彼らはどれだけ効率よく机を配置できるかで評価される。どうしたら創造性がぶつかり合い、トイ・ストーリ3のあらすじがより面白くなるかを考えたりはしない。

もうひとつ、大切なことがある。チームに使うお金をケチってはいけない。

給料を考えるときには、その人がいなくなったらどれほど困るか、またはその人が将来どんなプロフェッショナルになる力を持っているかを考えてほしい。過去の給料を基準にして、年齢や経験年数やその他の特徴を無意識に給料の幅に紐づけてしまい、「その人がいなかったらどのくらい困るか」を考えない会社は多い。そうした会社は、短期的にはいい人材を安く雇うことはできるかもしれないが、能力のある人はそのうち自分の価値に気づく。そうなったら、能力のある人を引き止めるために結局はお金を使うことになるし、最悪の場合は代わりの人を雇わなければならなくなる。

自分がチームに認められていると感じられ、成果に対してできる限りの報いを受けていると感じられることが、メンバーには必要だ。できれば、成果以上の報酬を受け取っていると感じられると、なおのことうれしい。

つくるのに使う道具が、つくる製品を左右する

大企業や大きな組織で、大昔の面倒なツールが使われているのを見るたび、僕は驚いて悲しくなってしまう。コンサルタントだった僕は、ＧＥ、プロクター&ギャンブル、アディダスといった大企業や、ＣＩＡ（このときの話は後ほど紹介する）やアメリカ陸軍といった政府機関で、重厚な業務管理ツールにも遭遇した。大学を卒業してすぐに働いたゴールドマン・サックスでは、ひと昔前のウェブ・ブラウザしか使えず、通信と人材関連のツールも貧弱だった。ベハンスがアドビに買収され、少人数で小回りの利くチームでアドビに移ったときにも、何かと制約の多いツールを使わされることになってしまった。イノベーションと効率の大切さを唱える企業や組織は多いのに、社員には使い勝手の悪いツールを使わせ、リソースを無駄にしている。

もちろん、使い勝手の悪いツールで我慢しなければならない理由はわからなくもない。予算は厳しく、互換性などの問題から選択肢が限られ、システム改変にはセキュリティ上のリスクが伴う。その

うえ、社員は与えられたもので我慢するし、それに慣れていく。お客様と違って、社員に選択の自由はない。

ツールという点でスタートアップが大企業より優れているわけではないが、それには別の理由がある。スタートアップの場合は古臭く堅苦しいツールを使っているのではなく、統一性がなく、必要以上に機能を盛り込んだツールを使っているか、ツールがまったくないこともある。速攻でプロダクトを開発し、完璧に仕上げようと絶え間なく働いているスタートアップでは、独自の社内ツールを開発する時間などない。

創作に使うツールが、創作物そのものにどれほど大きな影響を与えているかをわかっていない人は多い。画家の使う絵の具や絵筆の品質が、作品に直接影響を与えるように、僕たちが日々のブレインストームや計画、デザイン、アイデアの実行といったことに使う道具は、最終的な成果物に大きな影響を与えている。

僕のこの信念は、アドビに移ってから、フォトショップやイラストレーターを使っていた数多くのデザイナーに出会ってさらに深まった。僕が出会ったデザイナーたちは、アドビ製品のユーザーインターフェースを深く気にかけていた。ツールの使い勝手によって、彼らのアイデアが形になるかどうかが決まるからだ。クリエイティブな仕事に関わる人たちは、意識しているかどうかにかかわらず、ツールによって作品がどれほど大きな影響を受けるかを、身をもってわかっているからだ。

そうしたデザイナーの想いを知って、アドビがプロダクトを最高のものにしなければならないと強く感じていることもより強く理解できた。デザイナーの作品の命運が、アドビのプロダクトにかかっているからだ。アドビのプロダクトデザイナーは、デザイン界全体に大きな影響を与える存在なのだ。フォトショップやXDといった、ウェブやモバイルデザイナーのためのツールにおいて、アイコンや色彩、グラデーションを変えれば、デザインそのものに莫大な影響が及ぶ。僕はいつも誰かを説得してチームに入ってもらうたびに、デザインのツールを開発する人たちにどれほど大きなチャンスと責任があるかを説いていた。

僕は昔から、社内システムにとても関心があった。社内システムはとても大切なのに気にかける人が少ないからだ。

マティアスと起業したての最初の数か月、僕たちは社内で使う資料に時間をかけた。ベハンスはまだアイデア段階だったけれど、自分たちのブランドのスタイルマニュアルをつくりはじめた。僕たちがデザイナーを対象にしていたからでもあるし、ブランドへの信頼が欠かせないと思っていたからでもある。ビジネスプランも、よくあるワード文書ではなく、グラフィックを使ってタブロイド判1枚にした。たとえ「社内用」の文書でも、視覚に訴える魅力的なものにしたかったからだ。

それ以来ずっと、僕がチーム会議用に手抜きプレゼンテーションをつくるたびに、たとえ社内で数人しか見ないような資料でも、マティアスはデザインを変更しろとしつこく言ってきた。マティアスは社内へのメッセージこそ、一つひとつが大切だと感じていたのだ。僕たちはお金はなかったけれど、いわゆる「ベハンスらしい経験」を深く気にかけていた。僕たちが働く環境が、つくり出すプロダクトや、採用する人たちに大きな影響を与えることがわかっていたのだ。

自分たちが使うツールや社内文書は、チームのDNAを決定づけるものになると覚えておこう。こうした要素がチームやプロダクトを傷つけることも、豊かにすることもある。忙しいときには社内システムがまずおろそかになる。ということは逆に、社内システムに価値を置き、時間をかけて強化すれば、それが競争優位の源泉になるということだ。自分たちのプロダクトでユーザーを喜ばせたいと思うのと同じくらい、働くことそのものを社員が楽しむことが大切だ。

チームが使うツール、社内のコミュニケーション、そしてプロダクトを生み出す環境を最適化するために時間を使ってほしい。そこに時間をかけなければ、ダメなプロダクトしか生み出せなくなってしまう。

適切な人に適度な手柄を与える

適材を適所に配置することで、チームは成長する。自分の能力が一番発揮できたプロジェクトを覚えているだろうか？　そのプロジェクトに必要なスキルが自分にあり、その問題に純粋な興味があり、自分がそれまでにあげた成果のおかげでそのチャンスが与えられ、自分の能力の限界を広げてくれるような適度に難度の高い課題があり、同時に安心して創造性を発揮できる場であれば、それが一番いい。そんな環境が与えられれば、人生の中でも最高の仕事ができるはずだ。

ただ残念ながら、それほどいい条件が揃うことはほとんどない。日々の業務の中で、仕事はだいたい肩書きや都合によっていいかげんに割り当てられる。興味やスキルや実力によって割り当てられるわけではない。すると、その仕事をやりたくない人や、力のない人がプロジェクトのリーダーになってしまう。そうなってしまうと、チーム内に無関心がはびこり、チームの力を最大限に発揮することができなくなってしまう。

適材適所を実現するには、誰のどんな手柄なのかをはっきりさせるようなシステムをつくるといい。リーダーとメンバーの両方が、誰がどんな成果をあげたかをはっきりと認識していれば、組織階層を超えてどのプロジェクトを誰に割り当てたらいいかが、自然に浮かび上がってくる。誰がどんな成果をあげたかがはっきりとわかっていれば、社員それぞれの強みがより明確になり、強みをもとにプロジェクトが割り当てられれば、メンバーは肩書きにかかわらずリーダーを自然に支えるようになる。メンバーは上司だからではなく、リーダーの仕事の能力を尊敬するからだ。プロジェクトと人材のスキルが一致していれば、誰がどの仕事をすべきかという判断に疑問を持つ人もなく、みんながその判断を支えてくれるようになる。

チームの中で適切に手柄を与えるための基本原則を、ここに記しておこう。

- プロジェクトリーダーだけをいつも褒めるのではなく、プロジェクトを率いた主要なメンバーたちをリストアップしよう。デザイン、エンジニアリング、法務など、それぞれの分野を引っ張ってくれた責任者の名前をはっきりと認めて、すべての職階で働いてくれた人に充実感を与えよう。そして各分野の責任者の働きを追跡しよう。そうすれば、手柄に値する人が認められるようになる。
- 実際に仕事をした人が発表者になるべきだ。たとえば、デザイナーがつくった模型や試作品をプロダクトマネジャーがチームの前で発表するのではなく、デザイナー自身が自分のつくった部分を発表したほうがいい。そうすることで、仕事を自分の一部として感じられるようになり、その仕事に一番知識のある人が議論を率いることができるようになる。
- 間違った人に手柄を認めると、チームがダメになる。褒めるべきでない人を褒めてしまったときもそうだし、実力ではなく偶然に成功したことに気づいていないときもそうだ。うまくいっていることを続けようとするあまり、単なる相関を因果関係と勘違いしてしまうことも多い。もし何かがうまくいっていたとしても、自分たちの戦術が奏功したからうまくいったとは限らない。もう少し深く原因を探ってみれば、タイミングがよかったからかもしれないし、外部の市場要因かもしれないし、優れたスキルと実行力のおかげかもしれないし、それらの組み合わせかもしれない。根本的な成功の要因を掘り下げて理解したほうがいい。結果に貢献するのは、スキル、判断力、戦術、人間関係、努力のいずれの可能性もある。成功の要因を誤解してはいけない。

誰に手柄を与えるかは、ややこしい問題だ。成功をもたらした人に手柄を与えなければ、チームの成果の原動力となっている人はやる気を失い、そのうちに怒り出す。健全なチームでは、スキルがあり成果を出しているメンバーはそれをきちんと認められ、その結果、自分の興味に合った新たな責任を与えられるはずだ。だが、実際にはそうならないことのほうが多い。チームメンバーがお互いの貢献を認め合う文化を育むには、貢献をきちんと承認する効果的な手法を開発しなければならない。手柄を独り占めするのではなく、手柄を分け合うのが最高のチームだ。いいチームは、リーダーにスポットライトを当てるのではなく、下にいるメンバーにもできるだけ手柄を渡そうとする。

実力主義を貫いて、本当に貢献した人を引き立てよう。リーダーとしてメンバーの働きを認め、手柄を与えよう。成果をあげた人に報い、次はその人たちにもっと大きな権限を与えよう。貢献を認めることを、褒美を与えることだと思っているリーダーは多い。だが実際には、将来より大きな意思決定に関われるような影響力をその人に与えることにほかならない。

3.

組織構造とコミュニケーション

能力のある人がいれば、組織構造に決まりはない

スタートアップの創業者や大企業の管理職になったばかりの人からよく聞かれるのは、チームをどう構成すればいいのかという質問だ。

「リモートワークを許すべきか、それとも全員出社にこだわるべきか?」

「共同創業者と自分の両方がCEOになっていいのか?」

「プロダクトマネジャーの下にデザイナーを置くべきか? それともデザイナーをプロダクトマネジャーにすべきか?」

「序列のない組織のままがいいのか、採用を進めて管理職を置くべきか?」

チームを構成するにあたって、ベストプラクティスを探し、ほかの会社と同じ原則を取り入れようとするチームは多い。たとえば、すべてのチームにひとりずつリーダーを置くとか、デザイナーとエンジニアのチームは分けるとか、CEOはひとりだけとかいったルールを探そうとするものだ。よく

あるルールにはそれぞれ利点があるし、僕自身も他社の構造を学ぶのが好きだが、この手の質問には答えづらい。チームごとに人材や状況が違うからだ。常識に背かなければ非凡なプロダクトはつくれないように、他社と違うことをしなければ非凡な組織はつくれない。

これまでに僕が一緒に仕事をしてきた偉大なチームはいずれも、ルールから大きく外れた特徴がいくつかあった。僕が取締役を務めたスウィートグリーンという地元の食材を使ったレストランチェーンでは、ジョナサンとニックとネイトという3人の創業者が共同CEOとして上手に役目を果たしていた。僕がこの会社の取締役になったとき、仲間の多くが「うまくいくはずないよ」と言っていた。だが、この3人は伝統的なCEOの役割を覆し、彼らにしかできない独自の体制を築いた。事業運営のほとんどの役割を3人で分割しつつ、同じ価値観を共有しており、誰がどの判断をしたらいいか、ひとりで決定するか、3人全員で決めたほうがいいかが直感的にわかっていた。

僕が責任の分担について聞くと、ジョナサンはこう答えてくれた。「すごくラッキーだと思ってる。僕たちは3人で責任を分け合って行動できるからね。ひとりで問題を解決しなくていいんだ。すべての重荷がひとりの肩にかかってるわけじゃない」。続けてニックはこうつけ加えた。「CEOが行ける場所も時間も3倍に増えるってことだ。普通のCEOより3倍も多くのことができる」。しばらくのあいだはそれが彼らの強みになった。

「船頭多くして船山に上る」という恐ろしい事例を聞くことはよくあるが、それが強みになることも多い。どちらにしろ、ルールを設ける必要はないだろう。

初期のベハンスでは、よくあるようなひとりのCTO（最高テクノロジー責任者）がすべてを監督するのではなく、エンジニアリング部門に5人のリーダーを置いていた。フロントエンド、バックエンド、システムアーキテクチャ、モバイルなどのさまざまな機能を構築するために、エンジニアリングのリーダーたちが協力しながら、適度な競争心を保っていた。僕はリーダーそれぞれの性格や経験値を考えて、チームをつくっていった。

もうひとつの例外は、シニアデザイナーたちを僕の直属にしたことだ。デザイナーは普通、CEOに直接報告しないが、僕たちのビジネスは普通でないとわかっていた。ベハンスはデザインコミュニティのための会社だし、僕たち自身もデザインを大切にし、デザインが会社の核になっていた。CEOがデザイナーの近くにいることが、実際にデザインを最優先させることに役立った。

ベハンスが買収されてアドビに入社した直後から、僕はなわばりを超えたチームづくりを続け、僕のチームは最終的に500人近くのメンバーを抱える大所帯になった。ベハンスでやったように、何人かのデザイナーは、デザイン部門ではなく僕のチームに所属して僕に直接報告していた。アドビ史上最大級の戦略転換を試みたときには、最初から関係者を全員入れてチームをつくるのではなく、少人数のチームで可能性を模索した。またプロダクトチームの中にマーケティングの役割を組み入れて、プロダクトのビジョンと広告戦略やキャッチフレーズがきっちりと一致するようにした。

もちろん、大企業でルールから外れたことをやると、炎上してしまうこともある。僕もしょっちゅう、自分のやっていることを周りに説明しなければならなかった。それでも僕は仕事に合わせてチームを構成するよう努力した。チーム構成に仕事を合わせたりはしなかった。ライバル会社と同じコードや材料を使っていたらイノベーションなど起こせないのと同じで、過去のしがらみをもとに成り立つチーム構成や、成熟したプロダクトを運用するチームの構造に縛られていたら、新しいものをつくり出すことはできない。

優れたメンバーが集まっていれば、チームの構成にルールはいらない。最高のプレーヤーたちが最高の試合を闘うとき、その闘い方には意外性があっていい。むしろ、意外性がなければダメだ。極めて優秀で信頼できる人材は自分たちの優秀さを知っているし、その人にとっていいやり方で働いたほうがうまくいく。リーダーは、メンバーの独自性や型破りな特性を活かしながらも、何らかの枠組みを上手に保っていかなければならない。チームの働き方を最適化するには、常識にとらわれない実験を行うことが必要になる。

僕はスタートアップにアドバイスしながらも、自分で言ったことを自ら裏切っている。たとえば、自分たちの競争優位の源泉を外注に頼るべきではないと僕は心から信じているけれど、優秀なデザイナーやそのほかの分野の達人なら、フリーランスを使うこともある。状況によってはやむなく自分の信念に背くこともある。自分の決めたルールを破り、状況に合わせて構造を変えられる柔軟性を持つことは、ルールそのものと同じくらい大切だ。例外だらけになるとよくないけれど、例外を許容することが差別化につながり、成功に欠かせない要因になる。

適切な目的に向かって適切な人材が集まっているのなら、ルールは柔軟なほうがいい。チームのスーパースターがリモートワークを望むなら、そうさせたらいい。補完的なスキルを持ったふたりの優秀な候補者が同じ役割に手をあげているのなら、共同責任者にしてみるといい。観察し、学び、そして調整すればいい。これまでのやり方や常識がそこかしこに存在していても、ルールは変えていい。例外を設けるといいことも悪いこともあるけれど、リスクを取らなければ例外的な結果を出せない。ベストプラクティスを受け入れ、それを変更してみればいい。そして常識を破ってほしい。

プロセスは、チームがちぐはぐなときにだけ必要になる

スタートアップでは、「プロセス」という言葉にはなんとなく汚いイメージがある。

優秀な人が少人数で集まると（そして全員が正しい方向を向いて努力していると）、厄介なプロセスは必要ないことがわかる。同じ目的や同じ締め切りに向かって全員が力を合わせ、常にコミュニケーションを取り合い、嘘も隠し事もなく、みんなが緊迫感を共有していて、極めて効率よく仕事ができる。全員が肩寄せ合って仕事をしているスタートアップも多い。起業直後は奇跡のように仕事がはかどる。少人数のチームは大企業より小回りが利く。頭数も少ないし、全員が同じ方向を向いて、思ったことをすぐ行動に移せるからだ。この効率は大企業には真似できない。

だが、チームが大きくなると、不一致が起きる。メンバーの熱意にも差が生まれる。チームの目的をはっきりとわかっている人もいるし、そうでない人も出てくる。目的自体が変わることもある。すると、締め切りをほのめかすのではなく、命令しなければならなくなる。肩寄せ合って座れなくなる

と、コミュニケーションも途切れがちになる。目標と優先順位がうやむやになり、業績が下がる。

成長に伴うメンバーの不一致を、どうしたら解決できるだろう？　そこで登場するのが、これまでは必要とされなかったプロセスだ。たとえば、研修プログラム、毎日のスタッフ会議、組織図、承認プロセスといったものだ。ちぐはぐになったメンバーたちが方向性を合わせて考え行動するために、こうしたプロセスが設置される。人が増えれば方向性が自然に一致することがなくなり、無理やり一致させるためにプロセスが必要となるのだ。ミーティングを開き、成果と責任を測るシステムを組み込み、管理職を増やす。

だが、プロセスは適切に実行されなければ進歩の足を引っ張ることになる。成熟したチームにとっては特に、プロセスが邪魔になることがある。仕事の邪魔になるプロセスを歓迎するメンバーはいない。いくらかのプロセスは必要だが、プロセスがありすぎると仕事が進まない。チームの一致団結が強ければ強いほど、プロセスは少なくて済む。プロセスを設置するときの原則をここに挙げてみた。

自分のためでなく、チームのためにプロセスをつくる

面倒で無駄なプロセスは、不安から生まれる。リーダーが自分のビジネスのどこかに不安を感じると、ボトルネックをつくりがちになる。承認のためのミーティングを重複させたりチェック作業を日課にしたり、チームのためではなく自分の心の平穏を得るためにそのほかの仕組みを設置したりする。でも、プロセスが増えると想像力とスピードが失われる。だから、問題を未然に防ぎたいときにだけ、プロセスを設置したほうがいい。締め切りが守れなさそうだったり、目標がばらばらだったり、法律や財務の機能が脇に置かれていたりする場合には、プロセスを組み入れることが役に立つ。プロセスを導入するなら、自分の不安をまぎらわすためでなく、チームの問題を解決することを目的にしてほしい。

プロセスを課すことではなく、チームの方向性を一致させることに時間を使う

目標や計画を全員に理解してもらうよう努力することで、チームは自然に同じ方向を向くようになる。チームの使命や道筋をどのくらい頻繁にメンバーに伝えているだろう？　おそらく、まだ十分ではないはずだ。新しいチームメンバーがほかのメンバーと同じ理解度にたどり着くように、しっかりと目標を伝えているだろうか？　方向性が違っている人を見つけて、その人たちが軌道に乗れるように時間をかけて教えているだろうか？　そうやってみんなの目指すところを一致させれば、堅苦しいプロセスを導入するよりも進歩が早まり、仕事の質も上がる。

プロセスを頻繁に見直して、常に簡素化させる努力をする

ある一時期にプロセスが必要だったからといって、いつもそれが必要とは限らない。チームに課すポリシーや手続きの必要性をいつも見直してほしい。いまだに朝会を毎日開く必要があるだろうか？　特定の行動にリーダーの承認が必要だろうか？　プロセスを定期的に精査して、できる限りメンバーの時間を無駄にしないように、省けるものは省き、改善できるものは改善しよう。

リーダーは、できる限り少ないプロセスでメンバーに同じ方向を向かせ、効率的なチームをつくる努力をしてほしい。プロセスを尊重しながらも、プロセスに進歩の邪魔をさせないことが、経営の王道だ。プロセスを導入するときには、チーム内の足並みの不一致に対抗することを目的にしよう。

メンバー独自のプロセスを尊重する

もうおわかりのように、僕は社内の難問を解決する恒久対策としてプロセスを導入することには慎重な立場をとっている。とはいえ、長年のあいだに、メンバーそれぞれのプロセスを尊重することがどれほど大切かを、身をもって学んだ。

起業当初、デザインチームがやっていることと、それ以外の部署の方向性を一致させようとして、マティアスと僕はしょっちゅう言い争っていた。ある種の事業判断やプロダクトの判断については、一度のミーティングで決定できることもあったが、デザインについてはもっと反復的なプロセスが必要で、結論を出す前に試作品をつくってフィードバックを募るサイクルを繰り返して、やっと何らかの判断に達していた。でも僕はいつも、すぐに答えを欲しがった。チームには時間もリソースもあまりなかったので、すぐに大きなインパクトが出せるような答えを求めていた。僕は自分をタイムキーパーだと思っていたし、チームを前に進めていくのが僕の役割だと思っていた。だからつい、最善の答えを見つけるために、マティアスのチームが必要としていた手順も考えずに、せっかちに答えを迫っていた。

でも、僕がそうやって別のチームのプロセスを無視してせっかちに先に進もうとしたことが、よく裏目に出た。マティアスのチームは、さまざまな方法で問題への異なる取り組み方を模索したあとに解決策を選んでいた。また、エンジニアリングのチームも同じように、品質管理や研修や最適な生産性を保つための独自のプロセスを構築していた。こうしたプロセスは効果をあげていた。僕は焦って行動しようとする自分の癖を見直し、ほかのチームがつくり上げたプロセスを尊重することを学ばなければならなかった。

プロセスを疑うことは、ある程度は必要だ。無駄な手続きや待ち時間を嫌う傾向は誰にでもある。青信号を待っていたら一番になれない（だが赤信号が事故防止に役立つのは確かだ）。しかし、長期的には時間と労力の節約になったとしても、誰かの仕事の手順を邪魔すれば、結果に悪い影響が及ぶ。人は自分の内面的な不一致を解決するために仕事に手順を導入する。どうしてそこにプロセスがあるかを考えずにプロセスを踏みにじると、問題が起きる。

リーダーとチームのあいだに起きる問題の多くは、もとをたどればメンバーが独自の仕事の手順を奪われたことにある。たくさんのプロセスを幾重にも取り入れるのは避けたほうがいいが、メンバーが自分自身をやる気にさせてチームと同じ方向を向くために取り入れた仕事のスタイルは尊重すべきだ。この本でも紹介したベン・エレズは、こう言っている。「リーダーは、どうしてその仕事をやってもらう必要があるのかをメンバーにきちんと伝えたら、あとはメンバーに任せて、邪魔になるものを取り除き、彼らが一番大切なことに集中できる環境をつくらなければならない」

つまり、仕事の癖はそのままにさせて、メンバー自身に修正させればいい。自分のことは自分が一番よく知っている。リーダーには意味がわからなくても、メンバー独自のプロセスにはたいてい理由がある。もし時間が切迫している場合には、プロセスをすべてやめるのではなくお互いに納得できる形でやり方を変え、時間を節約したほうがいい。プロセスは時間の経過とともに変えることができるし、変えていくべきだが、それを誰かから無理やり奪い取ってはいけない。

チームの注意を引き、注意し続けてもらうよう策を練る

起業という旅の途上の大変な時期のあいだ、リーダーにとって目立たないが一番大切な仕事のひとつは、社内を説得することだ。ユーザーや外向きのメッセージ、ブランドばかりが注目され、社内向けのブランディングやメッセージにはあまり注意が向けられない。社員は自分たちの仕事や生産性、企業のミッションをどう思っているだろう？　そもそも自社のミッションを知っているだろうか？

今どきチームとプロジェクトを管理するシステムには事欠かないが、昔ながらのマーケターが知っていることが時として忘れられている。人は記憶に残ること、大きなこと、毎日目に入るようなことを、実現する可能性が高い。チームメンバーに向けて、ビルボードや宣伝、ターゲットを絞ったサブリミナル広告に相当するようなものをつくれば、メンバーがひとつになり生産性を向上させるうえで役に立つ。これは冗談ではなく、本当のことだ。

生産性の高いチームの優れたリーダーは、メンバーを行動に駆り立てるような、斬新で賢い手法を

絶えず編み出している。たとえば、節目となる目標や締め切りをわかりやすくグラフィックにして壁に貼り出したり、目標や今までの進捗を大々的に伝えたり、期間限定の社内キャンペーンを行ったりしている。ピンタレストは「グローバル企業になる1年」と題して、社内のすべてのチームが事業のグローバル化を最優先するよう促した。ウーバーは、ドライバー向けの政策やツールの開発が遅れていると気づき、「ドライバーの年」[17]と銘打ってキャンペーンを行った。

また、記憶に残るようなエッジの効いたビジュアルやフレーズが、古臭い時代遅れの考えに対抗する武器になることもある。たとえばセールスフォースは、大企業が昔ながらの箱入りソフトウェアしか買わなかった時代に、サブスクリプション型の顧客管理クラウドサービスを立ち上げた。彼らがマーケティングに使ったのは、「禁煙」マークの真ん中に、タバコの画像の代わりにソフトウェアを描いたロゴだった。この「禁ソフトウェア」マークは、社員と顧客の両方に、古臭いソフトウェアの概念を捨てるように訴える象徴的な目印になった。

２０１３年に僕がアドビのモバイル製品をテコ入れする役目を任されたとき、社内の思い込みや考え方を変えることを狙って、いくつかのキャッチフレーズを打ち出した。たとえば、シンプルだが機能に優れた製品デザインを提唱するため、「プロも十分満足し、誰でも簡単に使えるプロダクト」というフレーズを製品評価会議や製品発表の舞台で何度も繰り返した。またフォトショップなどのユーザー向けに、ほかのアプリケーションや、デバイス上のフォントや色やブラシ、そのほかの機能を使えるようにした、クリエイティブクラウドドライブラリーというプロジェクトをはじめたときは、チームをひとつにまとめるために、「君の道具がいつでも指先に」「空白のページが終わりを告げる」といった心に刺さるフレーズを使った。必要なときには、こうしたフレーズを思い出し、チームの優先事項とビジョンが合っているかを確かめた。

今のような情報過多の時代には特にそうだが、一番重要な情報にチームの注意を引きつけるには、マーケティングが必要だ。僕は、最初の本『アイデアの99％』を出版して数年後の２０１３年に、中央情報局（ＣＩＡ）に招かれて、デザインやマーケティングを利用して、現場の司令官や分析官に重要な情報をきちんと伝える手助けをすることになった。どんな組織でもそうだが、情報はその利用者に正しく伝わり活用されてはじめて意味を持つことに、ＣＩＡも気づいていた。ＣＩＡのチームは、広告やマーケティングと同じように、簡潔で鋭い見出しや、インフォグラフィックやデザインの原則を使って現場のエージェントの注意を上手に引きつける方法を模索していた。

さまざまな工夫をしてタスクや進歩をチームメンバーにマーケティングし、注意を引きつけよう。新しいプロセスを導入しなければならないときには、かっこよく売り込んでみよう。新しいシステムを使ってもらえるかどうかは、それに魅力を感じ、信じてもらえるかにかかっている。デザイン、ネーミング、タスクが完了したときに画面に舞う紙吹雪といった、些細なワクワク感が、利用を促進させる要因になることも多い。

また、チームが大きな前進を成し遂げたら、その成果を目に見える形でチームにお返ししたほうがいい。すぐに次の目標に向かうのではなく、進歩を目に見えるようにしてチームに充実感を与えてほしい。ベハンスでは、完成したプロジェクトの計画やチェックリスト、スケッチなどを飾る「完成の壁」を設けて、進歩のワクワク感に包まれるようにしていた。僕がチームに将来のビジョンを語るときはいつも、これまでにチームが成し遂げてきたことをたどるスライドを数枚準備して、そこからまず話をはじめた。進歩は最高のモチベーションになり、それが未来の進歩につながる。だが人々が進歩をきちんと感じられるように、マーケティングしなければいけない。

僕は幸運にも、ハーバード・ビジネス・スクール時代にテレサ・アマビール教授と一緒に仕事をする機会を持てた。アマビール教授は産業界におけるクリエイティビティについて深く研究してきた人物だ。ある研究では、大企業で200人を超えるプロフェッショナルを対象に、その思考とモチベーションと感情を4か月にわたって短い日記をつけてもらった。1万2000件を超える書き込みを調べるなかで、アマビール教授は進歩がさらなる進歩を呼び込むことを発見した。「感情やモチベーションや仕事への気分を上げてくれるさまざまなものの中で、一番重要だったのは、意味のある仕事で成果をあげるということでした。進歩を頻繁に感じれば感じるほど、長期的に工夫して生産性が上がっていることがわかりました。重大な科学的問題を解決することであれ、単に品質の高い製品やサービスをつくることであれ、たとえ小さなものであっても毎日の進歩が、彼らの感情や成果に大きな影響を与えていたのです[18]」

外向きのマーケティングを担当する責任者や部署はあるかもしれないが、社内向けの最高マーケティング責任者になるのは、リーダーのあなただ。チームの計画や進歩を社内のメンバーに積極的に宣伝することが、人々をやる気にさせ、次の計画についてのよりよい判断につながる。チームが自分たちの優先順位を理解し、進歩を認められるかどうかは、あなたにかかっている。

言葉よりモックアップ

百聞は一見にしかず。モックアップ（模型）はさまざまな疑問に答えてくれる。たいていの戦略と事業計画の説明は、言葉が多すぎる。アドビでの会議でも、クーパーヒューイット国立デザイン博物館などの非営利団体の理事会でも、数えきれないほどのスタートアップとのブレインストームでも、みんながありとあらゆる質問を投げかけていた。

「Xをすべきでは？」

「Y社のやり方のほうがいいんじゃないか？」

「それじゃなくてZを試してみたら？」

何に答えようとしているかについてさえ、参加者の中でまとまっていないことも多い。だから、誰かが目に見えるものや形あるものを提示しなければ、議論がとても抽象的になり、概念レベルでしか語ることができない。

アイデアは視覚化されなければ誤解されてしまう。解決策が目に見える形になれば、疑いや混乱が一気に晴れることもある。スクリーンで画像を見せたり、試作品を回覧したりするだけで、生産的で具体的な議論ができるようになる。

2013年の夏、僕たちはアドビで、フォトショップのようなデスクトップアプリとうまく一緒に使えるような、タブレットとスマホのアプリはどんなものになるかを考えていた。ニューヨークオフィスにアドビのエグゼクティブが十数名集まり、この分野で最も聡明なコンピュータサイエンティストやソフトウェア開発者と一緒に会合を開いた。僕たちのチームからも、マティアスとともに、クレメント・ファイディとエリック・スノーデンという社内で最も優秀なシニアデザイナーが参加していた。

最初の4時間は、アドビのエグゼクティブとエンジニアがほとんど話しっぱなしで、堂々巡りをしているように思えた。誰かがコンセプトを売り込むと、それにダメ出しをする人がいて、また違う角度から同じアイデアを売り込む人がいた。議論は抽象的な問題に終始して、具体的な解決策に届かないことに、僕はイライラしていた。

そのとき、イライラを募らせたマティアスが、ホワイトボードに書かれていたあれやこれやのコンセプトを、アドビのイラストレーター上で描いてモックアップをつくりはじめた（当時、僕たちはイラストレーターでモックアップを描いていた。今はアドビXDを使っている）。

すると、みんながマティアスの肩越しにモックアップを覗き込みはじめた。議論の的がすぐに絞られて、マティアスが描いていたコンセプトのいくつかの要素についての合意が出来上がった。それを見た僕は、数時間かけてきちんとモックアップをつくれば、何日もかけてあれこれと的の定まらない議論をし続けなくても済むことに気づいた。僕はそこで会議を中断し、プロジェクトリーダーだったクレメントとエリックに、少し時間をかけてアイデアを視覚化してくるように頼んだ。それ以来ずっと、このプロジェクトで集まるときはいつも、デザイン責任者が今の進捗状態と議論しなければならないことを、言葉で話す代わりに視覚的に「見せる」ことからはじめるようになった。

人に賛同してもらったり、納得してもらったりするには、脳の視覚野に訴えるしかないように思える。「プロダクトやサービスを評価するとき、脳が働いてそれを理解し、結論を出し、判断を下す。何かを証明し、脳の質問に答えるには、視覚に訴えるのが一番いい」[19]。コンバージョンXL（CXL）の創立者、ピープ・ライヤは、自身のコンバージョン最適化ブログにそう書いていた。

神経心理学マーケティングの専門家は、人の「古い脳」、つまり脳幹を含む、呼吸や動作といった自動的な機能を司る分野が意思決定に大きな影響を与えることをよく知っている。この「古い脳」は目で見たり肌で感じられたりする脅威に敏感に反応するようにできており、言葉や概念よりも視覚の刺激を速く処理できる。ということは、参加者の注意を引きつけるには、抽象的な説明に具体的な画像や物理的なものを組み合わせたほうが絶対に効果があるということだ。こうした視覚的な助けが人間の最も原始的な本能を刺激し、満足させてくれるからだ。

デザインや一連のサンプル、簡単なプロトタイプ（試作品）を見せることで、人の理解はあっという間に一致する。逆に、目に見えるものがないと、議論は堂々巡りになり、基本的な質問が繰り返され、誤解が生まれる。モックアップがないと、人は暗闇の中で手探りしながら、何かを想像するしかない。モックアップまたはプロトタイプがあれば、ミーティングや議論を延々と繰り返さずに済む。モックアップによって、暗闇に灯りがともるのだ。

売り込むな。提示しろ

情熱的な創業者やデザイナーがよくやってしまう失敗のひとつは、新しいアイデアに入れ込みすぎて、相手に売り込んでしまうことだ。欠点がひとつも見当たらないようなスムーズな説明は、逆に理解しにくくしてしまう。新しいアイデアの粗さが、チームや投資家の心にひっかかり、信用できると思わせてくれる。

語り口のスムーズな経営者を、僕たちは「プロモーター」と呼んでいた。彼らの筋書きは一見完璧で、業界知識は広く浅く、たいていはライバルをこき下ろしていた。そんな経営者の売り込みを受けてもこちらは気持ちが入らず、自分たちがその人と一緒に働く姿は想像できなかった。だからいつも、話の穴を探していた。必ずやってくる厳しい局面に彼らがどう反応するか、僕たちにはまったくわからなかった。彼らが現実にきちんと向き合うことができるのか？　完璧な筋書きを維持するために自分たちに都合の悪いデータを無視したり、矛盾を取り繕ったりするのでは？

地に足がついていて、問題と解決策の両方にきちんと目を向けている創業者を見ると、惚れ惚れしてしまう。そんな創業者のひとりがサム・ハシェミだ。サムはレミックスという会社の創業者で、彼のプレゼンテーションは僕が見たなかで最も謙虚であり、同時に自信に満ちていた。

サムはもともとデザイナーで、コード・フォー・アメリカというデザイナーやエンジニアのための社会貢献組織で数年間ボランティアとして働いていた。ここでボランティアをしているあいだに、サムは地方自治体の交通システムをもっと上手に計画する方法を思いつき、その後このアイデアを実現するために起業した。最初にサムと話したとき、彼はこれまでの成果をこともなげに語り、事業計画の中で確実な部分とそうでない部分を包み隠さず教えてくれた。僕たちとのミーティングの前に、すでにかなりの額をシードラウンドで調達していて、僕たちとは今彼が解決したいと思っている新しい問題の話に熱中して、売上が順調に拡大していることや、おかげでシードマネーにまだ手をつけていないことさえ話すのを忘れそうになったほどだった。

サムは静かな自信を放つ人物で、ピンタレストのCEOのベン・シルバーマンとのはじめてのミーティングを僕は思い出した。それはベンがシードラウンドの資金調達を行っていた2010年のことだった。当時、ベンはニューヨークの投資家から資金を調達するため、プロダクトとデザインを持ってきていた。僕は、ベンとのミーティングの前にベハンスのウェブ分析をざっと見て、ピンタレストからベハンスのユーザーポートフォリオへのトラフィックがどのくらいあるかを調べた。絶対数はそれほど多くなかったが、その数は安定的に伸びていた。

ミーティングに現れたベンは、大胆な成長予測もしなかったし、ピンタレストが巨大企業になることをアピールするようなスライドも持ってこなかった。そのかわり、ベンは自分の収集癖とデザイン愛について語った。ピンとボードのデザインについて長時間ブレインストーミングしたあとでまた何度も電話を交わし、僕は自分の会社以外ではじめてピンタレストに投資することになった。それ以来、ベンと会うといつも、彼は問題または質問から話をはじめる。ピンタレストが成功しても、ベンの興味はいまだに、何がうまくいくかを学び、うまくいかないものを修復することにある。人を巻き込むことが彼の望みで、誰かを感心させることは頭にないのだ。

仲間にアイデアを語るにしろ、投資家にアイデアを売り込むにしろ、洗練されていなくていいから、本音を話してほしい。不確かなことは不確かと認め、難しいことは難しいと認めるほうが、内容に真実味が感じられるし、聞き手は納得できる。困難を認めることは弱さではなく能力の表れだと見られるし、その正直さが、これから仕事をしていくうえで、ともに旅の浮き沈みを乗り越えられるという信頼につながるだろう。

任せ、信頼し、フィードバックし、これを繰り返す

プロジェクトが大きくなると、メンバーに頼ることも多くなる。責任を誰かに丸投げするのは抵抗がある。重要な責任であれば特にそうだ。どの部分を人に任せて、どの部分を自分が担当するかをうまく判断する直感を養わなければ、リーダーもチームもより大きな仕事に向かえない。

人に任せることの損得をよく考えてほしい。自分の仕事を誰かが引き受けてくれなければ、次の大きなプロジェクトで新しい目標に到達できないし、新しい問題も解決できない。それがわかったら、仕事を手放すしかないと気がつくはずだ。僕自身も、なかなか他人を信頼して判断を任すことができないけれど、いったん仕事を任せられたら、自分が解放されたと感じる。自分とは違うやり方で決定がなされたとしても、自分が新しい問題に取り組み、斬新な解決策を生み出すための余力が生まれることの利益は大きい。それはすべて、人に任せたおかげだ。

「権限移譲」というと、リーダーがひとりで誰にどの仕事を任せるかを決め、部下に責任を取らせる

というイメージがある。

だが、生産性の高いチームでは、仕事を任せてもらうのと同じくらい、誰かに任せることが大切だとされている。

優れたチームでは、メンバー全員が、稀有な才能や独自の能力がある人をほかの仕事から解き放とうと努力する。たとえば、データサイエンティストやプログラマーをデータ分析やプログラミングに集中させ、彼らの貴重なエネルギーを雑務に使わせないようチーム全体で心がけている。メンバー全員が同じ使命を共有し、市場の力を理解し、大きなインパクトを与えようと固く心に決めていれば、チームの上からも下からも、仕事を任せようという圧力がかかるはずだ。そんな環境では、メンバーそれぞれが、自分が誰よりも速くできる仕事であったり、誰よりも高いクオリティーでできる仕事であったり、自分にしかないスキルを必要とする仕事であったりを任せてもらい、その仕事に関しては全面的に自分が権限を持ちたいと思っている。

メンバーが自分のプロジェクトを全面的にコントロールできると感じられてはじめて、やる気も出るし、責任を持って仕事を完成させられる。

原子力潜水艦USSサンタフェの元艦長で、『米海軍で屈指の潜水艦艦長による「最強組織」の作り方』の著者でもあるデビッド・マルケは、軍隊時代に経験した権限移譲についての知見を、99Uの壇上で話してくれた。

熱くなっているときのリーダーは、命令し、支配したいという本能が先に立ってしまう。そのほうが気分がいいからね。自分で問題を解決し、指示を与えて不確実なことを減らし、自分の権威とステータスを上げたいと思ってしまうんだ。でもリーダーにとって気分のいいことは、メンバーにとって気分の悪いことなんだ。人から命令されて偉業を成し遂げるなんてことはあり得ない。むしろ、命令していたら偉業を達成する機会を失ってしまう。人に何かをしろと言いつけることは、責任感をもぎ取るようなものだ。人は言われた仕事を「やる」だけで、「考える」ことをしなくなる。指示や命令はその気がなくても、社員のやる気を失わせ、力を奪うんだ。[20]

仕事を任せて肩書きを与えるだけでは十分ではない。力を与えられたと社員が感じていなければ意味がない。

フラットなチームや、各部門からリーダーが集まる部門横断的な大規模プロジェクトでは、また違った問題が起きる。自分が責任を任された仕事を全面的にコントロールできずに苦労するのだ。自分の仕事がほかの部署の人の仕事に依存していて、その部署で誰が何に責任を持っているかが把握できないことは多い。ほかのさまざまな人の仕事に頼っている場合、誰がそれぞれの仕事に責任を持っているかがわからなければ、自分たちの仕事にも責任が持てなくなってしまう。リーダーは、完成させなければならないタスクごとに、それぞれひとりだけ責任者を決めるべきだ。

オンラインのQ&Aサイト、クオーラの創業CEOのアダム・ダンジェロは、以前フェイスブックで最高テクノロジー責任者（CTO）に就いていた。アダムは昔から、すべてのプロジェクトと専門機能にそれぞれDRI、つまり直接責任者（Directly Responsible Individual）を置くことを提唱してきた。DRIとは、特定の分野についてチームの全員が尋ねたり頼ったりできる人を指す。このやり方は意思決定が簡素化できるだけでなく、DRIが仲間に感じる責任感が高まるとアダムは言っていた。

アダムによると、DRIをうまく機能させるために、リーダーがやらなければならないことは3つある。「まず、責任を明確に定義すること。責任者本人にも、またほかの人たちにも、それをはっきりと知らせなければならない。次に、誰が責任者かをはっきりさせること。またその人に責任を持たせる責任者は誰かをはっきりさせること。そして最後に、責任を持つということは、失敗の原因を理解し、もう一度同じ過ちを繰り返さないためにすべきことを理解することだ。責任を取るということは、その深刻さによるが、たとえば笑い飛ばすこと、事後検証を行うこと、真剣に話し合うこと、全社員に謝ること、役割を変えること、解雇するといったことだ。いずれにしろ、大原則は『失敗を繰り返さないようにきちんと手を打ち、責任者が責任を果たすべきだという前提を徹底させること』なんだ」

どんなプロジェクトでも、特に大人数が情熱的に協力して成り立つプロジェクトでは、全員で話し合い、全員がすべての決定に関わろうと努力すると、その熱意が裏目に出ることが必ずある。誰かを除け者にすることを恐れて、判断や決定が滞ってしまう。それを手っ取り早く解決するには、すべての仕事にDRIを置くといい。ユーザーからのメールへの返信。マスコミ対応。採用。プロダクトの主な機能。大企業はもちろんのこと、小さなスタートアップでは肩書きを気にする人はほとんどいないが、タスクごとにDRIを置くことはできる。メンバーの協力が必要なチームほど、誰が何の責任者かがはっきりわかっているほうがいい。

ミートアップの創業者でCEOのスコット・ハイファーマンは、すべての仕事にDRIを置くと別の利点があるという。それは社員それぞれが、自分が会社の中でどれほど大切な役割を果たしているかを自覚するという点だ。

ある日、ニューヨークでランチを食べながら、スコットはこう説明してくれた。「メンバーそれぞれが、自分の小さな役割が大きな企業使命にどう影響しているかを理解できるのは、すごくいいと思う。イーロン・マスクは、スペースXの工場現場で誰かを呼び止めて、その人がやっていることとその理由となぜそれが大切かを聞くと、誰でもきちんと答えられると言っていた。たとえば、ボルトをつくっている人に『どうしてそれをやっているんですか?　仕事は何ですか?』と聞くと、『着陸可能な機体を開発するために、このボルトをつくっているんだ。機体が着陸可能になると、火星に行けるから。火星に行けたら、人類は……』と答えてくれる」。自分の小さな仕事が全体にどう役立つかをわかっていれば、自分の仕事がどれほどかけがえのないものかが自覚できる。すると、責任感も強まる。

逆に、何かがうまくいかなかったり、チームメンバーが不注意だったりしたときには、彼らから権限を奪うのではなく、もっと権限を与えたほうがいい。自主性と支配力を与えることで、彼らは仕事をきちんと把握してそれを維持するよう必死に努力するか、そうでなければすぐに失敗する。早々に失敗すれば、その仕事に合わない人を外すことができる。

とはいえ、その仕事をきちんと終わらせてくれると思える人でなければ、ますます大きな責任を任せる気にはなれないものだ。誰かに仕事を任せ、信頼して権限を与える場合には、その人が責任を果たせるように何らかの管理の仕組みを導入したほうがいい。仕事の中身を書き出してＤＲＩを決めるだけでは、まだ管理の半分しか終わっていない。しかも、そこは簡単なところだ。フィードバックを与え、相手が指示をさらにうまく実行できるようにするほうがより大切だし、成り行き任せではうまくいかない。

任せた仕事がうまくいっているかどうかを評価するには、大きな目標が達成されたときや大失敗したときに振り返りを行ってみるといい。「10段階評価で、今回はどのくらいだと思う?」とか、「どんな別のやり方がよかっただろう?」とか、「予想外にうまくいったのはどの点だった?」と聞いてみよう。そうした質問によってチームの直感が研ぎ澄まされ、学びが深まり、責任感が高まる。また、問いかけであれば新しいリーダーの自主性を傷つけたり、干渉しすぎたりすることもない。

プロジェクトとチームが拡大していく過程で責任を分散し、メンバーが仕事を自分のものと感じられるよう信頼して権限を与え、振り返りを通して仕事の質と実行の効率を上げていこう。仕事を任せ、メンバーを信頼し、フィードバックを行い、このサイクルを繰り返すのが偉大な経営というものだ。

伝え方とタイミングに気をつける

デジタルの世界のコミュニケーションは、いつにも増して手軽になっている。遠隔地にいても距離を感じずに一日中ずっと一緒に働くことができるし、直接会話しなくても問題は解決できるし、会話が途切れてもさまざまなメディアを通して残りを再開できる。

だが一方で、コミュニケーションは簡単になりすぎたとも言える。思考と行動の時間差が縮まり、努力がすぐに行動に結びつくようになると、ミスが起きる可能性も高まる。

僕も、同僚やクライアント、友達、家族と、いいかげんなやりとりをしてしまうことが何度もあった。もっと長いメールを書いたほうがいいのに、簡単なメッセージで済ませてしまうことは多い。電話で話したほうがいいのに、メールで済ませてしまうこともある。会って話したほうがいいのに、電話で済ませてしまうこともある。

慎重な扱いが必要な話題では、面と向かわなければわからない非言語のヒントが極めて大切になる。逆に、会って話したり長いメールを書いたりすると、些細な問題が実際よりも大ごとになってしまうこともある。

何をいつ伝えたらいいかを知ることは、人間関係を保つうえでとても重要だ。ただしそれだけでは十分ではない。どう伝えるかも同じくらい大切なのだ。よく言われるように、「メディアはメッセージ[21]」なのだ。

新しいクライアントにおざなりなメールを送ったり、スラックで同僚に問題を丸投げしたりする前に、次のことをよく考えよう。

一方通行の情報共有でいいのか、双方向のやりとりがいいのか?

Eメールで情報を流すと、受け取った人は都合のいいときにそれについて考えることができる。自分の都合のいいときに返信できるし、考えがまとまってから返信すればいいので、プレッシャーを感じなくて済む。一方、メールは気軽だが、会話のような即時性はない。考えをじっくりまとめるにはいいけれど、双方がその場で細かい点を一つひとつ話し合うことはできない。ということは、誤解が生まれる可能性も高まる。Eメールは何かを知らせるにはいい方法だが、誰かに影響を与え、深く理解してほしいなら、即座にやりとりができる方法を選んだほうがいい。ショートメッセージを送ったり、電話をしたり、面と向かって話したりするほうがいいだろう。

話題はセンシティブなものか、それとも物議を醸しそうなものか?

スラックであれ、フェイスブックのメッセンジャーであれ、ワッツアップであれ、iMessageであれ、本音の会話をしたいなら、リアルタイムのメッセージング機能を使ったほうがいい。ただし、これらはいずれも短文形式なので、複雑な話題を議論するには向いていない。また、文字だけでは声のトーンや表情から読み取れるニュアンスが伝わらない。慎重な扱いが必要な話題なら、もっと親密さが感じられる方法で話し合ったほうがいいだろう。対立を避けるために文字ベースのコミュニケーションを選ぶと、結局うまくいかないことがほとんどだ。

相手はこの話題にその場で対応できるか、それとも準備が必要か？

直接話すと決めた場合、相手方に準備の時間が必要かどうかを考えよう。心の準備が必要な場合もあれば、そのほかに時間が必要なこともあるかもしれない。話題が複雑であったり、賛否両論があったり（感情的なものだったり）すればするほど、相手側に時間を与えて、事実を集めたり、立場を固めたり、頭の中でやりとりに備えたりする余裕を与えたほうがいい。準備の時間がないと、相手は言い訳がましくなったり、うろたえたりしがちになる。

面と向かって会う前に準備の時間を設けることで、どちらの側も前もってそのトピックを考えることができる。親密な会話ができれば、お互いに気を許せるようになる。深いつながりは、お手軽には築けない。前もって計画し、時間を費やすことではじめて、信頼関係が生まれる。

あらかじめスケジュールを立てて話し合うといっても、堅苦しい会議にする必要はない。僕はどちらかというと、お茶や散歩や食事がてら、大切な話をしたいと思うほうだ。相手が心を開いてくれるかどうかで、実のある話ができるかどうかが決まる。たいていの場合は、堅苦しくない話し合いのほうが、言い訳がましくならずに正直なやりとりができる。

面と向かうと、親密になれるだけでなく、表情や声の調子といった言葉以外のヒントを読み取れる。ボディ・ランゲージの専門家で『CAPTIVATE 最強の人間関係術』を著したヴァネッサ・ヴァン・エドワーズは、コミュニケーションの93パーセントは非言語だという。「つまり、仕草、表情、そのほかの非言語の振る舞いが、話す内容よりもはるかに大切なのです[22]」と書いている。とはいえ、感情的知性（Emotional Intelligence）を研究するエドワーズはこうも語っている。「ほとんどの人は、自分のボディ・ランゲージが他人にどう見えているかを考えもしません。だから、多くのビジネスパーソンが、自分の仕草が職場で仕事の足を引っ張っていることに気がつきもしないんです」

チームメンバーとのコミュニケーションの取り方は、幾通りもある。たくさんの方法の中から、一番抵抗感が少ないやり方を選んでしまうのは無理もない。目的を深く考え、その目的を達成するために一番ふさわしいやり方を選ぶのは、骨が折れるからだ。しかし、正しい方法より簡単な方法を選んでしまうと、失敗する。コミュニケーションの選択肢が広がるなかでも、いつ、どのように伝えるかを思慮深く選んでほしい。

はっきりと言う

何かを伝えるとき、遠回しに言ってみたり、明言を避けたりすることはよくある。チームの中でほかのメンバーとどのようにうまくやっていくかは人それぞれだ。だが、物事をありのままにずばりと伝え、自分の立場を率直に打ち出せるような環境をつくったほうが、チームはうまく機能するし、問題も速く解決できるようになる。

問題を解決するとき

伝えなければならない重要なことを、オブラートに包んで遠回しに伝えるのはやめたほうがいい。少なくとも、困難な時期には政治家のような二枚舌は役に立たない。人はそのうちに率直さと正直さを尊敬するようになる。婉曲な言い回しや責任逃れの言葉、不正直さのせいで問題がうやむやになっていると感じたら、その問題を単純化して、本質だけを切り出してみよう。ベハンスで、数百万人のユーザーがサービスを利用できるように日々のシステム運用を担当していた開発運用チームに僕がいつも聞いていた質問は、「今一番心配なことは何か?」だった。進歩の裏側にある、隠れた本当の弱点を、僕はいつも探ろうとしていた。

問題の解決策を提案して受け入れられなかったら、一歩下がってまず、みんなに問題をきちんと理解してもらうよう努めるといい。問題そのものが腑に落ちないと、解決策も受け入れにくい。問題の存在を前提に、それを解決しないとどうなるかを人々が理解したあとに、解決策を提案したほうがいい。シンプルな真実は人の心に響く。そして嫌でも記憶に残る。だから、本質を取り出して、はっきりと伝えてほしい。

プロダクトを開発するとき

人は誰でも、相手を喜ばせたいものだし、相手の望みをかなえたいと思うものだ。プロダクトを開発する過程では、この気持ちがあだになる。特殊なユーザーの望みを深く追求するより、広い範囲のユーザーのちょっとした望みをすべて網羅しようとして、あれもこれも取り入れたプロダクトをつくろうとしてしまうのだ。プロダクトのビジョンが浅く広いと、特殊な利用法を狙った革命的なサービスはつくれなくなる。

たとえば、写真を友達と共有するためのプラットフォームはインスタグラム以前にもたくさんあったが、インスタグラムには具体的ではっきりとした使い方があった。インスタの目的ははっきりと定義されていた。シンプルな写真を、フィルターで簡単加工して、限られた人たちに見せるということだ。そのほかの多くの利用法を望むユーザーは、あえて無視した。ピンタレストも同じように、カテゴリ別に画像をピンで留めたり、カテゴリの中から画像を見つけたりすることだけを目的にデザインされている。デリシャスやほかのサイトにもブックマーキング機能はあるが、ピンタレストは画像だけに絞った。だからピンタレストはほかのサイトから差別化できたし、ユーザーははじめからピンタレストで何ができるかがはっきりとわかった。

たくさんのニーズや幅広いユーザーに応えようとすると、プロダクトやサービスの特殊性がわかりづらくなり、ファンがつきにくくなる。僕はこれを「ニューヨークのデリ問題」と呼んでいる。看板に「サラダバー／ピザ／中華／寿司」と書いてあったら、実際にはいくら料理が美味しくても、本格的なグルメの名店だとは誰も思わないはずだ。広く薄いユーザー層を取り込もうとすると、逆にどんなユーザーもしっかり取り込めなくなってしまう。

プロダクトの最適化については後ほど話すが、「広く浅く」より「狭く深く」を狙うことが何よりも大切だ。プロダクトのビジョンを固める初期の段階で、誰を狙い、誰を排除するかを恐れずにはっきりと打ち出してほしい。何をするのか、何をしないのかをはっきりさせよう。あぶはち取らずになってはいけない。どちらかを選んでほしい。

伝えたいことがあるとき

チームメンバーや投資家、コミュニティに頼みごとがあるときには、相手に選ばせるのではなく、あなたの欲しいものをはっきりと伝えよう。「今月はターゲット顧客のうち3社を獲得してほしい」と言うほうが、「顧客獲得に向けて今月は大きく前進しよう」と言うより効き目がある。具体的に言うことで、どんな成果が求められているかが伝わる。

助けてほしいときには、その理由と、どんな助けが必要なのかをはっきりと伝えよう。なんとなく支えてほしいとか意見が欲しいと言うのではだめだ。分野を特定して、助けられるスキルを持っている人に頼むべきだ。そうでなければ、通り一遍のアドバイスしかもらえず、具体的な行動には移せない。たとえば、投資先企業の創業者から誰かを紹介してほしいと頼まれたとき、「ブランド開発の経験がある若いデザイナーを知りませんか?」と聞かれたほうが、「チームに加入してくれそうな優秀な人を知りませんか?」と聞かれるよりも、はるかに親身になって助けたいと感じる。

頼みごとは具体的に伝えたほうが、欲しいものが手に入る可能性が高くなる。

簡潔さは力強さ

要確認事項：

メールは短いほど返信はすぐにくる。

言葉が少ないほど相手の心に届きやすい（じっくり聞いてもらえる）。

立ったままの会議は（足が疲れるので）大切なポイントがわかりやすい。

前置きが少ないほど、チームが本題に集中できる。話の最後まできちんと聞いている人はほとんどいない。

言いたいことを先に言おう。最後にしてはいけない。

4.

解決への障害を取り除く

「組織的負債」を一掃する

厳しい決断ができないリーダーは、チームの「組織的負債」を積み上げてしまう。古いコードや応急処置が積み重なると、「技術的負債」がチームの重荷になる。それと同じように、リーダーが対処すべきだったのにしなかったことの積み重ねは、「組織的負債」としてチームを蝕むことになる。

「組織的負債」という言葉を最初に考え出したのは、シリコンバレーの起業家、スティーブ・ブランクだ。「スタートアップの初期に『とりあえず仕事を終わらせる』ために妥協したことすべてが、成長期に混乱を引き起こす[23]」とブランクは言う。とりあえずやってしまったこと（または、ほったらかしておいたこと）はたいてい、生産性を上げるための行動ではなく、衝突を避けるための行動だ。衝突を避けようとすると、決断しないことが一番いい決断だ、という結論になってしまう。

多くの大企業は家族的な文化と居心地のいい職場環境を売りにしているので、リーダーはなるべく波風を立てないように振る舞うことになる。大企業の管理職は、成果のあがらない社員をクビにするより別のプロジェクトに異動させたり、ほかのメンバーから切り離したりするほうを好む。解雇の計画を立て、人事と足並みを揃え、人事の変更を発表するのにかかる時間と労力を惜しむからだ。その発表に不安を覚える人がいる場合には特に、すべてがおっくうになってしまう。絆創膏を貼って傷を隠すのは簡単だが、隠された問題はいつまでも解決されず、その負担は次のリーダーに先送りされる。大企業の中間管理職の多くは、社内政治と地雷を回避することに汲々としている。その結果、組織的負債は累積する一方で、表面的には生産性も高まっているように見える。

しかし組織的負債が積み上がりすぎると、そのうちチームの機能とプロダクトに支障が出はじめる。形式が重んじられるようになるにつれ、メンバーの方向性はバラバラになり、やる気は削がれ、進歩が滞るようになる。

では、どうしたらいい？　組織の中で壁に突き当たったら、回避するのではなく、壁を取り払ってほしい。もしかしたら、法的な措置が必要で、関係各所に対応を求めなければならないかもしれない。新しいプロセスを導入して、処理を速めることができるかもしれない。時間をかけてでも問題を解決できる力のある人を探し当て、ほかの人たちが困らないように解決策を記録できるかもしれない。もちろん労力はかかるが、同じ壁に突き当たった人たちがこれまでよりも素早く壁を突破できるようになるだろう。

自分のチームであれ、ほかの会社のチームであれ、僕は集まりに参加するといつも、「みんなが見て見ぬふりをしている大問題」を探すことにしている。人は解決できなそうな問題を避けて通りがちだ。表に出ない問題を知るには、ヒントを探すしかない。特定の話題が出たときに、人々が黙り込んだり、ぎこちなく中途半端な笑顔を浮かべたりしたら、深掘りしてみるといい。時にはズバリと、「誰が足を引っ張っているのか？」と聞いてみることも必要だ。

ほかのメンバーにも、非効率を指摘するように励まし、もっといい方法を提案するように頼んでみるといい。正直さと継続的な改善を重んじる文化のある小規模な会社は、この点で有利だ。ザ・レディという組織改善のコンサルティング会社を経営する、友人のアーロン・ディグナンは、「報奨金制度」を設けることを勧めている。これは、「ユーザーに価値を届けるうえで障害になっているようなポリシーやプロセスに気づいた社員は誰でも、そのポリシーなりプロセスの改善策を、サイト上で推奨していい」[24]という制度だ。非効率を排除して、組織的負債につながる習慣をやめるようなインセンティブを社員全員に与えるというアイデアは素晴らしいと思う。

たとえばメールにしろ、ミーティング中に出た意見にしろ、何かに疑問を持ったりおかしいと思うことがあったりしたら、尋ねてみるか、行動に出てほしい。みんながおかしいと思っているのにずっとそのままになっていることがあると、進歩が蝕まれる。そんな問題は先送りにせず、一度にすっきり片づけよう。

小さな問題の処理に追われていると、大きな問題が解決できない

僕たちは、たくさんの成果をあげていると感じたいがために、すぐ終わらせられる仕事ばかりに目が向きがちで、本当に終わらせなければならない仕事を見過ごしてしまうことがある。

作家でジャーナリストのチャールズ・デュヒッグは、『あなたの生産性を上げる8つのアイディア』の中で、生産性とは「自分の労力、知力、時間を最大限に活用し、一番無駄のないやり方で最も意味のある見返りを得ようとすること[25]」だと言っていた。しかし、最小限の努力で見返りを得ようとすると、最も労力の必要な難しい問題の解決が後回しになってしまうことがよくある。

大企業ではどちらかというと重要性の低い判断をたくさん迫られることがある。たとえば、時代遅れのウェブサイト上のどこにロゴを載せるかといったことだ。ロゴの位置などといった細かいことはチェーンメールで延々と議論されているのに、古臭いウェブページそのものをどうするかというもっと重要で大きな問題はまったく議論にならない。もちろん、ロゴをどこに置くかという問題のほうが、

会社の顔であるウェブページをどうやり直すかよりもはるかに解決は簡単だ。だから、マーケティングチームのリーダーもプロダクトチームのリーダーも、すぐに解決できる小さな問題につい時間を使ってしまう。「終わった！」という充実感は癖になる。小さな焚き火を消すほうが、山火事を抑えるよりも簡単ですぐに終わった気分になる。しかし、山火事の火種をそのままにしておくと、はるかに大きな災害を引き起こしてしまう。

達成感を追い求めると、本当に必要なことが達成できなくなる。それは、小さな成果をあげるたびに脳内に湧き出るドーパミンのせいかもしれない。生産性の測り方がとんでもなく間違っているのかもしれない。受信箱に未処理のメールがいくつ残っているか、やるべきことリストの中で実際に終わったのは何かといったことばかりに目が向いてしまっているかもしれない。

元の仕事仲間で99Uのディレクターのジョスリン・グレイは『アンサブスクライブ』（未邦訳、*Unsubscribe*）という著書の中で、Eメールは脳内の「完了欲求」を刺激すると言っている。つまり、いったんはじめたら、どうしても終わらせてしまいたくなる仕事のひとつが、Eメールの処理なのだ（リンクトインのようなアプリも、同じ欲求を刺激するようにつくられている。たとえば、プロフィールの入力が何パーセント完了したかが横棒で表示される）。

「受信箱のメールを処理していると、達成感が湧く。どこまで進んだかが数字ではっきり見えるから。未読のメッセージが２３２から50に減ったら、すごく進んだって思える。未読がゼロになったら、すごく仕事がはかどったような気分になる[26]」

「でもそれってはかどった気がしてるだけなの。未読メールは処理してもまた増えるから、ゴールは遠のく。処理するとゴールに近づいた気になるけれど、ちょっと目を離した隙に新しいメールがきてまたゴールから遠のくことになる」[27]

しかも、メールのすべてが同じ重要性を持つわけではない。

逆に、最も大切な仕事は進歩を感じにくい。意義のあることをやり抜くには長い時間がかかるし、意義のある仕事に使うツールには進捗を「隠して」しまう性質があるからだ。たとえば、ワードやグーグルドキュメントで何度も文章を書いたり消したりしてやっと満足できるものに仕上げたり、フォトショップで切り貼りして加工を上書きしたりしていると、進歩していることがわかりにくい。

「そこに進歩の矛盾がある」とグレイは言う。「テクノロジーのおかげで、どちらかというと意義のない短期的なタスクの進捗は見やすくなったけれど、人々の生活に大きなインパクトを与えるような長期的でクリエイティブな仕事の進捗はすごく見えにくい」

目の前のお手軽な問題を処理したいという欲求と闘ってほしい。まずは、大きなインパクトのある仕事は何かを見極めて、一つひとつ優先的に時間をかけることからはじめよう。大きな仕事と小さな仕事を「岩」と「小石」と呼んで、分けて考えているチームもある。

どんなプロジェクトにも、いくつかの「岩」とたくさんの「小石」がある。岩を丘の上に持ち上げるのは大変だが、それがプロジェクトに重大な影響を与え、ライバルと自分たちを差別化する要因になる。たとえば、斬新で重要な機能、新しいサービスの仕組み、ウェブサイトのコピーなどは「岩」

だろう。「小石」は、ライバルにもできるような手軽な調整や変更だ。

僕は時間の8割を岩に使い、2割を小石に使うよう努力している。でも、言うは易く、行うは難しだ。大規模で重要な問題に時間を使ったほうがいいのはわかっていても、手っ取り早い見返りに引かれてしまうことは多い。そんな欲求に抵抗してほしい。

あいまいさを問いただし、官僚主義を打ち破る

手続きやプロセスが多すぎると組織は官僚的になり、どんな規模のチームにも弊害が出る。官僚制は、表面が凍りついた厳寒の海のようなものだ。そして、大企業は巨大船艦と同じだ。海を越えてはるか遠い場所まで行くことができるものの、速度は遅い。一瞬でも停滞すると、そこで止まってしまうリスクがある。だが、正しい方向に動き続けていれば、いつかは目的地にたどり着く。

大企業の新しい試みのほとんどは、途中で行き詰まり、立ち消えになる。そうならないためには、新しいアイデアやプロジェクトを少しずつじりじりと前に動かし続けなければならない。

大企業で働いた経験や、大企業と一緒に仕事をした経験があれば、官僚的な組織体質が悪いと思うのは無理もない。規模が大きすぎ、手続きは多すぎ、幾重にも重なる管理職層の承認がなければどんな判断も下せない。だからイノベーションは起きず動きが遅い。とはいえ、プロジェクトが進まないのは、自分たちの能力不足が原因ということも少なくない。大企業でもイノベーションは起こせる。それには、少人数のグループが自発的に動き続けることが必要だ。巨大な船を動かし続けるには、しつこく問い続けるしかない。

「どうして同じミーティングと議論をいつまでも繰り返しているのか？」

「決断を下せないのは、具体的には何（または誰）のせいなのか？　今すぐ会いにいってはどうだろう？」

「いつになったら最終的な答えが出せるのか？」

上司でなくても、こうした問いを発することはできるはずだ。むしろ、こうした問いを発するのに適任なのは現場で業務と執行を担当している人たちだろう。アメリカン・エキスプレスのCEOを務めたケン・シェノルトは、官僚的な大企業の中でイノベーターとして評判を上げ、短いあいだに出世する秘訣をひとつ教えてくれたことがある。「上司に決断させることだ。ただじっとして、上司にあれこれと考えさせるだけでは物事は進まない。上の人たちに決断させるように仕向けないといけない」

舳先《へさき》で海の氷を割りながら、大きな船を動かし続けるのは並大抵のことではないが、それができる人が巨大な組織を変えられる。相手の気に障るような問いをしつこく投げ続ける人になろう。みんなに賛成してもらおうとしなくていい。むしろ、反対意見を出してもらったほうがいい。次にどうしたらいいかがあいまいなときには、はっきりと声をあげよう。あいまいさは偉大なアイデアを殺してしまう。あいまいさを排除するのが、偉大なリーダーだ。

衝突を避けていては前に進めない

争いは気持ちのいいものではない。プロジェクトの途中で行き詰まってしまったり、投資した費用の大きさに打ちのめされてしまったりしたときは、チームの平穏を守るために、自分の考えを曲げたくなるものだ。自分のビジョンがかなわなくても、反対意見を取り入れて、「折衷案」で妥協したくなるかもしれない。そうでなければ、異論のある部分を避けて、みんなが賛成できる部分だけに力を入れようとするかもしれない。だが、どちらにしても、目の前の問題に対処できてはいない。解決するのではなく避けているだけだ。

アドビがパッケージソフトウェアの販売からサービス提供モデルへの大転換を果たそうとしていた時期のことだ。プロダクト開発は以前より複雑になっていた。それまでは、フォトショップのチームといった個々のグループがすべての権限を持って進めていたプロジェクトに、全社横断的にさまざまなメンバーが多角的に関わるようになっていた。そしてプロダクトの発売日が近づくと、誰かが必ず「まだ準備ができていない」と言い出し、先延ばしにしたほうがいい理由をたくさん並べていた。「業界誌にこき下ろされる」「規模拡大の自信がない」「テストが十分じゃない」、そうした声が上がるたびに、何をどうしたら「準備が整う」のかを延々と話し合っていた。発売日に間に合わなくなりそうになると、みんながますます角突き合わせるようになる。緊張が高まるにつれ、メンバーの腰が引けてくる。すると、ミーティングさえ開かれなくなる。そしてプロジェクトが前に進まなくなる。

そうなると、僕はいつも難しい立場に立たされた。衝突を避けたいという気持ちが進歩を妨げていることは、わかっていた。関係者は、多少のいざこざがあっても乗り越えてよりよい結果を出すのではなく、波風立てずに仲間とよろしくやっていくほうを選ぶ。結局のところ同僚とはこれから長く一緒に働いていかなくてはならないし、職場がぎこちないと嫌なのだ。進歩よりも平穏を選びたいのは人の常だ。

それでも変化の先頭に立とうと思ったら、平穏を当たり前とする環境を変えることが必要になる。衝突が起きたときには、メンバーが積極的に対立できる環境をつくってほしい。何となく成り行きに任せて行動を控えてしまうのではなく、問いを投げかけて、対立を表に出してほしい。たとえば、次のように問いかけてみよう。

「はっきりと話してみようじゃないか。発売日を少し早めたとして、最悪どうなるんだろう？　発売を数か月先送りするのと比べて、発売してから急いで改良を加えるのと比べてそれほど悪いんだろうか？」

「まだ準備ができてないって言ってるのは、誰なのかな？　具体的にどうしたら準備ができる？」

「僕たちにとって何が実用最小限の製品（ＭＶＰ）だろう？　そこにはすでに到達したのでは？」

大切なのは、よりワクワクできるような結果を求めて大胆に決断し、必要なリスクを取るための手段として、対立を前向きに捉えられるようなチームをつくるということだ。最終的な決断のあとでチームがひとつにまとまっていられる限り、反対意見は歓迎すべきことだ。

僕の長年のメンターであり、ロードアイランド・スクール・オブ・デザインの校長を務めたジョン・マエダは、こんなふうに語っていた。「いいチームでは、メンバーが陰口を叩くのではなく、敬意を持って正面から対抗する。お互いに率直に言い合うことで、問題を解決するんだ」

人々が心から仕事を気遣っているからこそ、対立を表に出し、あいまいさをはっきりさせ、厳しい現実に正面から向き合い、面と向かって衝突できる。衝突を避けたいときほど、対立が必要なのだ。本当に難しい問題ほど、自分たちの力を一番伸ばしてくれるが、人はそういう問題ほど避けて通りたがる。『見て見ぬふりは禁止』の看板を、いつか自分のオフィスにかけるつもりだ。隠れた対立をすべて表に出すには、メンバーが正面からズバズバと遠慮なく言い合える環境をつくらなければならない。

競争心をエネルギーに変える

ライバルを毛嫌いする人は多い。社内のライバルも嫌だし、社外のライバルも嫌なものだ。しかし、実はライバルの存在はありがたいものなのだ。

ライバルがいるからこそ、闘う気力が保たれ、生産性が上がる。ライバルのおかげで自分たちの市場も確立され、資本と人材が集まるようになる。複数の企業がよりよい経験をより安く提供しようと競争することは、消費者にとっても業界にとっても健全だ。

それなのに、僕たちはライバルを追い出そうとしてみたり、ライバルの真似をしてみたり、ライバルを無視してみたりする。でも、本当にやるべきなのは、ライバルを利用して市場を理解し、自分たちのビジネスのやり方を改善することだ。

観察し学ぶ。コピペしない

ベハンスには、ポートフォリオの展示やクリエイティブ業界のコミュニティづくりの領域で、これまでに数多くのライバルがいた。クロップ、コロフロット、カーボンメイドといったサイトは、タイミングが悪かったり、テクノロジーやブランド力が劣っていたりしたせいで、自然消滅したり、かなりニッチに特化して細々と運営を続けていたりした。逆に、デビアント・アートやマイスペースは生き残りを賭けて全力で対抗してきたが、クリエイティブ業界のプロが求めることに焦点を合わせたサービスを展開できなかった。

ベハンスの立ち上げから数年後に、ドリブル（Dribble。バスケットのドリブルに似ているが、bがひとつ多い）というサービスが出てきた。ドリブルは、デザイナーが完成前の作品の一部を手軽に披露できるサイトだった。投稿できる画像サイズに制限があり、そのせいでむしろコンテンツの共有が手軽になっていた。そのうえ、ほんの一部しか共有しないので、作品が実際よりもよく見えることも多かった。一部だけを見ても、作品やプロジェクト全体を精査することはできず各要素が統合された状態はわからないし、それでは本当のクリエイティブなスキルを評価することはできない。ドリブルでは、デザイナーがいいところだけを抜き出して見せることができたし、全体のほんの一部だけを見せるだけでよかった。そのため、経験の浅いデザイナーにとっては、ベハンスよりもドリブルのほうが大量のコンテンツを、より少ない労力で見栄えよく掲載できていた。

これを見たベハンスのチームは、不安になった。新人のインタラクティブデザイナーがますますドリブルに大量のコンテンツを掲載するようになり、彼らのベハンス上のポートフォリオがあまり更新されなくなったのだ。僕たちは、作品の一部だけを切り取って集めても、デザイナーの問題解決能力やストーリー構築能力を評価する目安にはならないと信じていた。とはいえ、ドリブルならお手軽にコンテンツを上げられて、実際よりも見栄えがいいことは否定できなかった。目的はともかくとして、使いやすいうえに一瞬でプライドが満たされるという特徴がソーシャルなプロダクトの成功の秘訣だということは、すでに証明されていた。

斬新でキラキラと輝くライバルが現れると、それに固執してしまい、奇妙な感情や反応や危険なアイデアが浮かんでくるものだ。僕たちは、自分たちの哲学を貫くか、現実路線に適応するかを激しく議論した。信念を貫いて、業界最高のプラットフォームを目指して、質の高いクリエイティブな作品を掲載し、発見できるように努力し続けるべきか？　それとも、ドリブルを真似て手軽に作品の一部を切り取って掲載できる機能を追加すべきか？

結局、ライバルに負けられないという気持ちとどちらの戦略も追求したいという欲が勝って、一部切り取りを掲載できる新しい機能を追加することになった。そうすれば、ベハンスユーザーも、プロジェクトの全体ではなく断片を取り出して見せることができる。僕たちの機能はドリブルとは違っていたが、目的は同じだった。ユーザーが手軽に参加できて、ベハンスよりも気を遣わずに済むということだ。

今振り返ると、僕たちが新しい機能を追加したのは、ライバルへの感情的な反応だったと思う。ベハンスの戦略はそれまでうまくいっていたのに、追加した機能は戦略に合っていなかった。毎日ちょっとしたコンテンツを上げるのは簡単だが、そのコンテンツはベハンスの目指す使命の役に立っていなかった。クリエイティブ業界のプロが、最高の作品を文脈とともにストーリーとして展示するプラットフォームになることが、ベハンスの使命だったのだ。作品の一部を切り取っても、その使命に合うコンテンツにはならなかった。僕たちはかなりの労力を無駄にしたあと、1年ほどで新しいサービスを取りやめることにした。

僕たちは最高のポートフォリオを展示する、世界一良質なプラットフォームとして知られたいと思っていたのに、どうして質の劣るコンテンツを掲載するような機能にあれほど時間をかけてしまったのだろう？ 自分たちの信念を貫いて、哲学に反するサービスは他社に任せていれば、時間と労力を自らの戦略強化に使えていたはずだった。

ドリブルの成長はそのうちに鈍化したけれど、今も少数の熱心なファンたちはドリブルのサービスを使い続けている。一連の出来事を振り返ると、僕たちはドリブルを研究し、自分たちの市場をもっと理解すべきだったし、焦ってライバル会社のユーザーや利用法を真似するべきではなかったと言える。彼らのユーザーや利用法は、僕たちのユーザーとは違っていた。もう少し時間をかけていれば、自分たちのもともとの仮説を裏づけることができていたはずだった。ポートフォリオの質の高さと文脈こそが、作品の断片よりも、どんなクリエイティブな領域においてもプロのキャリアに役立つと、僕たちは信じていた。

ドリブルをもっとじっくり研究していれば、自分たちの信念が弱まるどころか、強まるはずだった。ベハンスの目標は、ドリブルとは違っていた。ライバルの動きに興味を持つのはいいが、真似をしてはいけない。

むしろ、ライバルを観察し、次のように自問してみよう。

「ライバルの戦略と目標は、自分たちと同じだろうか?」

ライバルの戦略と信念が自分たちとは違っていて、それでも自分たちの戦略に確信が持てるなら、ライバルの動きを気にしてはいけない。方向性を変えてはいけない。グーグルが生まれた1998年には、すでにアルタ・ビスタやヤフーなど21もの検索エンジンが乱立していた。だが、グーグルは他社をほとんど真似せず、独自の戦略と他社にない戦術を貫いた。検索結果をただ並べるだけでなく、時間をかけて検索の質を上げていき、ユーザーの求める検索結果を提供することを目標に組織をつくっていった。すべての結果を並列するよりも、最初に一番適切な結果が表れるようにした。この姿勢が、ほかの検索エンジンをはるかに凌駕する力になった。

しかし、ライバルの戦略と目標が自分たちと同じだったら、もうひとつ自問してほしい。**「ライバルの戦術は自分たちより優れているか?」**。もし、ライバルのほうが優れた戦術を展開しているとしたら、同じ戦術を取り入れたほうがいい。2016年と2017年に、インスタグラムがスナップチャットの戦術を繰り返し真似ていたのは、有名な話だ。どちらのアプリも同じユーザーを取り合っていて、スナップチャットがライバルに先んじるために使った戦術を、インスタグラムも使っていた。スナップチャットがはじめた「ストーリー」や顔写真加工などの拡張現実機能を、インスタグラムも取り入れた。ユーザー自身をメディア化させるというインスタグラムの戦略に、こうした戦術がピタリとハマっていたからだ。インスタグラムはスナップチャットからアイデアを得ていたが、その戦術は戦略の邪魔にはならず、むしろ目的を実現する役に立っていた。

ライバルを見てさすがだなと思う点があっても、それが賢いやり方でない場合もあれば、規模拡大に向かないこともある。一時的に得になることでも、長くは続かない場合もある。10億ドルを超える企業価値をもとに資金調達を果たした、いわゆるユニコーンと呼ばれるスタートアップの初期の一群が、ベンチャーキャピタルの巨額投資を使って、絶対に長続きしないほどのあり得ない費用をかけてユーザーを獲得していた例を、僕はたくさん見てきた。そうした企業のリーダーたちは、ライバルの市場シェアを奪うことに全力をかけ、長い目で見た利益よりも、ユーザーの獲得にしか目が向いていなかった。短期的な戦術はもちろん長続きせず、その一群のユニコーンは利益が上がらなくなっていった。資金が底をつくと、こうした企業のほとんどは持続可能なビジネスモデルを持たず、新しい投資家を呼び込むこともできなかった。

行動のきっかけを探す

あなたはおそらく、プロダクトをどう改良したらいいかについては十分にわかっているだろうし、業界の中で次に何がくるかも感じ取っているはずだ。しかし、わかっていても実行に移さなければ意味がない。日常業務や、目の前のプロジェクトをとりあえずやり抜くことに追われていては、たくさんのいいアイデアや長期的な目標はなかなか先に進まない。そんなとき、ライバルからのプレッシャーがアイデアを実行に移すきっかけになることは多い。

僕は著書『アイデアの99%』の中で、写真家のノア・カリーナについて取り上げた。ノアはブルックリンに住む写真家で、数年にわたって毎日欠かさず自分の写真を撮りためてきたが、その写真を何に使うわけでもなかった。ある日ネットサーフィン中に、自分と同じようなことをしている写真家に出くわした。だが、ノアのほうがはるかに長い年数、自分の写真を撮りためていた。そこで、ライバルに先を越される前に、ノアは毎日撮りためた自分の写真を最初から順番にコマ送りでつないで動画をつくり、1週間かそこらのあいだにユーチューブに動画をアップした。ノアがつくった「エブリデイ」という動画は、ユーチューブ史上最も再生回数の多い動画になり、ノア自身が写真家として成功するきっかけになった。ノアは5年以上も誰にも言わずに写真を撮りためていたが、同じことをしているライバルがいると知ったことで、急いで何かを完成させなければという気持ちになった。

ライバルの存在によって、短期報酬のない長期的な仕事が一気に前進する。ライバルがいることで焦りが生まれ、普段なら優先される目の前の仕事も後回しにできるようになる。戦術が目標に合っている限り、ライバルに後れを取るまいとすることで、生産性は上がる。

敵を尊重し続ける

ライバルは自分の生産性を上げてくれるだけでなく、業界を健全に保ってくれる大切な存在だ。どんな企業も同じ業界のライバル企業と切磋琢磨することで成長し、お互いの積み上げが市場の拡大に役立つ。

たとえば、ライドシェアの市場では、リフトよりも先にウーバーがオンデマンドの配車サービスをはじめ、リフトはウーバーよりも先に相乗りのオプションを導入し、それからウーバーがリフトよりも先にドライバー向けに帰宅途中に乗客を探すツールを開発し、リフトはウーバーよりも先に「予約サービス」を導入した。これはほんの一例だ。もちろん、一番得をしているのは消費者だ。2社の果てしない競争によって、消費者はより進化したサービスを受けることができる。

ライバルに感謝しよう。自分たちのプロダクトやプロセスにあぐらをかかないでいられるのは、ライバルのおかげだ。ライバルが存在せず、脅威を感じることがなければ、現状に満足してしまう。僕は、自己満足よりライバルがいるほうがいい。いずれにしろ長い目で見れば、どちらかを選ぶしかない。偉大なライバルは、自分を伸ばしてくれる。競争があるということは市場にニーズが存在するという証拠だし、競争がニーズに応えたいという気持ちを保たせてくれる。だから、ライバルを無視したり、敵がいなくなればいいと願ったりするより、ライバルの役割を尊重することをチームに教えてほしい。

自分自身のいいライバルになる

　ライバルをしっかりと観察することは必要だが、ライバルの存在が自分たちのプロダクトやサービスを決めることがあってはならない。ライバルよりも、自分たちのユーザーや独自のサービスへの取り組みに目を向けていなければ、自分たちらしさが失われてしまう。ライバルの動きを気にかけてもいいが、周囲で起きていることに自分たちが支配されてはいけない。

　自分たちのアイデアや手法に自信があるのなら、自分と闘って一番にならなければならない。自分史上のベストを更新し、一番生産性の高かった週や一番効率がよかった仕事、最高にうまくいったイベントのさらに上を狙ってほしい。過去の自分を打ち負かすことこそ、ビジョンを貫き、早く進歩するための、最も純粋で確実な方法だ。自分史上のベストを更新し続けた先に、大きな成功がある。

スランプは、真実を避けてきたことの表れ

アメリカ人作家のジョイス・キャロル・オーツは、かつてこう言ったらしい。「作家がスランプに陥るのは、自分のアイデアがニセモノだと気づいているときだ」

確かに、クリエイターがスランプに陥るのは、不確かさや恐れや混乱を引き起こすような事実を避けていることが原因だ。しかし、その避けていることはいずれ忍びよってくる。自分への疑いに悩まされ、頭の中がはっきりしなくなり、想像の翼が広がらなくなる。判断力が鈍り、視界が曇る。すると昔の作品や手法を焼き直そうとするようになり、新しい発想が湧かなくなる。自分のアイデアを信じられなくなると、創造のエネルギーが枯渇し、何をやってもうまくいかなくなる。

スランプから抜け出すには、大胆な問いを自分に投げ、見て見ぬふりをしていることをはっきりと表に出さなければならない。プロダクトがどうしようもない代物なのかもしれない。ビジネスモデルとそのモデルの前提がすべて間違っているのかもしれない。真実は厳しく、一時的に後退することになっても、真実を表に出すことで心配ごとから解き放たれる。

スタートアップのインキュベーターとして有名なYコンビネーターを立ち上げた起業家でもあり投資家でもあるポール・グレアムは、あるインタビューでフェイスブックの創業者マーク・ザッカーバー

グについてこう語っていた。「ザックに『お前は間違ってるよ』と言うほうが、普通の若い起業家に間違ってると言うより簡単なんだ。ザックは脅かされるとは思わないからね。自分が間違っていたら知りたいと思ってるから。[28] 偉大な創業者はひとつの見方に固執しないし、真実を謙虚に受け入れる」[29]

僕が憧れる偉大な思考家は、真実に基づいたアイデアを心の中にしっかりと持っている。多くの人が気づいていない隠れた真実が、彼らの考え方の核にある。それは新しいプロダクトについての仮説かもしれないし、自分が頭に描く未来の世界かもしれない。そのビジョンが、偉大な思考家を動かしている。でも、誰かや何かが、彼らが考える真実に疑いを問いかけると、彼らは目を逸らすのではなく、その新しい問いを受け入れる。厳しい問いに対して言い訳がましく対抗するのではなく、自分たちが見落としていることが何かをとことん知ろうとする。彼らは自分の思い込みが正しいことを証明しようとはせず、学習モードに切り替えて新しい真実に心を開く。その新しい軸がすべてを変える可能性があるからだ。

真実を見つけ出すには、好奇心と自制心と希望を隔離する力がほどよく混ざっていなければならない。過去の思い込みと古い真実が新しい発見の妨げにならないように気をつけよう。心を開き、謙虚な気持ちで、誰かがあなたの間違いに気づく前に、自分が間違っていることを積極的に認めよう。

速く動いても曲がり角でスピードを落とす

大胆な目標を達成しようとするチームは、スピードで苦労する。スピードが遅すぎるのではなく、速すぎるのが問題なのだ。もちろん、速く動けば、ダメなことにも早く気づける。考えているよりも試してみたほうが、うまくいくかどうかがすぐにわかるし、方向性も変えられる。素早くアイデアを試し、改良し、効率を上げればメリットは大きいが、時にはあえてスピードを落とすことも必要だ。プロジェクトの中のクリエイティブな側面は、時間をかけて練り上げたほうがいいものが生まれる。

フェイスブックには、例の悪名高い「素早く行動し破壊せよ」というモットーがあり、フェイスブックの本社ではポスターからコースターまでさまざまなものにこの言葉が記されている。テクノロジーとスタートアップでは、たとえ無謀でも誰よりも素早く動くことが最高のやり方だという考え方が定着している。この考え方から、プロジェクトの管理法や会議の運営法、新製品の開発法など、数多くの手法が生まれている。今や、プロダクトを効率よく開発するためのバイブルともなった「リーン・スタートアップ」の手法を世に知らしめたのは、エリック・リースだ。『リーン・スタートアップ』の出版以降、この手法はスタートアップを超えて、フォーチュン500社にも浸透していった。大企業がこの手法に飛びつくのも無理はない。それまでずっと手続きの面倒さやプロセスの遅さがイノベーションと学びを阻んできたわけだし、全面的な見直しが必要だったからだ。とはいえ、どんなルールにも、必ず大切な例外がある。

スピードと効率を追求すると、自分たちを際立たせてくれる点に手を抜いてしまうリスクがある。新しいプロダクトのほとんどの要素は他社とかわり映えしないものだし、できるだけ素早く無駄なく開発したほうがいいものの、どんなプロダクトにも、ほんのいくつかは他社とは違う独特の特徴がある。それは、ライバルにないブランドかもしれないし、斬新なデザイン、またはこれまでとはまったく違うユーザー体験かもしれない。潜在的なユーザーにこれまでよりはるかに多くの選択肢を与えてくれる新しいテクノロジーかもしれない。自分たちのプロダクトを差別化してくれる側面にこそ価値があり、投資をはるかに上回るリターンがあるものだ。だから、こうした機能を生み出すプロセスでは、手抜きをせず、急がず、無駄を省こうとしないほうがいい。

実用最小限の製品（ＭＶＰ）をとりあえず市場に出そうとして、ライバルとの差別化の要になる要素を省いたり、そこで手を抜いたりするチームは多い。モバイルのソーシャルネットワークを開発しているスタートアップが、あらゆる無駄を省いた「最初のバージョン」を自信満々で僕に披露してくれたことが、これまでにたびたびあった。何か質問すると、彼らはたいてい「これはただのＭＶＰだから」と言い訳をする。でも結局、彼らのほとんどは自分たちを本当に差別化できるような機能を開発できず、生き残れなかった。ＭＶＰでは生き残れないことをわかっていないチームは多い。いったん世の中に出したプロダクトを変えるのは、物理的にも心理的にもすごく難しい。独自の機能や特徴が最初から組み込まれていなければ、ただ外側をうまく繕っても退屈なプロダクトにしかならない。

他社にもある部分は手早く終わらせて、自分たちが一番誇りに思えるいくつかの部分を完璧なものにするために、時間をかけてほしい。ユーザーは機能に引かれるのではない。経験に引かれるのだ。プロダクトの機能ではなく経験がユーザーの感動を呼ぶ。爆速もいいけれど、競争優位の要になるものをつくるときにはスピードを落としたほうがいい。

時間をかけて「調理」する

シェフに素晴らしい料理のコツを聞くと、忍耐だと教えてくれる。長時間ゆっくりと低温で調理すると、香りと舌触りの絶妙な一品が生まれる。

クリエイティブな仕事でも同じだ。「素早く行動して破壊しろ」という考え方とは正反対で、じっくりと気持ちを込めて粘り強く待つことが、クリエイティブなプロジェクトには必要になる。もちろん、偉大な成果を出すには時間がかかることは頭でわかっていても、終わりが見えず物事がなかなか先に進まないと不安が募るものだ。

『明日の幸せを科学する』の著者で、ハーバード大学で心理学を教えるダニエル・ギルバートは、人間の脳はある特定の脅威に反応しやすいという。「人間は速いボールが飛んでくるとすぐによけるようにできているんです」。ギルバートはラジオのインタビューでそう語っていた。「ゴジラがやってきたら、反対方向に逃げますよね。哺乳類はみんなそうですが、目の前の明らかな危機にはすぐ反応できるんです。だから人間はここまで生き延びることができたんです。ですが、この数百万年で、人間は新しい技も身につけました。割と上手にできるようになったことがあるんです[30]」。人間の脳はほかの生き物の脳と違って、未来をあたかも現在のように考えられるのだとギルバートは言う。

「たとえば、引退後のことを考えて貯金をしたり、歯医者に行く日のことを考えてフロスをしたりしますよね。半年後に嫌なことが起きないように今予防しておくわけです。でも、人間はこの技を今学習しているところなんです。生き物がこの技を身につけたのは比較的最近で、まだこの仕組みがすべてわかっているわけではありません。今目の前にある危機には猛烈な勢いで反応できるのですが、ずっと先の脅威にはそれほど強く反応しないのです」

つまり、人の脳は目の前の脅威に強く反応するが、長期的な危機や目標にはなかなか目が向かないというわけだ。飛行機が爆破される確率よりも、フロリダやマンハッタンが水面下に沈む確率のほうがはるかに高いのに、テロリズムを極度に警戒し、気候変動をあまり気にかけないのは、そのせいだ。また、即座にご褒美を求めてしまい、じっくりと長い期間をかけて成功する努力がなかなかできないのもそのせいなのだ。

ゆっくりと時間をかけてアイデアを醸成させられれば、奇跡のようなことが可能になる。ゆっくりとぶどうを育て、ワインを長いあいだ寝かせておくことで、芳醇な香りと味わいのある上質なワインができるのと同じことだ。

締め切りに追われることなく、長い人生をかけて何かをつくり上げるチャンスはめったにない。個人的なプロジェクトにはどうしても長い時間がかかる。こうしたプロジェクトは脇に置かれて日の目を見ないことも多いけれど、完成できたときにはたいてい非凡なものが出来上がっている。

ベハンスで最初に注目されたプロジェクトのひとつが、ジャック・ラドクリフという写真家が発表した『アリソン』という作品だった。ラドクリフは娘のアリソンが小さいときから思春期を経て大人になり結婚するまでの人生のさまざまな瞬間を写真に収めていた。一つひとつの写真は何気ない普通のものだが、長い時間の蓄積によって作品への畏敬の念が沸き起こり、130万人以上がこの作品を見にサイトを訪れた。時間は、ほかのどんなものも真似できない形で作品に価値を与えてくれる。

僕がただひとつ、昔からじっくりと時間をかけてやっていることは、執筆だ。ベハンスを立ち上げているあいだは、すべてが時間との競争だった。もちろんプロダクトを注意深く見直して改修を重ね、重要な判断をするときには立ち止まって考えることもあったけれど、いつ資金が底をつくかと横目で時間を気にしながら、経営していた。99Uカンファレンスの運営にも締め切りがあり、素早い判断が必要だった。気の短いユーザーたちが、プロダクトのアップデートを待っていた。機能の更新も、いつも後手に回っているような気がしていた。僕が時間を気にせずにできることは、執筆だけだった。記事のアイデア、ほかの起業家を見ていて気がついたこと、起業と経営についての知見など、僕は思いついたことを書き留めて、特に何に使うと決めていたわけではないが、何度も見直していた。エバーノートに疑問に思ったことやひらめいたことを書き留めておいて、2年後に言葉を継ぎ足して文章にすることもあった。ちょっとした思索を書き直したり、言葉を消したり、そこに何かを加えたりしながら、長い時間をかけて文章を自然に進化させていった。

この本は、何年もかけて弱火でじっくり煮込んだシチューのようなものだ。

伝説的な画家、高名な大学教授、ニューヨーカーの専属ライターといった人でもない限り、じっくり時間をかけて作品をつくっていたら、食べていけない。でも、仕事の合間に、いくつかのプロジェクトをじっくり煮込むことはできるだろう。ただし、火にかけていることを忘れないように。たまにコンロに戻って鍋をかき混ぜ、塩を加えたり、灰汁《あく》を取ったりしてほしい。長い人生をかけたプロジェクトは、あなたにとって最高の作品になるはずだ。

許可ではなく許しを求める

誰が最初に言ったかはわからないが、アドビに買収された直後から、「許可より許し」が僕たちチームの原則になった。僕たちはスタートアップの気風を保って、事業を伸ばし、プロダクトを開発し続けたいと思っていた。大企業にありがちなたくさんの会議や手続きに忙殺されて、進歩を止めたくなかった。何かを変えようとするたびに事前承認を得るために手続きをとらなければならないとしたら、プロダクトはいつまでも変わらないし、チームメンバーは辞める日を指折り数えて待つようになるはずだ。僕はみんなに自分で最善の判断ができると感じてほしかったし、大企業の中で自分を見失ってほしくなかった。

僕たちはたまにつまずいたり、誰かの足を踏んづけたりした。たとえば法的な手続きを省略してしまったり、チラシにスポンサーのロゴを載せるのを忘れてしまったりもした。失敗したら僕たちは謝り、失敗から学んだ。だがチームは力を与えられていると感じ、アイデアを追いかけることができた。もちろん、判断ミスもあった。でも、承認を待っていたら実現できなかったはずの成果も出していた。

何かをゼロからつくるときよりも、すでにあるものを変えるときは特に、承認を待っていると物事が進まなくなる。そのままでも支障なく使えるものの粗探しをして、居心地のいい現状を変えようとすれば、抵抗する人が出る。許可を求めれば、ためらう人もいるし、最悪の場合は拒否される。

僕がアドビで引き継いだプロダクトとチームを変えはじめたとき、社内のみんなのコンセンサスを得ようとしたら、会議と議論に忙殺されることになった。それからは、すぐに僕が直感で下すべき判断と、コンセンサスが必要な判断を注意深く分けるようになった。たいていはまずコンセンサスを求めることにしていたけれど、そのアイデアに絶対の確信があり、社内で抵抗に遭って実現する前に消されてしまうと思ったときには、許可を得ず、周囲に気づかれないように進めてみることにしていた。あとになってダメだと言われたら、周囲を議論に巻き込んで、必要ならもとに戻した。大胆なアイデアが日の目を見るには、まずは行動してからあとで調整したほうがいい。

アイデアが大胆であればあるほど、そしてこれまでにない変化をもたらすものであるほど、抵抗は大きい。建築の世界を見れば、偉大なブレークスルーはいつも辛辣な批判にさらされてきたことがわかる。世界中が憧れるパリのランドマーク、エッフェル塔とルーブル・ピラミッドはどちらも、建造時には議論の的になった。1886年5月、パリでフランス革命100周年を祝うための万国博覧会が行われる3年前に、万博運営委員会は会場のシャン・ド・マルス公園に建てる記念碑の提案を募集した。[31]ギュスターヴ・エッフェルはすでに自由の女神の内装を設計したり、世界中で鉄橋を建設したりしていた高名な建築技師だった。エッフェルのチームは世界最大の建造物を設計しようと考えた。地上から984フィート（約300メートル）を超えて空に延びていく鉄の塔を設計したのだ。この案が1位に輝いた。

しかし、建築が開始される頃には、エッフェル塔への嘲笑や批判が波のように押し寄せていた。1887年2月14日、『三銃士』を書いたアレクサンドル・デュマを含む、フランス人芸術家と作家のグループが、万博運営委員長に記念碑のデザインを非難する嘆願書を送った。『ル・タン』紙（現在の『ル・モンド』紙）に掲載された嘆願書の文章は、次のようなものだった。

私たち作家、画家、彫刻家、建築家、そしてパリの変わらぬ美しさを愛する者は、この街を醜くしようとする機械技師による商業的な建造物に反対する。黒い煙を噴き上げる野蛮な工場のようなこの醜い塔は、この街のすべての景観を貶めるものだ。今後20年にわたって、この鉄製の柱はこの街にとってインクの染みのような存在となり、私たちを辱め続けるであろう。[32]

作家のモーパッサンも、嘆願書の差出人のひとりだった。[33] モーパッサンは、エッフェル塔を鉄の階段を備えた背高のっぽのピラミッドにたとえた。「たくさん穴のあいた坐薬のようだ[34]」と言った人もいた。そんな批判にもめげず、「目に毒」といわれた塔の建設は進み、1889年3月31日に竣工式が開かれた。[35] エッフェル塔はワシントン記念塔を抜いて世界一高い建造物となり、[36] 1930年にニューヨークにクライスラービルが建つまでずっと、世界一の座を誇っていた。万博開催中には200万人がエッフェル塔を訪れ、最上階まで上っていた。[37]

ルーブル・ピラミッドは200年の歴史を誇る美術館の正面入り口として設計されたが、[38] フランス革命200周年の1989年に完成すると、大々的な批判が巻き起こった。中国系アメリカ人の現代建築家、イオ・ミン・ペイが設計したガラスのピラミッドは、世間の憎悪を引き起こした。[39] 当時フランス大統領だったフランソワ・ミッテランは、コンテストも開かずにピラミッドの設計をペイに任せたことで批判を浴びた。[40]

「プロジェクトが発表されたとたん、醜い建築だとこき下ろされました」[41] と言うのは、パリ観光局の責任者だ。「公式には673枚のガラス板でできているのですが、実際には666枚だという都市伝説があるようです。黙示録に描かれた悪魔と獣の数が666だからでしょう。このピラミッドの建設が世界の終わりを暗示しているとでも言いたいのでしょうか?」

このピラミッドの完成前には、パリっ子の9割が巨大なガラスのデザインに反対していた。[42] 1983年には、ルーブル美術館の館長だったアンドレ・シャボーはペイのデザインに「構造上の欠陥がある」として館長を辞任した。[43]「パリの街角で何人もの人から怒りの目を向けられた」[44] とのちにペイは言っている。「ルーブルのあとは、どんなプロジェクトも難しいと思わなくなった」とも語っていた。しかしエッフェル塔と同じで、ペイが設計したガラスのピラミッドもあっという間にパリっ子と観光客の憧れの場所になっていった。

今ではエッフェル塔とルーブル・ピラミッドのないパリなど想像もできない。このふたつのモニュメントはパリだけでなく世界で最も象徴的な建造物になった。

世間は、自分たちが最初に批判していたものでも、結局は賞賛するようになるものだ。企業も同じだ。多少の独断がいい結果をもたらすこともある。現状維持のためにつくられたプロセスを脇に置いて、とりあえず進んでみることで道が開けることは多い。

確信があればコンセンサスは必要ない

決断力がなければ、最高のものはできない。プロダクトを改良していると、ユーザーに気に入られたいという気持ちと、信念を貫きたいという気持ちの板挟みになる。みんなの意見は単なる参考に留めておくべきなのに、多数決に従いたくなるものだ。だが、たいていの場合、最も難しく最も反対が多い道が、最善の決断だ。そしてリーダーは孤独を感じ、自分に疑問を持つようになる。

人間は誰しも、集団の中に居場所を見つける。集団で力を合わせてはじめて、偉大な成果が生まれる。しかし、重要で難しい決断は、集団では下せない。コメディアンのミルトン・バールはかつて、こんな冗談を言っていた。「議事録を取って時間を無駄にするのが委員会ってやつさ[45]」

もちろん、委員会には大切な役割もある。共通の目的を持つ人々が集まることで、仲間意識が生まれ、多様な視点が提供され、専門知識が活用される。周囲の人の知識の集積は自分だけの知識よりもはるかに大きい。リーダーの仕事は、チームが持つ知識をできる限り活用することだ。でも、難しい問題を避けるために、権限のない人たちに決断を任せてはいけない。メンバーの会話や事実から得るものは大きいけれど、難しい問題を集団任せにしておくと、信念に基づいた迅速な判断をすることはできない。

コンセンサスに基づいて決断すると、たいてい平凡な結果にしかならない。すべての人を喜ばせようとすれば、結局最大公約数に落ち着いてしまうからだ。一番多くの人が見慣れた案なら、抵抗が少なくすぐに支持が得られる。イギリス人作家のオルダス・ハクスリーは、こう言っている。「人間の大半は、見慣れない考えが嫌いだし、恐れてさえいる。だから、これまで見たことのないようなイノベーターはまず除け者にされ、必ず愚かで狂った人間だとからかわれる」[46]

集団の中で働くイノベーターは、進んで愚か者にならなければならない。

優れた投資家は、ひとつの教えにこだわらない。僕がシード投資家として気をつけているのは、パターン認識能力を使いながらも、過去の成功体験にしがみつかないことだ。投資して成功した案件はどれも、過去に同じようなものはなく、みんなが気に入るような型にはまっていなかった。たとえばワービー・パーカーが出てきたとき、多くの投資家はこの市場はライバルが多すぎるし、メガネはコモディティだと思っていた。ピンタレストも、ウーバーも、カルタも、最初はニッチすぎて市場は限定的だと見られていた。ペリスコープは常識外れで、ビジネスモデルを説明するとみんな頭をひねっていた。たくさんの人にアドバイスを求めたり、歴史を振り返ったり、常識に頼ったりすることはできるけれど、難しい判断を下したり、とんでもない未来の可能性を見極めたりするには、自分自身に頼るしかない。

どんな種類のベンチャー企業にも、同じことが言える。2度の起業を成功させ、セールスフォースへの事業売却を果たし、自身もベンチャーキャピタリストになったマーク・サスターもまた、ブログにこう書いていた。

明らかな答えなどないし、もし答えがわかっていたらみんなやってるはずだ。起業家たちの決断力のなさには驚くばかりだ。チームや取締役会の意見を何でもかんでも取り入れて、いざというときの責任逃れに使おうとする創業者もいる。これというアイデアに強い確信を持てず、リスクを分散させるために複数のプロダクトを開発し、リソースを広く薄く投下してしまう経営陣もいる。なぜそんなことをするかというと、ダメなリーダーはみんなに好かれようと心を砕く。だが愛されるよりも尊敬されることが、リーダーには必要だ。

上級管理職をクビにしなくてはならないのに、あと半年とか、失うにはもったいないとか自分に言い訳をして、クビを言い渡せないCEOもいる。僕はそんなCEOを見ると気が狂いそうになる。やるべきことがわかっているなら、すぐに行動すべきだ。大企業じゃなくてスタートアップならそれができるはずだ。

僕は強いリーダーを求める。僕に同意しなくても、決断力のあるリーダーがいい。「慈悲深い独裁者」は最高のリーダーだ。

でも、誤解しないでほしい。創業者はたくさんインプットを求めるべきだと僕は思っている。そうしたインプットをすべて受け取って、混ぜ合わせ、自分の枠組みに沿って情報を活用し、決断を下してほしい。周囲のアドバイスは一般的なもので、個別の状況によって答えは違うはずだ。

だから君自身が自分の頭で考えて、その場に一番適した判断をしなければならない。[47]

リーダーの強い信念こそが、チームを予想もしないところに連れていってくれる。学んだことをすべて忘れ、講義も、業界の常識も、慣習も、投資家の言うことも無視して、自分の直感に従うべきときがある。ほかの誰も見えないものを見せてくれるのが、あなたの人生のすべての経験から形づくられる直感だ。その勘を真剣に受け止めたほうがいい。

もちろん、コンセンサスを無視することにはリスクがある。信念に凝り固まりすぎると、偏見が矯正されないままになる。過去のパターンや周囲の情報は、直感を鈍らせる。採用面接で苦手なタイプの候補者がいるのでは？　言葉の訛りや経歴や外見によって、無意識に評価を上げたり下げたりしているのでは？

人には誰しも先入観がある。そうした先入観は、自分が過去に経験したパターンや訓練によって信じるようになったことの集積だ。だが、他者にインプットを求め、自分の信念に異議を唱えてもらうことでしか、先入観に気づくことはできない。信念を持って人を導くことの難しさがここにある。リーダーは、強い信念を持った人を周りに置かなければならない。リーダーが強い信念を持っていても、弱い人や意見をぶつけるのを怖がる人に囲まれていると、いつか必ず道を見失う。

非凡な結果を出すには、自分の仕事に信念を持ち、コンセンサスより信念に価値を置くチームをつくろう。

抵抗勢力にニセの希望を与えてはいけない

大胆な決断を下し、戦略を変え、チームの日々の責任を変えるときには、メンバーが同じ方向を向いてひとつになれるように導くのがリーダーの仕事だ。

アドビは、2013年から2014年にかけて、フォトショップのようなパッケージソフトウェアの販売からオンラインのサブスクリプションサービスの提供へと、事業戦略を大転換した。当時、多くの社員とユーザーがこの変化に反対していた。業界の大物たちが、テクノロジーについていけないユーザーのことを心配し、何度となく会議が紛糾したのを覚えている。新しいウェブサイトのキャッチフレーズやユーザー向けの広告の文言をつくっていると、必ずあいまいな表現でお茶を濁したほうがいいという意見が出た。プロダクトを「変える」のではなく「進化させる」と言い直したほうがユーザーの耳にやさしいと思われたのだ。しかし、言葉を取り繕うことで、僕たちがサブスクリプションを諦めてもとのパッケージソフトの販売に戻るのではないかという希望をユーザーに抱かせてしまった。

企業がユーザーに、自分の考え方のプロセスをきちんと説明すれば、ユーザーは意外と寛容になってくれるものだ。

ユーザーの心配はもっともだし、気持ちはわかった。これまで買い切りだったものに、毎月料金を支払いたくなかったのだ。ユーザーは僕たちのパッケージ商品に満足していたし、インターネット接続を必要とする新しい機能やクラウドサービスが必要だとも感じていなかった。だが、僕たちは、インターネットでクリエイティブなプロセスを共有し、協力し合うことが、クリエイティビティの未来だとわかっていた。業界の将来を考えると、僕たちのプロダクトも変わらなければならなかった。そして、この僕たちのビジョンをユーザーにはっきりと宣言することが、一番効果的な伝え方だった。当時を振り返ると、事業転換をたいしたことでもないように言葉を繕って打撃を和らげるより、ユーザーと記者にはっきりと宣言したほうが実のある話し合いができた。

アドビ社内の抵抗勢力や懐疑派も、サブスクリプションモデルへの転換の意味をきちんと議論するのを避けていることに、僕は気がついた。パッケージプロダクトのチームリーダーたちは、サービス的な機能を追加することなど想像もできないようだった。「ユーザーは変えてほしくないんだよ」と彼らは言っていた。「ログインだって面倒だと思ってる」。彼らの意見の多くは本当だったかもしれないが、すでに決断は下されていたし、そのビジョンを実行するのが僕たちの仕事だった。

経営陣は、何が正しい対応かを見定めようとしていた。否定派と正面から対決し、乗り気でないチームに無理やりに新しい戦略を受け入れさせて、いやいやでもプロダクトを変えさせたほうがいいのか？　それとも、妥協して、あまり異論のない少数の新しいプロダクトに力を入れたほうがいいのか？

振り返ると、対立を避けたことで、抵抗派はもしかしたら大胆な変更をしなくてもいいかもしれないというニセの希望を持ってしまったように思う。ユーザーやチームに導いてもらったほうがいいときもあるけれど、リーダーがユーザーとチームの背中を押して未来へと導くことが必要なときもあるのだ。ためらいは漸進主義のもとになる。物事が遅々として前に進まず、気づいたら手遅れになっている。リーダーはためらいを捨て、後ろを見ずに自分のチームを奮い立たせて前進させなくてはならない。

ニーズが顕在化する前、変化がまだ居心地悪く感じられるときに、変革を実行するのが偉大なチームだ。物事がいつまでも変わらないというニセの希望を、抵抗派に与えてはいけない。決断が下されたら、リーダーはその意味をはっきりとみんなに知らせ、後ろを振り返らせないようにしてほしい。

プロダクトを最適化する

はじめる前に一言だけ言っておこう。この章ではプロダクトの最適化だけに焦点を合わせている。プロダクトやサービスを構築し、限りなく改良を重ねていくことは、それ自体がひとつの領域だ。この領域はデザイン、プロダクト管理、顧客調査、そして心理学のベストプラクティスの宝庫とも言える。この章は、ここだけを独立した本としても読めるように書いた。プロダクト開発に精通した読者は斜め読みしてもいいし、すべて飛ばしてもいい。仕事の性質にかかわらず、ここに書いた原則は、混乱した旅の途上で偉大なプロダクトがどうつくられるかを示している。

起業したばかりのハネムーン期間は、活力がみなぎっているばかりか、頭の中も澄み渡っている。旅のはじめには、単純なソリューションがパッと頭に思い浮かぶ。しかし旅の途上で浮き沈みが激しくなり、問題が積み重なってくると、物事を複雑に考えがちになる。プロダクトの選択肢を増やし、機能を加え、微妙な風味を加えることで、問題を解決しようとしてしまう。

新しいプロダクトのシンプルさが「売り」だったのに、時間を経るうちにそれが進化し複雑になってしまう。それが、残念な結果につながる。いわゆる「製品寿命《プロダクト・ライフサイクル》」がきてしまうのだ。どんな種類のサービスや経験をつくり出すときにも、これが当てはまる。

製品寿命

1　シンプルなプロダクトにユーザーが群がる

2　ユーザーのニーズに応え、事業を拡大するために機能を増やす

3　プロダクトが複雑になる
4　別のシンプルなプロダクトにユーザーが群がる

ユーザーはシンプルさに引き寄せられる。だが、プロダクトやユーザー体験をシンプルにするのはとても難しい。シンプルさを保つのはもっと難しい。直感的でわかりやすいプロダクトほど最適化は難しく、複雑にしたくなる。

どんなプロダクトであろうと、最適化を成功させるには、高い機能性と使いやすさを両立させなければならない。このふたつのバランスを上手にとるには、「人生とは時間をどう使うかだ」という単純な信念をもとにすべての判断を下すことが必要になる。

どんなプロダクトも、どんなサービスも、時間を消費させるか節約するかのどちらかだ。ニュースやドラマなどのテレビ番組、フェイスブックやスナップチャットなどのSNS、本やゲームといったものは皆、あなたの時

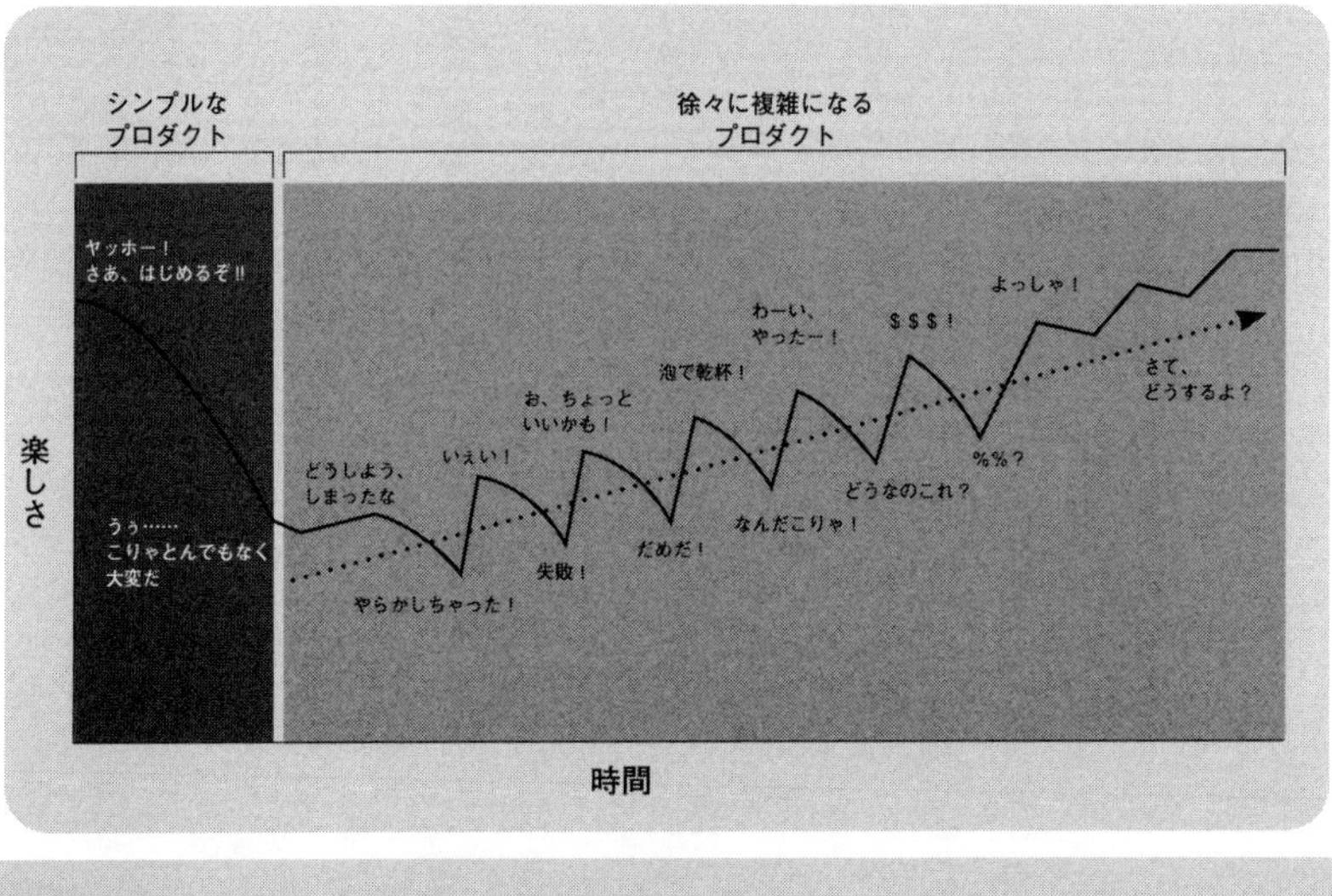

間を奪い合っている。一方で、ウーバー（タクシーを早く呼ぶ）、スラック（チームとのコミュニケーションを速める）、アマゾンのアレクサ（すぐに何かを買う）といったサービスは、あなたの時間を節約してくれる。それはデジタルな企業に限ったことではない。パン屋やレストランといった、食べ物をつくってくれるビジネスも、このカテゴリに入る。唯一の例外はツイッター（より多くの情報をより速く消費する）や、ブルーエプロン（自宅で手早く料理ができる）といったプロダクトで、ユーザーの時間を消費する活動を提供する一方で、普段よりも体験にかかる時間を節約することができる。

現実には、時間を節約するにしろ消費するにしろ、誰もが常に時間と闘っている。僕たちは自分の時間について強く意識し保護している。人が時間を気にしなくなるのは、たとえば自分を飾りたい、好奇心を満たしたい、他者に承認されたい、といった本能的な欲求によって意識が逸れるときだけだ。人の本能的な欲求は、時間を忘れさせる。この人間の本能をプロダクト開発に組み込むことができれば、ユーザーの時間を勝ち取れる。

生まれてこのかた僕の人生をよりよくしてくれる新しいプロダクトの数々をじっくり考えてみると、その特徴は日々の面倒くささを取り除いてくれるということだ。グーグルマップは僕の指先に街全体を持ち込んでくれ、道に迷わないようにしてくれた。ウーバーは交通手段の段取りの負担を取り除き、タクシーを見つける手間を省いてくれる。数十年前にはフェデックスやUPSが、複数の輸送業者に頼まなくても紙切れ1枚で世界中のどこにでも荷物を届けてくれるようになった。歴史を通して、多くの優れた企業が面倒を取り除き、人々の時間を節約してくれている。

プロダクトの最適化とはつまるところ、人が使いやすく、かつ本能に適応したものをつくるということだ。

この章の知見は、プロダクトの微調整に役立つことを狙ったものだ。ユーザー体験の入り口を改善するにはどうしたらいいか？　新たな課題に対応したり新しいユーザーを取り込んだりする際に、シンプルさを保つにはどうしたらいいか？　時代に合わせて、人々を巻き込むにはどうしたらいいだろう？　プロダクトを最適化し続け、ユーザーニーズに応え続けるにはどうしたらいいだろう？

ユーザー体験の最適化は、それ自体がひとつの研究領域だ。ここからの2章ではデジタルプロダクトを中心に最適化について書いていくが、デジタル以外のプロダクト、サービス、体験にもこの知見が役立つはずだ。

自分のプロダクトにプライドを持つのはいいが、問題から目を逸らしてはいけない。進化が止まった瞬間に、そのプロダクトは負ける。満足したとたんに、進歩が止まる。決して芯から満足してはいけない。プロダクトの開発中にはいつも、今のバージョンはどこか足りないと思っていなければならない。多くの点で、プロダクトの状態はチームの状態を映す鏡だと考えたほうがいい。ここまで語ってきたような「旅の途上」を耐えてチームのパフォーマンスを最適化できているかが表に出るのは、チームがつくったプロダクトをユーザーが体験したときだ。偉大なプロダクトをつくり出すには、自分を律し、いつまでも改良を続け、ユーザーの悩みや心理に応えることを目標にしなければならない。

5.

シンプルさを保ち改良を続ける

切り捨てていい部分を見つける

臨床心理学の博士号を取得中だった妻の同僚のひとりが、「患者を上手に助けられて、書類仕事をほどほどに留められるのが、優秀な心理学者だ」と言っていた。彼らの論文のテーマは、「心理学者が事務作業をきちんとやりすぎると、患者に寄り添えず、治療に集中できなくなる危険がある」というものだった。

生産性と仕事の成果をごっちゃにしている人は多い。だが本来は、自分たちのチームやプロダクトのどの側面がライバルに比べて一番優れているか、そして、切り捨てていいのはどの部分かを見極めなければならない。自分たちの競争優位性を見つけることとはすなわち、強みだけでなく弱みを喜んで認め、それを受け入れることだ。何に集中するかと同じくらい、何を手放すかを選ぶことが大切になる。

ハーバード・ビジネス・スクール時代に、僕はある調査を行った。特定の領域で卓越した優位性を持ちながら、別の何かを切り捨てている企業群を調べてみたのだ。中でもいい例は、サウスウェスト航空だ。サウスウェスト航空は、旅客航空業界が決まった価値観に縛られていた時代に誕生した。当時は、路線が豊富で、食事とサービスの質が高く、運賃が手頃で、安全な航空会社がいいとされていた。サウスウェスト航空は最初から、この中のいくつかを切り捨てて、ひとつかふたつの側面にだけ集中することで、自分たちを差別化する戦略を採っていた。

もちろん、安全性を切り捨てるわけにはいかない。だが、サウスウェストは食事の選択肢や路線の数を犠牲にして、お手頃な価格と良質なサービスを提供することにリソースを集中させた。機内食をシンプルにし、路線を減らし、全国で競争せずアメリカの南西部だけに路線を絞った。その結果、サウスウェストは特定路線において信じられないほどのお手頃価格で最高のサービスを提供する航空会社として知られるようになった。サウスウェストは、自身の競争優位性を核にしてサービスを最適化したのだった。

では、ここであなたも手早くチェックしてみてほしい。

まず、自分たちの業界の主なプレーヤーに共通する特徴と価値観を書き出してみよう（フリーランスの場合には、クライアントが雇いたがるようなほかのフリーランスの人たちを考えてみよう。スタートアップ企業なら、同業の既存企業やライバル会社を考えてみるといい）。もしかしたら、ライバルは自分たちより値段が安いかもしれないし、顧客サービスがよかったり、配達スピードが早かったり、サービスの種類が多かったりするかもしれない。どのプレーヤーを選ぶかを決めるときに、ユーザーやクライアントが重きを置くのが、こうした要素だ。

次に、自分と自分の事業についてさっきと同じように、特徴と価値観を書き出してみよう。ただし、自分のどの部分を知ってほしいかに注目しよう。仕事の質で知られるようになりたいかもしれない。

その場合には、届けるのに少し時間がかかっても、あるいは少し値段が高くてもいいかもしれない。もしかしたら、期日がギリギリでも仕事を引き受けるプロとして知られたいかもしれない。いつでも仕事を引き受けられるように、大きなプロジェクトは断らなければならないかもしれない。すると、自分たちが一番得意なことに気持ちと労力を集中できるのであれば、意識的に何かを切り捨てることは競争優位につながる。

こうして書き出していくと、自分たちに合わない業界の価値観がどれで、周囲に知ってほしい自分たちの特徴がどれかがわかるようになる。自分たちが大切にしている面でライバルに大きく水をあけていれば、苦手な面にあえて力を注ぐ必要はない。もちろん、自分の弱みを知り、対策を立てることは大切だ。だが、人とは違う点を極めることで、目覚ましい成果が生み出される。

ひとつ足したら、ひとつ引く

偉大なプロダクトはシンプルだが、進化によってシンプルさを保ち続けられるわけではない。シンプルさを保つ秘訣は、プロダクトの核となる価値を改善しながら、無駄な機能を取り除き、コアではない部分を剝ぎ取っていくことだ。新しいプロダクトに飛びつく初期のユーザーは、後に使いはじめたユーザーよりも、先を見る目があって多少の不具合も許してくれやすい。だけど、時間が経てば、そうした不便な部分は取り除かなければならない。成長し続けるためには、プロダクトやサービスの機能を減らしたり、取り除いたりすることが必要になる。

今のベハンスのネットワークを6年前と比べると、我ながらハッとするほどシンプルになっている。「アドバイス交換」と「グループ」機能を廃止し、ポートフォリオの色をカスタマイズする機能も取り除いた。それ以外にも、核となる体験に役立たない機能や実験を数多く取りやめた。そのたびに文句を言ってくるユーザーが少しはいたものの、結果としておおかたのユーザーエンゲージメントは高まった。プロダクトがシンプルになるにつれ、訴求力はより強まっていった。時間をかけて証明された機能をつけ加える場合には、新しいからではなく必須だからという理由でつけ加えた。

創造のプロセスは、ほんの少しの理想と編集作業の積み重ねだ。だが、クリエイティブな人ほど編集作業をおろそかにしがちになる。規律を持ってアイデアを削ったり磨いたりする作業がむしろ苦痛に感じられたりする。それでも、こうした作業はユーザーのためだ。自分の創造性を見せつけることがいいとは限らない。

プロダクトが成功してスタートアップが最もエンゲージメントの高いユーザーに全力を傾けると、新規ユーザーに目が向かなくなる。そのうちに、確立されたプロダクトについてくる多くのユーザー層を当たり前に受け止め、シンプルさを維持できなくなってしまうのが悲しい現実だ。この章の頭に「プロダクトの寿命」について簡単に描いた。つまり、既存プロダクトのファン層に安住して不必要な機能までつけ加えてしまった結果、ユーザーが別のシンプルなプロダクトに逃げていく、という現象だ。

時間が経っても偉大なままのプロダクトというのは、デザインの核がシンプルに保たれている。

僕はサラダ専門レストランチェーンのスウィートグリーンで取締役を務めているが、創業者のジョナサン、ニック、ネイトの3人が創業時に定めた「シンプルであれ」という価値観を頑なに守っていることを、とても尊敬している。当初はシンプルにしかできなかったからそうなったのだが、会社が成長するにつれて品揃えを拡大したいという誘惑が生まれた。ネイトが言うには、「最初の店舗が狭くて、150平米しかなかったのは幸いだった。ひとつのことに本当に長けた会社になりたかったし、昔からそんなタイプの会社に憧れていたんだ。その点について話し合って、店舗の狭さがいい自制になると思った。でも数年経って広い店舗が持てるようになると、『小売もやったほうがいいかな？

あれも加えたほうがいい？　スムージーも売る？』なんて気持ちになった。どれも、コアビジネスに取り入れようと思えばできたけど、一号店の経験でそうしたものは必要ないとわかったし、そんなものがなくても僕たちのブランドには力があるとわかった。最初はひとつのことしかできなかったけど、ある意味でそれは幸運だったんだ」

スウィートグリーンは、初期の制約からシンプルさを余儀なくされたことで、それが障害でなくむしろ独自の価値になったのだ。

制約は、コアプロダクトから逸脱せずにイノベーションを生むもとになる。ニューヨークにあるココナッツ会社のココ・アンド・カンパニーの共同創業者《コーファウンダー》（「コ」という文字が多すぎ！）であるルーク・マッケナも、自身のプロダクトについて同じことを言っている。

自分たちのビジネスを狭く絞ったこと（ココナッツのみ）で、サプライチェーンがシンプルに保たれています。ココナッツ起業家の最大の挑戦は、誰もが知らないことなどないと思っている対象をもう一度紐解くという作業を続けて、お客様があっと驚くような新しい価値を創造することです。事業範囲が狭いことに制約を感じたことはありません。狭い範囲だけに力を入れているからこそ、新鮮であり続けるためにはこれまでにない新たなやり方を見つけるしかないと肝に銘じてきました。その中で開発したのが太陽光で動くココナッツ自転車です。スリランカのココナッツ農園と提携し、紛争地域のコミュニティと力を合わせて、最高のココナッツオイル、ココナッツバター、ココナッツ製品をつくることにもなりました。また、斬新な機械を開発してココナッツを加工し、これまでにない形のココナッツ商品を提供していきます。

なぜ、プロダクトをシンプルなままに留めておけないのだろう？　問題の一端は、プロダクトを一番たくさん使ってくれている少数の「超お得意様」に寄り添いすぎてしまうことにある。お得意様とはつまり、「声の大きい少数派」と言ってもいい。お得意様はあなたのプロダクトにあれやこれやと注文をつけたがり、あなたはお得意様の不満や要求を聞いたほうがいいのかなと思いはじめるわけだ。お得意様の要求を満たすソリューションを見つけていれば仕事をしているという気分になれる。するとまだ見ぬお客様を取り込むビジネスチャンスに目を向けられなくなる。プロダクトにのめり込んでいる「声の大きな少数派」に取り込まれて、判断が鈍り、新規ユーザーが目に入らなくなってしまうのだ。

そうなるのを避けるためにできるのが、シンプルさを保つような手法を取り入れることだ。デジタルプロダクトの場合、新しく開発する予定の機能をすべて既存機能と比べてみると効果的だ。すでにあるものの替わりに新機能を開発すると決めたら、今ある機能を取り除くことを考えたほうがいい。「新しい機能をひとつ入れたら、必ずひとつ取り除く」と決めるだけで、シンプルさを留める手助けになる。新規ユーザーも既存ユーザーの大半もシンプルなプロダクトをありがたがるし、そのほうがプロダクトの成長に役立ち問題が起きたときの解決にも都合がいい。プロダクトやサービスが刻々と変更され続けていると、何がうまくいっていてそれはなぜなのかがわかりにくくなる。変更部分が少ないと、どの部分を動かせばどんな結果になるかを理解しやすくなる。プロダクトがシンプルであれば勘を働かせやすくなる。どこに集中すべきかを知り、プロダクトについて最善の判断をするためには、何かを足したら何かを引くことが欠かせない。

お気に入りを殺す

生えたばかりの若い枝を剪定するときは心が痛む。剪定によって樹木がより健康になることがわかっていても、心が痛い。新たなプロジェクトや機能をあれこれと追いかけて検証し、実験を行っているときもまた、そこで生まれたもののほとんどを、たとえワクワクするものであっても切り捨てなければならなくなる。

うまくいっていないものなら難なく切り捨てられるが、花開きそうな蕾を摘み取るのは辛い。たとえば、成功しそうな兆しはあっても、ビジネスの核に貢献できるほどではないようなものの場合だ。たいがいのチームは少しでも可能性のありそうなプロジェクトなり機能なら、とりあえず選択肢を捨てないために育て続けるものだ。異なる種類のユーザー層に向けて「複数の売上源を確保」したり、「機能を充実」しようと努力したりするアーリーステージの会社を僕は見てきた。「今どんな仕事をしているんですか」と聞かれるたびに、「やるべきことリスト」をいちいち更新するアーティストもいる。数多くのプロジェクトの中から何かひとつ「当たり」を出そうとしているあいだは、すべてを継続する方向で進めがちだ。いくつかを同時並行で進めてひとつに絞らないほうが安全に思えるのだ。

でもそれは違う。たくさんの選択肢を追いかけて抱え込むと、どの方向にも進みにくくなる。熱量は分散され、スピードと集中力も減り、やることが幅広すぎて人材も集めにくい。チームに一貫したビジョンを売り込むことができず、むしろ混乱させてしまう。投資家になってくれそうな人に一言で事業の説明ができず、どっちつかずの印象を与える。あなたが達成したいひとつのことを友達や仕事仲間にクチコミで広めてもらうことも難しくなり、結果、バラバラな情報が広がってしまう。

何より最悪なのは、ひとつの目標を信用してもらえなくなることだ。目標がシンプルでひとつに定まっていれば、信用が蓄積される。時間をかけて解決すべき問題がただひとつなら、あまたの問題やプロジェクトを抱えているときにはできないような深く解像度の高い思考が可能になる。ひとつのプロジェクトやアプローチに没頭すると、チームの全員が集中してひとつにまとまり、プロジェクトが飛躍的に進む可能性が高まる。

ベハンスの創業から数年は、僕も「あれもこれも」の罠にはまった。いずれのプロジェクトも「クリエイティブ業界をエンパワーし再編する」というミッションを支えるものではあったけれど、あまりに多方向にエネルギーを分散させすぎていた。クリエイティブ人材のためにベハンスネットワークを立ち上げ、数百万人のクリエイターが作品を掲載し、彼らの才能に気づいてもらえる形を整えた。だが一方で、プロジェクト管理ツールとして「入札メソッド」と呼ばれる機能を開発したり、自社ブランドのノートやグッズを販売したり、99Uというクリエイティブ業界向けのカンファレンスやウェブサイトや雑誌をつくったりもした。こうした努力が自分たちのブランドとミッションに貢献したことは確かだが、同時にエネルギーもバラバラに分散されてしまった。うまくいかないことなら、僕たちは躊躇《ちゅうちょ》なく切り捨てていたし、切り捨てたプロジェクトは数多かった。でも、そこそこうまくいっていることを切り捨てるのは苦手だった。今思い返すと、創業2年目はあれこれと抱え込みすぎて、なかなか前に進めず危うく死にかけた。

素晴らしいアイデアや可能性をなかなか切り捨てられないのは、文学の世界でもよくあることだ。それを示すのが、「お気に入りを殺す」というよく聞くフレーズだ。アメリカ人のノーベル賞作家ウィリアム・フォークナーは「執筆中はお気に入りを殺さなければならない」[48]と言っている。ホラー小説の帝王スティーブン・キングも、小説の作法やプロットのつくり方を描いた本の中で、「お気に入りを殺せ、お気に入りを殺せ、三文作家のプライドが傷ついたとしても、お気に入りを殺せ」[49]と繰り返している。このフレーズを発案したのは作家のアーサー・キラークーチらしい。作家志望の人たち向けに行った1914年の講義で、「実践的なルールをひとつ言わせてもらうとすれば、非凡で卓越した文章を披露したいという衝動に駆られたら、その衝動に心ゆくまで身を任せ、その文章を消してから出版社に原稿を送ること。お気に入りを殺しなさい」[50]と述べている。

執筆活動はシンプルさと可能性とのあいだの綱引きだ。面白いプロットと魅力的な登場人物がいればそれだけで読者はついてくるが、人を引きつける筋書きをつくり上げるプロセスでは、想像力を気ままに働かせなければならない。だから作家は、その筋書きを強化することにつながらなければ、美しい文章も強烈な登場人物もやむを得ず切り捨てることになる。経験の浅い作家はそんな愛すべき登場人物や美しい文章をなんとか物語に織り込もうとする。偉大な作家は勇気と規律を持ってそうした

「お気に入り」を殺す。起業家も同じだ。自分が生み出した何らかの価値のあるものを殺すことが辛すぎてできない。だが、殺さなければならないのだ。

自分で生み出したものはなかなか殺せない。だから助けがいることもある。僕の友人で多くの著作を持つ作家のティム・フェリスは昔から、ファンや仲間の助けを上手に借りてアイデアを削ったり改善したりしている。本の文章、タイトル、ポッドキャストのトピックもそうだ。フェリスはこう言っている。「自問してみるといい。『1割しか残せないとしたら、どの部分を残すか。絶対に1割を削除しろと言われたら、どの部分を削除するか』。この答えそのものと同じくらいに大切なのが、答えの解釈だ。残す場合はひとりが推せばいい。たとえば、誰かひとりが『ここはすごく好きだから、絶対に残したい』と言えばそこが残る。10人中ほかの9人が削除したいと言っても残る。削除するには全員の賛成が必要だ。残す場合はひとりの意見が通る。もちろん、私自身がここは目も当てられないほど嫌いだから削りたいとわがままを言えば、その場合は通る。何よりも自分が満足することが大切だからね。他人はほかの書籍や記事にいくらでも意見を言う機会はあるけれど、生きている限りこの本の責任を背負うのは作家本人だから」

僕自身、起業家としても作家としても、同じことを悩んできた。

ベハンスでは、タスク管理のツールも、自分たちでデザインしたノートも、クリエイターの集まる毎年のカンファレンスもみんな、僕たちの「お気に入り」だった。どれも本当に真っ当な理由があって、僕たちが愛し支えてきたものだ。だが犠牲も大きかった。結局、熱心なファンのいたタスク管理ツールのアクション・メソッドは終了にした。文房具の物販は外注することにして、ここにリソースは割かないと決めた。イベント、書籍、オンラインのシンクタンクとして育っていた99Uは継続することにした。99Uはブランドやマーケティングの点でメリットがコストを上回ると判断し、別個に独立運営する手だてを見つけた。これらのプロジェクトは僕たちの足を引っ張っていた。だが幸い、手遅れになる前にほとんどの「お気に入り」をなんとか外注したり打ち切ったりすることができた。

僕が手助けしているほかの会社でも、同じような危機を垣間見ることがある。サラダ専門チェーン店のスウィートグリーンではある時期、社員みんなが大好きなジュースの商品ラインを開発するために膨大な時間を使ったが、結局やめて主力商品に集中することにした。僕も投資していた、オフィス管理のサービス提供を事業にするマネージド・バイ・Qの創業CEOであるダン・テランは、既存サービスの4分の1を切り捨てたことがあった。ダンが言うには、「オフィスへのケータリングや、健康・ウェルネスといったサービスの領域は急成長市場ではあったが、競争の激しい領域でもあった。そこで戦うよりも自分たちが最も得意な分野に集中することにした。それがオフィス清掃、メンテナンス、技術サポート、セキュリティ、管理の分野だ。当時はかなり反発も招いたし、事業目標も達成できなくなりそうだったが、あれは正しい判断だった。おかげで一番得意なことをさらに深掘りできたんだ」。

実験はいいことだし最善の目標を見つけるためには異なる道を試してみることも必要だ。だがそれが核となる戦略にはまらない場合には、切り捨てるべきだ。ただの創造性よりも、焦点を絞って創造するほうが大切だ。

僕は初著書の『アイデアの99％』で、心おきなくアイデアを切り捨てて最も価値のある少数のアイデアを着実に前に進めるほうが大事だと書いた。[51] それを実践したウォルト・ディズニーのやり方についても触れた。

実のところウォルト・ディズニーは多大な努力を払って、クリエイティブチームにアイデアを慎重に吟味させ、必要ならば容赦なく見切っていた。長編映画を制作するときには、3つの部屋でそれぞれアイデアを育てて厳格に評価するという段階的なプロセスを実施していたという。

1号室：最初の段階では、何の制約も設けずに思いつくままにアイデアを出すことが許される。本物のブレインストーム、つまりタブーも何もなく自由にどんなアイデアも考えも出していいことになっていて、懐疑的な意見は出さない。

2号室：1号室で出た突拍子もないアイデアはすべて2号室に集められて整理され、出来事や登場人物の描写を並べたストーリーボードがつくられる。そもそもストーリーボードという手法はここで生まれたといわれている。

3号室：3号室は「スイートボックス」と呼ばれ、クリエイティブのチーム全員でこのプロジェクトを批判的に評価する。ここでもまた制約はなく、礼儀は無視していい。個人のアイデアは2号室でまとめられているので、3号室の批判は個人に向けられるものではなく、プロジェクトに向けられる。

クリエイティブに関わる人やチームにはもれなく、この3号室が必要だ。チームをつくってクリエイティブなプロセスを進めていると、制約のない自由な1号室を優先しがちになる。しかし3号室で起きている容赦ないアイデアの切り捨ては、1号室のアイデア創出と同じくらい重要なのだ。

ウォルト・ディズニーのチーフ・アニメーターだったオリー・ジョンストンとフランク・トーマスはウォルト・ディズニーについて次のように語っていた。「3人の別々のウォルトが存在していました。ひとりは理想家、ひとりは現実主義者、そしてもうひとりは解体者です。会議でどのウォルトが顔を出すかは誰にもわかりませんでした」。チームに3つの部屋を通らせるように仕向けたディズニーだが、その3つの部屋は彼自身を体現していたと言えそうだ。

もしかしたら、あなたは選択肢を広げたままにしておきたいからアイデアを殺さずにいたほうがいいと自分自身を納得させようとするかもしれない。だが、それはアマチュア作家のやることだ。ひとつのことにエネルギーを集中し、それを実現するために必死に働くほうが、成功の可能性ははるかに高い。

「最高だ！」と思うものでなければ、つくるのはやめたほうがいい

投資家として見ていてまずいと思うのは、開発中の何かについてチームが確信を失っているのにそれを自ら認められないときだ。アイデア実現に向けてチームをつくり資金を調達すれば、そのアイデアをいつまでも追いかけ続けなければいけないという非常に重いプレッシャーが生まれる。たとえデータや直感がやめたほうがいいと示していても、勢いのままに決まった方向に向かってしまう場合もある。

何かをつくろうと決めたときは、当初のビジョンに自然と、愛情や忠誠が生まれる。だが途中でそのビジョンが信じられなくなることもある。愛が消えたと思ったら、僕はできるだけみんなを傷つけない言い方で、「これは最高じゃないね、さっさと切り替えよう！」という意味のことを伝える。はじめたことを終わらせることだけにやりがいを見出しているとしたら、周りの人をワクワクさせたりみんなの力を引き出したりすることはできない。最高じゃないプロダクトでも、たまたま成功で

きるかもしれないし、ニッチに入り込んで利益を生めるかもしれない。でもそこそこの結果を出したところで、どんな気分になるだろう？

今開発中のものへの愛を失ったとしたら、そのことはあなたに何かを告げていると思ったほうがいい。あなたが創業者であったり、単独プロジェクトを進めていたりするとしたら、心おきなくそのプロジェクトをやめることはできるし、ワクワクする別の何かに方向転換してもいい。そのときにはこれまでの努力が無駄になると思うかもしれないが、しばらく経って振り返れば大した埋没費用《サンクコスト》でないことがわかる。これまでの投資や目先の見返りに騙されて、直感を裏切ってはいけない。新しいプロジェクトやベンチャーには困難がつきもので、どれほど優れたチームでもたまには勢いを失うことはある。究極の踏み絵になるのは、当初感じた確信と同じくらいに今そのビジョンを信じているかという問いだ。開発中のものが実現されるべきだと今も強く信じ、これまでそのプロジェクトに費やした時間の中でこれが世の中を変えるという確証が深まったのなら、諦めずやり続けたほうがいい。

けれど、出来上がりとして思い描けるものに確信が持てず、もっといいものを目指せるはずだと感じるなら、そこで損切りしたほうがいい。古いものを殺して新しいものにチャンスを与えなければ、上手なピボットはできない。プロダクトがうまくいっていないことを認めて別のアイデアを考えはじめる起業家はたくさんいる。それなのに、もっといいアイデアがあると感じていながら、すでに市場に出ているプロダクトを守ろうとしてしまう。たとえそのプロダクトが大ヒットにならないと感じていながらも、反射的に守ってしまうのだ。そうした起業家を問い詰めると、いろいろな言い訳をする。

「プロダクトを使ってくれている既存ユーザーをがっかりさせたくない」とか、「いつヒットするかわからないから、とりあえずこの選択肢を残しておきたい」とかだ。僕が思うに、そのプロダクトを改善する気がないのならそのうちユーザーはがっかりすることになるし、改善されないプロダクトが突然ヒットするわけがない。

これに限らず、プロダクトについて難しい判断を下す場合、たとえば特定の機能を終了したり、プロダクトそのものを廃止したりするときには、いつも同じ原則が使える。プロダクトを廃止する決断そのものは、その次のステップよりはるかに簡単だ。その次のステップとは、いつどのようにプロダクトを廃止するかの判断だ。廃止の決断を下しても、実際に力ずくで行動を起こさなければあれこれ理由をつけて廃止を遅らせようという力が働く。

「慎重にやったほうがいい。廃止じゃなくて、とりあえずアップデートをしばらく中止してユーザーにそれとなく匂わせよう」

「お客様を怒らせたら終わりだから、何かそれらしい理由をでっちあげないと」

もちろん、正当な懸念もあるが、たいていは先延ばしのための言い訳にすぎない。目を背けたままにすると、死を長引かせるだけだ。ユーザーの不満はどうやっても避けられない。クラウド・ストレージ企業ボックスの創業CEO、アーロン・レビーは次のように言っていた。「全員が満足するような決断をしようとすると、誰も満足させられなくなる」[52]。リスクの高い決断を下すとなると、その決断が正しいことを確かめようとしてできる限り先延ばしにしてしまいがちだ。生産性やチームの士気が多少下がっても、つい先送りにしてしまう。でも、絆創膏はパッと引っ剝がしたほうが痛みを感じる時間も短いし、次の何かを創造することにより多くのエネルギーを注げるようになる。

アマゾンCEOのジェフ・ベゾスは、2016年の株主への手紙にこう書いている。どんな組織も、とりわけアマゾンのような大企業は、意思決定が慎重になって遅くなりがちだ。

「将来を左右するような、後戻りのできない決断、あるいは後で覆すのがかなり難しい決断、つまり一方通行の扉しかない決断もある。そうした決断は、議論を重ね意見を聞きながら手順を踏んで慎重にゆっくりと行うほうがいい。その扉をくぐったあとに向こう側で見たものが気に入らなかったとしても、以前の場所には戻れない。この種の決断をタイプ1の意思決定と呼ぶことにしよう。だがほとんどの決断はそういう種類のものではない。たいていの場合は変更できるし後戻りできる。つまり双方向の扉だ。こうしたタイプ2の意思決定で多少間違ったとしても、永遠にその悪影響に苦しめられるわけではない。また扉を開いて後戻りすればいいだけだ。タイプ2の意思決定は判断力のある個人か少人数のグループで素早く行えるし行うべきだ[53]」

「組織が大きくなるにつれて、手間のかかるタイプ1の意思決定プロセスをほかのほとんどの決断に使うようになるが、その多くはタイプ2だ。すると、決断が先延ばしになり、むやみにリスクを避けるようになり、実験が十分に行われず、発明が生まれなくなる。こうした傾向に陥らないやり方を身につけなければならない」

もしあなたがやっている大胆で無謀なプロジェクトが最高だと思えない場合は、何かを変えたほうがいい。何らかの側面でプロダクトがうまくいっていないなら、思い切ってやめたほうがいい。そうした正直さと決断力がなければ仕事（とキャリア）が前に進まない。うまくいっていないことを自覚して方向転換できれば、晴れ晴れとした気持ちになる。そうすることで、まったく違う別の課題を解決することに全力で向かい、実現に向けて長期にエネルギーを注ぐ準備が整うはずだ。

クリエイティブになりすぎて慣れ親しんだものを置き去りにしないこと

ベハンスの創業期のことだ。僕たちはクリエイティブ人材のためのネットワークをつくろうとして、自分たちが少々クリエイティブになりすぎてしまった。

言葉遣いはシンプルなままでよかったはずなのに、独自の専門用語を自分たちで勝手につくっていた。たとえば、クリエイティブ業界の仕事についてユーザーが呼んでいるように「クリエイティブ分野」とそのまま言えばよいものを、「領域」と呼んだ。新しい用語によってほかのオンライン・コミュニティとの機能の違いを際立たせることはできたかもしれないが、親しみは薄れた。ユーザーに新しいプロダクトに慣れてもらうだけでも大変なのだから、これまでにない用語で呼ぶ必要などないことを僕たちは身をもって学んだ。

自分たちならではの「らしさ」を加えたくなってしまうのはわかる。だが、ユーザーが推測しなければならないことが多くなればなるほど、プロダクトは使いづらくなる。複雑なソリューションでなくても、シンプルなソリューションでたいていは大丈夫だからだ。クリエイティブなものより、効果のあるプロダクトがベストなのだ。

僕たちは業界を刷新しようとして、これまでと違うことにこだわっていた。だが既存の業界でシェアを取るには、慣れ親しんだものが一番いい。最も広く使われているプロダクトやサービスは見慣れた特徴を使って新しいユーザーを取り込む。まったく新しい何かを打ち出してユーザーを引き止めるわけではない。

このトピックについて、起業家仲間のマット・ヴァン・ホーンと話したことがある。彼はジューンというスタートアップの創業者で、上に食べ物を乗せると自動的に認識して完璧に調理をしてくれる最新の「スマートコンロ」を開発している。当初、彼の会社の工業デザイナーチームはこれまでのコンロの見た目をひっくり返すようなまったく違う形状のプロダクトを頭に思い浮かべていた。だが、これまでのコンロの代わりになるような現実的なプロダクトを売るとしたら、見た目もコンロっぽくなければならないことに気がついたという。それでなくてもこれまでに慣れ親しんだ料理の形態を破壊しようとしているわけで、台所に小型宇宙船のような代物を置くようユーザーを説得するとなると物事がさらにややこしくなってしまう。それよりユーザーが慣れ親しんだものを使ってこれまでのやり方を破壊するほうが簡単だ。

物理的世界での習慣は強力で、それをうまく利用するのが最高のプロダクトだ。アップルの初期の携帯オペレーティングシステムは、いわゆる「スキュアモーフィック」、つまり現実世界にあるものに似せたシンボルを使ったデザインを採用していた。デジタルなノートに、たとえば皮の縫い目といった質感を持たせて現実世界に寄せるアップルの手法を馬鹿にしたデザイナーも少なくなかった。だがアップルは現実を模倣することで、新しいユーザーの認知負担を軽減することができた。紙の代わりにデジタルなノートを使っても、これまでとそれほど違わないように感じられるようになったのだ。偉大なテクノロジーは、昔ながらの問題を解決するそのほかのソリューションと同じく、僕たちのアナログな思考や行動のパターンを上手に利用している。できる限り既存のパターンを利用して、人の習慣とマッスルメモリを逆手に取ったほうがいい。

新しい行動や言葉を使うのは、それがプロダクトに独自性や重要な価値を与えてくれるときだけにしよう。たとえば、スナップチャットはSNSではじめて、アプリをクリックしたときに同時にカメラが立ち上がるようにした。インスタグラムやフェイスブックといった競合はコンテンツを読みにいってからカメラを立ち上げるようになっている。スナップチャットのカメラ機能は新しいユーザーにとって馴染みのないものだったが、これまでとはまったく違ったコミュニケーション体験を提供した。スナップチャットはSNSアプリというよりもカメラに近づくことを目標にプロダクトを立ち上げることで、ほかのソーシャルメディアとの違いを際立たせ、そこで生まれるコンテンツにも違いを持たせることができたのだ。

クリエイティビティを際立たせたい気持ちはわかるが、それだけのために斬新にしてはいけない。慣れ親しんだ言葉や行動にはそれなりの理由がある。成功が証明されたシンプルなパターンをできる限り使って、ユーザーに新しい行動を強いるのはそれがプロダクトの核となる差別化につながるときだけにしよう。

精査しすぎは欠陥のはじまり

よりよい仕事をしようと永遠に改善を重ねていると、ますます変えたい部分が目につきはじめる。だがこれを突き詰めるとそのうちに「一貫性の限界」に突き当たる。つまり、細かいことにこだわるあまり文脈を見失って全体を評価できなくなってしまうのだ。

この一貫性の限界を超えると、判断が感情的になり、破壊的になる。自分が合理性を失って情熱によるこだわりにとらわれていると感じたら、無理にでもそこから立ち去るべきだ。何かを創造するときには感情を注入し、それを評価するときには感情を切り離したほうがいい。

プロダクトにしろ、文章にしろ、芸術作品にしろ、長いあいだ見つめていると何かがおかしいと感じるようになる。心の中で消えない不安が不必要な議論につながり、本当に大切なものが見えなくなってしまう。野生の勘も鈍ってしまう。その作品を独特なものにしていたしわを伸ばさなければ気がおさまらなくなる。精査はそこそこでやめるべきだ。そうしなければ、何もかもが批判の的になり、編集されてなんの変哲もない平均的なものができてしまう。

精査のしすぎがワーキングメモリ、つまり心理的な作業スペースを消耗させることは研究からも明らかだ。認知能力を多く必要とするタスクを完了するには、このワーキングメモリが必要になる。心理学者のサイアン・ベイロックとトーマス・カーは、心理学専門誌に次のように書いている。「タスクへの集中を維持するために必要なワーキングメモリが消耗すると、パフォーマンスが下がる」[54]。このふたりの研究によると、課題を精査しすぎるときに持ち上がる不安とプレッシャーがワーキングメモリをひどく消耗させるという。

スワースモア大学は、「追求者（マキシマイザー）」と「満足者（サティスファイサー）」を比べて、その心理的影響を研究した[55]。サティスファイサーという呼び名は1956年に経済学者のハーバート・サイモンが意思決定のスタイルを説明するために使った言葉で、「最良の選択より満足できる選択を優先させる」ことを指す[56]。サティスファイサーは一定の尺度に合えば決定を下すが、一方でマキシマイザーは最良の決定を求めてすべての選択肢を精査し、たとえそれなりにいい選択肢を見つけても満足しない。

このスワースモア大学の研究では、マキシマイザーはサティスファイサーに比べて人生の満足度、幸福度、楽観性、自尊心がはるかに低く、後悔や失望が大きいことが報告されている[57]。マキシマイザーは自分を他人と比較し、事実を歪めて見てしまう傾向もあり、何かを買ったあとに後悔したり幸福感が下がったりすることも多く、他人と比べて自分がうまくいかないと後ろ向きな気分になる度合いが大きい。

精査しすぎる人たちは、この「マキシマイザー」である場合が多い。完璧主義が卓越した成果につながることもあるが、先ほどの研究にある通り、分析しすぎて前に進めなくなってしまうこともある。

一貫性の限界を超えると、重箱の隅をつつくような見方しかできなくなる。そして、総合的な視点が失われ、それ以降の精査は逆効果になる。いきすぎた細部へのこだわりによって全体目標が見えなくなり、全体を俯瞰することなく部分を批判したり変えたりしはじめる。もし自分の改善欲求を抑えられず、よりよい道をいつまでも追求するのであれば、少なくとも部分ではなく全体を見るような態度を身につけるといい。構造がしっかりしているのなら、重箱の隅をつつくのではなく、ミッションに従って改善する方法を探すべきだろう。

締め切りが迫っていたり、やるべきタスクが膨大なら、嫌でも前に進まなければならないし、しつこい粗探しは止まる。選択肢を探し続けるより、何かを決断しないと前に進めないことを自覚したほうがいい。その過程で引き返すこともできるし、調整することもできる。自己満足の罠に陥らないように。前に進み続けてほしい。

優れたデザインは目に見えない

長年にわたって多くの業界リーダーが、さまざまに異なる表現で「目に見えないデザインが最高のデザインだ」と言ってきた。名著『よいデザインの10の原則』（未邦訳、*Ten Principles for Good Design*）の中で、著者のディーター・ラムスは、このような有名な言葉を残している。「よいデザインとは、できるだけデザインされていないもの[58]」

僕はこれまでの人生で、特にベハンスを経営していた時代には、世界中のありとあらゆるデザイナーと働く機会に恵まれた。そこで僕が確信したのは、最も優れたデザイナーとは特定の具体的な問題を解決する人で、どうやら足し算ではなく引き算によってそれを成し遂げているらしいということだった。

最高のデザインが目に見えないのは、そもそもそこにあるべきでない何かを取り除いているからだ。プロダクトやデジタルな体験が大幅に使いやすくなるのは、デザイン要素――インターフェース、カラースキーム、タイプフェイスなど――がすべてまとめてなくなったときだ。そういった変更を加えても、デザインの賞をもらえるわけでもないし、人の記憶に残るわけでもないが、そのことによってより多くの人が気軽にプロダクトを使えるようになる。

あなたのプロダクトやプロセスのデザインが大切だと思うなら、グラフィックや表面的な新規性にとらわれない視点を持ってほしい。できる限り要素を減らし、意思決定に至る段階を減らそう。選択肢を減らし、コピーを短くし、段階をシンプルにすれば、必ずプロダクトはよくなる。それは直感に反することかもしれない。というのも、新機能やプロダクトの見た目の変化が進歩だという思い込みがあるからだ。でもそのうちに、少しずつ削ってプロダクトを洗練させることが新機能や追加のコピーよりユーザー体験を楽にすることがわかるだろう。

ユーザー体験の「ファーストマイル」を生み出す工夫をやめないで

プロダクトを開発しているとき、芸術作品を創造しているとき、本を書いているとき、次のことは覚えておいてほしい。ユーザーや支援者は、あなたが生み出したものと接した最初の瞬間に、その場で善し悪しを判断する。おそらく30秒以内に。僕はこの瞬間を「ファーストマイル」と呼んでいて、ここはプロダクトにとって決定的に重要でありながら過小評価されている部分だ。

第一印象を残せるチャンスは一度しかない。一刻も早く実用最小限のプロダクトを世に送り出そうと競い合う世界の中で、ほとんどの場合ユーザー体験のファーストマイルは後回しになる。物理的なプロダクトの場合には、パッケージ、使用説明書の言い回し、ラベルといったものが新しいユーザーのファーストマイルになる。デジタルなプロダクトでは、登録プロセス、サービス紹介の表現、デフォルトの設定がそれにあたる。鍵のかかった扉の裏側で必死にプロダクトをつくることに時間を費やしたあげく、ユーザーに鍵を渡すことを忘れてしまうことは少なくない。

ファーストマイルがうまくいかないと、扉を開けたその時点で新しいプロダクトはつまずいてしまう。ダウンロード数を稼いだり、予約が入ったり、登録が進んだりするかもしれないが、オンボーディングを最後まで済ませて実際に使いはじめるユーザーはほとんどいなくなる。たとえ使いはじめても、すぐにそのよさを実感できなければ意味がない。

ファーストマイルを乗り越えるには、次の3つのことがはっきりとわかるようにユーザーを誘導することが必要になる。

1　なぜあなたがここにいるのか
2　このプロダクトが成し遂げることは何か
3　次にどうしたらいいか

たとえば、エクスペリエンス・デザイナー向け（ウェブサイト、モバイルアプリその他あらゆる種類のインターフェースをデザインするプロフェッショナル向け）のアドビ新プラットフォーム、アドビXDを考えてみよう。まず、このプロダクトを立ち上げるとすぐに、次の3つを知る必要がある。**なぜあなたがここにいるのか**（自分の考えたアプリをデザインするため）、**このプロダクトが成し遂げることは何か**（幅広いユーザー体験をデザインできる。その事例やはじめ方がここで見られる）、そして**次にどうしたらいいか**（次のステップが必ずはっきりしていなければならない——成功するためにとる行動の順番が明らかでなければならない)。

新しいユーザーにこの3つがわかれば、時間とエネルギーを投入してプロダクトと関係をつくろうという気になる。最初からプロダクト全体の使い方がわからなくてもいい。プロダクトが信じられることと、すぐ次に何をしたらいいかがわかればいい。

僕自身はベハンスのプロダクトを開発しながら、またほかのスタートアップに力を貸しながら、ファーストマイルについては痛い思いをして学んできた。ベハンスの最も初期のバージョンでは登録プロセスの手順も質問項目も多すぎた。例を挙げると、新しいユーザーに対し、主に活動中のクリエイティブ分野を、たとえば写真、写真報道、イラストレーションなど、3つ選ばせていた。選択肢の数が多すぎて、新規ユーザーがリストを見て分野を選ぶのに平均で2分もかかっていた。もちろん、僕たちにとってユーザーが誰かを知ることは役に立つし、ユーザーも即座に自分のコミュニティとつながれたほうがいいけれど、登録プロセスのここの段階で1割を超えるユーザーが離脱していた。僕たちはこの質問を取り除くことに決め、活動分野についてはファーストマイルを超えたあと、プロダクトをどんどん利用してくれて僕たちを多少信じてもらえるようになってから、尋ねることにした。そのほかの手順も減らしたり取り除いたりした。すると登録率がおよそ14%上がった。ファーストマイルの手順を減らしたり変更したりしたことが、その年開発したどの機能よりも成長のドライバーになった。

それ以来僕は、いくつもの会社で顧客体験のファーストマイルをできる限りいいものにしようと手助けしてきた。ピンタレスト導入時のピンボード数の最大化にしろ、ウーバーの立ち上げ時のサービス紹介文にしろ、スウィートグリーンの持ち帰り注文のモバイルアプリにしろ、ペリスコープのライブストリーミングアプリにしろ、アドビのモバイルクリエイティブアプリにしろ、どのプロダクトも同じ悩みを抱えていた。それは、「なぜここにいるのか」「何を成し遂げられるのか」「次に何をしたらいいのか」を、できる限り少ない手順で最小限の言葉と時間を使ってユーザーに理解してもらうことだった。

既存プロダクトもこの問題と無縁ではない。ツイッターを例にとってみよう。ツイッターは数億人が利用するプロダクトだが、ファーストマイルの最適化に苦しんだ。最初の1億5000万ユーザーは、登録時に一定数以上のアカウントをフォローすることを求められた。だがある時点で、フィードのキュレーションに興味がなく気の短いユーザーがいることもわかった。彼らはただニュースが読みたいだけなのに、ツイッターのファーストマイル体験はテレビ番組を切り替えたり、ただウェブサイトを訪れたりするより、手間がかかった。コアプロダクトは改良されていたのに、ツイッターは新規ユーザーを獲得できず、なかなか関係を構築できずにいた。そのため成長が頭打ちになってしまったのだ。

スタートアップにとっては特に、プロダクトをローンチするにあたってこの最初の重要な要素が拙速に扱われてしまいがちだ。新規ユーザーを取り込むことが究極の成長ドライバーなのに、プロダクト体験のはじまりの部分、たとえばプロダクトツアーのデザインやデフォルト体験の設定といった部分が後回しになってしまう。ここを外注したり、ひとりに任せきりにしたりするチームさえある。

さらに残念なことに、時間が経つにつれてこのファーストマイルはますます大切になっていくのに、だんだんとこの部分が無視されてしまう。プロダクトが新しもの好きのユーザーを超えて広がりはじめたら、ファーストマイルはさらにシンプルでなければならない。初期のヘビーユーザーだけではなく、幅広い層の新規ユーザーも取り込む必要がある。新しいユーザーは、いつも同じではない。だから、プロダクトローンチのあとにファーストマイル体験も常に見直す必要がある。今新規ユーザーを上手に取り込めているからといって、さらにユーザー層が拡大し多様化していけばこれからもずっと同じやり方でうまくいくとは限らない。新規ユーザーのニーズを見直し続けなければ、プロダクトを主流に押し上げてくれるユーザー層を獲得できない。プロダクトが世代や属性、国籍を超えて広がるにつれて、ファーストマイルも変わらなければならない。

あなたがプロダクトを通してつくり上げたユーザー体験のファーストマイルが、そのユーザーにとってのラストマイルとなってしまってはならない。大きな拡大を望むなら、たとえ開発がかなり終わりに近づいていても、エネルギーの3割以上をファーストマイルに割くべきだ。それが新規ユーザーを取り込む入り口の部分であり、だからこそ後回しではなくプロダクトの中で最も考え抜かれた部分でなければならない。

最初の30秒で怠け心、見栄、わがままさに訴えよう

ファーストマイルのうちでも、初速の30秒で最後まで走り切れるかが決まる。新しい体験の最初の30秒はみんなだらだらボーっとして自分のことしか考えていない。何も人間のだらしなさにクギを刺そうとしてそう言っているわけではない。優れたプロダクトを開発し、オンラインとオフラインの両方でいい体験を生み出すためには、この自覚が欠かせないということだ。人はみな——ウェブサイトに来る人もプロダクトのユーザーも——、はじめは何の心構えもない。自発的に注意を払うようになるのはあとの話だ。

僕たちはみんな怠け心がある。何かを理解するためになかなか時間と労力を割こうとはしない。取説を読むほど気が長くもない。時間がないので邪魔されたくない。学ぼうとする意欲もない。人生は短く、仕事をし、遊び、学び、愛す時間が十分にあったためしがない。だからまったく新しい何かをはじめるのにたくさんの労力が必要だとしたら、はなからやろうとは思わない。メリットがあると確

信できるまでは、避けようとするのが人の常だ。

僕たちはみんな外面を気にする。少なくとも最初は他人にどう見られるかを気にかける。鏡も整髪剤もソーシャルメディアも、外面をすばやく確認して自分を安心させる手段だ。だからインスタグラムとツイッターのようなプロダクトは、手っ取り早く「いいね！」を集めたり友達になったりできるような仕組みになっている。誰にもシェアできないような新しいプロダクトを使ってみたいとは思わない。インスタグラムのようなプロダクトはたいてい友達の投稿を見るために使われているものの、ユーザーの行動を注意深く見ていると自分が新しい投稿をした直後に頻繁にアプリを開く傾向があることがわかる。

自分の投稿にみんながどうコメントしているのかを知りたいので、何度もアプリを開く。インスタグラムユーザーのこの行動は、「エゴサーチ」のようなものだ。自分の投稿に対する他人のコメントを見ることで、リスクを取って自分が生み出した何かを公開したことに対して、自己満足を得るわけだ。ほかのアプリでもそうだし、ギャラリーのオープニングも、メディ

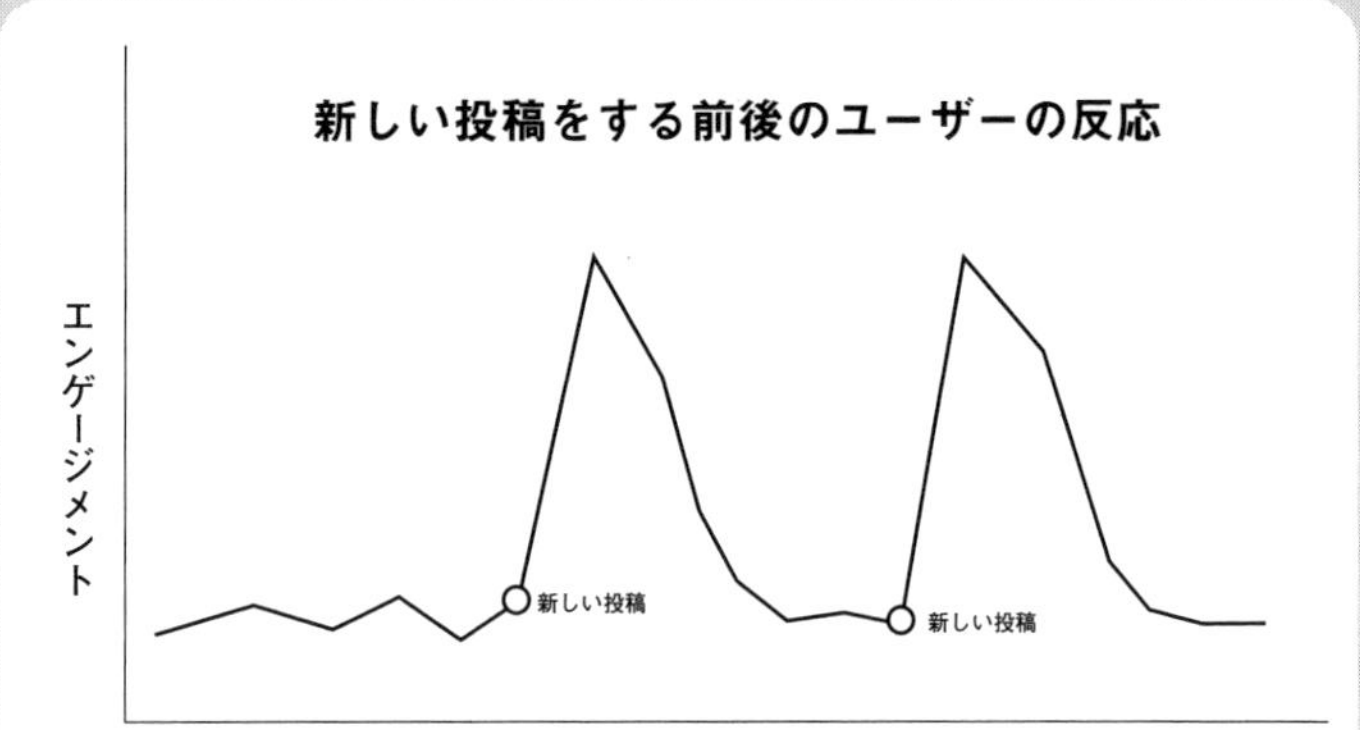

ア露出も、書籍のローンチも同じだ。他人が自分についてどう言っているのか、機会があれば探りたいのは人の常だろう。

プロダクトデザイナーにとって、ユーザーにいつまでものめり込んでもらうための決定打になるのがエゴサーチ的な機能だ。面白いことに、クリエイティブ系のアプリは他人のコンテンツを見るためというより自分のコンテンツを誰が見たのかを知るために使われるほうが多い。世界にどんな創作物があるかを検索し発見することより、自分の創作物がどう見られているかを反芻したいのだ。見栄は創作の喜びに勝るとも言える。

もちろん、よく知っている友達や家族なら、批判的な目で見ることも少ないし、理解されやすい。だが、自分をよく知ってもらう前はよく見られたいと思うものだ。最初の30秒は見栄に左右されるので、エゴサーチは強力なエンゲージメントのツールになる。

人は誰しも自分を一番に考えたがるわがままな存在だ。プロダクトやサービスを使うときには最初の投資に見合う見返りを即座に求めたがる。取扱説明書、面倒な荷解き、時間のかかる登録プロセス、そのほか即座の見返りを邪魔されると離れてしまう。新規ユーザーは、あとで得られる何かよりその場の手っ取り早いリターンを求めるものだ。

オンラインであれリアルであれ、あらゆる種類のプロダクト体験の最初の30秒には、この「怠け心・見栄・わがままの原則」が当てはまる。知らないものに余計な時間を使おうというユーザーはいないという意味では、誰もが怠け者だ。誰しも見栄っ張りで、プロダクトやサービスを使いはじめることで他人によく見られたいと思う。長い目でプロダクトの可能性や目的を見るよりも、自分にどんな見返りがすぐにあるかを知りたがる。

ということは、新しく関係を築かなければならないプロダクトはいつでも不利な立場に立たされる。新しい体験につきものの怠け心や見栄やわがままを乗り越えてはじめて、新しい何かと意味のある関係が芽生える。最初の障害を越えて新しい体験の意味をユーザーに発見してもらう方法を見つけるのがあなたの仕事だ。

最初の30秒のハードルを越えさせてくれるのが、「フック」つまり何らかの「釣り」だ。フックがなくてもなんとかなるだろうと考えるのは甘い。フックは必須だ。何より、ユーザーはフックを求めている。「簡単登録で人生の整理整頓を」というコピーは釣りだ。新聞の見出しも。本の表紙の『これで週4時間勤務が実現』（未邦訳、*The 4-Hour Workweek*）なんていう夢のような約束も、すべてフックなのだ。お見合いアプリはフックだらけだ。長期の見通しとつながった目先の見返りを訴求するのが優れたフックと言える。

たとえば、本を買うときのプロセスを考えてみよう。どんなに面白そうないい本でも、電子にしろ紙にしろ基本は白地に黒の文字が数百ページと続くことには変わりない。この場合の「フック」は表紙と題名だ。つい手に取りたくなるような魅力的な表紙なら、怠け者でも読めそうな気になる。みんなが話題にしている本を読んでいれば、知的に見えたり話についていけたりするので、見栄をくすぐる。題名や見出しによって、わがままな読者がその本を読めば得になるとアピールできる。

デパートもいい例だ。お客様が店に入ってくれるかどうかを決めるのがウィンドウ・ディスプレイだ。ウィンドウ・ディスプレイには、店の品揃えや商品の質とはまったく違う働きがある。まず店に入ってもらわないと、シーツの生地や食器の滑らかさをお客様に感じてもらえない。

難しいのは、潜在顧客と得意客というふたつの異なる心理に対応するプロダクト体験を生み出すことだ。潜在顧客は怠け者で見栄っ張りでわがままだと心得たほうがいい。最初の30秒で脱落せず扉を開けて入ってきたユーザーのためには意義ある体験をつくり出し、生涯にわたる関係を構築しよう。

説明するより見せる、見せるより使わせる

新しいプロダクトを市場に出すとき、それがどんなものでどのように動くのかを説明したくなるものだ。すると長々しい説明文や紹介ビデオ、一連のデジタル案内といった大量の材料を使って、プロダクトの目的や細々した機能を説明することになる。デジタルでないプロダクトやサービスの場合には、分厚い取扱説明書やレストランでの冗長なメニュー、新規クライアントへの長時間にわたる導入ミーティングが必要になる。

だが、プロダクトに利用説明が必要で、新しいユーザー自身が自由に没入して成功体験を感じることができないなら、ファーストマイルの設計が失敗か、そのプロダクトが複雑すぎるということだ。新しいユーザーを取り込むために、プロダクトを「説明する」のは最悪のやり方だ。僕がこのことを改めて心に刻んだのはアドビに入ったときだった。フォトショップの説明書は毎年数千万回もダウンロードされているが、ほとんどの潜在ユーザーは一度開けたきり二度と使っていなかった。その度合いは予想をはるかに超えている。新しいフォトショップの説明書は空白になっていて、ほとんどの人は次にどうしたらいいのか見当もつかなかった。導入の手引きもなければテンプレートもなかった。ユーチューブやグーグルで「フォトショップ」を検索すると数えきれないほどの取説ビデオがあ

り、使い方を教えてくれる。それを見れば、実際に使えるようになるのにどれくらいの説明が必要なのかがわかる。フォトショップのチュートリアルや取説ビデオやハウツー本はそれ自体が一大産業になり、それが新規ユーザーに使い方を伝授するようになっていた。フォトショップはファーストマイルをまったく考慮しない、恐れ知らずのプロダクトだった。

だがそのうちに、フォトショップのチームも新規ユーザーの導入体験を設計しはじめた。ウェルカムページをつくったり、創作プロジェクトを手早く立ち上げるためのコツを提供したりした。だがそうした使い方を「見せる」方法では、新規ユーザーがある程度の成功体験を十分に感じるまでには至らなかった。新規ユーザーは、まだある程度の時間と労力を使って数々の機能の使い方を自分で学んでいくしかなかった。

ユーザー体験のファーストマイルとして一番いい「フック」になるのは、新規ユーザーが自ら積極的に何かを「やってみる」ことだ。そこでうまくいったと満足感を得られたら、ユーザーはもっと深くプロダクトに関わり、より多くの時間を割いてプロダクトの機能を学んで、使いこなそうとするはずだ。

どうすればいいのか。デジタルなプロダクト、たとえばパーティーの招待状を簡単にデジタルで送るソリューションを提供するペーパーレス・ポストであれば、ゼロからデジタル招待状のつくり方を説明するのではなく、数多くのテンプレートを提供してユーザーが自分で編集できるようにするということだ。インスタグラムやグーグルやアップルの画像編集アプリなら、コントラストや明るさや輪郭をそれぞれひとつずつ編集するやり方を説明するのではなく、フィルターを提供してエフェクトを簡単に変えられるようにするといったことだ。ほとんどのサービスではすべてをパーソナライズできるようになっているが、新規ユーザーにとってそれが最初の選択肢ではない。

物理的なプロダクトや実店舗体験においても原則は同じだ。アウトドアアパレルを提供するアウトドア・ボイスでは、商品選択に役立つように「キット」を準備して、買い物客が時間を節約しながらスタイリッシュな洋服を選べるようにしている。「キット」とは、買い物客が多品種の商品をすべてわざわざ見回る必要がないように、また新しいブランドに馴染めるようにあらかじめ複数のコーディネートを提示するツールだ。客は、自分に合った買い物体験が簡単にできるようになる。ブランドにとっては一度に複数の商品を提示できるメリットがあるし、ツールなしの場合より買い上げ点数が多くもなる。

新しいユーザーが忍耐強く説明を聞いてくれるとは思わないほうがいい。プロダクトの利用法を見せたら、じっと見ていてくれるとも思わないほうがいい。少なくとも最初は、ユーザーが手を動かして使ってみるようにさせることが、一番いい取り込み方だ。ユーザーは成功体験を感じてはじめて、プロダクトにもっと深く関わっていろいろな機能を使ってみたいと思うものだ。

もの珍しさは利便性に勝る

ユーザー向けに新しいプロダクトや体験を開発するときには、利便性を証明する前に、もの珍しさ——たとえばゲームっぽさなど——を考えたほうがいい。人はよく、単なる好奇心やもの珍しさから新しいプロダクトや体験に浸って、あとになってそのプロダクトの実利に気づくことも多い。

僕が２００２年に大学を卒業して就いた最初の仕事場は、当時マンハッタンのダウンタウンにあったゴールドマン・サックスのトレーディング・フロアだった。あの頃は、将来の夢が何であったとしても、とりあえず数年はウォール街で働いてみるのが、キャリア選択の王道とされていた。大学でデザインとビジネスを両方学んだ僕にとって、その半分を捨ててトレーディング・フロアでの仕事に没頭するのはかなりの妥協だった。それでも僕はやる気満々でこの仕事に挑戦した。

日常業務は僕にとって死ぬほどつまらなかったけれど、トレーディング・フロアに取り入れられる新しいテクノロジーには興味を持った。そこにはクライアントの注文とポジションを即座に照合できる先端のテクノロジーがあった。だが一方で、トレーダーたちは昔ながらの習慣から抜け出せず、先端のテクノロジーをあまり使いたがらなかった。

ゴールドマン・サックスは２００３年にオフィスに新しい通信システムを導入した。その目玉のひとつが、トレーダーとアナリストと営業の人たちがいつでも自分のパソコンから入れるようなバーチャル会議室だった。何か緊急速報が発表されたら、どこからでもそのバーチャル会議室に集まって話ができることになっていた。何度か研修があり、導入メールが山のように届いたが、誰もそのシステムを使わなかった。かく言う僕も使ったことはなかった。ある日、経営トップのひとりがとんでもなく派手なサーカス柄のネクタイをつけて、僕たちのチームの横を通り過ぎた。リッチという名前の営業マンが、チームのみんなに向かって「会議室1に今すぐ！」と大声を張り上げた。メンバーは面食らったものの、バーチャル会議室のことだと気がついた。みんなが自分の端末から「会議室1」に飛び込んだ。リッチが派手なネクタイについてのジョークをかまして、会議室は爆笑に包まれた。

その日を境に、みんながバーチャル会議室を多用するようになった。もちろん、仕事で使うようになったのだ。よくあることだが、ユーザーは新しいテクノロジーを単なるもの珍しさから試してみて、あとでその機能に馴染んでいき、利用が広がる。

それから10年後の２０１３年の秋、ベハンスのチームにも同じことが起きた。それはスラックという新しいコミュニケーションツールを使いはじめたときだ。最初につくったチャネルはＧＩＦやジョーク、地元のおすすめコーヒーショップといったことを共有し合うためだけのものだった。だが数週間もしないうちに、チーム全員がプロダクトの立ち上げやロードマップの優先事項などを調整するために使うようになっていた。

新しいプロダクトを導入するにしろ、新しい働き方を取り入れるにしろ、役に立つかどうかよりもの珍しさが先にくる。顧客向けにプロダクトや体験を開発するにあたっては、利便性のメリットを証明する前にそれがどれくらいもの珍しいかを考えてみるといい。特定の機能や特徴が、プロダクトの利用目的に照らして必須でないとしても、それだけの理由で捨てないほうがいい。ドアのこちら側に人々を引き寄せる何らかの特徴が、もしかすると一番大切かもしれない。プロダクトを試す理由、つまりファーストマイルを超えさせてくれるものが、楽しい何かという場合も少なくない。

核となる前提を疑い、段階的な進歩を飛び越える

偉大なプロダクトをつくるには、絶えずシンプルに洗練させる努力が欠かせないが、その過程で大胆な変更が必要になることもある。大胆な変更は既存システムを破壊し、進捗を測る手段も壊すことになるので、非常に難しい。これまで自分をきちんと目標に向かわせプロダクトを改善させてきたやり方をいちから変えることになるからだ。大きな成功を収めていればなおさら、日常的な漸進主義を打ち破るのは難しくなる。

段階的な進歩は成功と事業拡大の原動力だが、成長はいずれ頭打ちになり、偉大なプロダクトもそのうちに見慣れた既得権益になる。それが悪いわけではない。段階的な調整や改善や磨き込みがあってはじめて、プロダクトは優れたものになる。だが、メトリクスや四半期目標その他の短期指標を使ってプロダクトを日々改善していると、部分最適の罠に陥ってしまう。成功を感じられたとしても、それは自分たちが最適化してきた市場や前提の枠の中だけのことだ。

個人であれチームであれ、その規模の大小にかかわらず、部分最適の罠に陥ることはある。ツイッターを例に取ってみよう。ツイッターは政権を倒し、リアルタイムの情報と世界中の人々を結びつけ、グローバルな賞賛と批判を浴びるような、ほかにないソーシャルメディアだ。だが、フェイスブックのライバルとして急成長してきたツイッターもこのところ伸び悩み、月次のアクティブユーザーの数は頭打ちになっている。僕が思うに、その理由は段階的な改善を試みていることにある。たとえば利益率、月次エンゲージメント、スパム対策などの改善に励む一方で、新市場を切り開いたりプロダクトを再定義したりするといった大胆な手を打ってこなかった。未来のメディアとなり、テレビを再発明し、あらゆるトピックについての究極のリアルタイム情報源にはなれず、10年前とあまり変わっていないように見える。

ツイッターは部分最適にとどまるかもしれないし、もしかするとこれまでとまったく違う姿に変わるかもしれない。いずれにしろ、組織を変えなければプロダクトは変わらない。チームの評価方法を変えなければ、もとになる前提ややり方は変わらない。新たな目標を社内外のステークホルダーにきちんと説明することが必要になるし、そうできれば、この会社と社会にとってはちょっとした成果になる。

ツイッターほど大規模でなくても、目先のプロダクト改善や測りやすい業績目標の進捗を犠牲にしてでもインフラに投資したいと願うエンジニアのチームもまた、同じような難しい状況に直面することになる。開発した機能の数や、目に見えやすい目標を達成したスピードでエンジニアを評価していると、プロダクトの本質的な差別化につながる長期的な投資に力が入らなくなる。

漸進主義を打破して部分最適から逃れるカギになるのは、根底にある前提を捨て去ることだ。たとえば、あなたのプロダクトがソーシャルメディアや携帯アプリの時代を前提としている場合、音声起動デバイスが家庭に入り込み、拡張現実が携帯デバイスのあり方を変えたら、以前の前提のどの部分が崩れるだろう?

プロダクト戦略に大胆な手を打つべきときがきたら、あなたのプロダクト、またはサービスの核となっている前提をリストアップしよう。インターネットの初期にこの世に生まれたテクノロジー企業の多くは、これまでに自らを再びつくり変える必要に迫られてきた。たとえば、ミートアップ創業CEOのスコット・ハイファーマンは、2017年のはじめの昼下がりにニューヨーク本社で、プロダクトの大改造と漸進主義の打破についてこんなふうに話してくれた。「プロダクト・マーケットフィットができたからといって、それをずっと維持できるとは限らない。そう考えるとすごく恐ろしい。世界も人も社会も文化も前提もみんな変わるものだから」

その前年、スコットは自社の成長に懸念を抱き、一歩下がって事業全体を見直し、創業以来世界がどう変わったかを深く考えた。また、自分は40代だが社員の6割以上は32歳に満たないことも改めて認識した。周りがみんな博士で自分よりも賢いように感じていて、自分の感性が多少なりともズレているような気もしていた。「その中にいるとなかなかわからないんだ」とスコットは語っていた。新しく入ってきた若い社員から難しい質問をされると、「すごくイラついて『君は何もわかってないな』

と言い返していた。何が言いたいかというと、下から突き上げられたときに受け入れられるかということだ。必死で自分を守るようなら、そのときが引き際だと自覚したんだ」

シェイクスピアのセリフを借りると、「ムキになってご否定なさる」瞬間が訪れていたわけだ。ミートアップの初期の頃の前提を疑うような質問を必死に否定した自分を見て、スコットは潮時だと感じた。僕はミートアップの投資家としてスコットの自覚の鋭さに啓発されたし、小さな局所改善にとどまらず会社全体を改革しようという意志の強さに恐れ入った。

ミートアップの究極のミッション——共通の興味を持つ人々をつなげてオフラインのコミュニティをつくる——が変わったわけではないが、プロダクトは劇的に変わった。以前はウェブだけだったものが、今はほとんどがモバイルになった。ブランドも刷新され、コミュニティ探しも簡単になり、デフォルト体験が以前とは変わって、ミートアップのイベントもこれまでになく多様になった。こうして再出発できたのは、新しく入ってきた人たちのアイデアとニーズのおかげだとスコットは言う。

たとえば、ミートアップに新しい社員が入ると数百名の社員全員が集まり、スコットが公開で質問を投げかける。

「私たちの仕事はあなたにとってなぜ大切なのか?」

あるとき、目の前にいた社員が立ち上がってこう答えた。「あの、先週入社したiOSのエンジニアです。僕がミートアップに入ったのは、トランスジェンダーとしてミートアップの集まりに行き、支えてくれるコミュニティにすごく力をもらったからで、その大切さが身にしみたからです」

「新しい社員がそんなふうに自分の話を語ることで、会社にいる全員が自分ごととしてこの仕事がなぜ大切かを理解するようになる。社員に説教したり、とことん計画を詰めたりすることもできるが、社員が本当に自分ごととして受け止めないと会社は変わらない」

このプロセスでスコットが果たした貢献は、フェイスブックのような新規のライバルに比べてミートアップが自らのミッションをよりよく果たすには、大変革を行うしかないと認識したことにある。「この目標を達成するには新しいモデルに取り組むしかないし、そうしないとおかしい。でも、私たちは『どうしたらいい？　どうすべきかな？』なんて聞いて回ったりはしなかった。どちらかというと、感覚的なものだった。内部からミートアップを（ユーザーとしての）自分たちのためによりよくしていったんだ」

新しいフレッシュな人材を会社に溶け込ませ、彼らに力を与えて社のミッションに自分ごととして取り組ませることで、ミートアップは漸進主義を乗り越え、大胆な変革を起こすことができた。ミートアップは再成長と幅広いユーザー人気に支えられて２０１８年にグローバルなコワーキングスペースのウィワークに買収された。

僕たちは古い前提に慣れすぎてそれを疑問に思わない。反対に新しいアイデアは馴染みがなく常識に反するので、簡単に無視されてしまう。新しい人材を取り込み、彼らに力を与えることで、古い慣習を破ることができる。新しい人材とこれまでの人材を束ねるチームリーダーが果たすべき仕事は、すべてを疑い変えることと段階的に物事を変えていくことの両方のあいだの落とし所を見つけることだ。部分最適になりがちな傾向を自覚して、自分が言い訳がましくなっていると思ったら、破壊的な力を受け入れるよう努力しよう。必死に否定することは、それが真実を突いている証拠かもしれない。

社内でイノベーションを育てよう

瑣末《さまつ》な日常業務をこなす毎日の中で、僕たちはともすればプロダクト改善の革新的なアイデアを外に求めがちだ。外部のカンファレンスに参加したり、コンサルタントを雇ったり、これまでと180度違ったやり方を発見してプロダクトをつくり変えようとしたりすることもある。もちろん、こうした努力から新しいアイデアが生まれる（そして新しいメンバーが加入する）可能性はあるものの、社外の力に頼ってイノベーションを維持しようとするのはリスクが大きいし、高くつく。最高のイノベーションが、文字通り目の前にあることも少なくない。

この本でも紹介した、地元志向のレストランチェーンのスウィートグリーンは、社内にイノベーションを求めたいい例だ。僕ははじめてスウィートグリーンの店内に足を踏み入れた瞬間に、この会社のデザインへのこだわりとテクノロジーへの愛着を感じた。それはほかのファストフードチェーンでは感じられないものだった。それから間もなく僕はスウィートグリーンのチームに会い、取締役会のメンバーになり、以来ずっとテクノロジーやデザインやマーケティングについて助言をしている。

僕が特に感心したのは、停滞した横並びの業界において創業者のジョナサンとニックとネイトの3人が常にイノベーションを起こし続けていることだった。

3人の共同創業者と膝を交えると、彼らがスウィートグリーンのミッションと強くつながっていることがすぐにわかる。オンラインの注文システムにしろ、レタスの選び方にしろ、待機列を短くする方法にしろ、何について話していても必ず核となるミッションに話が戻る。それはお客様に良質な食事と体験を提供すること、地域に根づいていること、お客様と従業員に健康なライフスタイルを広めることだ。彼らが下すどんな判断もこのミッションに結びついていると、従業員たちもそれについてくる。従業員がより会社に愛着を持ち仕事に打ち込むようになるばかりか、プロダクトも進化させてくれるようになる。

「最高のイノベーションがすぐ目の前にあるってこともある」。CEOのひとりであるネイトはそう言っていた。「今のメニューにある斬新なプロダクトの多くは、従業員が自分と仲間向けに厨房でつくってたまかない料理がきっかけなんだ。温かいサラダのカテゴリは、冬場に従業員がつくっていたシチューがもとになっている。ひよこ豆とレンティルのスープをキヌアにかけて、その上にチキンとチーズを乗せる。この温かいサラダは社内から生まれた本物のイノベーションだった。厨房だけでなく、社内のほかの場所でも同じようなイノベーションの例がたくさんある。僕たちはただそれをはっきりと意識して認めてるんだ」

大切なのはイノベーションに気づいて認めることだ。とはいえ、そもそも社員が実験的なことに挑戦しアイデアを共有するようになるには、どうしたらいいのだろう？　管理職がちょっとした改善に気づいてそれを支援したり、大きな改革につながるようなイノベーションを育んだりするようになるには、何が必要なのだろう?

「まずは、自分たちの企業理念がないといけない。僕たちの核になる理念のひとつが、自分たちが進化し続けることを通して世の中にインパクトをもたらす、ということだ」とネイトは言う。「僕たちはいつも進化という視点でイノベーションを語っている。イノベーションがキラキラの新しい何かである必要はない。それはちょっとした工夫かもしれない。小さなことに感じられても、大きな変革につながることもある」

リーダーの仕事は、こうしたミッションと、それを達成するための手段を繰り返し唱え続けることだ。残念ながら、社内でイノベーションの芽を発見して育むような仕組みがあったり、みんながそうした意識を十分に共有したりしている企業はあまりない。変えるべき何かに気づいたり、新しいアイデアを思いついたりしても、そうした発見が役立つようにきちんと伝達する体制がなかったり、それを支える企業理念がなかったりする。そうするとプロダクトもチームも停滞し、イノベーションを外部に求めるしかなくなる。

チームの意識を企業のミッションと揃えることができないと、チームはプロダクトの進化を助けることができない。ブレークスルーは社内でその芽を出すが、優しく見守られ、祝福されてはじめて実現可能になる。社内のイノベーションを育み支えなければ、チームは自らの創造物の未来に無関心になり、進化を止めてしまうだろう。

6.

顧客にこだわる

情熱よりも共感と謙虚さが大切

クレメント・ファイディがフランスからニューヨークに移り住み、ベハンスに加わったのは2011年のことだった。クレメントは若くて志が高く、これまで僕が一緒に仕事をした中でも最高のプロダクト・デザイナーになるだろうと確信した。だから、2015年の2月にクレメントが僕のオフィスにやってきて、独立して起業したいと切り出したときは辛かった。クレメントをとても尊敬していたし、彼のために喜ぶ気持ちはあったけれど、彼を失うと考えると残念だった。

まず彼に聞いたのは、当然だが「何をやるの?」ということだ。クレメントは昔からニュースに情熱を抱いていて、人々を共通の興味でつなぐ助けをしたいと言った。実は、デザイン学校時代にピンタレストによく似たコンセプトをすでに考えていたらしい。僕はピンタレストが人気のプラットフォームになるずっと前にこの会社に投資をし、力を貸してきた。人々がニュースと情報を整理して共有できるようなサービスをデザインすることは、クレメントの長年の念願で、その夢を追いかけるために安定した仕事(と自分を愛してくれるチーム)に別れを告げることにしたのだ。

それを聞いた僕は即座に「なんで今さらニュースとか情報収集系のプロダクト?」と思った。僕はすでに、2度も別のニュース関連のスタートアップに投資して、いずれも失敗していた。どちらのスタートアップも僕が尊敬するデザイン志向の起業家が立ち上げたものだった。しかも、ピンタレストはもうある程度広まっていて、ピンタレストを模倣したスタートアップもたくさんあった。ニュース業界に僕は懐疑的だった。ビジネスモデルは安定していないし、フェイスブックが圧倒的な力を持っている。それに、ニュースや情報を提供する別のサービスを消費者がこれ以上求めているとも思えなかった。それでも、意志の力と夢があれば奇跡が起きないとも限らない。クレメント（と僕が投資に失敗したほかの2社の創業者）にはニュース業界を変えたいという熱意があり、もっといいやり方で人々が興味のあるトピックを発見し、情報を得ることができるはずだと信じていた。だがその情熱のせいで、この業界の根本的な仕組みを直視できず、消費者のニーズを客観的に評価することができなくなってもいた。

残念ながら、何かに情熱があるからといって、そこにニーズがあるとは限らない。クレメントは1年をかけてこれまでで最高のデザインを練り上げ、トピックという会社を立ち上げた。だが結局、そのプロダクトは思ったようにはうまくいかず、会社は解散になった。「僕たちがずっと見逃していたのは、解決すべき問題のほうだった」。ある晩ニューヨークで飲みながら、クレメントはそう僕に語った。「自分たちのやりたいことはわかっていた。興味別にニュースを整理して、ノイズをすべて取り除くこと。でも、消費者が本当にそこに悩んでいるかどうかを確認してなかったんだ。自分たち自身、自分たちの関心、自分たちの勘だけに目が向いていて、広い市場を検証していなかった。自分たちに似た感覚を持つ人は周りにたくさんいたけど、だからといってみんながみんなそう思ってるとは限らない」。数週間でも顧客ニーズと解決すべき問題だけに集中していたとしたら、何か別のサービスをはじめていただろう、とクレメントは言っていた。

クレメントの経験はほかの多くの起業家にも通じるものだ。いずれもはじめに情熱が先走り、解決すべき問題が後回しになっていた。僕自身もベハンスを起業したときは同じだった。まず先にオンラインのクリエイティブコミュニティをつくりたいという気持ちがあって、たくさんのアーティストがお互いの作品を披露し合う場をつくるというアイデアに僕は惚れ込んでいた。だがすぐに、僕が力になりたいと思っていたはずのユーザーからの不満を感じ取った。彼らは新しいコミュニティを求めてはいなかった。自分の作品を評価してもらい、クリエイターとしてのキャリアを前進させたかったのだ。彼らが本当に求めていたのはオンラインでポートフォリオを管理し、より多くの場所でより多くの人に気づいてもらえるような機能だった。その問題を理解してから、そのニーズに対応できるように計画を変えた。

純粋な情熱だけでプロジェクトをはじめると、ユーザーのことを考えずに意思決定をしてしまう。ソリューションに対する自分の情熱よりも先に、問題に悩んでいるユーザーへの共感がなければならない。

スナップチャットの流行を例にとってみよう。フェイスブックと競合するような画像共有のスタートアップは数多く生まれた。だがスナップチャットを立ち上げたエヴァン・スピーゲルは、初期ユーザーであるティーンエイジャーが感じていた不安や好みをわかっていた。２０１１年の創業時、10代の若者は、両親や先生に見られることを恐れて、オンラインにデータを残すことに対して神経質になっていた。短い時間で消えてなくなる瞬間的コンテンツなら、そうした10代のユーザーが持つ不安を解消できるはずだ。また、多くのティーンエイジャーは表面にひび割れが入って容量が限られたお下がりのスマホを使っていた。そんな若者のために、スナップチャットは非常にシンプルなインターフェースで容量の心配をしなくていいようなデザインを採用した。

自分のソリューションに夢中になる前に、ユーザーへの共感がなければいけない。また、アイデアを実際のプロダクトにする前に、市場環境を理解しておいたほうがいい。たとえば、毎年多くの会社がiPhoneのアプリやアクセサリを発売しているが、結局ほかにも同じようなものが山ほどあったり、次世代のiPhoneが出るとまったく使えなくなったりするものも少なくない。以前には懐中電灯のアプリもあったが、その後懐中電灯機能はＯＳに組み込まれてしまった。以前はありとあらゆる種類のiPad用ペンシルが売られていたが、結局アップルが「ペンシル」を発売した。ワイヤレスヘッドフォンも同じで、アップルが「エアポッズ」を開発した。そうした例は数えればキリがない。

もちろん、iPhoneのアプリやアクセサリをつくっている会社は顧客ニーズに敏感だったものの、市場での立ち位置を読み誤り、自分たちより上手に顧客ニーズを満たす企業があることに気づけなかった。

問題に対する解決策やアイデアを追求するときには、次の３つのフィルターを通してみよう。

1　**ニーズや不満に寄り添っているか**

ユーザーの悩みを理解していなければならない。あなたのアイデアによってユーザーは得をするか？　彼らの不満は何で、それはどこから来るものだろう？　自分自身がプロダクトのユーザーだとしたら、何が自分を悩ませているのかに特に注目しよう。コメディアンのジェリー・サインフェルドは『ハーバード・ビジネス・レビュー』のインタビューで、「最高のアイデアはどこから湧いてくるんですか？」と聞かれてこう答えている。「自分が何を嫌いかを知ることが大切だ。イノベーションの大部分は、自分が何にうんざりするかを知ることなんだ。自分がほとほと嫌だと思うことを見つけ出すのが、イノベーションのきっかけになる」[59]。自分が嫌なことはおそらく、みんなも嫌だと思っているはずだ。

2　**市場に対して謙虚であるか**

周囲の市場環境を謙虚に認識しよう。自分たちよりもはるかに上手にユーザーに応えられる立場にある会社はほかにあるだろうか？　あるとしたら、なぜ今やっていないのか？　市場がどう変わったら自分たちの将来性が損なわれるだろう？

3　**自分たちのソリューションに情熱はあるか**

そのソリューションに情熱を持っているかどうかが最後のフィルターだ。成長機会の大きそうなオンデマンドのランドリーサービスを提供するスタートアップが数多く起業されたが、数年すると創業者は自分がランドリーにあまり興味がないことに気がついた。市場のニーズがあるからといって、それに応じるのが自分である必要はない。寝ても覚めても、くる年もくる年も、その問題を解決したいと思い続けていないのなら、うまくいかないか、早々にやめてしまうだろう。

アイデアをベンチャーとして実行に移すなら、ユーザーに共感して謙虚に市場を見る努力が欠かせない。顧客よりも情熱が先走ってはいけない。共感があるか、謙虚さはあるか、と自問してみるといい。共感を失ってしまったら、失敗は目に見えている。

適切なタイミングで適切な顧客を取り込む

理屈に反するようだが、一気にすべての顧客を引き入れるのはよくない。最初の顧客グループは少人数のほうがいい。そのほうが直接話ができて親密なサービスができるからだ。起業当初は慣らし運転が必要だ。事業を拡大するにつれ、ゆっくりと調整していくほうがいい。

成長ステージはさまざまに異なっていても、どの会社でもいつも議論になるのは「理想的な顧客」は誰かということだ。「これ」という決まった答えはない。ステージが異なれば、どんな顧客がプロダクトの進化やチームの優先順位にどう影響するかも違う。企業のステージとプロダクトによって、どんな顧客が魅力的かは異なる。

お試し→寛大→クチコミ→価値→利益

新しいプロダクトをローンチするにあたって、ステージごとにターゲットとすべき顧客は異なる。最初はお試し客のような、自分から試してみる気満々で、使えるかどうかわからないようなプロダクトに耐えてくれる**お試し顧客**を呼び込んだほうがいい。次は、お試し顧客ではないが、新製品にバグや不具合があっても仕方ないと思ってくれる**寛大な顧客**がいい。そしてプロダクトを大々的に普及させるときがきたら、クチコミで周囲の人たちに自分の体験を伝えてくれる**クチコミ顧客**を取り込む。

事業が拡大してきたら、**価値をもたらす顧客**、そして最終的には**利益をもたらす顧客**がいい。ではそれぞれの顧客層をもう少し詳しく見てみよう。

1　お試し顧客
――自分から進んで何度もお試しに挑戦してくれる人

一番はじめ、つまりプロダクトを検証中のとき、またはひっそりとローンチしたときは、新しもの好きでローンチしたばかりの新製品（またはローンチ前の製品）に自分から関わりたいという人を探すこと。まだ完璧でないことを理解してフィードバックを共有してくれて、プロダクトが進化するにつれ何度でも試してくれる人が必要だ。ベハンスの立ち上げ当初、僕たちが送ったメールにすべて返信してくれて、僕たちが開発しようとしているものを開発が終わるずっと前から理解してくれていたユーザーたちがいた。ペリスコープのベータ版を試しているときにも、ユーザーがライブストリーミングをしているといつも参加してくれる少数の熱心な人たちがいた。こうしたやる気

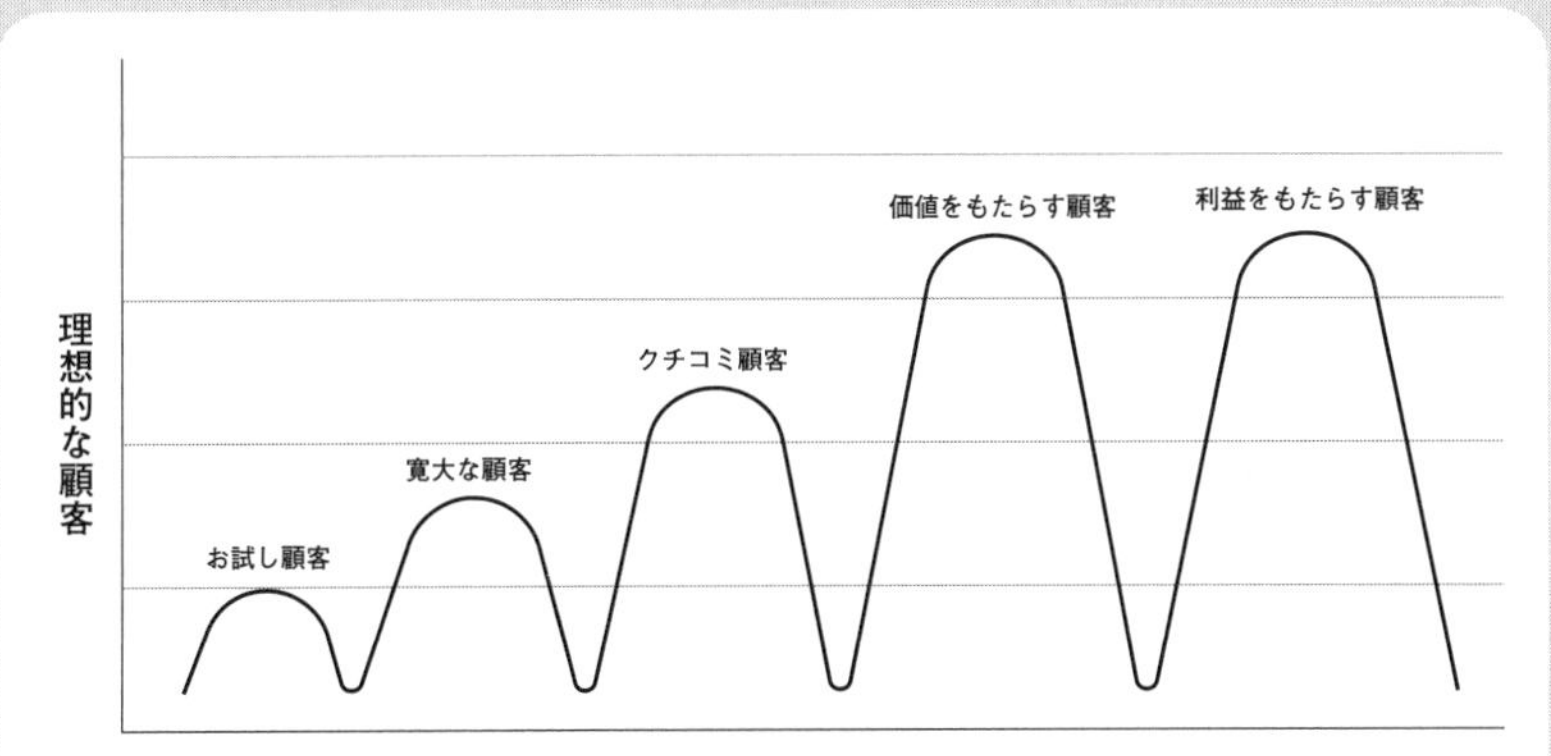

があって先を見通す力のある顧客をまず取り込むといい。彼らのことを詳しく知るといいので、あまり大人数でないほうがいい。こうした初期のユーザーはあなたのやりたいことを理解して、そこに参加してくれる。

2 寛大な顧客——実用最小限のプロダクトを許容してくれる人

プロダクトが多少荒削りでも、ローンチ後にはマーケティングがはじまる。この時点での理想の顧客は、先見の明はなくても寛容な人たちだ。テクノロジーに明るく、バグや不具合にも耐えられる人がいい。何よりも、機能満載だが最悪のプロダクトよりも多少機能が足りなくても良質のプロダクトを求める層が理想だ。彼らは完璧なプロダクトを求めず、一定期間は機能不足でも我慢できる。寛大な顧客を取り込むには、ロードマップを明らかにするといい。ロードマップを公開し、学んだことと進捗をリアルタイムでブログに上げて更新している会社もある。顧客に寛大になってもらうには、何が足りないかをあなたが自覚し、必死に改善の努力をしていることを示すことだ。

3 クチコミ顧客——プロダクトを拡散してくれる人

プロダクト・マーケットフィットができたら、つまりあなたのプロダクトを使ってくれたりお金を払ってくれたりする人たちを見つけたら、できるだけ遠く広くに評判を広げるよう、できる限りのことをすべきだ。この段階での理想的な顧客は、周囲にクチコミでプロダクトを広められるインフルエンサー的な顧客だ。こうした顧客は、クチコミに自分の評判がかかっているので、それほど寛容でない場合が多い。僕の経験では、プロダクトが洗練されていて信頼でき、そしてそのプロダクトを忙しいユーザーが愛してくれているときに、自然なクチコミが拡散される。だから、クチコミ顧客を引き込むのは、プロダクトがそのレベルに達したと思えるときだけにしたほうがいい。この顧客層はセカンドチャンスをくれないからだ。

4　価値をもたらす顧客——プロダクトの生涯にわたって最も価値を生む顧客

プロダクト・マーケットフィットを超えて持続的な事業拡大期に入ったら、とにかく多くの顧客を呼び込もう。事業拡大とともに売上に目が向くようになる段階では、あなたのプロダクトにお金と時間をどんどん使ってくれる忠実な顧客が理想的だ。生涯価値（ＬＴＶ）で顧客をランクづけして、営業とカスタマーサービスの時間と労力を割り振るといい。ＬＴＶを増やすことに注力するこの段階では、最もＬＴＶの高い顧客が最高の顧客だ。新しい機能をつけ足し（古い機能を引いて）、よりよいサービスを提供して顧客価値を高めよう。ただし新規顧客を犠牲にして、一部の顧客を優遇するのは間違いで、そうした間違いを犯す企業は多い。ただし、まだ価値を十分に生まない人たちを置き去りにせずに、忠実な顧客から価値を引き出すことは難しい。

5　利益をもたらす顧客――長期的に見て最も利益を生む顧客

最後に、成熟した事業に必要なのは利益を増やすことだ。理想は、獲得にも維持にも手間のかからない顧客だ。金離れがよく要求が少ない顧客が利益の源泉になり、手間のかかる初期の顧客は魅力がなくなる。この段階では新しい顧客を取り込むことより既存顧客からの価値に目を向ける企業が多い。すると、大企業が目を向けない「利益の少ない顧客」を狙って新しいスタートアップが入ってくる。利益をあまり生まない新規の顧客が、ピカピカの新参企業に群がる可能性があるため、新規顧客を無視すると長期的には損になることもある。

あなたの事業の異なるステージでどの顧客を取り込むべきかを細かく考え直してみたほうがいい。アドビの同僚で友人のテイラー・バラダはこう言っていた。「プロダクト・マーケットフィットは旅であって、目的地ではない」。顧客は変わり、プロダクトも変わるなかで、誰に目を向けたらいいかを常に自問する必要がある。

事業構築の大部分は、忍耐とペース配分だ。一刻も早く開発することを目指す前に、データを分析し、解決すべき問題に共感を得なければならない。今すぐプロダクトをローンチしたくても、その前にPRとマーケティングの費用を使う価値のあるプロダクトにしなければならない。また多くのユーザー、または顧客を引き留められる自信ができてから、多くの人を取り込んだほうがいい。

プロダクトの前にナラティブをつくろう

どんなプロダクトにも必要なのが、ナラティブだ。ナラティブとは、語り手が紡ぎ出す物語であり、なぜあなたがつくろうとしているものが大切なのかをわかるようにするものだ。なぜナラティブが必要なのか？　なぜナラティブが共感を呼ぶのか？　どうしたらナラティブが将来を明るくしてくれるのか？

あなたがつくろうとしているものを初期メンバーと投資家が理解できるようにしてくれるのが、ナラティブだ。ナラティブはあなたとチームがリスクを取ることを助けてくれる。

だが、多くの創業者はプロダクトをお披露目したり販売したりする直前まで、ナラティブを考えない。ナラティブはマーケティングの一部だと思われている。プロダクト開発の一番はじめにナラティブを紡いでも、まだ早すぎて時間の無駄だと感じる起業家も多い。大企業もナラティブを紡ぐのは苦手で、マーケティング部門や外部の代理店に丸投げすることも少なくない。ナラティブとはプロダクトの概要説明や機能紹介ではない。そのプロダクトがなぜこの世に存在するのか、それがどのように生まれたのかを描くストーリーだ。

ベハンスのナラティブは、苦境に喘ぎ孤軍奮闘している世界中のクリエイターを救うというものだ。

デザイナーやイラストレーター、その他無数のクリエイターが自らの作品をきちんと評価してもらえない立場にある。オンラインの「コンペ」に作品を出すデザイナーは無償で働いている。ある意味で、テクノロジーはクリエイターのキャリアを助けるどころか傷つけている。クリエイターがアイデアを形にすることをテクノロジーで助けるというのが、僕たちのナラティブだった。クリエイターが自分のポートフォリオをアップロードすることで、作品をより多くの人に見てもらい、それが仕事の機会につながる。これがいわゆる「クリエイティブ実力主義」だ。つまり、代理店とのコネや学歴や人脈ではなく、クリエイターが作品の質でチャンスを得られるようにすることが理想だった。

ベハンスは、クリエイティブ業界への不満や食べていけないクリエイターの苦境から生まれたと言ってもいい。僕たちにとってナラティブは方向を示してくれる羅針盤のようなもので、どの機能を開発したらいいか（クリエイターの生産性や報酬を上げるもの）、どの機能は考えなくていいか（創造性を高めるものや報酬を下げるようなもの）を明確にしてくれた。プロダクトとマーケティングに関わるすべての判断は、このナラティブに沿うものでなければならない。

プロダクト開発より前にブランドをつくることは、企業ミッションに基づく強力なナラティブを紡ぐ役に立つ。それは会社が「声」を持って語りかけてくれることに近い。たとえば、顧客体験に影響を与えるような意思決定を迫られたとき、ブランドがあなたに語ってくれる。ベハンスの初期には、ブランドがいつも僕たちの質問に答えてくれているような気がしていた。それは、共同創業者のマティアスと僕が最初の数か月をかけて、プロダクト開発をはじめる前にベハンスのブランドアイデンティティをつくり出したことと無縁ではない。

ナラティブは関係するすべての人を助ける。チームメンバー、顧客、未来の事業パートナーとあなたのビジョンをつないでくれる。プロダクトの姿を決める前にブランドやロゴにこだわる起業家は多い。そのいい例が、ウーバーの共同創業者であるギャレット・キャンプだ。ギャレットはスタートアップ向けデザイン会社エキスパの創業者で、かつ広告エンジンのスタンブル・アポンの創業者で元CEOでもある。プロダクトをローンチするときになってはじめてブランドのことを考える起業家がほとんどの中で、ギャレットはまずブランドからはじめて、プロダクトに関することより前にドメイン名を考える。

「プロダクト・マーケットフィット（プロダクトがユーザーのニーズに合い自力成長が可能になること）やファウンダー・プロダクトフィット（創業者にプロダクトを導く適性があること）には誰もが注目するのに、ブランド・プロダクトフィット（プロダクトの代名詞になるような名前がつけられていて、簡単に拡散できること）の大切さに気づかない人は多い」とギャレットは言う。ギャレットがはじめて創業したスタンブル・アポンは4音節で、スペルを間違うユーザーも多かった。その経験から学んだのは、最初にコンセプトとブランドに力を入れていれば、もっと楽にプロダクトを成長させられたということだ。それ以来、ギャレットが創業した会社――ウーバー、スポット、ミックス――はいずれも、シンプルなコンセプトをもとにしていて、発見しやすく誰でもどこでも手に入るサービスになっている。そのブランドはわかりやすく、記憶に残りやすく、そのサービスがつくり出した新しい意味がすぐに思い浮かぶものだ。

新しいプロダクトを開発するとき、ギャレットはまずナラティブを紡ぐ。チームを雇い入れる以前に、全体のコンセプトとブランドを考えるのだ。コンセプトを考えるとき、ギャレットは一部の人にしか手に入らないようなちょっとした何かに目を向ける。たとえば個人の運転手を雇ったり、なかなか予約できないレストランに行ったりすることだ。そして、そうした経験をすべての人が発見し手に入れることができる世界を想像してみる。ウーバーのナラティブは、あらゆる人が自分の個人運転手を呼べるというものだ。それがプロダクトより前に核としてあった。

「未来はすでにここにある。ただ均等に行き渡っていないだけ」と言ったのは、SF作家のウィリアム・ギブソンとされる。新規事業ではまずコンセプトを先に考えるというギャレットのやり方を見て、僕はこの言葉が頭に思い浮かんだ。一握りの人だけが享受しているようなものを探して、それを一般の人が手に入れられるようになる方法をギャレットは考えるのだ。そうやってワクワクするコンセプトが見つかったら、次にブランドとナラティブづくりにこだわるのがギャレット流だ。

「多くの人に知ってもらいたい消費者向けブランドの場合には、覚えやすく、話したりシェアしたりしやすく、手に入れやすいと感じられる何かが必要だ」とギャレットは言う。「それが今すぐに必須ではないとしても、あとで名前を変えるのは大変だし、最初からブランド・プロダクトフィットがあれば自信も持てる。プロダクトをきちんと開発できたら成功できる、と思えるんだ。プロダクトは最高なのになぜ売れないかで悩まなくていい」。ブランドがいいと採用にも役立つとギャレットは言う。

「営業部長として入社するとしたら、scott@spot.com か、scott@discoverspot.com か、どっちがいい？チームのアイデンティティにとってもブランドは重要なのに、その大切さをわかっていない人が多い」

実益以外の理由でプロダクトを買ったり使ったりする理由はなんだろう？　プロダクトの哲学、つまりなぜそれがこの世に存在し、誰がそれをつくっていて、どう呼ばれているかで、プロダクトの評価は上がる。ナラティブをきちんと理解することで、つくるものも売り方も変わってくる。アップルの「Designed by Apple in California」という有名なコピーはブランドのナラティブを思い起こさせる短文のいい例だ。それは、デザインに価値を置き、カリフォルニアにあるイノベーションの中心地にいることへのプライドをプロダクトに吹き込んでいる印になる。

次のプロジェクトをはじめるときには、はじめにナラティブを紡ぎブランドを構築しよう。すでにプロジェクトの道半ばなら、ここに時間を使おう。そうすることで答えが見つかり、これからの過程でよりよい判断ができるようになる。ナラティブは、人の生活の中に位置づけられるものでなければならない。そのプロダクトはどのように人々に力を与えるか？　時間の節約になるものか？　時間を忘れさせてくれるものか？　人間なら誰もが持っている傾向——よく見られたい、よりよい判断をしたい（またはできるだけ意思決定の数を減らしたい）——を考慮しているか？　そして何より、あなたのつくり出したプロダクトがそのうちに世の中の当たり前になるか？　あなたの発明が世の中の当たり前になることは、何よりのご褒美だ。長い年月にわたって使われ続ける何か、顧客の生活に必須の何かを生み出すには、プロダクトにまつわる大きなナラティブを理解することが必要だ。

活発なコミュニティ（オンラインでもリアルでも）のリーダーは所有者ではなく奉仕者として行動する

インターネットの発明によって起きた最高の出来事のひとつが、人々がオンラインでつながり新しい形の実用的なサービスが生まれたことだ。単なる足し算よりも大きな価値を持つものが生まれ、無数の参加者の力を指先で操作できるようになった。たとえば、イーベイが生み出した新しい経済、フェイスブックが生み出したソーシャルネットワーク、リンクトインによるキャリア構築のプラットフォームなど、ネットワークを築くことを事業の柱とする企業は多い。当然だが、どのネットワークも参加者によって実現される。もし明日リンクトインの登録者が全員自分のプロフィールを削除したら、事業は成り立たなくなる。

こうしたインターネットの巨人とは比べられないほど規模の小さいベハンスでも、同じことが言える。ベハンスの命運を握るのは参加者だと僕はいつもチームに言っている。ベハンスに上げられた無数のポートフォリオを所有しているのは僕たちではない。僕らの仕事はネットワークを守り、豊かにすることであって、それを自分たちの持ち物にすることではない。

あなたが何らかのコミュニティやネットワークを構築したり組織したりしようとしているなら、所有者ではなく奉仕者に徹するほうがいい。オンライン、ブロックチェーン、そのほかの手段で人々をつなぎ、事業がより分散化されるにつれて、コミュニティを構築したり導いたりするための古い手法を見直すことが必要になる。

誰かがネットワークを主導するのではなく、ネットワークに奉仕する

事業の未来がネットワーク構築にかかっているとしたら、事業リーダーの役割を考え直したほうがいい。たとえば、チームの目標達成ではなくネットワーク参加者のニーズに応えることが戦略の中心になるはずだ。ネットワーク参加者の望みが友達をつくることであろうと、自分のサービスを誰かに紹介してくれる人を見つけることであろうと、仕事の人脈を広げることであろうと、参加者の助けになる判断をすることがあなたの役割だ。たとえ、それがあなたにとっては得にならないことだとしても。

ネットワークに奉仕するということは、ホスピタリティー事業に近い。あなたが経営するレストランやホテルでお客様が不便や不快を感じたら、そこから出ていくだろう。お客様を止めることはできないし、ほかに行く場所ならいくらでもある。あなたはネットワークの参加者にどうしろと指示することはできないし、参加者の経験を差し置いて自分の目的やプロセスを優先させることもできない。

参加者が尊重され、そのニーズが満たされているところにコミュニティができるし、オンラインではなおさらそうだ。参加者があなたに寄せる忠誠心と信頼がネットワークを健全に保つ。それはあなたを含む関係者すべてにとって価値があるものだ。そのことを理解したうえで参加者の声に耳を傾け、コミュニティに奉仕しなければならない。

透明性と公平性がネットワークを活性化する

透明性はどんな事業にも役立つが、ネットワークにとって透明性は必須のものだ。コメントや「いいね！」をしたのが誰かがみんなにわかるようにしなければならないし、参加者が目にするものや会う人をどんなアルゴリズムで決めているのかがある程度公開されているほうがいい。

マッチングアプリの元祖とも言えるティンダーのファンは多い。このアプリが人気なのは、まさにランダムだと感じられるからだ。イーハーモニーやマッチ・ドットコムと違い、ティンダーはマッチしそうな人を教えてくれるのではない。客観的な魅力度や学歴、面白みといったものを抜きにして、誰でも同じように選り好みできる。

……と思っている人も多いだろう。

だが、ほとんどの人には知られていないが、ティンダーには社内の順位づけがある。サービス利用者のモテ度を測り、ランクづけしているのだ。この「モテ度ランキング」は社外秘だとファスト・カンパニー誌のオースティン・カーは書いている。ウーバーやエアビーやタスクラビットと違って、利用者は自分のいわゆる「モテ度」を知らないし、どんなアルゴリズムでランキングを決めているのかもわからない。

ティンダーの元CEOショーン・ラッドはカーにこの評価システムの存在を認め、カーは自分のモテ度を特別に教えてもらうことができた。ラッドはアルゴリズムの詳細を明かさなかったが、プロフ写真だけが決め手でないことは確からしい。「右スワイプした人の数が多ければいいというものでもない[60]」とラッドは言った。「すごく複雑なんだ。数多くの要素を組み入れているので、アルゴリズムをつくるのに2か月半かかった」らしい。

ティンダーの共同創業者で最高戦略責任者になったジョナサン・ベイディーンは、このアルゴリズムをビデオ・ゲームのワールド・オブ・ワークロフトにたとえている。「昔は長時間プレーしてた。ロースコアよりハイスコアの敵と戦ったときのほうが自分のポイントが高くなる。誰とマッチしたかに基づいて、より速く正確にランキングできるようになっている[61]」

カーはどうしても自分の順位を知りたかったが、「モテ度を知って後悔している」らしい。「発表の前にチームが大げさにジャジャーンって音を出してくれて、一瞬だけど自分が一番じゃないかと思ったりした」と自虐交じりに言っていた。だがカーのスコアは946点で、「中の上くらい」だったとティンダーのエンジニアが教えてくれた。「いいのか悪いのかよくわからない数字だった」とカーは書いていた。「でも、聞くんじゃなかったと思ったよ。中の上と言われて、ちょっと傷ついた[62]」

モテ度を知って傷つくこともさることながら、ティンダー——あれほど多くの人がナンパと愛とそのあいだの相手を見つけるために頼り切っているアプリ——が、自分が決して知り得ないランキングをもとにマッチング候補をフィルタリングしていることを知りたいかどうかも、考える価値はあるだろう。

ネットワークの仕組みが透明でないと、参加者は用心深くなる。参加者が引いてしまうと、ネットワークの可能性も限られる。もちろん情報過多で参加者を困らせたり、混乱させたりしてはいけないが、ある程度の透明性を担保することが信頼につながる。なぜ何かが自分のフィードに現れるのか、その仕組みを知りたければ知ることができるかがカギになる。信頼を維持するためには透明性と理解がなければならない。また、ネットワークの中に利益相反が起きた場合、たとえば参加者同士が何らかのことで争うようなことがあったら、紛争解決のプロセスは透明かつ公平でなければならない。ベハンスでは、参加者が著作権の問題や不適切な行動で揉めたときは、コミュニティマネジメントチームが公に双方に介入していた。目に見えない裁判官や陪審員になるのではなく、誰の目にも見えるような紛争解決策を選んでいた。

ネットワークの内部から自然にリーダーが生まれる

ネットワークのリーダーをあなたが選んではいけない。むしろ、コミュニティのメンバー構成によって力関係は変わる。コミュニティ管理者は、ネットワークの質を上げ、実利をもたらすことに最大限努力し、健全な実力主義を促進する支えになるべきだ。世界的な経営戦略家のジム・コリンズは「ネットワークを管理することはできないが、ネットワークを導く手助けをすることはできる」[63]と言っている。僕はこの考えをさらに進めて、「ネットワークを導くことはできないが、参加者に居心地のいい場所を提供することで奉仕者にはなれる」と言いたい。透明性と公平性を高めて維持する機能を組み入れることで、信頼を損なうことなく、押しつけにもならずにネットワークの質を上げ、機会を創出する手助けができる。

ネットワークのリーダーになるのは、時間を割いてスパムを報告し、エントリを編集し（無数の人がウィキペディアの編集を毎日自発的に行っているように）、新しいユーザーを歓迎し（レディットの特定板のアクティブユーザーが行っているように、また共通の興味に集まるコミュニティSNSのアミノのメンバーが行っているように）、みんなの体験を改善しようと努力する人だ。こうしたリーダーは誰に指名されるわけでもなく、参加者から尊敬され感謝されることで影響力を得ている。

もしあなたがネットワークを構築しているとしたら、自分が支配者ではなく、コミュニティの所有者ではないことを謙虚に自覚しよう。ネットワークに奉仕し、できる限り透明性を高めて実力主義を促し、誇り高い熱心な奉仕者としてネットワークに関わろう。

現場に勝るものなし

ビジネススクールの2年目の終わりごろ、卒業を1か月後に控えて、僕たちがここで学んだ課目のすべて――ファイナンス、マーケティング、オペレーション、マネジメント、倫理――をある教授が総括してくれた。しかし、ビジネススクールでは教えてくれない必須のスキルがひとつある、と言う。営業だ。このビジネススクールは営業をどう教えたらいいのかをまだわかっていない、とその教授は語っていた。だが、営業は大切だ。そのビジネススクールの仲間たちは「営業」にいいイメージを持っていなかった。いわゆる「営業マン」は胡散臭い存在だと思われていた。いつもお客様におべっかを使い、営業ノルマにあくせくし、自分が稼ぐことしか考えていないというのが営業マンの典型的なイメージだ。「売り込み」を受けるのは誰しも嫌で、営業マンと呼ばれることを嫌う人は多い。

けれど、新しいものを創作するクリエイターは、いつも何かを売り込んでいる。誰かにアドバイスや指導を求めるときには、自分の悩みを打ち明けて相手を引き込もうとしている。チームを構築するときには、メンバーに自分のミッションを売り込む。チームメンバーを引き止めるときには、進歩の見込みを売り込んでいる。資金調達をするときには、投資家に自分を売り込む。顧客やクライアントに対しては、自社のファンになってくれたあとでも、いつも必ずもっと売り込もうとする。

巷で嫌われている営業——ハーバード・ビジネス・スクールが教えてくれないただひとつのスキル——が何よりも重要だということは、皮肉であると同時に何かを物語っている。事業アイデアについては緻密すぎるほど考え抜くくせに、事業とはつまるところ人と人との関係だという点を僕たちは忘れてしまう。人を共感させ説得することができなければ、すべてが無になってしまう。

優秀なクリエイターは、いい営業マンでなければならない。とはいっても、従来の意味ではない。営業とは一体何なのだろう？ 街の真ん中で風呂敷を広げて物を売ったり、電話帳を見ながら手当たり次第に売り込み電話をかけたりするのでなければ、現代のビジネスの文脈における営業とは何を意味するのだろう？

いい営業とは、相手が来てくれるのを待つのではなく、相手がいる場所に自分が足を運ぶということだ。つまり、「現場」に行き、自分のアイデアを伝え、進捗を話し合い、質問を受け、異なる分野の人たちに会い、自分の話を聞いてくれる人と話すということだ。そして人々の問題——お客様や従業員、株主、業界ジャーナリストの希望、悩み、恐れ——を理解して、できるだけ多くの人と通じ合うことが大切だ。心からの共感とつながりこそ、最高の営業だと言える。

できるだけ人と会わず、自分の弱さをさらけ出すことなく、コンピュータの前に座って事業を成長させたいという気持ちになるのはわからなくはない。だが、何かを起こすには現場に出るのが一番だ。もし皆さんが僕と同じように人見知りだとしたら、居心地のいい自分の殻から出て人に関わるように、自分を鼓舞してほしい。周囲の人は何に向かって仕事をしているのだろう？ 心配ごとは何だろう？

どうしたら彼らを助けられるだろう？　誰であろうと見下してはならない。どんな人にも物語があり、学ぶことがある。誰かとの関わりが次の関わりにつながる。時間の無駄だと思っても、学ぶことを何か見つけよう。自分の信念を裏づけてくれること、自分を勇気づけてくれること、自分を驚かせてくれることがそこにあるはずだ。

勇気を出して扉をノックしよう。あなたに合うやり方でいい。お客様と長時間膝を突き合わせてその仕事や人生について理解する。もっと問いかけて、関係を築くことに時間を費やす。いつも誰かから学べることを探す。そうすることで、自分たちの事業をきめ細やかに肌で感じ、価値ある知見を掘り起こし、新しい顧客を獲得できるだろう。そうすることで同時に、あなたのプロダクトやサービスをより価値ある持続的なものにする関係を築くことができる。

一番乗りのプロダクトよりも最高のプロダクトを

誰よりも最初にプロダクトを市場化し、昔からある問題に新しいソリューションを提供すると考えると、ワクワクしてしまう。しかし時間が経てば、一番乗りであることより市場で最高のプロダクトであるほうが得になる。

僕が実際にこのことを体験したのは、ライブ動画のモバイルアプリを開発するチームを観察していたときだった。僕はこの会社の創業者であるケイボン・ベイクポールと共同創業者のジョー・バーンスタインに協力していた。

ケイボン、ジョーとそのチームは秀逸なプロダクトを開発していた。ペリスコープというプロダクトだ。ユーザーはどこかに「瞬間移動」したような感覚で、ライブ動画の発信者とリアルタイムで触れ合える。

ペリスコープが特別な何かになりそうだという確実な予感は最初からあった。ほかにもライブストリーミングのアプリは開発されていたが、これまでのところ内々に行ったローンチ前のテストでも大きな手応えがあった。ローンチ前のお試し利用に参加してくれた1000人のユーザーの半分以上がこのアプリを毎日使っていた。

初期のトラクション、すなわちサービスに勢いがあることに気づいたのは創業チームだけではなかった。ツイッター共同創業者のジャック・ドーシーや当時ツイッターのCEOだったディック・コステロも、ベータテストに参加してこのプロダクトをガンガン試していたことに僕たちは気がついた。間もなく、ペリスコープのことをもっと知りたいとツイッターから連絡があり、その後プロダクトの正式公開前に買収提案をされた。

ツイッターに自分たちの会社を売却するかどうかも難しい決断だが、ケイボンとジョーには別の心配ごともあった。ライバルたちが開発していた同じようなライブストリーミングのアプリがペリスコープより前に市場に出てしまうかもしれないということだ。どんな起業家も自分たちのつくり出したものを誰よりも早く世に出したいというそれなりの欲がある。一番乗りの称号を得たいのだ。でも、そうするべきなのか?

このプロダクトがいいことはわかっていた。入念によく考えられてつくられていたので、準備さえ整えばライバルより優れたものを発表できる自信はあった。それでも、自分たちよりも劣るライバルのアプリが先に出るのは嫌だった。ツイッターときちんと連動していなくても市場に一番乗りするほうがいいのか? それとも、少し遅れたとしてもはるかに優れたプロダクトを出すほうがいいのか?

ケイボンとジョーは最終的にツイッターの買収提案を受け入れ、さらに1か月かそこらを費やして機能を強化しツイッターと連動させたあとにローンチを行った。ペリスコープがローンチする1か月ほど前に、「ミーアキャット」という似たようなライブストリーミングのアプリが市場に出た。ミーアキャットは一番乗りとして大きな注目を集めたが、まだ荒削りで準備不足に見えた。1か月後にペリスコープがローンチされると、比べものにならないほど多くのユーザーが集まりこのアプリを利用するようになった。大成功した要因のひとつはツイッターとの連動だったものの、入念に考え抜かれた機能設計がペリスコープとほかの多くのライバルアプリとを差別化する象徴的な要因でもあった（ほぼ1年後にミーアキャットはサービスを停止し、彼らはハウス・パーティーというグループ向けライブストリーミングのアプリをつくった）。

これまでにない斬新なプロダクトが次の大きな波の予兆になることはある。だが、そのプロダクト自体が次の大きな波になるとは限らない。ゴールテープを一番に切るためではなく、優れたプロダクトを最初に開発するために競争するべきだ。

そのためのひとつのやり方として、一般ユーザーにお披露目する前に「ソフト・ローンチ」、つまり招かれた人だけにお試ししてもらう方法がある。アップルのように誰もが注目していて重箱の隅をつつかれるような会社でもない限りは、一番乗りとしてのお披露目の機会を逃したとしても、ユーザーから本音のフィードバックをもらい時間をかけてもプロダクトを大幅に改善するほうがいい。

「それじゃ注目されない」と心配するスタートアップは少なくない。「最初から派手にお披露目をして注目されるほうがいいのでは？」と。だが、発表することに実態が伴っていなければ意味がない。有名人や連続起業家でもない限り、そこに実のある話がなければ誰もあなたのプロダクトなど気にしない。プロダクトのローンチ時点でできる限り大々的に注目を集めるべきだという考えは間違っている。はじめから注目されなかったとしても、優れたプロダクトと洗練されたストーリーがあればそのうちに評判になる。

しかも、そのやり方なら必要な時間を確保できる。プロダクトが一番悪い状態にあるのはローンチ直後だ。不具合やソフトウェアのバグ、見逃していた欠陥など、ユーザーに使ってもらってはじめて明らかになることは多い。最初に内々で試験利用してもらい、必要な時間をかけて改善したあと、スムーズに機能しはじめてから正式なローンチとしてお披露目したほうがいい。

コストをかけて準備不足のプロダクトを広報しても金の無駄だ。事業の初期に一番効果的なのは創業者の物語で、それは創業者自身が語るべきだ。PR会社に大金を払う意味はない。

僕の知る記者たちは、メディア対応のプロではなく、情熱的な創業者と話したがる。PR会社は会社が何かを説明しなければならないときには役に立ってくれる。だがそうでなければ初期のスタートアップでは邪魔になることも多い。ユーザーがプロダクトを判断できる準備が整ってからメディアに注目してもらうほうがいいし、そのときにプロダクトの開発物語を語るほうがいい。

プロダクトを市場に出すときには一番乗りすることを優先させなくていいし、ローンチへのメディアの注目にこだわる必要はない。ローンチ後の改善スピードのほうがローンチ前より重要だ。マラソンの最初に全力でダッシュしてしまうと、10キロも走らないうちに脱落することになる。市場初としてメディアに取り上げられたい気持ちはわかるが、結局は市場で一番優れたプロダクトであるほうが得をする。

インパクトの大きな努力を優先させる

プロダクトのあらゆる面を改善したい気持ちはわかるが、なかでもチームの力を最も必要とする部分、というものが必ずある。たとえばユーザーエクスペリエンスに比較的大きなインパクトのある機能や、プロダクト全体をだめにしてしまう可能性のある欠陥といったものだ。タスクの優先順位を決めるにあたって、生き残りと成功の可能性にかなり大きな影響を与えることにチームの力を集中させたほうがいい。

プロダクトの特定の部分をほかの部分より優先させることで何を失うかを分析する方法はいくつもある。スレッドレス、ディグ、ウーバーなど多数の企業でプロダクトデザインチームを率いたジェフリー・カルミコフは、２０１０年にシンプルジオという位置情報サービススタートアップでプロダクト開発を率いたときの苦労について、教えてくれた。変化の激しい市場の中で開発チームは働き詰めで、機能についての要求に完璧に応える時間もプロダクト強化に充てる時間もなかった。短期売上を上げるような要請もあれば、より長期の戦略的な要請もあった。当然ながらそうしたアイデアの中には高度で複雑なものもあった。複数の開発者が数週間以上も働かなければ実現しないものがある一方で、数時間もあれば片づきそうな単純な表面上の変更もあった。

ジェフリーは事業に最も大きなインパクトを与えそうなタスクを優先させることにした。とはいえ、言うは易く、行うは難しだ。社員はみんなプロダクトをよくしたいというぼんやりとした目標で一致していたものの、やりたいことはそれぞれ違っていた。事業開発の管理職は価格のオプションやマーケティングのページのようなものをつくりたがった。開発者はリファクタリングをやりたがった。初期ユーザーのコミュニティはまた違うものを求めていて、新しい機能を要求していた。

どこに力を注ぐべきかを決めるために、ジェフリーはあることをはじめた。プロダクトとデザインの責任者だった彼はCEOと営業担当にプロジェクトと機能リクエストのリストを見直してもらい、売上と戦略の観点から優先度をつけてもらうことにしたのだ。項目を一つひとつ見てもらい、戦略と売上の両方に大きな影響を与える非常に重要なタスクを3段階の3と評価する。それよりも重要度が低いタスクは2とする。そしてあまり影響を与えないものは1とした。大掛かりな機能やデザインの変更でも、営業や事業開発から見ると1と評価されることも多かった。プロダクトにとっては重要でも、売上と全体戦略にそれほど関わりがないとされる場合だ。

それからジェフリーは同じ機能とプロジェクトのリストを、開発とデザインチームに見直してもらった。そこでまた、すべてのタスクについて1から3のランクづけを頼んだ。少人数で短時間でできるタスクには1を、数日はかかっても何週間もかからない中程度の難易度のものには2を、そしてたとえば3週間を超える時間と多くの人手を要するものには3をつけてもらった。

すべての機能とプロジェクトについて両方の軸で評価をもらったあと、3の1がついたタスク——

つまり事業面から見て非常に重要度が高く、かつデザインチームが簡単に実装できるもの――をジェフリーは抜き出した。これらのタスクは最小限の努力で最大のインパクトがあるものとして、最優先とした。逆に1の3がついたタスクは最も労力がかかる割に売上を生み出さないものとして、優先度を一番下に下げた。ほかのタスクはそのあいだのどこかに置いた。

僕の知るほかのチームでは、「大きな石と砂つぶ」といわれる手法で、異なる労力を要するタスクの重要度を評価していた。重要度が高く労力もかかる大きな石――リスト上の3の3――だけに集中すると、重要度は同じでも実装に労力のかからない砂つぶ――3の1――は絶対に終わらない。つまり、重要性または労力だけで優先順位を決めてはいけないということだ。両方の軸でタスクを評価すべきだろう。小さなタスクを後回しにして大掛かりなソリューションを優先しなければという強迫観念が、合理的かつ簡単にプロダクトを改善する道を妨げてしまう。

機能の評価はその機能に合った方法で

プロダクトであれサービスであれ、すべての面を評価したほうがいいが、評価方法はそれぞれに違うはずだ。たとえばほとんどの場合、利用された頻度で機能は評価される。プロダクトのある機能を誰も使っていないとすれば、そこには改善の余地があるか、もっと人に知ってもらう必要があるか、いっそ取り除いたほうがいいかだ。ほかの機能、たとえば自動車のギアを自動制御するための「トウモード」は、いつもの運転で常に使われるものではない。使う機会があるときにだけそれがあって機能すればいい。また、発売時に新規のユーザーを引き寄せるためにつけられ、そのうちに消えていく機能もある。

利用頻度や時間ですべての機能を評価していると、ユーザーがそのプロダクトとどのように関わっているかについて、微妙なニュアンスを学ぶ機会を失う恐れがある。

プロダクト開発は通常、顧客ニーズをもとに行われる。ほとんどの機能はいわゆる「エンゲージメント・ドライバー」、つまり顧客のエンゲージメントを上げることが狙いだ。だから使われる頻度や、必要なときにどれだけ効果を上げたか（そのことで顧客エンゲージメントが維持できたか）をもとにこうした機能が評価される。顧客にプロダクトの機能を訴求する際の典型的な手法——画像を楽しくカスタマイズできる、チームとのコミュニケーションがよくなる、など——は、ユーザーが最も喜ぶのは一番頻繁に使う機能だという誤解に基づいている。しかし、新しいプロダクトの機能でユーザーが一番喜ぶのは、必ずしも実用的でない斬新な機能だ。僕はこうした機能を「インタレスト・ドライバー」と呼んでいる。これらはエンゲージメントを維持するためや頻繁に使われるための機能ではなく、好奇心を喚起することが目的だからだ。

斬新なアプリのかっこいい新機能を打ち出して、めったに使われないのにユーザーを感動させるような現象はよくある。自分が消費者側でそういう経験をしたこともある。HBOは超人気番組のゲーム・オブ・スローンズを放送しはじめた頃に、HBO GOという iPad のアプリをローンチした。視聴体験をより楽しく、深めるためのアプリだ。架空の領土の細かい地図などの機能があり、テレビやパソコンとは違った体験ができ、視聴者を引き止められる。またHBOと視聴者が直接つながることができる。これは非常によくできた「インタレスト・ドライバー」だった。だが僕の知る限り、この機能を使っていた視聴者はほとんどいなかった。視聴者をアプリに引きつけるには賢い手法だったが、SNSでもアプリのレビューでも、使っている人をあまり見かけなかった。こうしたインタラクティブな機能は極めて革新的でなるほどと思わせるものだったのに、現実には誰も使っていなかった。

では、このような機能は失敗なのか？　答えはそれが「エンゲージメント・ドライバー」なのか「インタレスト・ドライバー」なのかで違ってくる。日常的に利用されていないという意味でユーザーのエンゲージメントにはつながっていなくとも、HBO GOというアプリのダウンロードを増やしたという意味では大成功だ。面白いことに、視聴体験を深めるためのこうした機能は数シーズン後にまとめて削除された。目的を果たしたということかもしれないし、正しく評価されなかったのかもしれない。

　僕もアドビでフォトショップやイラストレーターやライトルームの新バージョンが発表されるたびに、インタレスト・ドライバーの重要性を見てきた。ほとんどのユーザーが日常的に使うのは、たくさんの機能のほんの一部でしかないのに、斬新な新機能がつくといつも歓喜で迎えられる。その一例が、画像の中の特定の建物や風景の向きを変えられる「遠近法ワープ」という機能だ。この機能はかなり話題になっていたものの、データを見る限りではあまり使われていなかった。しかし、これが画像編集という分野を盛り上げるために重要な役割を果たしたのは事実で、ユーザーもリリースを喜んでいた。

　プロダクトのスピードを早めたり、使い勝手をよくしたりする日常的な機能、つまり本物のエンゲージメント・ドライバーならこれまでと同じやり方で重要性を評価すればいい。だが、段階的な改善は注目されず、記事の見出しにもならない。一方で新しいユーザーを獲得するには、彼らをワクワクさせる何かが必要だ。新機能をローンチするときには、インタレストとエンゲージメントの両方のドライバーが存在しなければならない。

　プロダクトの成功を評価するにあたって、それぞれの機能が何を目的としているかを定め、それに従って評価しよう。ユーザーがプロダクトをどのように利用しているかを観察していると、インタレスト・ドライバーを削除したくなるのも無理はない。HBO GOのゲーム・オブ・スローンズ機能も、フォトショップのかっこいい新機能も、思ったほどに使われていなかったと気づくと停止したくなるものだ。ただし、その命運を決める前にそれぞれの機能の目的をしっかり見定めてほしい。エンゲージメントを高めるためのものか、ほんの一握りのお得意様を喜ばせるためのものか、あるいは新規ユーザーを誘い込むためのものか? 目的によって異なる評価方法を当てはめてほしい。

ミステリーでユーザーを引き込み、動かす

新しいチームがマーケティングに使う素材を見て驚かされるのは、ある程度隠してユーザーの好奇心をそそりつつ、同時に明確な説明を打ち出す、というバランスに苦労している点だ。単純でわかりやすい説明は必須だが、一方でどこかミステリアスな部分に人々は引きつけられ動かされる。

好奇心は、新しいユーザーを誘い込むための強力な武器のひとつだ。だがそこには矛盾がある。新しい会社を立ち上げた当初は、何の需要もない。論理的に考えれば、創業者ができる限り表に出て話をし、プロダクトを見せることでユーザーを引き込むのが普通だろう。見せるものがまだない場合には、あるものを見せるしかない。だが、相手が無関心なら理屈で攻めても効果はない。何か引かれるものがなければ、あなたに注意を向けることはないだろう。

偉大な広告人なら知っているはずだが、プロダクトやサービスを語るための最高のナラティブは、すべてをさらけ出すことではない。それは、人間なら誰もが持つ、隠された何かや普遍の何かを理解したいという自然な欲求に訴える短い話でなければならない。

「私には特別な才能はない」とアインシュタインは堂々と語っていた。「ただ並外れて好奇心旺盛なだけだ」と[64]。おそらく彼のこの言葉を、多くの進化心理学者は不快に思うはずだ。なぜかと言うと、

僕たち人間がどうしてこれほど知りたがりかがまだ解明されていないからだ。

人間が好奇心を持つことは、意思決定の古典的な理論に矛盾していて、進化論に反しているように思える。人は目標達成のために何らかの行動を選択するものだといわれている。むやみに何かを知りたがるという欲求は生産性を下げてしまう。今の人ならフェイスブックを見たり、バズフィードにはまったり、洞窟に住んでいた時代なら棒で石を叩いてどうなるか試したりして時間を無駄にしている。もし進化が適者生存と結びついているのなら、なぜ人間がこれほど時間を無駄にするのか不思議で仕方がない。

好奇心についての心理学理論の主流は、1990年代の半ばにカーネギー・メロン大学のジョージ・ローウェンスタインが発表した「情報の空白理論」と呼ばれるものだ。[65] ローウェンスタインによると、好奇心は2段階で高まるという。はじめに知識の欠落が痛々しいほど明らかになる出来事があり（バズフィードの見出しなど）、人はその穴を埋めて痛みを和らげたい（クリックすること）という欲求を感じる。

「そうした情報の空白が喪失感を呼び覚ます。その欲求が好奇心と呼ばれるものだ[66]」とローウェンスタインは専門誌に書いた。「好奇心旺盛な人は、知らない情報を手に入れて喪失感を和らげたり消したりしようと必死に努める」

さらに、より多くの情報を集めたいという欲求のおかげで人はよりよい判断ができ、そのおかげで安全に生き生きと過ごすことができる。

ローウェンスタイン理論によると、好奇心は食欲や性欲などの原始的欲求とそれほど変わらないものらしい。「食欲や性欲と同じで、好奇心も急に沸き上がり抑えきれなくなる。その欲求から解放されると、食べたりセックスしたりするのと同じように、深い満足を味わえる（まあ、それも時によりけりだが）[67]」とジャーナリストのエリック・ジャフィは書いている。この理論によると、人が最も好奇心を持つのは、自分が知らないということを知っているときだという（賢すぎる人は好奇心が少ない）。ローウェンスタインは情報の空白に気づく5つの引き金を挙げている。疑問や謎があるとき、解決策がわからないとき、期待が外れたとき、他人が情報を手に入れたとき、そして忘れていた何かを指摘されたとき、の5つだ。優れた広告やいい見出しはいずれも、たいていこの引き金になるようにつくられている。

好奇心に関する最近の研究も、ローウェンスタインの情報の空白理論を支持している。カリフォルニア工科大学で行動経済学を研究するコリン・カメレア教授は次のような実験を行った。「被験者がちょっとしたクイズを読み、答えを推測し、正解が明かされる。研究チーム（とローウェンスタイン）は、好奇心が報酬と結びついた神経回路（左尾状核を含む）を活性化させることを発見した[68]」とジャフィは書いている。

この発見はとりわけ興味深い。というのも尾状核は脳の中で新しい知識と前向きな感情が交差する部分に位置する。以前の研究では、学習と答え探しによってこの部分が活性化され、ここはドーパミン報酬回路と密接に結びついていることが示されていた。先ほどのカリフォルニア工科大学の研究について、ジョナ・レーラーは『ワイアード』誌に次のように書いていた。「抽象的な情報への欲求――これが好奇心の素になる――はドーパミン作用による渇望によるもので、セックスや麻薬やロックに反応するのと同じ原始的欲求に基づいている」[69]

「また、カリフォルニア工科大学の研究者は、いわゆる『逆U字行動』の証拠も発見した」[70]とエリック・ジャフィは書いている。「それは、無知と知恵の中間地点で好奇心が最大になる――つまり逆U字の頂点に到達する――という仮説だ」。心理学学術専門誌『サイコロジカル・サイエンス』2008年号によると、「(ある一定のところまで) 不確実であることによって好奇心が増すという現象を見ると、香りや見た目が食欲を刺激するのと同じで、ちょっとした知識が好奇心を煽り、知識欲を呼び覚ますことを示している」[71]。

優れた広告はこの「逆U字行動」を引き起こし、好奇心がピークに達したところで自社のプロダクトを視聴者に明かすことで、欲求を満たしている。2017年のスーパーボウルで流れた移民の広告を覚えているだろうか[72]? トランプ大統領の建設した国境の壁に土木職人が扉をつくっている。メキシコからの移民家族がその扉を通ってアメリカに足を踏み入れる。「彼らの旅」と題したそのコマーシャルはスーパーボウル中のベスト広告と評された。挑戦的で、かつ感動的な物語は視聴者を釘づけにした。移民家族が国境を越え喜びの表情を見せるところではじめて、視聴者はそれが84ランバーという土木建築業者の広告であることがわかるようになっていた。

進化した人間は学ぶことで心を満たし、さらに知識を得てもっと充実感を得ようとますます必死になる。
挑戦的な質問やハッとする画像に心打たれると、人は日常の動作をいったん止め、批判と思い込みを後回しにする。自分の見たものを紐解いて、心の溝を埋めようと少し立ち止まるのだ。そして純粋な好奇心からそこに没入する。

答えのない疑問は好奇心をくすぐる。そもそも正解に興味がなかったとしても、知りたくなる。目の前にカーテンがあると、必ずその奥に何があるかを知りたくなる。それはただカーテンがそこにあるからだ。新しいプロダクトやサービスをローンチするときには、まだ答えが出ていない質問を提示するほうが、ユーザーにまったく疑問を残さないようにプロダクトを細々と説明するよりも、うまくユーザーを引き込めるかもしれない。

映画の予告編はこのやり方で好奇心をかき立てる。ストーリーは語らずにすごい登場人物やシーンをチラ見せし、あいだに何が起きたのだろうと思わせるのだ。イーロン・マスクのテスラもまた、ミステリアスな雰囲気を出すことに成功している。たとえば「とんでもないスピード」と名付けた機能を打ち出して、意味も中身もあまり説明せずに消費者を引きつけている[73]。

秘密主義の企業として最も有名なのは、おそらくアップルだろう。新製品には緘口令が敷かれ、広報は厳格に管理されているため、新製品お披露目イベントでは数千万人ものファンがライブ視聴して次世代 iPhone の機能を知ろうとする。

僕がアドビでモバイルプロダクトチームを率いていた頃、アップルのマーケティング及びイベント制作チームとはよく一緒に仕事をした。そこでアップルが何をいつ表に出すかにどれだけ細かく気を配っているかを見て、僕は衝撃を受けた。プロダクトのお披露目のあとでも、広報のあらゆる側面がすべて意図され抑制させられていた。起業家の友人で、初期のアップルのプロダクト・デザイナーだったデイブ・モリンはかつて「ミステリーが歴史をつくる」と言った。カーテンの後ろに何かを置いておくと、その全体像が余計に見たくなるものなのだ。

製品説明や機能一覧よりも、あいまいな何かのほうが人の興味を引く。僕はこの力をエンゲージメントの「魔法」と呼んでいる。それは未来のユーザーを引きつけ、理性の殻を破るように練られた大掛かりなマジックだ。

八方美人になりたくなる衝動にあらがう

企業は「お客様に従うもの」で、ブランドもサービスもお客様の変化する嗜好にいつも合わせなくてはならないという考え方には、昔から違和感があった。お客様のニーズは変わっても、必ず会社が変わらなければならないというわけではない。進化すべきものもあるし、そうでないものもある。

僕は広告制作の世界で、気が狂ったように顧客ニーズを追いかけ従う様子を何度も見てきたが、それがうまくいくことはほとんどない。創業時から注目され大成功している広告制作会社の多くには、強い個性がある。彼らは自分たちがどんなクライアントの仕事をしたいか、どのような仕事を提供したいか、またしたくないかについて、具体的なイメージを持っている。そして精鋭部隊を組成して卓越した仕事を届ける。だが、そのうちに何かが起きる。彼らの一番のクライアントがこれまでと違うサービスを求めたり、新しいクライアントが彼らの得意分野とは違うサービスを求めたりする。そうしたクライアントからより大きな売上を獲得し、事業成長のチャンスを逃さないために、広告会社はサービスの幅を拡大する。だがサービスの幅が広がると、専業ではなく何でも屋になってしまう。幅広いクライアント層に訴求できるブランドにすると、そもそもの尖った個性を失うことになる。すると結局、より個性の際立ったユニークな広告制作会社に競り負ける。とんがった新しいクリエイターに比べて、何でも屋は凡庸に見えてしまうからだ。そこからまた、同じパターンが繰り返されることになる。

　このパターンをずっと避け続けているのが、僕が密に仕事をしてきた世界最大のデザイン会社、ペンタグラムだ。長年この業界の一線で、ニューヨーク・タイムズやマスターカードといった企業やヒラリー・クリントンの２０１６年の大統領選のロゴなど、時代を象徴する数々のブランディングを手がけてきた陰の立役者だ。彼らはサービスの幅を広げず、むしろ狭く留めてきた。彼らは誰もが知るブランドをデザインし、それを支える戦略をつくる。ソーシャルメディアやインフルエンサー広告は自社ではやらない。サービスの幅を広げるために小さな広告会社を次々と買収することもない。ほかの多くの広告会社がサービスを拡大して何でも屋を目指すなか、ペンタグラムは頑としてひとつの極に集中し、その専門性で世界中で名が知られている。

　僕がベンチャー・パートナーとしてお手伝いをしているＶＣのベンチマークも、同じような原則を実現している。多くのＶＣが、カンファレンスや採用、マーケティング、広報そのほかのサービスを自社で提供しはじめるなか、ベンチマークは少数精鋭を貫いている。アソシエートを雇わず、過去に行った大きなファンドとの提携や外部アドバイザーの増員も今では縮小した。投資を求める起業家と会うと、ベンチマークはサービスの幅が狭いからこそ一番大切なことに集中できると説いている。それは起業家と投資するＶＣパートナーとの関係だ。起業家は外部の人やジュニアの人間ではなく、ＶＣパートナーと付き合うことを求めている。激しい競争の中でほかのＶＣの多くがサービスを拡大するなか、一点集中のベンチマークはますます差別化されている。

もちろん、産業は変化し、一点集中が有利にならないこともある。たとえば、多くの卓越したハードウェア企業はソフトウェア企業になる必要があった。優れたソフトウェアをスピーカーに組み入れたソノスのようなユニークな新規参入企業が伝統的なスピーカーメーカーと競合し、産業の姿がガラリと変わった事例もある。競争環境が変化し、これまでの差別化要因がもはや強みでなくなったら、大胆な転換が必要になる。進化しないという選択が差別化につながるか、それとも死につながるかは状況次第だ。会社の核となる原則が正しいかどうかはいつも考えていなければならないが、競争に勝ちたいと焦るあまりに、これまで競争力の源泉になってきた原則を曲げてはならない。

偉大なブランドは、八方美人ではなく一点集中を極めることによって築かれてきた。中庸は弱みになる。幅広い層に訴求するために尖った部分を捨てれば、業界のリーダーにはなれない。ブランドを運営し、ブランド自身の進化を深く考えるにあたって、自分たちを際立たせているものをしっかり守るほうがいい。市場を喜ばせるために特異な個性を捨ててはならない。もし捨てたら、そう長くは生き残れないだろう。

自分を最適化する

チームとプロダクトの最適化について、ここまで長々と書いてきたが、それと並行して必要な、あなた自身の判断、計画、直感を最適化するための道のりとチャンスについては、まだ話していない。チーム構成、システム、そしてプロダクトを改善し続けるように、リーダーとしての器や難しい決断を行う能力もまた向上し続けなければならない。ここからは、あなたの個人としての行動でうまくいっていることを取り上げ、さらに多くを成し遂げるためにどうしたらいいかを掘り下げていく。

7.

計画と
意思決定

計画は必要だがそれにこだわってはいけない

「いざ戦争となると、計画が役に立たないことはわかっている。だが計画を立案することは何事にも代えがたいほど重要である[74]」

そう言ったのはドワイト・アイゼンハワー大統領だ。あらゆる大胆な取り組みに向かう姿勢として、彼の言葉は今も真実だ。計画を立てる過程で、細々とした日常の中で立ち止まり、現在の自分の立ち位置を見直して、次の目的地を確認できる。たとえその計画が最終結果とはかなり違っていたとしても、計画立案という行為によってよりよい判断ができるようになる。

自分の旅路を振り返って、もともとの計画から乖離していたと気づくことは少なくない。もちろん僕もそうだ。２０１２年も終わりに近づいたある日、ベハンスがアドビに買収される直前のこと。ベハンスのエンジニア採用第1号のデイブ・スタインが、僕たちが２００７年につくった戦略文書の画像を見つけた。５年前につくった1ページの文書には僕たちがやろうとしていたことと（今振り返るとウッとなりそうな）目標達成の期限がすべて描かれていた。デイブは僕のオフィスにやってきて苦笑しながらそれを見せてくれた。僕たちはとんでもなく計画から外れていた。「クリエイティブ業界を組織化しクリエイターに力を与える」という当初のミッションは変わっていなかったものの、プロジェクトの計画や業務運営の順番、タイミングはことごとく絵に描いた餅に終わっていた。

僕は5年前に自分が何を考えていたのか思い出そうとした。あの頃の僕は野心満々で情熱だけに動かされ、いくつかの点についてはまったく無知だった。たとえば、フィードバックを取り入れることで優先順位がガラリと変わること。事業が成長するに従って視野が狭くなってしまうこと。そしてどんなアイデアを実行するにも大きな努力が必要なこと。とはいえ、当時の僕たちにはあの計画が役に立った。とりわけ採用と将来の姿を共有する助けにはなった。だが、何かが変わるごとに計画も更新された。優先順位が変わったら、計画も変わって当たり前だ。

計画を変えるには思い切りが必要だ。積極的に変わる意志があるということは、あなたが柔軟であり学習意欲があることの証拠でもある。結婚や人間関係にも同じことが言える。一緒に変わっていかなければ、別れるしかない。これまでの関係でうまくいったことを続けようとするだけでは決して十分ではない。

新しい事業を築くうえで計画をつくるのは当たり前だが、これを単なる地図としてではなく思考プロセスとして取り組むといい。ここで直感と柔軟性を存分に活用してほしい。計画立案のプロセスで進歩し、そこから逸脱することで成功する。

スケールするには選択と集中が重要

あなたのプロジェクトが成功し、その仕事が世に知られるようになると、たくさんのチャンスが舞い込むようになり、どれを選ぶかに頭を悩ませることになる。成功している起業家やアーティストは一緒に仕事をしようと打診を受け、尊敬されるリーダーは新しい役目や取締役の誘いを受け、有名な投資家は出資のお願いや組織参加への誘いを山ほど受け取り、人気作家は講演や執筆の依頼に埋没される。依頼を受けるにしろ受けないにしろ、または何かを選ぶにしろ、ノーと言えなければ、またきちんと選ぶことができなければ、成功を広げていくことはできない。

ノーと言う秘訣

ベストセラー作家のティム・フェリスと知り合ってからかなりになる。ポッドキャストのホストであり、シード投資家でもあるティムは、チャンスを見極め適切な選択をすることにかけて昔から強力な方向感覚と自制心を持っていた。僕が何にでも熱くなり引くに引けなくなってしまうのに対して、ティムは断り上手だ。執筆中はメールの不在返信を設定して、今は「修行僧モード」なので返信は期待しないでくれと伝えている。数多くの有償の講演依頼もあっさりと断り、紹介や打診も見送り、そのことをまったく気にしていない。そこでティムに、どうやってチャンスを選んでいるのかを聞いてみた。

ティムがまだ作家として今ほど有名でないときには、断るような誘いもそれほどなかったので、単純な判断軸でどれを受けるか決めていた。それは、「はじめての何か」か、「カテゴリキラーになり得るか」という基準だ。競争の激しい領域よりも、カテゴリそのものをつくり出す可能性のあるプロジェクトに時間を使うことを彼は望んだ。

それから5年くらい経ち、ベストセラーシリーズの『週4時間だけ運動する』（未邦訳、*The 4-Hour Body*）が出版されたあと、ティムはもっと時間を上手に管理する必要があると考えて、「ディルバート」で有名な漫画家のスコット・アダムスの名付けた『システム思考』を取り入れた。引き受ければ得られるであろうスキルと人間関係に基づいてプロジェクトを選ぶというやり方だ」。

ティムはさらにこう説明している。「ひとつのプロジェクトが仮に失敗しても、スキルと人間関係は残るし、それがだんだん積み重なっていく。スキルと人間関係という資産が雪だるま式に膨らみ、そのスキルと人間関係からいくつものチャンスが生まれる。僕がポッドキャストをはじめたのもそういう理由で、スタートアップへの投資も70社を超えてからは同様の考えに基づいて行っている。今はすべてのことをこんな視点で見るようになった。『このプロジェクトを超えて続くような人間関係やスキルを手に入れることができるだろうか？　プロジェクトが失敗しても、それが自分の助けになるだろうか?』」。そのハードルを越えることができたら、私は新しい選択肢とチャンスにイエスと言う」

僕はどちらかというと断ることでの機会損失をついつい考えてしまうのだが、ティムは彼が価値のあると思う新しいスキルや人間関係につながらないものはあっさりと断る。でも、すでに関係のある人から何かを頼まれたらどうする? 他人の頼みは断りやすいが、知り合いが増えるといろんな打診に埋もれてしまう。

「親しくなった友達なら、おそらくその時点で根にもったりしない関係になっているはずだから、それほど説明しなくていいと思ってる」とティムは言う。「打診や依頼があっても、僕のほうの負担が大きすぎて応えられないと思ったら、さらっと『ごめん、ぜひやりたいんだけど今はその余裕がないんだ。応援してるけど、今はパスさせて。落ち着いたら、また一緒に何かやろう』みたいに返事をする。そんなに長々と言い訳しなくていい。ただ、『今回はごめん、ぜひやりたいけど、今はできなくて。ちょっと手一杯なんだ。また近々話そう。がんばって! ティム』というくらい。もしそれで通じなかったり、気を遣ってなだめなくちゃならなかったり、いろいろと言い訳しても相手が怒ったりして関係にひびが入るようなら、そもそも本当の友達とは言えないよね」

「友達の場合は、相手にこんなふうに聞いてみる。『これって、10段階評価でどのくらい切羽詰まってる? もしそれが本気で僕が必要ならやるよ。でも今は僕のほうもぜんぜん余裕がないから、教えてくれると助かる。もしすごくすごく大切なことなら、こっちを調整してなんとか助けられるようにする。でもそうじゃないならパスさせて』。本当の友達なら、十中八九、パスしてくれる。そして、本当に本気で必要とするときに、また相談にやってくる。それで構わない。すべてはめぐり合わせなんだ」

ティムと同じように、僕たちもキャリアの初期では限られた数の大胆な賭けにでて、新しいやり方でカテゴリそのものをつくり変える人間になるほうがいい。ただし、キャリアを通しては、自分のスキルと人脈を刷新しレベルアップできるようなことだけに挑戦する勇気を持つべきだろう。人は誰でもできる限り多くの依頼を抱え込みたがるものだが、選択肢の多さが役に立つのはキャリアのはじめだけで、あとになるとそれが足を引っ張ることになる。

選択の秘訣

生産性と意思決定とは、つまるところ選択肢をどう扱うかにかかっている。アメリカ人心理学者のバリー・シュワルツは意思決定の世界的な専門家だ。彼が２００４年に書いた『なぜ選ぶたびに後悔するのか』では、選択肢が多いと最終的な決断への確信が弱まり満足度が下がる、と説明している。[75]新しいジーンズを買いに出かけたとしよう。今や僕たちは、店に入ってとりあえずそこにある32インチのジーンズを手に取るというわけにいかない。選択肢がたくさんあるからだ。色の薄いデニムか濃いデニムか？　ダメージありかなしか？　股上は深いか浅いか？　細めか太めか？　ブーツカットかスキニーか？　選択肢が多すぎて、買ったあとにもやもやが残る。もっと自分に似合う形や色があったのではないかと考えてしまうのだ。

この本でもすでに紹介したが、意思決定の際の人の傾向は大きくふたつに分けられるとシュワルツは言う。マキシマイザー（追求者）とサティスファイサー（満足者）だ（この言葉はもともと1956年に経済学者のハーバート・サイモンがつくった）。

「マキシマイザーは、自分の買う物や決めることが常に最善でなければ気が済まない」[76]とシュワルツは言う。「意思決定のやり方として、最善を狙うのは気の遠くなるような作業だし、選択肢が多くなればなるほどますます大変になる。マキシマイザーは店から店を一日中渡り歩いて一番安くていいものを探し回る。一方、サティスファイサーはそこそこで心を決めて、もっといいものがあるかもしれないと頭を悩ませたりはしない。一定の基準を満たすものを見つけてたらそこでやめる」。マキシマイザーは、正しい決定ができたと感じるかもしれない。ただ、サティスファイサーのほうがたいていさっさと決めて、自分の選択により満足している場合が多い。

どう判断していいかわからず立ち止まってしまわないためには、あらゆる選択肢を調べ尽くして一つひとつ比べてみるよりも、さっさと決心したほうがいい。心理学者のゲルト・ギーゲレンツァーは、著書『なぜ直感のほうが上手くいくのか？』を紹介するなかで、これまでの意思決定の常識に反論している。「これまで長年、合理的な意思決定に関する書籍やコンサルティング会社は『飛ぶ前に見ろ』『行動する前に分析しろ』と説教していた。注意深くしろ。じっくり考えろ。慎重になれ。分析的であれ。すべての選択肢を洗い出し、利点と欠点を挙げ、便益とその確率をじっくり比較し、できれば複雑な統計ソフトを使ってそれをやるほうがいいといわれてきた。だがこのやり方は実際の人間——この手の本の著者も含めて——がどう理由づけするかについて説明できていない[77]」

あらゆる選択肢を比較し意思決定の前にさらに多くを探すことより、最初に一番よさそうと感じた選択肢を選ぶほうがいい場合もある。そうしなければ、最初いいと思ったものよりもほんの少ししかメリットのないものをたくさん探すためにたくさんの時間とエネルギーを浪費することになり、確信は高まらないままにこれでよかったのかといつまでももやもやしてしまう。

どんな仕事でも、どこかの時点でチャンスと選択肢のなさは問題でなくなる。そのかわり、新しい問題が起きる。いつどんなふうに「ノー」と言ったらいいのか？　そして優れた判断を下すにはどれだけの選択肢が必要なのか？　自分の過去の成功は数少ない選択肢の中でひとつのことに集中できたからだと理解している人は稀にしかいない。成功をさらに拡大したいと望むなら、賢く選択し、多くの依頼を断らなければならない。

将来への影響を無視して目の前の案件から得をしようと考えてはいけない

どんなプロジェクトでも交渉は大事で、リーダーにとって交渉術は欠かせないスキルだ。採用においても、クライアントとの契約においても、サプライヤーとの条件設定においても、交渉術が関係性のカギになる。もちろん、いい条件で取引したいのは山々だ。みんなそう思っている。だが、ずっと先の成功に導いてくれる関係を築くことも同じだけ大切だ。そして、そのためには最初に損をしなければならない場合もある。

一部には、アグレッシブなやり方で、自分が与えるよりも多くを求めたり、逆に出し惜しみをしたりする人もいる。彼らは、相手から押し戻されることを前提にして、公平さの限界を意図的に超えてくる。だがそうすることで、綱引きの前例をつくっているわけだ。すると最初の提案や主張はいつも信用できないと思われてしまう。アグレッシブな駆け引きによって最初は得をしても、先々は関係が敵対的になったり信用できないと思われてしまったりするリスクが生まれる。

たとえば、不動産の売買といった一度限りの交渉ごとでは、「受け取るに値するよりも多くを求める」やり方が正しいこともある。だが、関係が長期にわたる場合の交渉では、良好な関係の土台づくりが必要で、お互いが得をするような結果につなげなければならない。そうした交渉から生まれる信頼と尊敬と誠意のほうが、相手を操って余分な価値を引き出すことよりも大切になる。交渉がうまくいったかを評価するには、次のように自問してみるといい。

「今回の交渉でお互いの信頼と尊敬は増したか？　それとも損なわれたか？」

「この交渉はお互いの利害をさらに一致させることに役立ったか？　それともお互いのあいだに溝ができてしまったか？」

「長期的な成功の可能性を高めるために双方が自信を持って何かを差し出せたか？」

交渉の成功をどのように測るかで、そのプロセスを通して下す判断が違ってくる。

僕自身、交渉するときはいつも公正であることを心がけている。やり方はシンプルだ。交渉の相手にまず、お互いが成功できるような結果を出したいと思っていることを率直に伝える。だから、お互いにとって一番公正な条件を導き出したいと言う。どちらの側にも後悔を残すことは避けたいし、双方にとってこれが公正な取引だと信じられ、誰も弱みにつけこまれなかったと思えるような関係を築きたいと説明する。それから自分の提案を準備する際には、相手の立場に自分を置き、公平に見て彼らが何を期待するか（彼らが何を得てしかるべきか）を考える。自分にも同じことをする。そして、僕が公正だと思う条件に至った思考の過程を包み隠さず相手に説明する。このやり方なら、透明性のある分析に基づく数字に到達するし、自信を持ってそれを相手に共有できる。

次の交渉のときには、目の前の数字を超えて、先のことを考えてほしい。交渉の終わりは関係のはじまりだということを頭に置いておこう。それが請求額よりはるかに大きな価値を生み出してくれるかもしれない。

タイミングの大切さを見逃してはいけない

トレンド、新しいテクノロジー、データ、人間本来の傾向といったものは大いに注目されるが、タイミングという要素は見過ごされがちだ。おそらく、タイミングは自分でどうすることもできないため、あまり話題にのぼらないのかもしれない。

しかし、仕事の結果はそのほかの多くの要素と同様にタイミングによって大きく左右される。だから、タイミングについてはもっと深く考えてみたほうがいい。

時期に合った最適なリーダー

採用担当者は、ある特定のリーダーが自分たちの会社に合うかどうかに注目するものの、タイミングという要素については考えていないことが多い。企業は成長段階のどこにいるかでそれぞれに求めるものもチャンスも違う。プロダクトのイノベーションをどんどんと生み出す人が必要なときもあれば、段階的な成長を上手に維持できるリーダーが必要なときもある。利益と支出をコントロールしてビジネスモデルを転換できるような財務に長けたＣＥＯが必要なときもあれば、新しいナラティブをつくり出してプロダクトをまったく新しい目的に使用させるような、ビジョンとプロダクト開発の得意なCEOが必要なときもある。アドビのCEOだったシャンタヌ・ナラヤンが言ったように、「旗を立てる人」が必要なときもあれば「道路をつくる人」が必要なときもある。僕の経験では、同じ人がどちらもできるわけではない。恋愛と同じで、相性というものは能力や共通の価値観だけでなくタイミングにも大いに左右される。

業界を牽引するような企業には、時期によって異なるリーダー（異なるリーダーシップのスタイル）が求められる。この切り替えは難しい。というのも、ほとんどの会社はすでに成功が証明された指南書に従うだけだからだ。だが、どんな指南書も古くなり、成功していればいるほどそこから外れにくくなる。とりわけそれを書いたリーダーにとっては（たいがいその会社の創業者にとっては）ますます、そこから離れにくい。

僕が経営層の採用を手伝ったり、CEOの交代について話を聞いたりする場合、ゼロベースでその会社の立ち位置を考え直すことにしている。この会社はどこから来てどこに向かうべきか？　新しいビジネスチャンスと脅威は何か？　今、どんなリーダーが適材か？　現在のリーダーがその適材になり得るか？　それとも別の誰かを探したほうがいいのか？　会社が変化すれば、理想のリーダー像も変わる。

時期に合った最適な判断

理想主義者でせっかちな僕が長年かけて学んだ最も重要な教訓のひとつが、自然な展開を待つということだ。組織の体制を壊すことなくビジョンを実現するためには、人々の賛同を得て、実験を繰り返し、時間をかけてアイデアを浸透させ、適した人材を採用することが必要になる。たいていの場合、会社もプロダクトもほんの少しずつしか変わらない。イライラするがそれが真実なのだ。

速度調節はとても重要だ。とはいえ、チームとプロダクトが転換点にあり、急いでグッと大きく引き金を引かなければならないこともある。僕が憧れるリーダーは、いつもは健全に段階的な進歩を続けているが、いざ必要なときには大きな変革への舵を切ることができている。

漸進主義がいきすぎると、部分最適にとらわれすぎて事業規模が限られてしまう。過去に成功したことを繰り返すだけになり、事業が頭打ちになるからだ。僕自身も慎重に小さな前進を重ね、注意深く実験し検証したあとで大きく打って出るやり方に大賛成だが、新しいアイデアの場合はきちんと機能する前に本腰を入れるべきだと思っている。少しずつ進むのではなく、大きなジャンプが必要なときもある。優れたチームは大胆な賭けに出るタイミングをわかっていて、それを実行するために組織を変更できる。偉大なリーダーは、普段はバランスのいい判断をするが、必要なときには常識とは違う、一部の人には不快で支持されづらい決断を下すこともできる。

時期に合った最適な投資

投資とは、現在をもとにしてしか判断できない未来に目を向ける活動にほかならない。未来を見通し、未来に賭ける場合に、さまざまな要素（今わかっている変数）がこれからどのように影響し合うかはほぼ予測できない。だからこそ、未来予想は、単なる頭の体操を超えて、現在の問題と人間という存在への深く正確な理解に基づくものでなければならない。そうでなければとんでもなく外れた未来に賭けることになってしまう。

タイミングを見極めるコツになるのは、追い風に従うことだ。今が投資の適切なタイミングかを知るために僕が見るポイントのひとつが、チームがあり得そうな結果を避けようとしているか、またはよりよい形で実現させようとしているかだ。僕は後者のチームに投資する。すでに自分に有利に働いている力をさらに拡大しようとするのが優れたチームだ。

ほとんどの場合、サンクコスト（埋没費用）は無視すべき

気持ちはよくわかる。何日も、何週間も、時には何年も愛する芸術作品の創作に打ち込んだり、寝食を忘れてプログラミングしたり、特殊なハードウェアをつくったりしたのに、何かしらしっくりとこない。その仕事に価値があるとしても、だらだら続けるよりは諦める潮時だろう。だが、それを失うと思うと、すでにやったことを過大評価してしまうのは人の常だ。

この気持ちこそ、いわゆる「授かり効果」というやつだ。人間はすでに所有しているものを不相応に高く評価しがちである。自分のものであるというただそれだけの理由で、たとえふさわしい価格で買い取ると言われても、それを所有し続けたくなる傾向が誰にもあることが、数多くの実験で証明されている。BBCの記者であるトム・スタッフォードは、人間が授かり効果を回避してものの本当の価値を合理的に考える方法を説いている。次のように自問するといい。

「もしそれを持っていなかったとしたら、どれだけ努力してそれを手に入れようとするだろう？[78]」

スタッフォードいわく、「たいていの場合には、それを持っていなかったとしたら欲しがらないだろうと考えて、手放すことになる」。失いたくないと思っているものに本当のところどれだけ価値があるのかを精査してみることが、それを手放すための第一歩だ。今わかっていることをもし知っていたとして、もう一度同じことをやるためにどれだけのリソースを注ぎ込むかを考えれば、本当の価値がわかる。

サンクコスト（埋没費用）を無視することは、どんな計画が進行中でも、以前に自分の意見をどれほど強く訴えていたとしても、自らの心変わりを許すことでもある。かつてジェフ・ベゾスはインタビューで、思考の一貫性は必ずしもいい習慣とは言えないと語っていた[79]。さらに、多くの場合に正しい判断をする人は、よく心変わりをする人だとも語っている。ベゾスは経営陣に自己矛盾を勧めることで知られている。情報の流れが速く変化も激しいなかで、ものの見方が変わらないのはむしろおかしい。ある分野の最先端をいくチームならなおさら、あらゆる前提が刻々と変わっていくはずだ。はじめに信じたことにこだわっていたら、激変する環境の中で間違ってしまう可能性が高くなる。

はじめに信じたことにこだわってしまう本当の理由は、自分がこれまでに費やした時間や労力、金、評判を無にしたくないからだ。こうしたリソースは、戻ってこないサンクコストだ。こうした投資を忘れることを自分にもチームにも許すことではじめて、人は心変わりすべきときに心変わりができるようになる。

また、サンクコストの一部でも回収しようと「中途半端な方向転換」を試みるのはやめたほうがいい。もしこれまでにない発見により新しい方向が示されたとしたら、自分が行ったマーケティングキャンペーンから生まれた進歩や新製品の機能にしがみつくべきではない。これまで使ったリソースは忘れていい。むしろ、解決すべき問題に再び戻ってそこから新たな気持ちでもう一度努力を繰り返したほうがいい。うまくいっていないことは、小手先を変えるだけではいい結果をもたらさない。

8.

ビジネスの
勘を鍛える

直感に反するアドバイスを掘り起こし、自分の勘を鍛える

これまで80社を超えるアーリーステージのスタートアップに投資して取締役になったり、いくつかの会社では大切な転換点でアドバイスをしたりしてきた。そこで感じたのは、ある場面ではとても有益なアドバイスが、別の場面では最悪のアドバイスになるということだ。批判と皮肉を区別することはもちろんだが、いわゆる「ベストプラクティス」がもう時代遅れになっているときにそれを自覚することも必要だ。

こちらが頼んでなくても、欲しがってなくても、アドバイスには事欠かないし、よくも悪くもアドバイスをしたがる人はごまんといる。カナダにあるデザイン会社ティニーを経営するアンドリュー・ウィルキンソンとジェレミー・ギフォンは、こんな言葉で短く言い表していた。成功した起業家が誰かにアドバイスを与えるという行為は「自分はこの番号で宝くじを当てた」と言うようなものだと。

投資家もまた、長年の取締役としての経験で積み重ねた知恵を授けたり、これまでの仕事の中で気

づいたパターンを教えたがる。ホームブリューというベンチャーキャピタルの経営者であり、僕の友人で投資家でもあるハンター・ウォークは、起業家たちにこう言っていた。「投資家のアドバイスに聞く耳を持ってはいけない。投資家のアドバイスにいつもホイホイ従っていると、必ず失敗する」。

問題は、いわゆる「ベストプラクティス」と言われるものは状況次第でまったく変わるということだ。だから、いいアドバイスも状況に応じて変わるし、従ったほうがいいとは限らない。オンライン・レンタルサービスを提供するジョイモードとクラウトの創業ＣＥＯであるジョー・フェルナンデスは、起業家仲間を次のように励ましていた。「君が探すべきは、必ずしも投資家のアドバイスにホイホイ従うわけではないということを尊重してくれる投資家だ」[80]

最良のアドバイスというものは、指示や指導ではない。何かを喚起するのが、一番いいアドバイスだ。もちろん、誰かの知恵を借りることは間違いなく役に立つ。だが、アドバイスの本当の価値は、対立する考え方から何かを引き出すことだ。この本にも対立する考え方が満載だが、僕自身もその中で矛盾の背景にあるものを探り、どんな知見も状況次第で役立ったり役立たなかったりすることに気がついた。いわゆるベストプラクティスと言われるもののほとんどは、「もしかしたらやってみたほうがいいこと」くらいに考えておいたほうがいい。やってみたらいいかもしれないことが頭の中にたくさんあればそれだけ、戦略の足腰が強くなる。

また、こんなことを言うとさらにややこしくなるのだが、誰かの懐疑的な意見――初期ユーザー、投資家、家族など――は実はいい兆候かもしれない。そのいい例が、２００１年に発売されたiPod

の初期の反響だ。雑誌『マックワールド』の編集長宛てにこんな手紙が届いた。「ニュートンと同じように、これも次なるアップルの失敗作だ。単に見た目をかっこよくしたり速くしたりするだけでなく、ＭＰ３プレーヤーのような革新的なものをつくったほうがよかった」[81]。バッサリと切ったレビューもあった。「ワイヤレスじゃない。ノマドより容量が小さい。ダメダメ」[82]。新しいものや慣れないものは、何かとこき下ろす人がいるものだ。

世間はとんでもなく偽善的だ。褒めるより叩きたがる。夢を追いかけようと大学を中退する若者には苦言を呈するくせに、ジョブズやザッカーバーグやゲイツのようになると手のひらを返して褒め称える。それと同じで、新しいアイデアに対しても、人気が出るまでは文句ばかりつけている。だから、批判者のお小言はいい兆候だと思ったほうがいい。みんなからクレイジーだと思われているときこそ（本当にクレイジーなのかもしれないが）、本物である証拠かもしれない。

業界を大きく前に進めようと考えているのなら、懐疑的な意見から自信を得るすべを学ぶべきだ。おおかたの人にとっては、目の前のことが最優先だ。変化を好まないし、歴史を例に挙げて反論する。「歴史は繰り返す」から、失敗は目に見えているとお節介にも教えてくれる。だが、彼らに見えていないのは、情報を持ち、かつ過去にとらわれない人によって歴史はつくられるということだ。

僕はこれまでにいくつかの会社の誕生から死までを見てきた。最初に聞く懐疑的な意見は、つまるところ「理解できない」「自分なら買わない」というものだし、「ほとんどのスタートアップは潰れる」という巷の印象からくるものだ。またプロダクトとマーケティングについては「奇妙」だと疑われる。

企業売却や上場を果たしたあとでも、「ほとんどの買収案件は失敗する」とか、「上場企業はイノベーティブではない」とか言われてしまう。この過程で一貫しているのは懐疑的な考え方だ。もし懐疑的な意見にとらわれ、動けなくなってしまったら、その業界は前に進めなくなる。

ジョー・フェルナンデスは、以前僕にこう話してくれた。「ほかの人にできないことが自分にはできると信じられることが、起業家の究極の強みであり最大の弱みでもある」。建設的な批判には耳を傾けたほうがいいのは本当だとして、世間の懐疑的な意見もまたいい兆候として受けとめたほうがいい。自分の直感に反する厳しい意見でバッサリと切られたときには、むしろ直感によく耳を澄ますといい。自分の中の何かが正しいと感じたなら、懐疑的な意見から自信をもらおう。現実主義者に文句を言っても仕方がない。彼らを驚かせてほしい。

誰かのアドバイスが行動に移せるものであっても、単なる批判であっても、いずれにしろそれらをうまく調整して自分なりのやり方を生み出すべきだ。いつも、異なる考え方を併せて聞いたほうがいい。逆張りの発想を持ち、誰かがうまくいったやり方でも自分には合わない理由を考えてほしい。異なる意見を多く取り入れるほど、学んだことが身につきやすくなる。

最後に、他人のアドバイスや行いよりも、あなたのビジョンに対してあなただけが持っている内なる自信を大切にしてほしい。自分の直観が他人と違っているというだけで、自分を疑いはじめるのはやめよう。あなた自身の直観が何よりも共感を呼ぶ。あなたのプロジェクトを本当に差別化できる要素は、誰からも誤解され、過小評価される、最も異質な部分なのだから。

評価手法を盲目的に最適化するのではなく、いつも見直し続けよう

僕たちはメトリクスに執着し依存するあまり、そもそも測ろうとしていた目標を忘れがちになる。測ろうとしていたのは店舗への来客数かもしれないし、ウェブサイトへのアクセス数かもしれないし、広告のクリック数かもしれない。今年の目標は売上を立てることかもしれないし、ブランドを確立することかもしれない。数値を計測することのリスクは、そこにばかり目がいって、その数値が毎日の行動を支配してしまうことだ。変動するシステム全体を測るよりも、小さな成長を追いかけるほうが楽なので、ともすれば間違った目標に向かって力を注いでしまう、という結果に陥りかねない。

マーケティングの大家で著作家のセス・ゴーディンは、定量的な計測を「身代わり」と呼んでいた。彼はブログに次のように書いている。「大切なことは、簡単には測れない。自分たちが気にしている何かの身代わりを見つけて、それを測るしかない。たとえば、ウェブサイトならそこに誰かが何分滞在したかはどうでもよくて、取引や広告売上につなげることや、人を行動させるコンテンツをつくる

ことのほうが大切だ。だがこうしたことは最初はなかなか測りにくいので、とりあえず滞在時間に目を向ける。身代わりが問題なのは、それがほとんどの場合正しくないことだ。最初は身代わりでいいように思えるが、そのうちに社員も仕組みの裏をかいて、本当にあなたが変えたかったものではなく、身代わりの数字のほうを上げるよう操作しはじめる[83]」

身代わりを立てたくなるのは無理もない。そっちのほうが測りやすいからだ。だが同時に、本当の目標ではなく身代わりに執着するようになることがリスクでもある。評価基準が正しいかどうかを簡単にチェックするにはどうすればいいか。セス・ゴーディンは、こう自問してみるといいと勧めている。「身代わりの数字を上げるか、本当に大切なものを増やすか、どちらかを選べと言われたら、どちらに投資する？」

人工的な評価指標によって目標がぼけるようではいけない。特定の評価指標を最適化しようとするときには、計測している数値だけでなく、本当に出したいインパクトは何かを、自分とチームにもう一度問うてほしい。「本当の目標は何か」を必ず自問しよう。たいていの場合、答えは計測できないものだ。

計測するものの数が多すぎるのもよくない。追いかける数字が増えれば増えるほど、どれにも注意が払えなくなる。特に大企業に多いが、大掛かりなデジタルダッシュボードを使って数十もの評価指標を管理し、その数値を経営会議で毎回議論するチームもある。問題は、数多くの指標を一度に評価しようとすると、議論も指摘も多岐にわたりすぎ、一番大切なことに注意が向かなくなってしまうことだ。しかも、動きのある数値は注目されやすい。だが、事業の中で本当に大切な指標はほんの数個か、もしかしたらひとつだけかもしれない。

僕が見てきたなかでも最高のチームは、その年に達成しなければならないことの進捗を測るために最適なひとつかふたつの指標に注目している。たとえば、僕が創業を助けた独立士業系紹介サービスを提供するプリファーの創業CEOジュリオ・ヴァスコンセロスは、創業から2年間は単一の数値を重要指標として使っていた。それは、「ワーキングペアの数」だ。ワーキングペアとは自社のプラットフォームとツールを使って一緒に仕事をする独立士業者とクライアントという意味だ。特にプリファーのチームが測っていたのは毎月のワーキングペアの総数で、これがユーザーを維持する力を表していた。また「新規ワーキングペア」の数には、ネットワーク効果と新規ユーザーの獲得及びコンバージョンの能力が表れる。ジュリオはもちろん、たとえばダウンロード数や月間売上、ユーザー数、取引数そのほか多くの従来的な指標に目を向けることもできた。だが、「ワーキングペア」というひとつの指標に的を絞ることで、ジュリオは事業成長を牽引するために最も大切なユーザー獲得と維持する力を高める戦術の開発にチームの力を向け、売上やダウンロードといった表面的な数値を上げることにはこだわらなかった。

あなたも、これと同じ原則を使ってチームの進捗を測ることができる。最も貴重なリソースは時間であり、それをどう効果的に使うかが最も大切な指標になる。ツイッターでプロダクトマネジャーを務め、プリファーにプロダクトマネジャー第一号として入社したラファエル・ダヒスはかけた時間に対するリターンこそ最も大切な指標だとよく言っている。「毎日自分に問いかけてほしい。一番大切なことに時間を使っているか、と。ざっくりとでいいからかける時間に対するリターンを計算してみて、かける時間に比べて最も高い結果が出せそうだと確認すれば、どの機能を優先させたらいいかがわかる」

誰しも評価指標に縛られるもので、よくも悪くもそれがプロダクトや思考を制限し、それによって盲点が生まれる。自分が探求したい分野の中で最短の時間で最大のインパクトを出せるところに評価指標を設定し、その有効性を評価し続けて長期目標と一致させてほしい。

データの善し悪しは情報源次第。データは直感の代わりにはならない

先ほどの評価指標の話についてだが、こうした評価指標に基づいて下す判断の善し悪しは、もとになるデータ次第で決まる。

僕は10年にわたってプロダクトチームと力を合わせ、投資家への報告も行ってきた。その経験から、同じ統計やデータを使っても使い方と解釈によっていくらでも管理職の思う通りにまとめられると感じている。文脈を無視したデータは誤解を招き、それを使ってほぼ好き勝手な結果を描くこともできる。探している答えがわかっている場合には、それを支えるデータを見つけることもできる。

無責任にデータを収集し、表示することは誤解を招くばかりか、危険でもある。２０１７年の皆既日食がいい例だ。数々の教育的な記事が紙面を飾り、人々は争って日食メガネを買い、インターネット民はレディットユーザーがつくった検索トレンドのグラフを見て面白がった。「日食」を検索したのと同じくらい多くの人が、日食の後には「目が痛い」と検索していた。太陽を短時間見つめると目

が見えなくなるのではないかと人々が恐れていたことを、そのグラフは示していたのだ。
レディットユーザーがネットに上げたグラフが下の図だ。[84]
国際ニュースのクオーツによると、目を痛めるのは太陽でなくこのグラフのほうだ。[85] このグラフでは、y軸がバラバラなままグーグルトレンドの情報を示しているのでまぎらわしい。『クオーツ』の記者であるニックヒル・ソナードは一定期間の検索ワードの人気度を示したグーグルトレンドの元データを手に入れた。「皆既日食」と「目が痛い」という検索ワードを掛け合わせて出来上がったのが次ページのグラフだ。
「驚きのトレンドに見えたもの（「目が痛い」が「日食」の検索を超えたように見えた）が、こうするとまったく驚きでも何でもない」とソナードは言う。「こちらのグラフでは『目が痛い』はフラットで、『日食』は（ニューヨークの）皆既日食時間のあたりでちょうどピークに達

ニューヨークにおける人気検索ワード

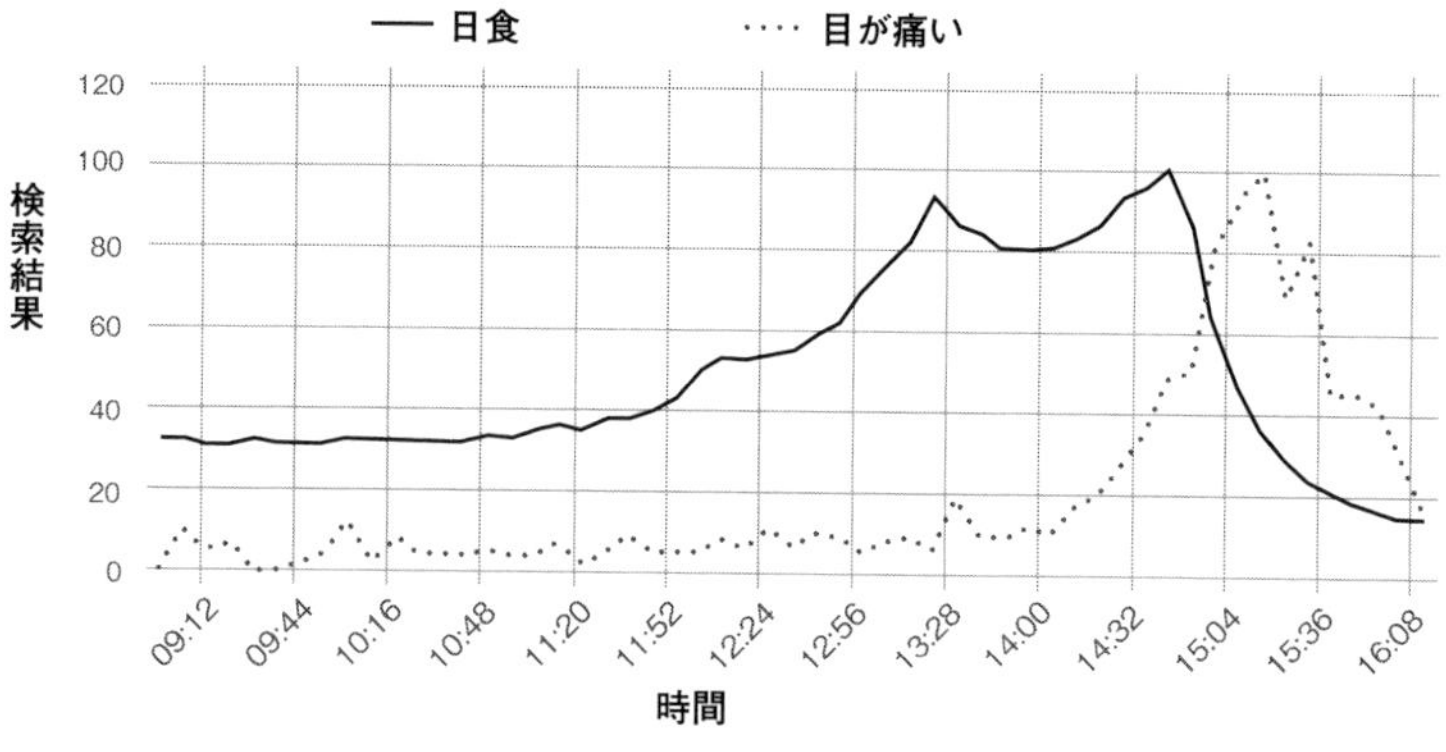

出典：グーグルトレンドより。レディットユーザー "superpaow" による

している」。誤解のもとになっているのは、グーグルによる「検索トレンド」の測り方らしい。「一定期間内で検索数が最多なワードが『検索上位トレンド100』と呼ばれるものだ。同じ期間内で検索数を見るときには、ピーク時との相対的な増減がわかるようになっている。たとえば、ふたつ目のチャートを見ると、午前11時の『日食』の検索数は午後2時のおよそ半分だった（ニューヨークでは2時44分に日食がピークを迎えた）」。

はじめのレディットのグラフでは、それぞれのデータが単なるピーク時との比較であることが明らかではない。「y軸の目盛りがなく、数字が何を意味しているのかわからない。グラフを見ると検索の絶対数が同じに見え、それぞれの検索ワードのピーク時の検索数との比較であることがわからない」とソナードは語っていた。すると、グーグルの「トレンド」の測り方に別の問題があることもわかる。「これでは実際の検索数がわからない。つまり一定期間内での検索トップワードを見せる意

ニューヨークにおける検索ワードの人気度を
同じy軸目盛りで合わせたもの

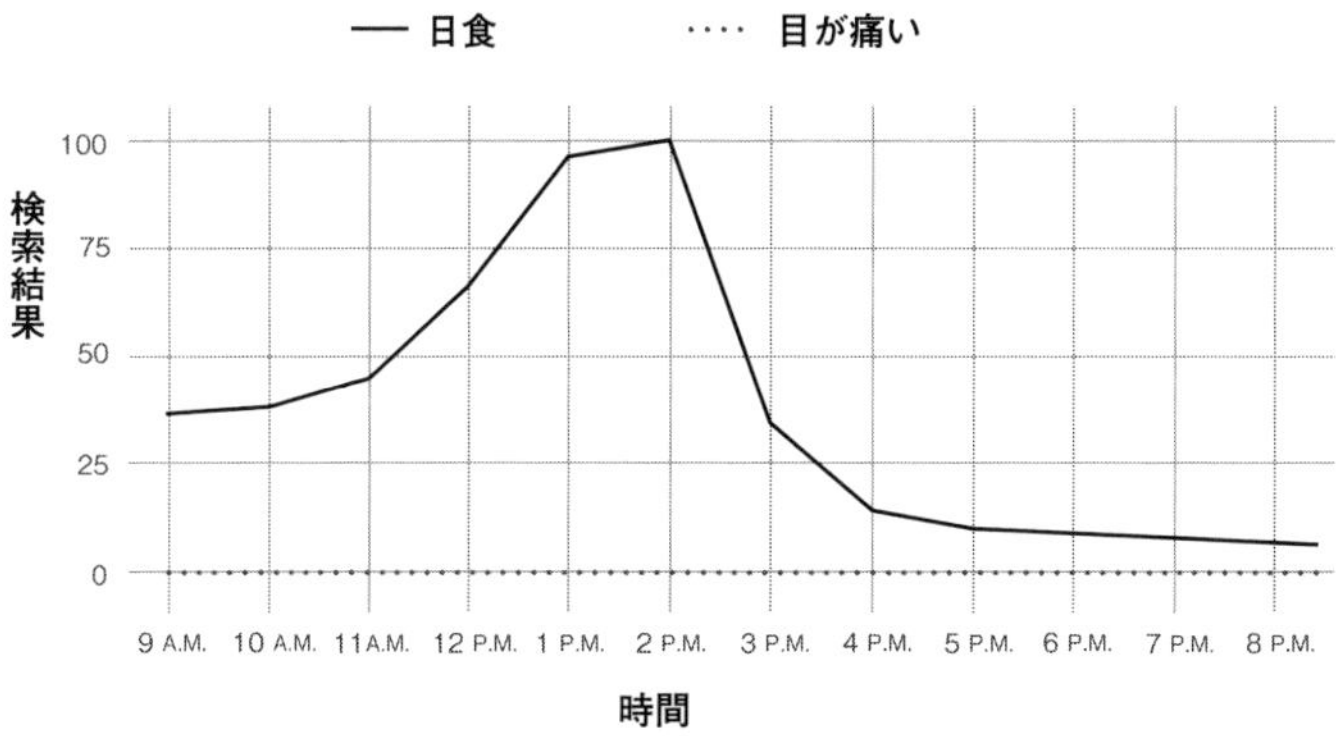

出典：グーグルトレンドより。レディットユーザー "superpaow" による

味がない」

結局のところ、絶対数で見ると、「目が見えない」というワードの検索はピーク時でさえ地下鉄Fラインの情報検索数を下回っていた。どこかのレディットユーザーがそう言ったからという理由で、僕たちは悪いグラフをもとに目が見えなくなるんじゃないかと大騒ぎしていたわけだ。

ことクリエイティビティとなると、データに基づく統計や報告書は創造性を破壊しかねない。データによって議論が打ち止めになり、知的な意志が閉ざされてしまう。異なる意見や直観を取り入れるような健全な議論ができず、データによるファクトをもって会話は終了し、可能性という未知の領域への探索は打ち切られる。「誰もこんなもの使わない」という言説は何度も聞いてきた。特定の機能を使うユーザーの数は簡単に測れるが、その機能を必要とするユーザーがどのくらいいるのか、その中の何割がこの機能を知っているのか、そしてほかの機能はどんなパターンで使われているのかという背景がわからなければ、先のデータは無意味だ。特定のデータひとつに一喜一憂したところで、そのデータがどう収集されていてどんな背景があるのかがすべてわからなければ、判断を下すことはできない。

データを優先させた議論が一足飛びに破滅的な結論を導く場合もある。２０１６年のアメリカ大統領選挙期間には、アメリカに住むイスラム教徒の４分の１が「聖なる戦い《ジハード》」に賛同するという統計が出回っていた。[86] 共和党大統領候補のドナルド・トランプ支持者はこの統計を、いわゆる「ムスリム入国禁止」政策のお墨付きとしていた。だが、このデータがどこから来たのかを時間を使って精査する人も組織もほとんどなかった。ポリティファクトといった団体でさえ検証していなかった。

　後になってわかったのは、この統計は、答えたい人が勝手に答えられるオンラインアンケートをもとにしていたということだ。アンケートの回答者はわずか数百人の自称イスラム教徒で、最初の質問のひとつは「ジハードの定義を教えてください」というものだった。[87] 回答者の大半はジハードを平和の追求と答え、暴力的な戦いと答えたのはわずか16パーセントだった。ジハードを支持すると答えた人たちのどのくらいがそれを暴力的な戦いだと定義していたのかはわからないし、そもそも回答者がイスラム教徒かどうかもわからない。元データの収集と分析の手法をざっと調べるだけでも、この統計に意味がないことは一目瞭然だ。

　人間はデータ好きである。なぜなら、問いに答えてくれるからだ。だが、データは注意深く扱ってこそ意味を持つ。解釈でどうとでもなるような統計を見せられたときには、その質の高さをまず疑ってみるべきだ。情報源はどこか？　サンプルサイズ、時間軸、回答者の内訳は？　データ収集の文脈は？　そうやって十分にデータを精査してはじめて、それをどう使うかを考えるといい。

　たとえデータの質がよくても、課題によっては直観を信じるほうがいい場合もある。数字が自分の方向性と一致していれば、その方向に進みやすくなる。だが、プロダクトの判断において、ロジックと反対の直観による決定が成功につながった例は少なくない。

　その一例が、スクエアが指でサインを書けるようにしたことだ。スクエアのおかげで数多くの中小事業者がクレジットカードの決済と支払いを管理できるようになった。今では指サインは珍しいことではないが、スクエアは２０１１年から12年にかけて指サイン機能を開発したことで、誰よりも早くよりよいユーザー体験をもたらした。当時、取引とユーザー体験についての研究とデータはほぼ全面的に、速さがカギだと結論づけていた。しかし、スクエアのチームは当時の一般的な理論とデータとは逆の直観を持っていた。少しだけ速さを犠牲にして指サインという労力を使うことで、ユーザー体験をより楽しくするほうがいいと考えた。彼らはこの直観を信じた。以来、スクエアはその果実を刈り取ることに成功している。

当時スクエアのプロダクト責任者だったのが、今はシリコンバレーのベンチャーキャピタルであるスパークでゼネラルパートナーを務めているメーガン・クインだ。「ＶＩＳＡとマスターカードは25ドルを超えない買い物ならサインなしでＯＫにした」とメーガンは言う。「小売店にとって（お客様にとっても）取引のスピードを早めるための施策だった。データによると、不正取引のリスクは少なかった」。

スクエア上の決済金額の大半は25ドル未満だった。コーヒーや書籍やアクセサリーといったものだ。とすれば、サインの手間を省けば取引が速くなるし、お客様も喜びそうだった。それでも、指でサインするという行為は、スクエアというブランドを象徴する体験だ。それを排除すれば競争力が失われるかもしれないと考えられた。

「お客様は指で絵を描いたり、それぞれ思い思いのサインをしていたの」とメーガンは言う。「もちろんそれが楽しいってだけじゃなくて――コーヒー代を払うときに、いつもはちょっと面倒と思ってるクレカのサインが楽しいっていいことよね――それがお店にもお客さんにもスクエアを紹介する入り口になる」。事業者はお客様にサインを求めるだけだが、消費者の立場に立つとそれがスクエアとのはじめての出合いになり、そこでスクエアのプロダクトとブランドの第一印象が決まる。

スクエアのチームはＶＩＳＡとマスターカードの新しい方針に追随して指サインをなくすべきかを社内で議論した。そうすれば時間の短縮にはなるが、ユーザー体験は記憶に残りにくく面白みのないものになってしまう――いつもと同じただの取引になる。「だから新しい方針は採用しないことに決めた。結局オプションとしてお店に決めてもらうことにしたけれど、デフォルトは指サインにしておいた」

今では、スクエアは上場企業となり、毎日無数の取引を決済している。常識とされるものに逆らって、事業者と消費者の両方によりよいユーザー体験を提供することで、巨大なクレジットカード会社に引けをとらない存在になった。

常識と目先の評価基準は、プロダクトをより信頼性の高いものへと段階的に最適化するのに役立つ。しかし、時代を象徴する革新的なプロダクトは、メトリクスの改善からは生まれない。むしろ、長期目標を見据えた直観が大きな転換点になる。直観は思考ではなく感情に近い。ある意味で直観は認知に先立ち、データで証明されるより何年も何か月も前に意思決定を助けてくれるものである。

「徹底的な真実」によって自分の意見を検証する

徹底的に真実を掘り起こすことで導かれる健全な判断力こそ、成功を左右する最も希少な資質である。どれほど必死に努力しても、どんなに運に恵まれても、判断に曇りがあればすべてを失うことになりかねない。健全な判断力があれば、いい結果が積み重なっていく。一番大切なのは、正直であることだ。

一貫して最高のリターンを叩き出してきたヘッジファンド、ブリッジウォーターの創業精神の核にあるのが、この正直さの原則だ。創業者のレイ・ダリオは企業文化の設計に努め、一連の（賛否両論ある）ルールを決めて、社内で真実と自己認識を追求した。バンクーバーでのＴＥＤトークで、ダリオはこんなふうに語っていた。「実力主義の原則を追求したかった。そうするには、徹底的な真実と透明性が必要だと気づいた[88]」

リーダーにとっての一番の競争優位性は自己認識力だと、僕は心から信じている。だから、その力を育てるようなツールやルールをつくることにワクワクする。たとえば、あなたとチームの意見をすべて洗い出して、その中にある思い込みを発見することができたらどうだろう？　素晴らしいアイデアと知見によって、社内政治と偏見を過去のものにできるかもしれない。言い合いのもとになっているのが不安や恐れであることをきちんと指摘できたらどうだろう？　最高のアイデアが実現される可能性を最も高めることができたら？　高い次元で真実を追求すれば戸惑いがつきまとうに違いないが、それが生産性と業績を花開かせてくれるかもしれない。

ジャーナリストのロブ・コープランドとブラッドリー・ホープはブリッジウォーターの現社員と元社員数十名を取材し、この会社のいくつもの理念と施策を『ウォール・ストリート・ジャーナル』紙上で2016年に発表した。

ブリッジウォーター社員が守るべきルールは、「プリンシプルズ」と題した123ページにわたるマニフェストとして公開されている。すべての社員がこのルールを知り、それに誠心誠意従うことが求められる。このプリンシプルズには、「長い目で見れば、やったことしか返ってこない」といった金言や、「戦いを選ぶな、すべてにおいて戦え」といったレイ・ダリオのアドバイスがちりばめられている。

人間は機械のように働けるとダリオ氏は信じている。このフレーズはプリンシプルズで84回も繰り返される。人間は感情が邪魔して最高のパフォーマンスを出せないことが問題なのだと、ダリオ氏は何度も語っている。そして、これは組織的な訓練によって克服できるものだとダリオ氏は考えている。

ダリオ氏は、経済の仕組みへの間違った理解が市場に反映されるため、その働きを理解するには、「思慮深い反論」を通して真実に到達するための痛みを伴う努力が必要だという。成功の秘訣はここにあるとダリオ氏は語っている。社員が繰り返し徹底的にお互いに反論し合うよう求められる理由もそこにある。[89]

ブリッジウォーターは、このような究極の真実を追求し自己認識を高めるための素晴らしいツールを社内で開発してきた。社員は心理テストを受け、会議のあとには同僚の貢献について率直な意見を求められ、日々管理職として難しいと感じていることに関連する質問を受け、たとえば「傾聴」といった分野でお互いがどのくらいうまくやっているかを定期的に評価される。また、ダリオはチーム構築と社内テクノロジーに多大な投資を行い、こうした施策を促進してきた。社内には「組織的情報研究室」という独立部門があり、ＩＢＭで人工知能のワトソンを担当した元開発責任者がこの部門を率いている。組織的情報研究室では社員の行動を分析し、すべてのアンケートや質問、評価によって集められた膨大なデータを分析する。また、この研究室でiPadの独自アプリとプログラムを開発し、社員はそれを使ってお互いの強みと弱みを評価している。こうした取り組みの目標は、社内政治と偽善を排除して個人のパフォーマンスとチーム機能を高めることだ。

もちろん、当然ながらブリッジウォーターの元社員の中には、ヘッジファンドで働いているというよりも研究室の実験対象になったように感じるという人もいた。自分をよく見せたいという当たり前の欲求を抑えて、鎧を脱ぐように促すような施策には犠牲がつきものだ。コープランドとホープによると「ブリッジウォーターに入った社員の5分の1は初年度に辞める。現役社員と元社員、合わせて5人に聞いたところ、残った社員もトイレで泣くほどのプレッシャーを感じることがあると語っていた[90]」。

ブリッジウォーターでの行動を司る最も基本的な原則のひとつが、「知らざるを知り、それにどう対処するかを知る」という考え方だ。僕が知っている元社員が言うには、この考え方がダリオの「プリンシプルズ」を貫く共通のテーマであり、毎週の社内報でも研修動画でもこのことが伝えられたらしい。

ダリオが信じる数百の「原則《プリンシプルズ》」の中で、彼の長年の経験から引き出された例をいくつかここに挙げてみよう。

> 知らないことに対処する能力は、知ることよりはるかに大切だと理解しなさい。
> 自覚しなさい。君の目標は最もいい答えを出すこと、そしてそれができる可能性は低いこと、もしいい答えを思いついたとしても、ほかの信頼できる人の検証を経ないと最善の答えかどうかわからないことだ。
> 自分に見えていないものは何かを常に心配しなさい。
> 成功する人は他者に批判を求め、その中にある真実を心に留める[91]。

主観的な知識に疑問を投げかけ、仲間の知見で自分のアイデアを補うようしつこく社員に働きかけるやり方は、ダリオが何よりも自己認識力に価値を置いていることを示すものだ。これは僕が過去に見たなかで最も客観性を高め、社内政治と感情的な意見を排除して純粋な知見に落とし込む仕組みといえるものだ。チームの中でめったに育つことのないフィードバックループを、この仕組みは育ててくれる。

自分のアイデアを評価したり、周囲の人の意見や知見を評価したりするにあたって、あなた自身も最大限の努力で周りにフィードバックを与え、かつあなたに向けられたフィードバックを最大限吸収してほしい。必ずしも聞いたことに同意する必要はないが、他者が何を考えているかを知り、なぜあなたがそれに同意するか、しないのかを率直に細かく分析してみることは必要だ。自分の考え方を支持する人を探して見返りを与えるのではなく、異なる考え方に価値を置く文化を構築しよう。

世間知らずのほうが心を開くことができる

「経験を無視したほうがいいのはどんな場合かがわかるのが、本物の経験者だ[92]」。メンターのジョン・マエダは僕にそう教えてくれた。グラフィカルユーザーインターフェース（GUI）の生みの親として有名なコンピュータサイエンティストのアラン・ケイはこう言っている。「ある状況にどっぷりと浸かっていたら、見えないことがある」。専門分野で経験を積むと慣れが生じ、新しいやり方に違和感を覚えてしまう。

無知であることは幸運で、大胆なプロジェクトをはじめるには理想的な状態だ。すべてを知っていると、足がすくんでしまうからだ。経験がなければ、業界の専門家があえて反論しないような前提を堂々と疑うことができる。経験がないおかげで知らないことに対して堂々と心が開かれる。だが、そのうちオープンであることより実行力が成功を左右するようになると、無知であることが弱みになる。

無知の利を維持する（そして取り戻す）には、異質な人たちに囲まれていることが一番だ。異なる背景を持つ人や違う業界の人たちの中にいれば、前提を疑い続けることができる。新人や経験のない人たちを励まし、業界の常識でなく彼らのロジックに従うよう勧めてほしい。新人がチームに「無知さ」を持ち込むと、そこから特殊な知見が生まれる。新人は新鮮なアイデアを提供してくれるだけでなく、みんなが見逃していることを見せてくれる。新しいチームメンバーがもっといい方法があると感じているようなら、「正しい方法」を押しつけるのではなく、新しいやり方を模索するよう背中を押すべきだ。無知は、過去に汚染されず、過去に紐づかない開かれたものの見方をもたらしてくれる。

ビジネスの論理はスケールすることにある。ビジネスの秘訣はスケールしないものにある

芸術は特別な存在だ。なぜならスケールしないから。芸術は一人ひとりに訴えかけ、感情的で、希少に見える。だから、芸術は僕たちを鼓舞してくれるのだ。この力が、事業を特別なものにしてくれる。だが、ビジネススクールではここを教えてくれないし、この知見は常識に逆らうものでもある。

メガネのオンライン販売を手がけるワービー・パーカーは、なぜ限定文房具をつくったりスノーマン製作キットを売ったりするのだろう？　健康なファストフードを提供するスウィートグリーンは、なぜ新店を開くたびに地元の工芸家を巻き込むのだろう？　数百万人のフォロワーを持つ起業家兼作家のゲイリー・ヴェイナチャックはなぜ、自分に連絡してくる人たちにわざわざ自ら返事を書くのだろう？　こうした行為はいずれも、それだけをとってみると必要がないし、売上にもほとんど影響しないものだ。目先のことだけを考えれば、リソースの無駄遣いに見えるかもしれない。だがこうした行動が積み重なると、ブランドの差別化につながる。スケールしない芸術の要素によって、プロダク

トがどこにでもあるコモディティにならずに済む。

僕の知る最高の起業家たちは、こうした一見無駄に見えて測りにくい要素を、それが明らかな差別化要因になるはるか以前から、自ら生み出し大切にしている。ほとんどの業界専門家、投資家、既存プレーヤーはアートの部分に目を向けず、それが利益に貢献し本物の差別化の源泉となるまで気づかない。だが、真のイノベーターははじめからアートに価値を置き、事業のアートを通して、つまり直感的にはスケールしないものを通して既存プレーヤーと競争する。

最初は「びっくりするくらいスケールしない」存在であれ

事業の一番はじまりの段階は、どちらかといえば論理《サイエンス》というより感覚《アート》だ。どう見ても儲かりそうもない、ちょっと奇妙な新しいアイデアで問題を解決しようとするのが起業家というもの。手を動かして実験し、気が遠くなるほどの時間をユーザーに注ぎ込み、何か特別なものを見つけるまであれこれといじくり回し続ける。

ベンチマークで一緒に仕事をしたビル・ガーリーは、チームにこんなアドバイスをしている。「事業のはじめには、とんでもなくスケールしないことをやれ」。ベハンスの初期に、僕は両手で数えられるくらいのユーザーに毎日個人的なメールを送り続け、自己紹介し、彼らがベハンスに掲載していたポートフォリオについてちょっとしたアドバイスをし、質問には直接答えていた。こうしたやりとりりのおかげで人間関係ができ、それが何年も続く関係性へと成長し、ダッシュボードのデータからは到底得られないようなユーザーの知見が蓄積できた。僕が知っているほかのアーリーステージの経営者の多くも初期のユーザーに直接連絡を取り、自らカスタマーサービスの役を引き受け、チームにもユーザーと伴走するよう背中を押していた。

スケールしない意思決定の最高の事例の中で、創業初期に大きなインパクトをもたらしたものといえば、ジョー・ゲビアとエアビーアンドビーのチームだ。ホストがエアビーのサイトに上げる部屋の写真がイケてないのを見たチームは、プロの写真家を雇ってホストの自宅に送り、素敵な写真を撮ることにした。当時エアビーはクレイグスリストと競い合っていて、まともな収益事業として成り立つために必要な取引量を得られずに苦しんでいた。費用を削ってリスティングを自動化するよりも、エアビーのチームは無料でプロの写真を掲載してあげることを決めた。結果、エアビーの物件はクレイグスリストに比べてはるかに素敵に見えるようになった。スケーラブルではなくてもここまでユーザーに便宜をはかることでエアビーの質と見栄えが格段に上がり、クレイグスリストやほかの雑多なリスティングサイトと大きく差別化できた。

ユーザーに、貴重な何かを差し出すことが大切だ。その何かは簡単にスケールできず、自動化もできず、コモディティになりにくいものでなければならない。最も偉大なイノベーションは、それが新しいスタンダードになる前には奇妙でアートっぽく見えるものだ。お金にならないとしてライバル会社や既存の企業がやらないことや考えもしないことをやってみるといい。それを模索することではじめて差別化のカギを見つけることができる。ユーザーを驚かせ、プロダクトとブランドを際立たせるカギはアートにある。

ビジネスが拡大しても、ちょっとしたことを忘れない

プロダクトの人気が出て効率化の方法を探す段階になると、ビジネスの「論理《サイエンス》」面を強化したくなるものだ。より少ない努力でより多くの顧客を獲得するにはどうしたらいいだろう？　品質を犠牲にせずにどうコストを削減したらいい？　たまたまはじめから成功を収めたスタートアップは、ともすれば事業拡大しながらもそもそもの成功を導いてくれた感覚《アート》の部分を伸ばすことに苦労することが多い。収益面だけで客観的に考えると、最初に削減されるのがアートの部分だ。

優れた企業は、いずれもサイエンスによって収益を拡大するが、アートによって人々に知られている。事業を拡大する段階で、たとえ簡単にはスケールできないものであっても、あなたのブランドとサービスを際立たせてきたものを守ったほうがいい。そのためには、これが戦略の核であることをあなたがチームに宣言し、それを維持する手段を確立するしかない。ある意味で、アートとはバランスシート上には簡単に反映できない企業価値への投資なのだ。

ベハンスの創業から何年か経って、僕たちは世界中で開いてきたポートフォリオ評価のイベントを戦略の核にすることを決めた。数字だけ見れば、数百万人が使っているオンラインのサービスなのに、

平均で20人ほどしか参加しないイベントを世界のあちこちで何百回も開くのは効率が悪いのではないか、と不思議に思われるかもしれない。たった5000人程度のメンバーと毎年顔を合わせるためだけにチームとリソースを投入するのはいかがなものだろう？　しかも毎日その3倍ものユーザーが新規に加入してくれているのに？

この決断の背景にあったのは、僕たちが起業当初に学び、事業拡大とともにますます重要になってきたあることだった。それは、ユーザーと僕たちの関係、そしてユーザー同士の純粋なつながりが僕たちの競争優位性であり、スクエアスペースやＷｉｘといったポートフォリオやウェブサイトの自動化サービスとの差別化要因だということだ。参加人数が少なくても、イベントは個人的なつながりが生まれると思った。世界中で5000人のユーザーと対面イベントを行ったことでＳＮＳ上に数万枚の画像が上げられ、それが数十万の人たちに届いた。何よりも大きな収穫は、イベントから会話と人間関係が生まれ、それが僕たちのブランドやサービスを超えてライフスタイルになったことだった。そしてこの人たちが僕たちのブランドやプロダクトや意思決定に影響を与え、採用のときに僕たちが語るストーリーや僕たちの仕事の定義をも変えていった。

だから、アートの部分を排除しないでほしい。大きな違いをもたらすちょっとしたことを守り、育ててほしい。

些細なディテールの積み重ねが大きな違いになる

僕が起業家やプロダクトリーダーに求めるのは、ちょっとした細部へのこだわりだ。こだわりによって、その起業家が事業をアートとして見ていることがわかる。

バズフィードの元社長で、最新の金融ニュースネットワークであるチェダーの創業CEOのジョン・スタインバーグにはじめて会ったとき、僕は彼のこだわりに圧倒された。スタインバーグは、事業の隅々にまで熱いこだわりをみなぎらせていた。使用するカメラの種類、契約する案件のニュアンス、業界の変わり種との付き合い、そしてもちろんコンテンツにも。目につく大きなことに熱を入れるのはもちろん、ちょっとしたことにもマニアックなこだわりが大切だと信じていた。

彼のこだわりは一見たわいのないことに見えた。だが、それが積もり積もって細部まで洗練されたことで、若い視聴者から見ると、チェダーの姿形は古くてダサいライバル会社のCNBCなどと違ったものとなっていた。

細かなこだわり一つひとつの価値は数値化できないし、それを気にかける人はほとんどいない。だが、足し合わせた全体の価値は驚くべきものになる。

誰も気にかけないがあなただけが偏愛するものを見つけてほしい。あなたが直感的に夢中になれる何かが、のちのち重要なものになるかもしれない。

人生においても仕事においても、スケールできるものは多い。

しかし、もしスケールできないものに出合ったら、たとえばアートでも、人間関係でも、何かの細部でも、特別に注意を払おう。事業の中のアートを守ることで、事業に魂が宿り、人々とつながることができるだろう。

9.

エッジを磨く

他人が自分をどう見ているかを本人が一番わかっていない

自分が他人にどう見られているかはわかりようがない。誰しも自分の個人的な視点からしか他人を見られないし、その人の経験や不安、恐れ、夢が、他人を見る目に反映される。あなたが他人を見るときも同じだ。周囲に合わせようと精一杯努力したところで、自分の望むように相手が見てくれることはない。他人が自分をどう見るかは絶対に理解できない。というのも、これまでの日々の積み重ねによって視点が左右されるからだ。

社員やユーザーとの関係にも同じことが言える。あなたが彼らにどれほど合わせようと、またはっきりと物事を伝えて倫理的に行動していたとしても、他人にどう見られるかはそのほかの要因にも左右される。そうした要因のうち、影響の大きなものは状況と心理のふたつだ。

誰もが違う状況にあるというのは当たり前のことだ。たとえば、リスク回避傾向の強さは、その人の育ちや経済的な安定度合い、過去の経験からくる自信と密接に関わっている。これまでずっと強運に恵まれていれば、多少の危機にも落ち着いて対応できるかもしれない。だが、たまたま何度か不運が続いていれば、同じ状況もまったく違って見えるかもしれない。また、これまでにないようなまったく新しい問題に恐る恐るしか取り組めない人は、野心のない人間だと思われるかもしれないが、実のところはほかのたいていの人とは背景や状況が違うだけなのかもしれない。相手の過去の経験を掘り起こし、その恐れに共感できれば、本当はどんな人間なのかをもっとはっきりとつかむきっかけになるだろう。だが、そうした洞察がなければ相手の価値もわからず、人間関係を築くこともできない。相手の状況や背景がわからなければ、力を合わせるのは難しいだろう。

自分ではどうにもならないもうひとつの力は、人の心理だ。人間の無意識の中に絶えず染み出してくる思い込みや反応が複雑に入り混じったものが、他人への見方を左右する。

あなたをどう見るかは、人によって違う。だから盲点に気づいたほうがいい。自分が見えないところに気づくには、自分がどんな印象を与えているかを聞いてみるといい。たとえば、「もしあなたが私だったら、自分のどこを変えますか？」と尋ねてみよう。そうすれば、アドバイスをもらえるばかりか、自分の行動や立場を他人がどう見ているかが何となくつかめる。もちろん、盲点を減らすのに一番いいのは、人間関係を築いて相手の恐れや不安を理解することだ。

相手は、自分が望むようには決して見てくれない。もし自分が思い通りの印象を与えられると思っているとしたら、そんな思い込みは捨てたほうがいい。あなたが口にする意見をそのまま相手が聞いていると思ってはいけないし、あなたが表に出している姿を人がそのまま鵜呑みにしていると思ってもいけない。むしろ、周囲の人の視点に立って、あなた自身とあなたの表現を見てみよう。決してすべてが見えるわけではないが、相反する視点が役に立つことは間違いない。

やると決めたら、きちんとやろう

コミットメントには2種類ある。前向きなコミットメントと受け身のコミットメントだ。もしあなたが僕と同じなら、おそらくどちらの約束もたくさんしすぎているはずだ。

前向きなコミットメントとは、自分が本当に好きでやりたいことに時間と労力とリソースをつぎ込むことだ。起業したり、理想のチームを構築しようとしたりするときには、採用のために無数のメールを送ったり人と会ったりする。いい人が採用できるなら、真夜中の電話も喜んで受けるし、家族の集まりの最中でもこっそりとメールを送ったりするだろう。また子育て中なら、子どものために学芸会に行ったり、誕生会を企画したりもするはずだ。純粋な興味と価値を感じて積極的にコミットする場合には、どんな機会でも参加しようとするだろう。自然とそうなる。

だが、自分の興味と合わないものにコミットしてしまったら、受け身になる。たとえば、時代遅れのプロダクトを維持管理したり、断る勇気がないために嫌なユーザーを引き止めたりする場合だ。家に帰って寝たいのにお付き合いでイベントへの参加を引き受けてしまったときや、次の勤務先への推薦を欲しがっている元従業員に会わなければならないときもそうだ。自分から進んでではなく、申し訳ない気持ちでするのが**受け身のコミットメント**で、自分だったら選ばないけれど助けなくてはいけないような気分で約束してしまうのだ。

もちろん、一番いいのは「ノーと言える」ようになることだ。本を見てもブログを見ても、受け身のコミットメントはお断りし、前向きなコミットメントの数もできる限り減らして、一番大切なことだけに力を注いだほうが大きなインパクトを出せると書いてある。でも現実的には、あるチャンスがその後どれほど大切な価値につながるかはわからない。ブラインドデートは時間の無駄だと思っても、それが大切な人との出会いにつながることがある。ビジネスにおける紹介もそれと同じだ。

マティアス・コレラとの出会いも、非営利の世界にいる友人からの何となくの紹介がきっかけだった。ピンタレストの創業CEOであるベン・シルバーマンに会ったのも、ベハンスの最初のインターンから頼まれたからだった。ベンとそのインターンが知り合いで、ベンはたまたまニューヨークを訪れていて、プロダクトのアドバイザーとシードインベスターを探していたのだ。このふたつの出会いは、想像もしなかった形で僕の仕事人生を変えた。僕の人生はどんな見返りがあるかわからないコミットメント——おおかたは受け身のコミットメント——を続けてきたことの産物だ。みんなが言うように、もし「ノーと言える」自分だったら、人生で最も大切なチャンスのいくつかを逃していただろう。

チャンスをもらったら、それが自分の純粋な興味に合っているかどうかを考えてみよう。頼みを受けるかどうかを判断する簡単な物差しになるのは、それがすごく気になってしまうかどうかだ。人生のほかのさまざまなことで忙しく、それが気にもならないようなことなら、おそらく誰も気に留めないだろうし、あなたも注意を払わなくていい。気になって仕方ないということは、自然選択のひとつの形だ。どうしても心に残ってしまう人や物事にはエネルギーを使ったほうがいい。だが、新しいプロジェクトに取り掛かる途中や、誰かと知り合う途中でうまくいかないと感じたら、最初は前向きでも受け身になるかもしれないことを自覚しよう。

やると約束したことは、きちんとやろう。何かを育めなくなったら、手放したほうがいい。受け身のコミットメントは立ち消えになったとしてもそれはまだいいほうで、最悪な場合には力を奪われ自分の評判も傷つく。やるならすべて前向きにコミットすべきだし、そうでなければやらないほうがいい。

仕事でも人生でも生産性が高く幸せでいられるかどうかは、受け身のコミットメントを断れるかどうかで決まる。そのためには、どれが受け身のコミットメントかを正直に自覚し、なぜ自分がそれを受け入れたいのかをよくよく考えてみるといい。相手をがっかりさせるのが怖いから？　その仕事があまり面白くなくても目先の稼ぎが必要だから？　今のちょっとした面倒を避けて、先々大きな利益につながるほうがいいから？　プロジェクト、人間関係、ビジネスなど、続けたくないのに抜け出せないと感じたら、客観的に費用便益を分析してほしい。あることにあなたの注意を向ける価値と、それをやらなければできるほかの前向きなコミットメントの機会損失を考えてみよう。

信号《シグナル》が増幅されるようなネットワークをつくろう

成功すればするほど、雑音にさらされるようになる。「雑音《ノイズ》」とは、たとえば、からかわれたり、売り込まれたり、すでに知っていることを繰り返されたりすることだ。雑音はメールの受信箱に流れてきたり、実際に耳に入ったりすることもあるが、それが役に立つことはない。

「信号《シグナル》」とは、周囲から聞いたり学んだりすることで、あなたに影響を与えるものだ。適切な質問、フィードバック、紹介など、あなたの計画を左右するようなものが該当する。

ある領域で一定の成功を収めると、これまで長年折り返しの電話を待つ生活だったものが、電話してこないでくれと思うようになる。自分の知る少数の信頼できる情報源からの信号をしっかりと受け取るようにしたほうがいい。進歩し続けたいのなら、情報源を選別し、できるだけ雑音を通さず、上手に信号を拾って集めるのが一番だ。そうした情報に基づく直感と、あなたが信頼する人や情報源から得られる機会を使うことが、最高の判断と最高の投資につながる。

信号を集めるためのネットワークと情報源をつくる方法はふたつある。幅を広げるか、深掘りするかだ。

キャリアのはじめには、幅を広げるほうがいい。自らが所属している業界内だけでなく、周辺領域まで広げて、あらゆるレベルの多様な人とたくさん会うのがいい。チームと仕事の人脈を築き、自身の興味を固めていく段階では、環境に左右されることが多い。学びの幅を広げて多くの人と会うことで、より多くの信号を発見する可能性が高まる。

ベハンスの立ち上げ初期に、僕は広告とデザインのカンファレンスに参加して、会ってもらえる人にできる限り昼食を申し込んだ（人見知りの僕にとってはすごくハードルの高いことだ）。そこで交わした会話が何か重要なことにつながったりしたことはほとんどなかったけれど、そんなたわいのない話から業界について深い知見を得ることはできた。広告代理店の内情を知り、フリーランスがどう仕事を見つけてくるかやどんなツールを使っているかを知り、僕自身がどんな人と一緒に働きたいかや働きたくないかをより上手に判断できるようになった。プロジェクトや起業の初期にはどれが雑音でどれが信号かはなかなか区別できないものだが、より多くの人や情報にさらされることで、それがわかるようになってくる。

次に目を向ける分野が絞られて、自分自身で信号を集められるようになったら、幅を広げることから、信頼できる少数の人たちをより深掘りするといい。できるだけ多くの人と会うのではなく、一番優秀な人たちに的を絞るべきだ。仕事のできる人たちは自分が手がける分野を深く理解し、強烈な意見を持ち、やると決めたことをしっかりやってきた歴史がある。彼らはいわゆる「信頼できる信号」である。つまり、彼らが与えてくれる情報やフィードバックは客観的で重要なものだ。ほとんどの場合、自分が読むものや誰かから聞くことよりも彼らの言うことのほうが重要性が高い。

もちろん、そもそも聞いたことを受け入れる気持ちがないと、雑音を排してよりよい信号を受け取ることはできない。若いリーダーが自分のネットワークを築こうとする際にやりがちな失敗は、直感に反するようなユニークな知見に耳を傾けたり自身の知見を共有したりするより先に、自分の意見を表明して相手とつながろうとすることだ。信頼できる信号を発する人たちは、聞こえのいいことを話したがらない。当たり前でないことや、よく言われることがなぜ間違っているのかを話したがる。非常に優秀な人や、お互いに学び合える関係を築きたい相手と出会ったら、問いかけ、傾聴することに力を注ごう。自分を見せるよりも、彼らの興味を汲み取って、彼らがどの分野に詳しいのかを見極めよう。

ネットワークが広がれば、雑音も増える。優れたリーダーがキャリアの頂点で第六感的な直観を発揮できるのは、それまでにネットワークを築いて雑音を排除しつつ信号を受け取ってきた結果だ。最も優秀だと思える人たちと深く付き合うことで、あなたも人生における信号の力を増幅できるだろう。

あなたの価値観は、何よりも時間の使い方に表れる

人は、自分がこんな人間だと思っている通りに行動していない。たとえば、ビジネスで「人が何より大切」と思っていても、一日のほとんどの時間をスプレッドシートを見ながら過ごしていれば、それは分析と書類仕事を人間関係よりも重んじているということになる。もし人が一番大切なら、チームの人材を育成したり個人面談したりすることに時間をかけるべきだ。

僕たちはたいてい目先の見返りのある仕事に時間を使いすぎている。価値観に沿ったことに時間を使うより、何かをやっているという気持ちになりたいという欲求に大きく影響されて、時間の使い方を決めている。メールをチェックしたり、ちょっとした問題を解決したりすることでドーパミンが放出されるため、もっと大切なことに目を向けることができなくなってしまう。

時間の使い方を正当化するためにいろいろな言い訳はできるが、スケジュール帳は嘘をつかない。何にどれだけ時間を使っているかが、あなたの価値観を最もよく表す証拠になる。

何年か前に僕は毎週末スケジュール帳を見返して、どのミーティングや経験が自分の優先事項に役立ったか、そうでなかったかを自問した。スケジュール帳の中で子どもたちの学校行事や家での食事のためにブロックされた時間を見ると、何だか正しいことをした気分になった。同じように、チームの目線を合わせるためのミーティングや、優れたリーダーの採用に充てた時間も、気分がよかった。だが、スケジュール帳の中の多くの時間は僕が一番大切にしていたこと、たとえば家族や友人との関係、チーム構築やプロダクト開発とは無関係だった。僕は他人の機嫌を取ろうとし、気の進まない約束を途中で断る勇気がなくて、そうしたことに時間を割いていた。

自分が何に時間を使っているかをきちんと見直したくないのは、真実に耐えられないからだ。日常業務をこなすことに追われ、他人を喜ばせることと自分への目先の見返りを求めて、僕たちはあとで見返したら後悔するようなことに時間を割いている。スケジュールを見直せば不都合な真実を見せつけられるかもしれないが、翌週によりよい計画を立てるにはそうするしかない。

もちろん、日々の時間配分は必ずしも人生の優先事項を反映しないかもしれない。今解決すべき危機に対応する日もあれば、何か別のことに忙殺される日もある。人生のバランスをとるのが難しいように、いつ何時でも優先事項を追求できるわけではない。むしろ、優先事項の実現には長い時間がかかる。人生の仕事の核になる価値観が何であれ、それに一番の注意を向けなければならない。そこに近づけば近づくほど、後悔は少なくなる。

あなたはスケジュール帳を見直して、事実を見つめているだろうか？

もうひとつ、時間を賢く使うためにやるべきなのは、日々の決まりごとを見直して、自動的な習慣にならないようにすることだ。たとえば、それは毎週月曜朝のスタッフミーティングかもしれないし、定型の文書かもしれない。もしかしたら、毎日いくつかのSNSに目を通すことや、毎時間決まったダッシュボードをチェックすることかもしれない。時間が経つうちに、何も考えずに動くようになり、そもそもはじめた目的を忘れてしまう。以前は目的を持って必ず繰り返していたことが、ただの癖になり、もしかしたら効果を失っているかもしれない。

いつもやっていることの「本当の目的」を見つけて、見直す努力をしてほしい。月曜の朝会は行動につながっているだろうか？　会議の前にいつも準備している文書は、時間をかける価値のあるものか？　毎日見ているウェブサイトやダッシュボードから行動につながるような情報が得られているか？　習慣に盲目的に従ってはいけない。その必要と効果をいつも自問してほしい。時代遅れになってしまう習慣もあるし、どんな習慣も一瞬だけ時間を取って見直すことでよりよいものになる。時には習慣から外れてみて、解放感を得られるかどうかを知るのもいい。

習慣は何も考えずに繰り返しはじめると逆効果になる。たまには決まりごとから外れてみよう。

余白を残して偶然のチャンスに対応する

誰しも生産的な一日を送りたいと思うものだ。ミーティングをあと数回押し込んで、メールを何通か余計に処理すれば、誇らしい気持ちになる。僕も、限られた時間の中でできる限りたくさんのことをしたいと焦ってしまう。だが生産性をとことん突き詰めていると、柔軟性を失ってしまう。ある程度の余白を残しておかないと、目の前に現れる偶然のチャンスに対応しにくくなる。臨機応変になれない。一日の中で余白の時間をきちんとつくってそれを守っておかないと、能力を最大限に発揮できない。

スケジュールをぎちぎちに詰めていれば気分は高揚するが、それではリスクの高い賭けごととあまり変わらない。隙間のないギリギリの予定では、ひとつ間違うと一日のすべてが狂ってしまう。何事もなければただほっとする。だがうまくいかないことがひとつでもあると玉突き状態になる。

余白を持つのは、偶然のチャンスを掘り出して、想定外のことを探ってみるためでもある。ファッション・デザイナーのアイザック・ミズラヒは以前に、自身の最高のアイデアは「ミスか目の錯覚」から生まれていると言っていた。[93] 世に知られたイノベーションの多くは、失敗がきっかけで、発明家がそれを深掘りしたことから導かれている。ポストイットのきっかけは簡単に剝がれてしまう接着剤だった。電子レンジのきっかけはポケットのチョコレートが溶けていたことだった。予期せぬことが起きたとき――パニックにならない程度の余裕があったら――急いでもとに戻って時間のロスを埋め合わせることもできるし、その出来事に少し付き合って様子を見ることもできる。昼食時の偶然の会話を続ける時間があれば、新しいプロジェクトやブレークスルーにつなげることができるかもしれない。余力があれば、予期せぬ結果からヒントを得て、新しい知見を明らかにすることができるかもしれない。

分刻みに予定を詰めてはいけない。たとえば、一日の中で移動の時間を2倍取ったり、変更があったときに困らないように空白の時間を設けたりしておくといい。新しい発見に出合う可能性を高めるためには、ミスや偶然のチャンスを追いかける余白を保っていなければならない。

自分の時間を注意深く管理し精査するということは、たまたまのチャンスを最大限に活かすということでもある。夕食の席で偶然まったく違う業界の人の隣に座ったら、その人の専門知識を学ぶよう心がけよう。自分が忙しくなり、野心が大きくなるほどに、時間に対してせっかちに目的を求めるようにもなる。だが時にはそれがいきすぎてしまう。野心にチャンスを潰させてはならない。

接続を切らなければ想像力を失う

強いこだわりも限度を超えると見返りが失われていくという現象を、僕は以前からものすごく面白いと思っている。一点だけをしつこく見つめ続けているとそのうち周りが見えなくなり、強い意志が逆にマイナスに働いてしまう。数々のレイターステージのベンチャー企業のアドバイザーを何年も務めてきた経験から、ピカピカの経歴を集めた経営チームが既定路線から外れて自分の確信から抜け出すことがなかなかできないのは理解できる。外部アドバイザーの大切な役割のひとつが、観察して思ったことを共有し質問を投げかけて、そのリーダーにとっては当たり前かもしれないけれどチームの視野に入っていないために見過ごされている点を指摘することだ。

リーダーは誰しも、たまに一息入れる必要がある。一時的に今の旅路から離れることで、変化し続ける全体像を俯瞰できる。ダンスフロアからではなく、バルコニーから見ることで、大きなシステムの中の自分の立ち位置を評価できるようになる。自分がどれほど近視眼になっていたかを知れば謙虚になれるし、自分の周りに広がる大きな可能性を考えることでやる気も出る。日々の戦いや努力から距離をおくことで、力を取り戻し、想像力を蘇らせることができる。視野を遮るブラインダーが外れて、周りのアイデアが目に入ってくる。接続を切ることで想像力が研ぎ澄まされる。

残念なことに、接続を切るのがこのところますます難しくなっている。今の時代、どこに行ってもデバイスがあるし、空き時間があると他人が何をしているか覗いていて、自分の身の周りのことに逆に気づかない。全員が同じ情報をつまみ食いして、置いていかれないようアップアップしている。この問題は僕たちが思っているよりも深刻で、深い思考に浸る時間も意識も失っているのが現状だ。

僕たちは誰かの「やるべきことリスト」をこなし、いつも最新のことに反応して行動し、そこに意識を向けてしまう。だから今は「受け身の仕事」の時代だと僕は呼んでいる。常に誰かとつながって周囲の情報が際限なく流れ込むことで、僕たちはますます受け身になり積極性を失っている。僕たちは、自分が一番大切に思っていることよりも、誰かが送ってくれた最新の情報に応答する。長期的な創造性のある仕事に大きく貢献したときよりも、「やるべきことリスト」を終わらせたときのほうが、たくさんのことをやった気分になる。GEの元副会長で、その前には最高マーケティング責任者も務めたベス・コムストックは、以前僕にこう語っていた。一歩下がってビジネスについて考える必要があるときには——絶え間なく流れ込んでくるいろいろなことから自分を切り離したいときには——中国に飛ぶのだ、と。十数時間のフライト（といやでも接続を切られること）で、誰にも遠慮せずゆっくりと自発的な思考ができるらしい。

だが、パッとアジアに飛ぶ時間も金もない場合は、どうしたらいい？

一日の中で、刺激のない時間の枠を設けるという人もいる。つまり、あえてメールを遮断し、ソーシャルメディアから離れ、深い思考を必要とする問いや長期的なプロジェクトに想いをめぐらせる時間を設けるということだ。または毎週1日はそんな時間を設けて、目の前のことに振り回されず、自分の意志を持って生きる日を設けてもいい。

僕自身、絶えずつながり合っていることに問題を感じ、安息日の大切さを改めて自覚した。どんな宗教にも、その宗教なりの「お休みの日」がある。いずれにも共通するのは、働いてはいけないという点だ。２００８年、リブートという非営利組織が「安息日マニフェスト」という運動をはじめた。[94]この運動の最初のプロジェクトが、いわゆる「アンプラグ（プラグを抜く）・チャレンジ」だ。[95]参加者はテクノロジーから離れて一日を過ごさなければならない。このプロジェクトでは、ジャーナリストや作家やブロガーに呼びかけて、一日だけプラグを抜いてもらい、その経験を報告してもらった。参加したほぼ全員が、目から鱗が落ちるような経験だった、または爽快だったと言っていた。

翌年には、同じ運動から「国中でプラグを抜く日」という呼びかけが生まれた。[96]このプロジェクトは世界中に広まった。皮肉なことに、ハッシュタグ「#国中でプラグを抜く日」がツイッターのトレンドになった。まったく。

「国中でプラグを抜く日」プロジェクトの一環として、「21世紀の安息日マニフェスト」が新たに発表された。

このマニフェストには、現代社会から離れて上手に一息つくための10の原則が書かれている。[97]

1　テクノロジーを避ける

2　愛する人たちとつながる
3　健康を育む
4　外に出る
5　買い物をしない
6　ろうそくに火をともす
7　ワインを飲む
8　パンを食べる
9　沈黙を愛おしむ
10　お返しをする

どんな方法でもいいので、無理やりにでも接続を切ることがすべての人に必要だ。定義はさまざまあれど儀式というものは、一息つける空間と深い思考の場をつくり出すうえで効果的な手段だ。テクノロジーが必ずしも悪いというわけではない。ただし、自らの意志を助けるようなやり方で使うことが必要で、僕たちをコントロールするのではなく役に立つような方法で使わなければならない。

21世紀において一番難しいことのひとつは、集中力を保ち、心の平穏を守って、自分にとって最も大切なことに貢献することだ。心が解放されて自由に走り回れるようになってはじめて、想像力を羽ばたかせることができる。いつもつながり合っていて、答えをすぐに見つけることができるなら、思索も模索も止まってしまう。残念ながら、仕事が否応なしに流れ込む今の世界で、心が解放されることはめったにない。

絶えずつながっていることで何が犠牲になっているかに気づいてほしい。俯瞰的な視点を持ち、想像力を養い、一日の中で刺激のない時間をつくり、接続を切り離す儀式を設け、人生の中でいつもの場を出て新しい問いと好奇心を追求する時間を育もう。

10.

地に足をつけ、身近な存在であり続ける

承認欲求が強ければ強いほど、影響力は減る

太陽は僕たちを温めて、作物を育て、地球を住める場所にしてくれている。僕たちの運命は、そのエネルギーを与えてくれる日光にかかっている。だが、50億年もすれば太陽もまたほかの星と同じように爆発し、周辺の星を塵と化すことになる。それまではまだ大丈夫、でいいのだろうか？

僕たちを生かし続けてくれるその要因が、いずれ僕たちを殺すことになる。それは相互依存を原則とする自然の摂理であると同時に、人間の社会生活の摂理でもある。この科学の原理はベンチャーにも当てはまる。進歩を促してくれる力――報酬、エゴ、プライド――は、進歩を止める力にもなる。

エゴは人を腐らせる。エゴによって大きな価値と潜在的な能力がゆっくりと錆びついていく。成果を上げた経験も、常に磨き続けていなければ年を経るごとに錆びてしまう。

僕が業界で最も尊敬する人たちは、誰にでも一目でわかる才能に恵まれているわけではないが、それが静かに表に漏れ出している。彼らは偉大な創造者を採用して力を与え、チームメンバーを褒め称える。意義のあるコンテンツを生み出し、質の高いものを世に出す。自分を過度に売り込んだりはしない。むしろ、自然とその人のことが話題になる。人々の尊敬が集まっても身近な存在であり続け、リーダーとしてさらに強い影響力を持つようになる。

目先の承認欲求は誰にでもあるし、手柄は自分のものにして失敗は誰かに押しつけたくなるのは人の常だ。だが、その逆を実践することで、自分自身の不安を和らげるのではなく、チームの潜在能力を上げることに貢献できる。嫉妬やエゴや承認欲求に逆らえば、舞台裏でより大きなインパクトをもたらせる可能性が高まる。手柄をチームで分け合わず独り占めすれば、実行力のもとになる所有意識と一体感が失われる。手柄を独り占めすれば、みんなのオーナーシップが薄れる。

起業したばかりの頃は、人に頭を下げてばかりいる。謙虚になれば、地に足がつき、創業者はメンバーと本物の仲間意識を育み、ユーザーとのあいだに共感を生み出せるようになる。僕の知る中でも起業がはじめての創業者たちは、アンテナを高く張りめぐらせていて、あらゆることに敏感だ。新規ユーザーからほんの少しでも建設的な批判があればそのことで悩み、チームメンバーの気持ちや心の状態をいつも気にしている。そんな繊細な心遣いが、生産性の高い熱意あるチームを育てる。

チームが成功すれば創業者の自信も強まる。もちろん、成功の要因はひとつではない。謙虚さ、努力、タイミング、そしてたくさんの幸運が必要だ。だが、成功は自分のおかげで失敗は他人や外の要因のせいだとする創業者も少なくない。そんなリーダーは自信過剰に陥り、他人の意見に耳を貸さなくなる。フィードバックは見過ごされる。チームの懸念を聞き取ってもらえない。そしてプロダクトも劣っていってしまう。

チームの役割を割り引いて自分の意見にこだわるのはやめたほうがいい。リーダーが自分のエゴを満たすためにチームを破壊してしまう姿を、僕は見てきた。一方が他方を除け者にして自分がビジネスを独り占めしたいがためにチームがバラバラになり、どちらの側も莫大な訴訟費用を背負うこともある。すべてはエゴが理由だ。ただいい肩書きがもらえないというだけで共同創業者が追い出され、割安に株を手放すことを強いられることもある。いずれの場合も、エゴのせいで未来の可能性も銀行預金も減ることになる。

成功は、エゴを捨ててはじめて手に入るものだと繰り返し自分に言い聞かせてほしい。それを脳に刻み込んでほしい。そうした謙虚さが自分の欠点を知ることにつながり、間違った幻想を捨てさせてくれ、大切な真実を受け入れさせてくれる。あなたの持つスキルよりも、それ以外の数多くの外の力が環境に与える影響のほうがはるかに強い。そうした力を利用できるのが本当に優秀なリーダーだ。

優越感はチームの能力をあっという間に減退させる。リーダーが周囲の人をないがしろにして自分の能力を見せびらかせば、チャンスはあっという間に消えてなくなる。自分のほうが偉いと思うと、周囲がまったく見えなくなり、ユーザーの紹介も採用の機会も見逃し、他者の経験からも学べず、顧客のニーズもわからず、市場の力も捉えられなくなる。せっかくのタイミングに気づかず、これまでの成功が自分の知識のおかげでなく無知のおかげだということも忘れてしまう。

自分を偉大な孤高の人物であるかのような物語を構築するのはやめたほうがいい。そんな印象を周囲に与えたら、家族や友人でさえも近寄ってくれなくなる。誰しも自分を実際よりもよく見せたいと思うものかもしれないが、そうすると周囲と距離ができ、ビジネスにおいても人としても無理が生じる。自らの幸運を自覚し、自分に疑いを持つ人ほど、他者は共感できる。起業家は、偶然に左右される波乱の世界の中で、問題を解決しようとしているただの人間にすぎない。

自分のやることに自信があるから成功できるわけではない、といつも自分に言い聞かせてほしい。さまざまな力が重なってたまたま自分に有利に働き、チームが期待以上の力を発揮し、自分がすべてを無にするような大失敗をしないときに成功が訪れる。自分が無敵で最強だと感じたときには、チームに目を向けよう。承認欲求を感じたら、むしろ長期的な投資を行おう。あなた自身の未来のために、他者を輝かせることにすべての力を注いでほしい。

自己を排除して他者の考えに任せよう

成功しているクリエイティブチームには、強力な創業者がいて、その人自身が有名なクリエイターであることも多い。そんな立派なリーダーに賭けてその人のために働くのはうれしい反面、メンバーのアイデアはその影でなかなか目立つことはない。

アーティストが楽曲の制作秘話を語る「ソング・エクスプローダー」というポッドキャストのインタビューで、オルタナティブロックバンドであるウィーザーのリーダーを務めるリバース・クオモが、「サマー・エレイン・アンド・ドランク・ドリ」の制作プロセスを話していた。僕が驚いたのは、クオモが、自分がいないときに最初にバンドメンバーにこの曲を演奏してもらったと言ったことだ。「民主主義の力を信じている」とクオモは語っていた。「作曲家は、ってこの場合は俺だけど、いくら善意でも、自分の曲調にこだわりすぎてバンドメンバーの創造性を抑えてしまうことがある。自分が思い描いた方向性が決まっていたとしても、それはひとりだけの考えだし、視野が限られる。力関係からいっても、そんな意図がなくても周囲が自分に気遣う構図になる。『曲を書いたのは彼だから、もし自分の演奏が気に食わなかったらクビになるかも』なんて心配もするだろう。だから、俺抜きでプロデューサーのジェイク・シンクレアとメンバーがスタジオに籠もる時間が、すごく大切なんだ。

そこでそれぞれの味が出る。メンバーがそれぞれのパートを終わらせるまで、俺は聴かない。終わったあとでやっと俺が聴いて、いつもたいていかっこよすぎて感動するんだ。すべてが新鮮で多重で複雑になっている[98]」

　チームの潜在能力を１００パーセント引き出すには、リーダーが手綱を放してメンバーにプロセスを任せるほうがいい。自分の粗いアイデアが完璧だと思っても（それはほぼないけれど）、あなたがいないところでそのアイデアを仲間に手直ししてもらうほうがいい。そうすれば、仲間にとっても「自分ごと」になり、方向性が一致して実行も速くなる。いいアイデアが最高のアイデアになり、仲間との絆も強くなる。

自分が注目されると、他人に注意を払わなくなる

注目されると、気が散ってしまうものだ。起業の初期は幸運にも孤立していて無名なので、やるべきことに集中できる。有名になって世間に求められるようになると問い合わせに応えたりオンラインの自分自身の話題が気になったりして、チームやプロダクトを構築したり、計画したり学んだりすることに時間が使えなくなる。

この本の中でプロダクトの最適化戦略について触れたとき、エゴサの力についても説明した。初期ユーザーの虚栄心を利用し、彼らを巻き込み、リピートさせることが大切だと書いた。たとえば、友達からの「いいね！」や、ゲームの中のスコアボードはリピートにつながる。インスタグラムやツイッターのユーザーは、自分でコンテンツを上げたあとに利用頻度が高まるとわかっている。その理由はただひとつ。ほかの人が自分のコンテンツとどう関わっているかを知りたいからだ。だが、他人から注目されるほど、他人の上げる作品には興味を失っていく。自分の作品への「いいね！」やコメント

を見るために時間を費やし、そのほかの探求に時間をかけなくなる。

人生にも同じことが言える。プロジェクトを立ち上げてメディアの取材を受けたり世間に認められたりすると、自分への注目に気を取られて他者のために時間を使わなくなる。

僕も、自分がメディアに取り上げられた頃があった。たくさんメールをもらいソーシャルメディアにも記事が上がるようになると、僕はエゴサに時間を使い、みんなの親切な励ましに（それほど親切でないコメントにも）いちいち返信するようになった。最初はうれしがっていたが、そのうち一日で何も終わらせられていないことに気がついた。自分が注目されて、周囲で何が起きているかが見えなくなっていた。マスコミに取り上げられたことで進歩が止まり、成功に酔いながら妙に負けたような気分になった。

あまりに注目されると創造のプロセスも止まってしまう。周囲のすべてを１００パーセント吸収しているときに想像力は花開く。心が開かれているとチャンスに出合える。だが、何か新しいものをつくり出したとき、ほんの一時期かもしれないが、周囲のことに無関心になる。自分の作品がどう思われるかが気になって仕方がなくなる。原始的な承認欲求が湧き上がり、誰が自分の作品を見ているのか、自分の作品をどう評価しているのかばかりに目が向いてしまう。

毎日注目を集めている人や企業は、自分に向けられた注目を脇に置く訓練が必要だ。有名であることの負の側面を好奇心で乗り越えている経営者や有名人もいる。たとえば、ベハンスの初期の投資家だったジェフ・ベゾスとの少人数の夕食に招かれたときのことだ。ベゾスは僕たちに仕事についてたくさん質問し、新しいデザインとテクノロジーのトレンドについての意見を求めてきた。僕はそのことに感銘を受けた。夕食が終わってお暇《いとま》する頃になってやっと、ベゾスが経営する宇宙開発会社のブルー・オリジンについても、彼が買収したワシントンポストについても話していなかったことに気がついた。ベゾスは人類最後の未踏の地を開拓するためロケットを開発したり、アメリカ最大級のメディア企業を所有したりしている。それなのに、僕たちに興味を持ち、立ち上げたスタートアップについて聞いてくれた。

アマゾンが持続的に成長し続けていること、またベゾスが数多くの業界を確実に掌握していることは、自分に向けられた注目よりも好奇心が優った結果そうなっているのだろうと僕は思った。たいていの人なら、その道の専門家として持ち上げられればいくらでも自分のことを話すはずだ。だが、ベゾスは誰かが立ち上げたベンチャーについてあきれるほど真剣に知りたがり、それが学んだり探索したりする原因になり、また同時にプレッシャーをはねのけていた。

騒ぎ続けろ

もう随分と以前の話になるが、僕のメンターであるセス・ゴーディンから、こんな言葉が送られてきた。

「スコット、騒ぎ続けろ。セス」

この言葉は僕にとって、時が経つごとに違う意味を持ってきた。だが、何よりも「摩擦を恐れるな」と僕に教えてくれていた。戦い続けろ、と。苦悩を抱きしめ、居心地のいい場所に落ち着くな、と背中を押してくれた。

メンターに言われたことの中には、あとになってその本当のありがたみがわかることもある。「騒ぎ続けろ」という言葉は、チームとプロダクトを最適化するにあたって最良のアドバイスだった。アドビで働いているとき、厳しい問いを投げたらチームの和を乱すのではないかと、僕は恐れていた。当時のアドビは絶好調で、僕が解決しようとしていた問題は重要ではあったが今すぐどうにかしなければならないわけではなかったからだ。そんな状況では、平和を保ったほうがよさそうだし、一見不必要なリスクについて話し合うのは避けたいと思うのは自然なことだ。業績の指標は好調でも、その背景に問いが隠れていると感じたときには、頭の中にセスのアドバイスが聞こえてきた。「何かしっくりこないと思ったら、聞いてみろ」。質問が役に立たないこともあったが、たまにそれが隠れた重要な課題を掘り出すことにもつながった。

まったく別の理由で、非営利組織の理事としての仕事で同じような課題にぶつかったこともある。非営利の世界では多くの人が無償のボランティアだったり、これまでより安い給料で重要な問題を解決しようとしたりしている。だからこそ一層、なかなか組織の戦略に疑問を投げたり、リーダー層を批判したりすることができない。だが、問題から目を逸らしているとスタッフが疲弊し、長い目で見て関係者を傷つけてしまうことになる。人材も、戦略も、戦術も、前提も、時間とともに変わらなければならない。痛みを背負ってでも変化を推し進めるのが、責任あるリーダーというものだ。

ではどこまで騒ぐといきすぎになるのだろう？　どんな組織でも圧力が一定の水準を超えると崩壊してしまう。気をつけなければいけないのは、戦いを賢く選ぶことと、人々の自主性を奪わないように上手に背中を押すことだ。一対一の話し合いで疑問の種を植えつけ、相手の頭にその問いが根づくのを待つことが、変化を推し進めるうえで最良のきっかけになる場合もある。感情が理性を上回ることは往々にしてある。物議を醸すような問いへの脊椎反射的な対応を避けるために、大事なミーティングの前に懸念やヒントを伝えておくこともできる。おそらく、疑念や厳しい質問を胸にしまっていたのはあなただけではないだろう。ならば、あなたが率先して騒ぎを起こし、物事を正しい方向に動かしてほしい。

真実を掘り起こそうとして問いかけたり突ついたりすれば、どうしても他者をイラつかせることになる。いさかいを避けたいのが人の常だし、先々の懸念に向き合うのは自然と後回しにしたくなるものだ。だが、他者をがっかりさせてしまうことを恐れていては真実に向き合えない。むしろ、それが最適な道だ。騒ぎを起こそう。

Part 3

ゴール直前

THE FINAL MILE

走り切ること

それは2012年12月の半ば、クリスマスの数日前、ニューヨークでのことだ。僕はいまだかつてないほどの寝不足で、髭も剃らず、病気の一歩手前で、友達とも家族とも顔を合わせていなかった。30日ほどのギリギリの交渉と査定、細かい条件の詰め、痛みを伴う熟慮と話し合いの末、僕たちはアドビへの売却の最終書類に署名をしたばかりだった。5年間節約しながら自力で商売を続け、600万ドルをベンチャーキャピタルから調達したあと、1億5000万ドルの価値がこの少人数のチームにあると認めてもらった。そのうえ、チームメンバーは全員とてもいい条件でアドビに採用される。みんなでこれからも一緒に働き続けることができる。メンバーのうち12人は億万長者になる。

人生には、すべての動きが止まる瞬間がある。僕の頭の中にあのはじまりのときが蘇った。クレイジーなアイデアを試してみようとひとり目に採用したマティアスと最初に会ったのは、ユニオンスクエアにあるスターバックスで、僕はゴールドマン・サックスでの勤めの帰りだった。6か月というもの、僕たちは昼間の仕事が終わってから深夜まで働き、モックアップをつくり、ワインと中華のデリバリーを食べながらベハンスの将来について議論した。それから7年経った今、僕たちの人生を変える転機が訪れようとしていた。

朝の8時半、ソーホーにあるビルの7階にあるベハンスのオフィスにエレベーターで昇っていく途中、感情が込み上げてきた。世界が止まったようだった。熱いものが喉元と目頭に込み上げてくる。信じられないという気持ちと高揚感が混じり合い、笑い出したいような、喉の奥ですすり泣きたいような、そんな気分だった（実は本当に風邪を引いていて、熱も高かった。その前の数週間、案件をまとめるために働きすぎて疲労困憊していたのだ）。7年間の浮き沈み、疑い、恐れが僕の中で膨らんで、それがこのときやっと外に出た感じだった。やり切った。ここまで来たんだと思った。

僕はオフィスに入っていき、チームメンバーに集まってもらった。みんなすぐ静かに集まってくれた。僕が何を話すか、もうメンバーはわかっていたが、それでも僕は自分の口から伝えたかった。横にCOOのウィル・アレンが立ち、僕は二十数名のメンバーを集まったのを見て、マティアスと僕だけで喫茶店の無料Wi-Fiを勝手に拝借していた頃を思い出した。話をはじめる前からもう、込み上げてしまった。

自分が何を話したか、正確には覚えていない。あの日は朦朧《もうろう》としていた。でも、ありがとうと言ったことは覚えている。チームが僕たちをここまで連れてきてくれたこと、ここにくるまでにみんながしたことすべてに、お礼を言った。すべてはメンバーのおかげであること、そして僕がどれほどチームと彼らが成し遂げたことを誇りに思っているかを伝えた。チームを導けたことが僕の人生で最高の栄誉だと言いながら、目に涙が溢れた。

とはいえ、僕はただウキウキしていたわけではない。後悔しないだろうかと心配もしていた。僕たちが築いたプロダクトとコミュニティをアドビは守ってくれるだろうか？　いきなり金を手にしたら、大志や価値観を見失ってしまうのでは？　僕は興奮しつつも、人生がどんなふうに変わってしまうのだろうと恐れていた。

マスコミがアドビによる買収を報じ、その金額を見出しに載せたことで、さらに気持ちが揺れ動いた。「ニューヨークで9桁台の買収！」と書き立てられると、コメントを求める電話がかかり、これまで支援してくれた人からのお祝いの連絡も届いた。ユニコーンになったわけではないが、前年に今回の価格よりはるかに割安な価格で投資した人たちからも感謝された。起業したときには、こんなことは想像もしていなかった。メンバーの大半は奨学金の返済に追われ、いつか住む場所を買いたいと夢見ていた。これからは人生が変わる。全員に多少の変化が訪れる。

記憶というのは不思議なものだ。延々と同じことをしていたのにまったく記憶にない時期もあれば、決して忘れられない瞬間や習慣もある。たとえば、モックアップを印刷していたことだ。僕たちは2006年にウェブサイトを立ち上げるにあたってユーザーがたどる旅の一歩一歩を最初から最後まで紙に印刷し、壁に貼って、それに印をつけ、修正点を改良し、また新しいものを紙に印刷して壁に貼っていた。ひとり目のエンジニアを採用するずっと前にモックアップを描き、僕たちが描いたものを実際に構築してもらった。最新のモックアップがプリンタから出てくるときの興奮は忘れられない。たとえそれが紙の上だけだったとしても、僕は前に進んでいると感じられた。僕の記憶はそれからしばらく後の時点に飛んで、紙のプロダクト（日銭を稼ぐために「アクション・ブックス」という手帳を販売していた）を手で配達して、配送費を節約していたことを思い出した。マンハッタンの高層ビルの入り口でバイク便の配達者たちと同じ列に並んで待ち、見知らぬ広告代理店の社員やヘッジファンドのスタッフに手帳を手渡していた。そうやってケチケチと節約しながら生き延びていた時代、オフィスマネジャーのブリット・アンセルと膝突き合わせて、請求書の支払いをどう調整したら給料を支払えるだろうかと話し合ったことを思い出した。

僕はずっと「あともうひとつ仕事を片づけたら、たぶん生き延びられる」という気持ちに追い立てられていた。早朝にパソコン画面の前で瞼が下がっていくのに、あともう1通メールを出そうと考えていた。あともうひとり、ユーザーに声をかけたら、あともうひとりデザイナーをオンラインで見つけて僕たちのプロダクトに誘い込めたら、そう思っていた。「あともうひとつだけ」と何年も、何年も考えてきた。

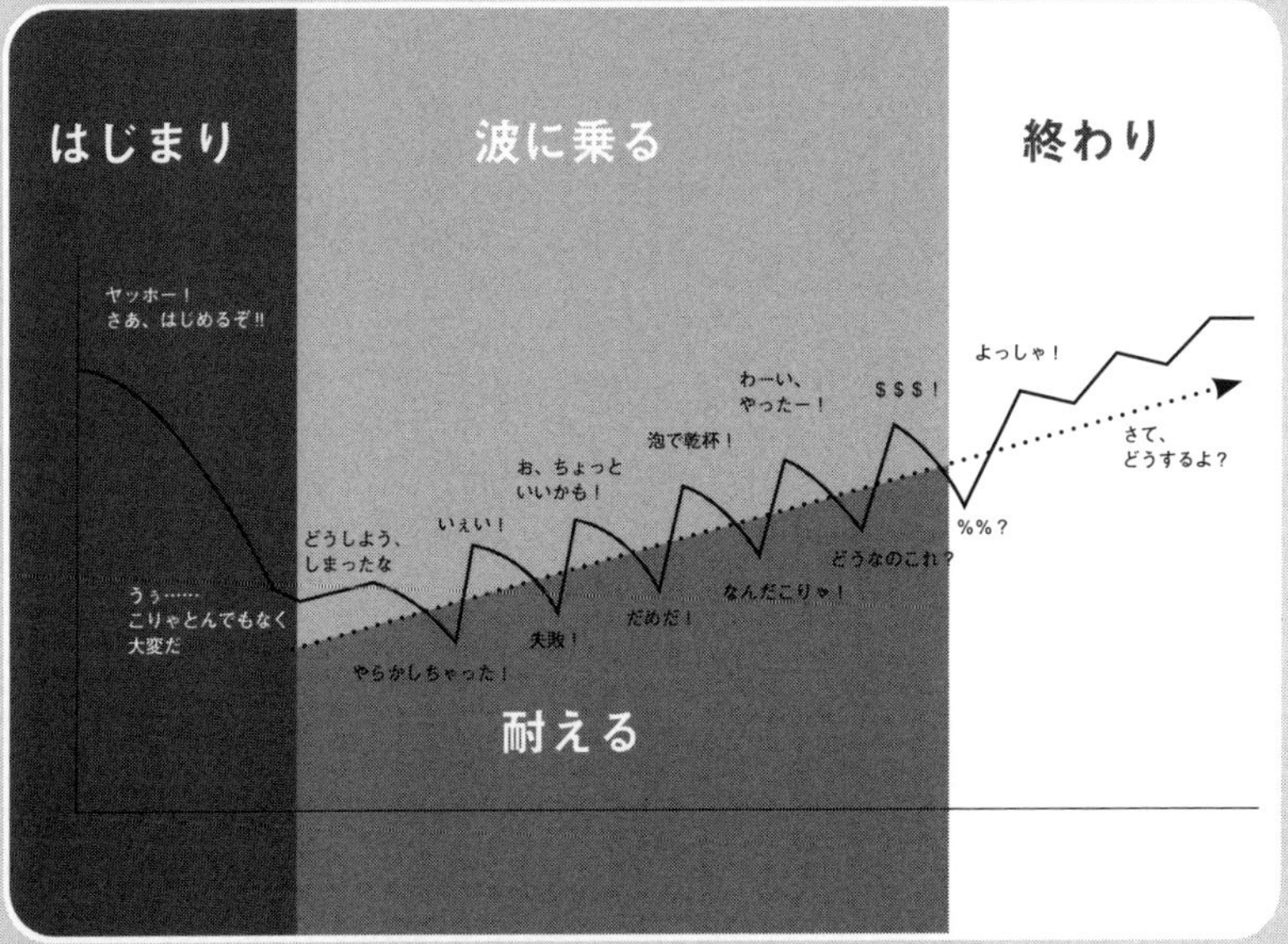

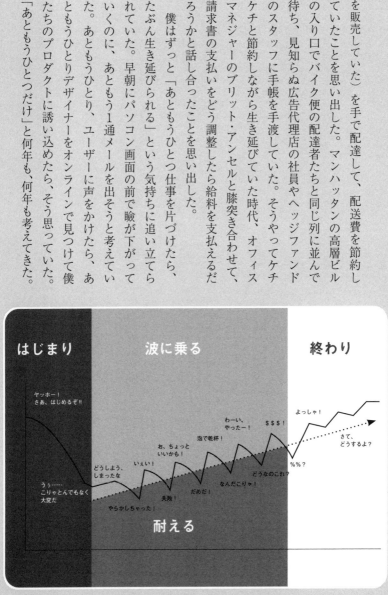

創造に本当の終わりはない。「終わり」とは人生という長い旅路に区切りをつけるための抽象的な距離表示でしかない。創造のサイクルのどこに自分がいて、それがどの方向に向かっているのかを知ることは、これからさらに前進し続けていくために欠かせない。旅路を上手に導き、バトンを渡していく限り、ひとつの終わりが来るたびに新しい可能性が開かれる。

1.

ゴールテープを切る

最後の1マイルはこれまでとは違う競技

投資家がCEOから「急ぎでちょっと話がある」とメッセージをもらったら、用件は次の3つのうちのどれかだと思っていい。買収話を持ちかけられた。廃業間近、もしくは現金が底をつきそう。または、事業の将来を左右するような大事な決断を迫られている。セキュリティ業界の起業家からそんな連絡を受けたのは2016年の末だった。その起業家は不安と興奮の入り交じった様子で、フェイスブックから買収提案を受けて最終交渉の段階にきていると教えてくれた。「それはすごい」と僕は言い、いくつか質問をした。「条件は？　チーム全員一緒に採用してくれる？　ほかの買収候補先とは話をした？」

彼は一瞬押し黙った。「ちょうどその話をしはじめるところで、このあいだ相手側のリーダー数人と親しくなったし、事業開発のチームが先週オフィスに来てみんなに会ってくれた」

「みんな？」僕は聞いた。「フェイスブックが君たちのチームメンバーと会ったのか？　まだ買収は決まってないんだろ？」

「まだです」と彼。「まだそこまでいってない。だから、あなたにアドバイスをもらおうと思って」

僕はため息をついた。何が起きているかに気づいてがっかりした。「フェイスブックとプロダクトについて話し合って、ロードマップも見せて、チームメンバーと会わせたんだね——でもまだ価格も条件も話し合ってないってことだね?」

フェイスブックがこの会社を、買収を通じて有能な人材を獲得するアクハイヤの対象にすぎないと見ていることを、彼はわかっていなかった。そして、意図せずしてチームの心を乱し、最終的にがっかりさせてしまった。自分たちを買収しようとしている会社に有利な情報を与え、きちんとしたプロセスを経ずに進めたため、結局買収話は流れた。すべてが時間の無駄で、会社は数か月分後退することになった。レースでうまく走れていても、最後の最後でつまずいて負けてしまうこともある。

偉大な創業者が偉大なクローザーとは限らない。ラストの1マイルは異なる競技で、これまでとは違うコーチを引き入れ、トレーニングのやり方も変える必要がある。ゴールテープが見えていたら、これまでと同じことをやり続けて灯りに向かって走っていけばいいと思いがちだ。しかしベンチャーの最終段階ではすべてが変わる。これまでの旅路でどれほど多くを達成してきたとしても、新しい戦術と多くの助言が必要になるだろう。持続し拡大するのではなく、終わらせなければならない。

ベハンスのラスト1マイルは、アドビとの提携についての3度目の話し合いがまとまらなかったときからはじまった。ベハンスとアドビは協業したほうが都合のいい理由が山ほどあったが、提携話がまとまりそうになるといつも、アドビ側が提携よりも自前のポートフォリオネットワークを構築し運用したほうがいいと考えはじめる。そう考えるのも無理はなかった。サブスクリプション事業を営むアドビは、クリエイターのコミュニティと関係を構築する必要があったからだ。コミュニティとポートフォリオ管理などのオンラインサービスは、アドビの大黒柱であるクリエイティブクラウドの核になりつつあった。自分たちでネットワークを構築するか、さもなければ外部の一番いいコミュニティを買収するか、どちらかが必須だった。

数か月後、当時アドビのデジタルメディア事業を統括していたデイビッド・ワドワーニと会うことになった。彼はクリエイティブクラウドの将来像と、ベハンスがアドビの一部として中心的な役割を果たす可能性について語ってくれた。数億人のクリエイティブ人材がフォトショップで作品をつくって世に出したその瞬間から、リアルタイムで彼らとつながることができるという。デイビッドやアドビのほかの事業開発メンバーと何度か話をし、これが大きなチャンスであることがはっきりしてきた。僕は、この最終プロセスで、秘密を守って自分を指導してくれそうなアドバイザー数人に急いで声をかけた。

そのひとりが僕たちの投資家で取締役でもあったユニオン・スクエア・ベンチャーズのアルバート・ウェンガーで、彼とはさまざまな選択肢を話し合った。大型買収を完了させた起業家や、未上場のまま大型調達を行った起業家とも電話で話をした。エンジェル投資家のクリス・ディクソンとは、条件の交渉にあたって、また特定の優秀な従業員により多くの価値を譲渡する方法を考えるときに、深夜に何度も電話で相談に乗ってもらった。

そのあいだずっと僕はアウェイで戦っている気分で、この7年間に蓄積した経験が突然何の価値も持たなくなってしまったように感じられた。自分のキャリアの最も大切な瞬間に、ずぶの素人になってしまったのだ。助けを求めるのは怖かったが（キャリアのはじめの頃は決して怖くなかった）、助けを求めて本当によかったと思う。

最後の1マイルでは、市場経験と日々の事業経営スキルに頼ることはできない。たとえ自分のスキルが加速度的に成長していると思っても、助けを求め、選択肢を簡単な二択の問いに落とし込もう。あなたのプロジェクトは完了が近いかそうでないか？　この動きはユーザーにとっていいか悪いか？目標は達成したかどうか？　この終わり方でチームに十分な見返りがあるか？　正しい問いを言語化し答えを出すにあたって、信頼するアドバイザーに頼ろう。

旅の最後の1マイルでは、風景が変わる。終わりがきたらどうなるのかを心の中であれこれと思案し、さまざまな感情が入り交じる。自分と自らのモチベーションを疑いはじめるだろう。内向きになり、その新しい場所を自分で開拓したくなるが、それはできない。最後の1マイルはひとり旅には向いていない。

試合の初期にとどまる

フェイスブックの本社を歩き回ると、「小物のままでいろ」という哲学で知られる会社らしく、ラップトップのステッカーやポスターのアチコチに「この旅はまだ1パーセントしか終わっていない」という言葉を見かける。

進歩するのはいいことだが、進歩のせいで大胆な手を打つ気満々の初期の時代が終わってしまうのが問題だ。ほとんどの会社は、どちらかというとマイスペースの二の舞になる。成功したプロダクトのやり方を繰り返し、それを維持することだけに集中する。フェイスブックはそれとは逆に、まだ試合がはじまったばかりのように振る舞う。

「まだはじまったばかり」の気持ちを持ち続ければ、人々は思い込みを疑い、視野が広くなる。2004年に創業されたフェイスブックがこれほど長く成長を続けていられるのは、これまでに何度もガラリと姿を変えてきたからだ。大学の学生名簿としてはじまったフェイスブックは、ほかのウェブサイトやサービスにログインできるプラットフォームになり、それからイベント発見ツール兼グループが集う媒体となった。インスタグラム、メッセージプラットフォームのウィチャット、仮想現実企業のオキュラスも傘下に入れた。フェイスブックは進化を続けていて、もしその成長が限界を迎えるとしたら、チームメンバーが終わりに近づいたと感じ、そのように振る舞うようになった場合だけだろう。

グローバルメッセージングプラットフォームのワッツアップをフェイスブックが買収すると発表したとき、その見出しを見間違いかと思ってしまった人も多かった。１９０億ドル（当時の価値で2兆円を超える）という金額は、売上もない企業に支払うにはバカバカしい大金に思えた。[1] だがもしフェイスブックがメッセージ業界を独占しプラットフォームを超えてお互いがつながり合う手段を手に入れたいと思ったら、業界最大のメッセージングアプリであるワッツアップを手に入れることが必須だった。この買収は大成功に終わり、２０１８年2月にはワッツアップの月間アクティブユーザー数は15億人を超えていた。[2] そんな大胆な賭けができるのは、まだ1パーセントしか終わっていないと信じていられる会社だけだ。

創業初期は最もいろいろなものが生み出される、柔軟な時期だ。成功を当たり前だと思っていないし、リスクを取って失敗もする。プロダクトも居場所を見つけている途中で、大転換もいとわない。夢でもうつつでもアイデアが飛び出し、大きな違いをもたらすようなちょっとした変更をいつも考えている。また、最初のうちはいつも売り込んでいる。会う人は誰でも支援者になり得るし、投資家にも従業員にも先生にもユーザーにもなり得る。それが一瞬ではなく、習慣になる。

プロジェクトが終盤に近づくと、はじめのうちは持っていた心の広さや謙虚さや軽さを保ち続けるのが難しくなる。最終的な目標を見えないくらい遠くに置くよう調整し続け、成功すればするほど盲点も多くなることを肝に銘じよう。頭も心も、試合の初期にとどまろう。

偉大な結果に逆らいたくなる気持ちを克服する

ひとつのプロジェクトに全身全霊を捧げていると、最後の1マイルは感情的になることも多い。よくも悪くも、愛する仕事があなたの一部になる。ゴールに近づくと、このベンチャーが自分をどう変えたかを自然と考えるようになる。ベンチャーの終わりと自分のアイデンティティへの影響とのあいだで折り合いをつけるのは難しい。

ベハンスの売却がメンバーに与えた影響は、人によって大きく異なる。みんながこの経験で鍛えられたのは間違いないが、自信をつけた人もいれば謙虚になった人もいる。生活が贅沢になり、大きな買い物をしたメンバーもいた。絶対に何も変えないよう努力した人もいた。経済的な成果と世間に認められたことをみんな喜んでいたものの、最後の1マイルでとても奇妙な行動も見られるようになった。

ベハンスの売却が近づくにつれ、ある経営メンバーは不適切な行動とうかつな判断をするようになった。皮肉を言って周囲の人に嫌な思いをさせたり、たまに急に噴き出したりと、行動が不安定になった。同じチームのメンバーが彼の行状を僕に訴えるので、僕もそれに対応していたものの、行動はおさまらなかった。僕はわけがわからなかった。交渉中で、経営に厳しい目が向けられている大切な時期に何か大事件が起きたら取り返しがつかないことになると、仲間たちは直感で理解していた。それなのに、奇妙な行動はおさまらなかった。

ある晩帰宅中に、とんでもない事件に僕がフラストレーションを感じていることを、臨床心理士である妻のエリカに打ち明けた。

「彼はあらがっているのよ」とエリカが言う。

僕は意味がわからなかった。「どういうこと？ これまで長年必死に働いてきて、やっとものすごい成功をつかもうとしてるんだよ。欲しがっていたものが目の前にあるのに、なぜそれにあらがうんだい？」

成功の心構えができていなかったり、自分が成功に値するかどうか自信がなかったりするときには、無意識にそれにあらがってしまう。意識的で合理的な自分が認めたくない不安と疑いが、無意識の心によって肥大する。成功に値しない人間だと無意識に思っていれば、それが行動に表れる。

問題行動を起こしていたメンバーが無意識に自分自身を傷つけようとしていたことは、僕の目に明らかになっていた。彼の振る舞いはいつもの彼らしくなかった。だから問題よりもその原因をどうにかすべきだと僕は考えた。

翌日の晩、僕とそのメンバーは会議室の片隅のみんなに見えない場所で膝を突き合わせた。はじめのうち、彼は奇妙な振る舞いの言い訳をし、もうこんなことは二度としないので心配いらないと請け合った。僕は話を止めて、椅子を彼の近くに動かし、彼の目を覗き込んでこう言った。

「君はこれまで必死に働いてきた。成功して当然だ」

最初、彼は戸惑っているようだった。まだ言い訳がましい態度で、僕の勘違いだと言わんばかりだった。僕はもう一度言った。「君は成功に値する人間だ。あらがわなくていいんだよ。君の努力の賜物だから」。すると彼の姿勢が変わった。目に涙が溢れた。一瞬、深いところにある何かを突き止めたように感じた。僕たちは立ち上がり、ハグを交わした。彼は謝り、一緒に部屋から出た。会議室で何が起きたにせよ、彼が自分の進歩を受け入れたことは間違いなかった。

判断ミスは、深い心理的な要因から起きる。事業や生活が大きく変わろうとしているときに、その人らしくない奇妙な振る舞いをするリーダーを、僕は何人も見てきた。自分の進歩にあらがう気持ちは誰にでもある。そんな抵抗感を乗り越えることが、終わりを締めくくることに向けた最初の一歩だ。

あなたは成功に値する人間だ。そのことを認めよう。

塵も積もれば山となる

2009年、僕はクーパー・ヒューイット国立デザイン博物館の理事に就任して、本当にワクワクしていた。クーパー・ヒューイット博物館はスミソニアン博物館の一部で、政府、ニューヨーク市、その他のさまざまな場所と、世代の異なる寄付者との複雑な関係を持つ、歴史的な組織である。僕が理事会に入ったのは、僕自身デザインに興味があり、変化の激しいインタラクティブデザイン及びデジタルデザインの領域で仕事をしてきたからだ。そうした新しいデザイン領域を博物館に展示できる可能性に心を躍らせて理事に就任したのだが、最初の会合で僕のワクワクは萎んでしまった。

即断即決で行動重視のスタートアップの世界で働いていると、手続きを重んじる、100年以上の歴史ある非営利組織の理事会にじっと座っているのが苦痛になる。非営利で理事の役職に就くのは多額の寄付者である場合もあれば、専門性を買われてという場合もある。その結果、立派な経歴でも理事会のメンバーの資質や目的はバラバラで、さまざまな意見やコミュニケーションのスタイルの人たちが混在することになる。みんなを機嫌よく参加させておくために、その組織のエグゼクティブ・ディレクターが議論を手際よくまとめがちになる。会合が終わったあと、「何か成果があったっけ？　大変な時間の無駄だったのでは？」と思うことも少なくない。

博物館の廊下を出口に向かって歩いていると、この本でも紹介した僕の長年の指導者であるジョン・マエダが僕にどう思ったかと声をかけてくれた。あまりに進みが遅くて効率が悪いと思ったと伝え、彼がロードアイランド・スクール・オブ・デザインという動きの鈍い巨大な組織で自分の期待をどう抑えて面倒なプロセスに耐えたのかを尋ねてみた。

ジョンはにっこり笑って、いつもの落ち着いた思慮深い声で、僕がデジタルプロダクトやスタートアップといった一時的なものをつくるのに慣れすぎているんだと教えてくれた。「スコット、そうしたものがどれほどもてはやされ大成功しても、100年も経てば誰にも見向きもされず消え去ってしまうほうが多いんだよ」と言う。「だが、本物の組織は残り続けるし、そこに少しの変化でも残せばそれが永遠に存在し続ける。たとえそれが組織の土台にレンガをひとつだけ乗せることであっても、君の貢献はいつまでも歴史に残るんだ」

ジョンの言葉は僕の世界観を一変させた。既存体制が変化に抵抗するのは、健全なことかもしれない。それは弱みではなく、強みなのかもしれない。リーダーの思いつきや時代の風潮に左右されずに続いていくように築かれた何かを変えることのリスクは大きい。

さらに、ジョンの言葉で僕はレンガを積む貴重な機会――つくる人ではなく、誰かに貢献し仕える人となる機会――を与えられたことに感謝できるようになった。また、このことで自分がどれほどスタートアップの世界にどっぷりと浸かっていたかに気づかされた。新しいものをつくり目の前の問題を解決することに夢中で、コミュニティや社会に途方もなく大きくて永遠に続くインパクトを与える存在があることに気づいていなかった。もちろん、レンガをひとつ積むことは大きな仕事には見えないし、普通の感覚では進歩を感じることはできないかもしれない。だが、こうした世界への貢献は普通の感覚では測れないものだ。

永遠に続くものをよりよくするには、我慢強さを失ってはいけない。新しい何かをつくろうとしていつも探し回る代わりに、レンガをひとつ積み上げることであなたの貢献はその寿命を超えて長続きするかもしれない。

最後に、あなたのつくり出したものを、長い時を経ても続いていくような存在にしたいなら、あなた自身が「つくる人」から「貢献する人」にならなければいけない。それは時として、少しだけ未完の部分を残すことにもなる。あなたが成し遂げたことのうえに後継者が何かを積み上げることができるように力を与え、成功に導いてほしい。あなたの名前をそこに残してはいけない。あなたがはじめたことを後継者が自分のものだと感じられたら、彼らがそれを育み、積み上げていってくれるだろう。

2.

バトンを渡す

うまくいかなくても、美しく締める

ベンチャーが想像通りになることは絶対になく、望んだ通りにいくケースはほとんどない。終わりが近づいているとき、特にうまくいっていないときには、さっさと閉鎖して次に移りたいという衝動を抑えたほうがいい。最後の1マイルには学ぶべきことがたくさんある。自分の評判を落とさず、助けてくれた人たちを気遣うためにすべきことも、この段階で学ぶことができる。

誰にも告げずにひっそりプロジェクトを廃止する起業家もいる。失敗を世にさらしたくない、または答えにくい質問に答えたくないからだ。すると、沈黙がこれまでのユーザーや投資家に対する唯一の答えになり、ユーザーや投資家は戸惑い憤る。中には、うまくいかなかった理由を言い訳したり、清算をあたかも「買収」のように装ったりして、その実はただ別の会社に移るだけの人もいる。僕が最も尊敬する起業家たちは、結果がどうであったとしても、それに責任を持つ。そして、終わりを潔く美しく締める。

僕自身、メールや電話で起業家から悪い知らせを受けたことは数知れない。そんな知らせのひとつが、ゲッタブルという会社の創業CEOであるティム・ハイヤーからのメールだった。ゲッタブルは、消費者向けレンタルの会社だ。芝刈り機、バーベキューセット、工具、その他の高価で場所を取る、普段はガレージに眠っていてほとんど使わないものを扱っている。僕はCEOのティムのビジョンを信じて2012年に投資した。ミレニアル世代は所有を減らしてレンタルを増やすトレンドにあると予想したからだ。だが数年経っても彼らはぴったりの市場を見つけてユーザーを取り込むことができていなかった。そこでティムは事業のターゲットを日曜大工好きなお隣さんではなく、工事会社や建設会社に移した。それでもまだうまくいかなかった。結局、業界の力学もあって事業は育たず利益も出ないままで、ティムのチームは清算という苦渋の決断を迫られた。投資家に向けた手紙の中で、ティムは自分を振り返り、正直に深い感謝の気持ちを表していた。

8年にわたってジェットコースターのような経験をしてきましたが、ここでゲッタブルの清算を申請することになりました。スタートアップの経験者であれば誰でも、事業をゼロからつくり上げる際の浮き沈みをご理解いただけると思っています。起業家は常に逆風にさらされ、いつもすべてを守るために戦わなければなりません。この会社で、共同創業者や多くのチームメイトとともに10年近く戦ってきたことを誇りに思います。ケチケチと節約し、チームメンバーを集め、プロトタイプをつくり、資金を調達し、取締役会を設立し、初期のユーザーを獲得し、チームを拡大し、さらに資金を調達し、ビジネスモデルを再構築し、ブランドをつくり替え、採用し解雇し、節目の目標を達成し、再び資金を調達し、ビジネスモデルをもう一度築き直し、買収の可能性を模索し、そのほかのたくさんのことを行ってきました。天に昇るほどの興奮を味わったすぐあとに絶望の淵に沈み込んだ時期もありました。数字では表せないほどの努力もしました。ですが、力が及びませんでした。この真実を認めるのは辛いことです。私自身にとっても辛いですが、それ以上にこの旅路で私とチームを支えてくださった皆さんに申し訳なく思います。皆さんは私たちが成功できるようにと必要なものをすべて与えてくださいました。成功できなくて、申し訳ありません。

辛く苦しい中間地点での清算は珍しくないし、尊いことでもある。僕は投資家として、人の気持ちのわかる起業家を支えたいと思う。ある問題に苦しんでいる人々がいて、その問題を解決しようと情熱を燃やし、自らを客観的に見ることができ、実社会でハードシングスを乗り越え、これからの旅路を耐えてなんとか乗り切っていけるような、そんな起業家を応援したい。ティムはそうしたすべての資質を持っている。残念ながら彼は幸運に恵まれなかった。それでも、腐ったり、言い訳をしたりせず、不運を受け入れ、巻き込んだ人たちに謝罪した。最初のベンチャーを終わらせたときのティムの姿勢は、きっと次回に役立つに違いない。

本や映画もそうだが、プロジェクトをどう終わらせるかが、次の成功の可能性を左右する。怒りや恥や不安から、終わりを醜くしてはいけない。終わりを上手に締めくくれれば、失敗も正しい方向へと向かうための一歩になる。

あなたは、仕事ではない

成功している起業家やアーティストに共通する苦悩とは、仕事がその人のアイデンティティになってしまうことだ。10年前のバンドでの成功だけがその人の人生のすべてだと思われているミュージシャンであれ、若い頃にひとつのベンチャーで成功した経営者であれ、仕事の成功がその人のアイデンティティを乗っ取ってしまうことは少なくない。

僕の祖父であるスタンレー・キャプランもそうで、僕は小さい頃からその様子を間近で見てきた。スタンレーは１９３０年代の後半に両親の家の地下で、子どもたちにＳＡＴなどの統一テストの勉強を個人的に教えはじめた。移民の子どもだった祖父はその家庭教師の仕事で家族を経済的に支え、はじめての自動車も買った。

祖父は50年にわたって教育事業を経営してきた、あの「キャプラン」だ。子どもの頃よく祖父と一緒にタクシーに乗ってニューヨークの街中に行っていた。祖父はいつも運転手に、本人かお子さんがＳＡＴを受けたことがあるかと聞いていた。「成績はどうだった？　どんなふうに勉強したんだい？」ニヤリとしながら運転手の反応をうかがっていた。受けたインタビューはすべて録音し、会社と一体になった自分のアイデンティティに満足していた。祖父の死後にインタビューが年代順に入った数百本もの古いカセットテープが見つかった。祖父にとって仕事は自分そのものだった。

家庭教師よりもビジネスが得意だった祖父は1980年代のはじめにワシントンポスト社に会社を売却し、そこで得た資産のほとんどを非営利財団に注ぎ込んだ。ワシントンポストはキャプランをグローバル企業に成長させた。今では100を超える学校とオンライン事業を運営し、莫大な売上を上げている。移民の配管工の息子で、メディカルスクールに入りたくてもユダヤ人枠が少なくて入れず家庭教師になった祖父にとって、それはあり得ないほどの成功だった。

だが、本格的に事業拡大がはじまったタイミングでキャプランを売却した祖父は、事業とともに自分の一部を失ったようで、どれほど資産を得たとしても喪失感を埋め合わせることはできなかった。年老いた祖父は鬱に苦しんだ。若い頃からその傾向があったことを僕が知ったのは後になってからだ。祖父が呆れるほど昔話を繰り返し、創業初期の話をしているときにだけ祖父の目が輝いていたことは覚えている。事業売却は、祖父を生かしていたものを終わらせてしまい、まるで祖父自身が終わったようだった。

ベハンスの売却を考えるにあたって、僕のうちにそんな祖父の記憶が蘇った。ベハンスをここまでにするのにかかったのは7年で、人生すべてを使ったわけではない。とはいえ、祖父と同じく僕のアイデンティティはベハンスと同一だった。友達の多くは同じ業界で、僕自身ではなくベハンスのおかげでみんなに注目されていた。でも、僕は祖父のように仕事が自分のすべてになることが怖かった。

目立つ仕事を辞めたり、創業した会社を去ったりした友達の多くが、同じような悩みを抱えるのをこれまで見てきた。僕が大好きなアーリーステージの投資家で、パッケージ管理システムを提供するホームブリューを経営するハンター・ウォークは、業界ではユーチューブを長年引っ張ってきたことで有名で、そのユーチューブを辞めたあとに本音のブログを書いていた。彼は、「どの会社で働いているか」と「なぜ自分が人間として価値があるか」を分けることができずに苦労していることを自ら認めようとしていた。ハンターは次のように説明している。「キャリアとは一連の決断で、蛹《さなぎ》が脱皮して、そのたびに世の中に自分の姿を見せ、どう進化したかを示すチャンスの場だ。人間は組織図ではなく、部署の予算でも肩書きでもない。会社における成功によって、新しい大胆なチャンスを追求することが妨げられてはいけない。僕は少し長く時間をかけすぎたけれど、反対側に来てみて、本当によかったと思う」

前のアイデンティティを捨てる自信を持てと言うのは簡単だが、実際にそうするのは難しい。人生を賭けた旅を耐え忍んで続けていれば、その旅があなたという人間の一部になる。

自分がつくり出すものと、人としての自分の価値を切り離すことは、複雑で難しい。作品が自己表現そのものであるクリエイティブ業界の人にとっては、とりわけそうだ。2015年の99Uカンファレンスでローハン・グナティレイクが語ったことを僕は今も覚えている。ローハンはマインドフルネスと瞑想の大家で、マインドフルネスに関連するプロダクトを続けざまにつくり出してきた。ブッディファイ、カーラ、スリープフルネスといったものだ。彼の講演のテーマはクリエイティブなキャリアにおける恐れについてのもので、その最後で指摘したポイントが、自分自身と作品を分ける（それが次世代への継続性に欠かせない要因だ）ことへの恐れについてだった。創造的な自己表現でありながら、たとえ失敗したとしてもあなた自身を損ねることのない何かを、どうやってつくったらいいのだろう？　ローハンはそのための重要な第一歩を教えてくれた。いくつかのフレーズを実際に口に出してみて、自分がどう感じるかに注意を払うことだ。

まず、最初のフレーズがスライドに表れた。[3]「**私はツイッターの略歴ではない**」

聴衆が笑う。「これは簡単ですよね」とローハンが言う。もちろん、あなたはツイッターの略歴ではないから。

次のフレーズが表れる。「**私は履歴書ではない**」。また笑い声が起きたが、さっきより小さい。

それから3番目のフレーズが表れた。「**私は自分の会社ではない**」

僕は舞台裏でこれを見て、息をのみ込んだ。僕の人生はキャリアとほぼ一体で、ベハンスは僕の一部だと感じていた。ほかの起業家たちもおそらく、このフレーズを頭の中で転がしたはずだ。創業者は長いあいだ会社に自分を捧げ、会社はそのうち創業者に似てくる。会社は創業者の興味と強みと欠陥の延長だ。だから自分と切り離すのが難しい。

ローハンが最後のフレーズを映し出した。「**私は仕事ではない**」

会場がシーンと静まり返った。

「この言葉を胸に刻んでください」とローハンが言う。「いや、だけど私は仕事にすべてを注ぎ込んでいる、仕事が自分だ、と考えていますよね。わかります。仕事とあなたを切り離すためには、その心の動きに気づくこと、そうすることの辛さと痛みに気づく練習が必要なんです」

それを終えられたら、あなたの命運と仕事の命運が切り離されて、あなたのアイデンティティはあなたに帰属する。あなたは仕事ではない。あなたの仕事、あなたの作品は、あなたがつくり出したものだ。作品も仕事も失敗していいし、売却しても、後回しにしてもいい。だがそれはあなたにはなり得ない。有終の美を飾るため、あなたがつくったものを手放し、あなたがあなたに戻り、あなたの価値観と好奇心で次にやってくる何かに灯りをともしてほしい。

自分のやり方で終わる

2017年にプロダクトデザイナーたちと日本を旅しているとき、京都にあるミシュランの星つき料亭「桜田」の料理人である桜田五十鈴氏の物語を、氏の娘婿から聞く機会があった。桜田氏が料理の道に入ったのは禅を学んでいた10代の頃である。20代で京都の裏通りにわずか10席の小さな料亭を開いた。伝統的日本料理の中でも桜田のダシは特に有名で、日本中から料理人が桜田の門を叩いた。桜田の素晴らしい創作料理はクチコミで広がり、数十年後、ミシュランで二つ星に輝き、世界の名店の仲間入りを果たした。

ミシュランの星を手に入れた直後、桜田氏はあと100日で料亭を閉めると発表し、スタッフや地域コミュニティ、そして業界全体を驚かせた。

トップのまま引退する人はいる。だが、世界的な名声を得た直後に店を閉めるとなると話は別だ。閉店前に桜田で食事をしようと、世界中のグルメが巡礼に来た。得意客も最後の食事に足を運び、泣きながら帰っていった。閉店の知らせが注目を浴び、その過程はドキュメンタリー映画になった。[4] 桜田氏が料亭の暖簾《のれん》を下ろすシーンで、その映画は終わる。

これほど才能ある人物がその作品と別れるのを見るのは辛かった。だが、彼の娘婿と会ったときに話してくれたのは、桜田氏がどれほど満足を感じていたかという話だった。地元のコミュニティから尊敬され、ミシュランによって世界的に有名になったことで、桜田五十鈴は充実感でいっぱいだったと娘婿は言う。料亭を閉めるという決断は、トップのままで引退することの象徴に見えるが、実のところ自分がやってきたことに十分な満足と喜びを感じて、もうこれ以上は必要ないという気持ちからだった。今は家族ともっと一緒に時間を過ごし、自然とともに生きたいというのが桜田氏の願いだった。それだけが、桜田氏がまだ満足できていない、人生でやり残したことなのだろうと僕は思った。

奇跡のような偶然で、その同じ日に、僕たちは桜田氏が小さな公園で孫娘と遊んでいるところにばったりと遭遇した。桜田氏の平和で幸せそうな姿に僕は心を打たれた。彼の笑顔とその姿は何かから解き放たれたようで、自分の世界に心から満足しているように見えた。

「これが、自分のやり方で終わるってことなんだな」と心に刻んだ。それは、ピークの自分をみんなの記憶に残したい、最高の自分で終わりたいというだけではない。十分に満足して、ほかの何かを追いかけることを自分に許すということだ。

整形外科医として成功した父が引退したときも、そんな感じだった（ミシュランの星はなかったが）。父は望んだ称号をすべて手に入れた。レッドソックスとペイトリオッツのチームドクターも務めた。60代のあるとき、以前にも増して忙しくなった父は、手術室にいるよりも孫と過ごしたり趣味に勤しんだりするほうがいいと思った。年下の医師ふたりに声をかけ、自分はある時点で手術をすべてやめて、指導者になることを提案した。簡単な決断ではなかったが、仕事に十分満足し、熱意と興味が別のことに移ったことを自覚したのだった。仕事でミスを犯す前に、父は心を決めた。

父の心を決めるまでのプロセスを僕は心から尊敬した。父にとっては難しいことだったが、深く考えて、父のやり方で終わらせた。終わりの過程を父が支配し、それに支配されなかった。有終の美は、その人のやり方で決まる。そのはじまりは、いつまでも心の糧になるような深い満足感だ。自分のアイデンティティと新しい興味を過去の業績と切り離せたら、次のチャプターに向かう準備ができたということだ。あなたの伝説は永遠に消えないが、それはあなたの終わらせ方にかかっている。

僕の大好きな格言で、「究極の豊かさとは、これ以上ないほど満たされたと感じることである」という言葉がある。僕がプロジェクトを終えるときには、心から満たされていたい。そして死を迎えるときには、振り返って十分に満たされた人生だったと思えることを願っている。

3.

終わりなき旅

学び続けることが人生の万能薬

この本を執筆中の今、ウォーレン・バフェットは87歳で、現役で最高の投資家のひとりと認められている。バフェットが経営するバークシャー・ハサウェイは６０００億ドルの資産を運用し、[5] ＧＥＩＣＯ（ガイコ）、ネットジェッツ、デイリークイーンを１００パーセント傘下に収め、アメリカン・エキスプレス、アップル、コカ・コーラ、ウェルズ・ファーゴその他多くの企業の大株主でもある。バークシャー・ハサウェイの株主に毎年送っているバフェットの手紙には、彼を業界の先頭に立たせているものが何かを理解するヒントがある。彼の手紙を何通か読んでみると、いくつかのことが浮かび上がる。

まず、バフェットは深い自省と自虐に長けている。よく自分の投資や決断を「愚かすぎる」と言い、「自分は間違っていた」「魔法の計画はない」「理解できないことがある」などと何度も繰り返している。バフェットは同時に新しいモデルを学ぶことに極めて積極的で、心替わりもいとわない。１９９０年代の終わり頃、バフェットはテクノロジー株には絶対投資しないとおおっぴらに宣言していたが、[6] ２０１６年にはアップルの大株主になっていた。[7] グーグルやアマゾンの初期に投資の機会を逃したことについて、バフェットは「いくらでも質問の機会はあったし、それに類したことはできたはずだし、学ぶこともできたはずなのに、自分がみすみすその機会をダメにした」[8]と認めていた。

強い確信が間違っていたと認めることは、人生の新たな門出になる。人はいつまでも学生でいられるし、学び続けられるし、その旅に終わりはない。ウォーレン・バフェットも例外ではない。あれほど大きな成功を収めたキャリアの終盤で、ほとんどの人なら自分の勝利を祝い、つくり上げた伝説を強調することに力を注ぐだろう。自分のミスを嘆いたり、失敗から学ぼうとしたりすることなどないはずだ。だがバフェットは違う。自分の失敗に固執し、長年持ち続けた信念も潔く捨てて、仕事をはじめたばかりの新人のようにすべてを柔軟に吸収する。

バフェットに会った僕の知り合いは、彼はあり得ないほど強い好奇心の持ち主だと口を揃える。仕事をはじめた頃は、興味のあるトピックについての本を一日に600ページから1000ページは読んでいたらしい[9]。今も一日の8割近くは読書に費やしているという。成功の秘訣は何ですかと聞かれて、バフェットは机の上に積み上げた本を指差してこう言った。「毎日こういう本を500ページ読むといい。知識はそうやって身につくものだ。複利のように積み上がる。誰でもできることなのに、ほとんどの人はやらない[10]」

このような好奇心、自己批判、そして信念を変える柔軟性には、ひとつの共通のテーマがある。それは学びへの飽くなき欲求だ。学びは人生の万能薬で、バフェットは毎日その薬を飲んでいる。

「生きること」に努めるか、「死ぬこと」に努めるか

死は誰にでも確実に訪れる。少なくとも、それはひとつの見方だ。逆に言えば、今は生きているし、近い将来もおそらく生きている。どちらの見方をするかで、時間の使い方と生産性が変わる。

困難が目の前にあると、落ち込んでしまうか、これまでにないような力が発揮されるかのどちらかで、両方ということはない。壁があったら終わりと思っていれば、早々に負けが決まる。だが、今日の前のことに全力を注げば、「生きること」の比重がより大きくなる。

叔母のアーリス・アーロンはステージ4の癌と15年間闘った。両手に余る医師から死の宣告を受けるたび、叔母は庭づくりや家族との時間、旅行、人との関わりに打ち込んだ。近いうちに死ぬ運命を受け入れなさいと言われるたび、叔母は生きることにますます没頭した。最期の数か月も、叔母は庭の花について話していて、朝ごはんを食べながら花々を見つめてその色や形にうっとりしたと語っていた。

ちょっとした風邪にかかっても死ぬんじゃないかとビクビクしてしまう僕のような人間は、叔母の姿勢にとんでもなく感動した。深刻な病に苦しむ人の中でも、僕が知る限り叔母は誰よりも「生きること」を選んでいた。一瞬一瞬に必ず美しいものや面白いものを見つけ、余命を意識して、毎日が自分が楽しめることをするチャンスだと考えていた。僕が仕事でつまらないことに悩んだり、書類仕事を面倒がったり、子どもたちを幼稚園に連れていくのが大変だと思ったりしたとき、僕よりも叔母のほうが一日日を「生きて」いると肝に銘じたものだった。

叔母が亡くなったとき人々の心に刻まれたのは、叔母が残した人生における勇気と愛だった。お葬式はいつも悲しいものだし、叔母のように若く生き生きとした人の場合はなおさらそうだが、人生に向かっていく叔母の精神と姿勢によってみんなの心は軽くなった。診てくれたすべての医師の宣告を裏切って叔母が15年も生き延びたのは、死に向かって日々を過ごすことを叔母が拒絶したからに違いないと僕は思っている。

あなたが今どんな困難に直面していたとしても、その機会を使ってもっと「生きる」こともできるし、「生きない」こともできる。自分が旅の終わりに差し掛かっていると思ったら、これまで以上にその日を喜び、好奇心を持って生きよう。そうすれば、喜びと好奇心がさらに増し、豊かな人生へと導かれるだろう。

若いときは時間を犠牲にしてもお金を欲しがり、年老いるとお金を犠牲にしても時間を欲しがる

若い頃には金を稼ぐために喜んで時間を使う。人生はまだ長く、時間よりお金のほうが希少に思えるからだ。キャリアのはじめでは、家族を養い生活を安定させようと、たとえ見返りが限られていたとしてもオフィスで呆れるほどに延々と時間を使う。

だが歳を重ねると時間は有限だと感じるようになる。ほとんどの人と同じで、僕も年々忙しくなるなかで、もっと時間が欲しいと切実に感じている。父親が子どもとの関係を築くには、一緒に時間を過ごすしかない。愛する人と時間をともにして経験を共有してはじめて、リソースが活かされる。若かった頃を思い返すと、どれほどの時間を無駄にしただろうと改めて驚いてしまう。

人生は短いと心得て生きたほうがいいのか、長いと思うべきなのか？　短いと思えばすべての瞬間を味わおうとし、長いと思えば目先の楽しみを犠牲にしても先々得をすればいいと思えるだろう。その前提によって判断が変わり、損得の見方も変わる。

自分の好きに時間を使えるようになることが究極の贅沢だと教えてくれる人は多い。だが時間を好きに使える余裕があっても、実践は難しい。僕の会計士の祖父で、会計士事務所の創立者だったアラン・アッシュは数多くの金言をクライアントに残してきた。代々伝わってきたそうした金言のひとつで、僕の心に刺さったものがある。アランの孫のニール・アッシュが言うには、「1000ドル損をしたらもちろん嫌だが、お金はいつでも取り戻せるし損失は穴埋めできる。だが、1日、または週末を無駄にしたら、その時間は永遠に戻らない。そっちは本物の確定損失だ」。

他人に自分の時間を使わせてしまったら、その時間は取り戻せない。どんなふうに時間を使いたいかを自覚していたとしても、もしあなたが僕と同じなら、おそらくそうする勇気も自制心もないはずだ。気が進まなくても、友達の誘いは断りにくい。自分には向かないと感じていても、みんなが憧れる仕事のチャンスを見送りたくはないだろう。身近な人のほうが大切だとわかっていても、業界のイベントを欠席するのは気が引けるし、お気に入りのスポーツチームの試合も見逃したくない。だが、知人からの頼まれごとや携帯から流れてくるメッセージが、あなたの記憶に残したい経験でないとしたら、忘れてしまう――または忘れたい――ことになぜ時間を使うのだろう?

僕が聞いたアドバイスの中でこれはできそうだと思ったのは、子どもや愛する人と一緒にいるときにテクノロジーやほかの何かで気が散ってしまうようなら、40歳年をとった自分が人生でもう一度だけこの人たちと一緒にいたいと願っていると想像してほしい、というものだ。これは確かに役に立つ。

人生にはたくさんのリソースを割くことが必要な時期もあるし、そんなときは時間をかけなければならないことを受け入れたほうがいい。プロダクトにしろ、子どもにしろ、育んでいくには、摩擦は避けられず、その解決には膨大な時間がかかる。チームを率いて新しいプロダクトのコンセプトを開発しているとしたら、チームメンバー全員が計画に乗ってくれるよう、一人ひとりに十分な時間を割いて賛同を得る必要がある。また子育ては、何年にもわたって膨大な時間とエネルギーが必要になる。

時間を大切に思えば思うほど、それを賢く使わなければと焦ってしまうし、人生のこうした部分には近道がないので余計に辛くなる。人生のこうした時期に焦りは禁物だと肝に銘じてほしい。時間をつぎ込まなければならず、衝突も多い人生のこうした時期は、大切な経験として永遠に記憶に残るものだと考えるといい。人生における衝突には、時間がかかるのとは別に、もうひとつの意義がある。それは、より強く記憶に残ることだ。衝突の経験は記憶に焼きつく。海辺の休暇はいつどうだったかをあまり覚えていないように、衝突のない経験は記憶に残らない。

時間を賢く使うといっても、自分の気の進むことに時間を使い、そうでないことを断ればいいというほど単純なことではない。人生で一番大切で記憶に残ることは、最も長い時間がかかったことかもしれない。時間を賢く使えたかどうかは、それが思い出したい体験になるかどうかで決まるのだろう。人生の終わりに過去を振り返ったとき、特定のプロジェクトに打ち込んだことを思い出したいだろうか？　子どもを育てた体験を思い出したいか？　パートナーと関係を築いた思い出はどうか？　それとも職場で部下を育てた体験か？

もし達成したいことであっても、思い出として残したいようなことでなければ、断ることを考えていいだろう。逆に、思い出にしたい経験なら、衝突を我慢して時間を使い、忘れられない思い出をつくってほしい。人生の最高の瞬間には衝突がつきもので、僕たちが残せるのは思い出だけなのだから。

「おしまい」は死

「おしまい」は、まったく興味がなくなったという意味だ。だが、自分のしていることが大好きなら、そんな状態にはならない。創造性の追求に終わりはない。クリエイティビティは「おしまい」にならない。

ブラッド・スミスはニューヨークに住む連続投資家で、これまでにヴァーブ、ウェイワード・ワイルド、シンプルキャストなどを起業し、ベンチャーのはじめから終わりまでを何度か体験してきた。彼は浮き沈みの激しい旅を振り返り、この先にはもっといいことが待っているという。

「4回起業して、4回分のサイクルを回したけど、いつも心の中でゴールは決めていた。最終的に行き着くところはまったく違っていたけどね。別に、終わりは美しいものじゃないとか、適切な終わりなんてないと言いたいわけじゃないんだ。ただ、旅路の過程で望ましい結果は変わると思っている。いつもそうだ。『終わった』プロジェクトの後始末をやったこともあるけれど、終わらせるってことは新しいプロジェクトをはじめる時間ができるってことだ。そうやってぐるぐる回るのが起業家の人生だ。灰は灰に、スプレッドシートは損益計算書に。プロジェクト――本物のプロジェクト――は、仕事じゃない。情熱だ。それは死なない」

「灰は灰に」とは、まさに言い得て妙だ。プロジェクトも熱を込めた仕事もいずれ終わるかもしれないが、それは野菜が枯れて土に戻り新たな生長の糧になるのと同じことだ。死んでゆくプロジェクトの燃えかすが次のプロジェクトの燃料になる。作品をつくって世に送り出したら、それを祝おう——すべての賞賛を受け入れて、喜ぼう。だが、その後に「終わった」という気持ちは捨て去ったほうがいい。「おしまい」の感情を破壊して、新しい何かに向かってほしい。

ヒンドゥー教には三神一体という理論がある。等しく重要な三神がひとつになって存在し機能することを指す。ブラフマーは創造の神で、新しいアイデアや物事の源になる。ヴィシュヌは維持の神で、すでに存在するものを維持し育てる。シヴァは破壊の神で、すべてのものを終わらせる。だが、この3つの神は順番に機能するわけではない。ブラフマーは創造し、ヴィシュヌは維持し、シヴァは破壊するが、三神は同時に機能してお互いに影響を与え合う。ここで、シヴァは邪悪な神とは考えられていない。むしろシヴァ神は再生の力を体現し、新しくよりよいものに向けた余白をつくることの大切さを表している。この3番目の神を聖なる三神の中で同等の力を持つ要素として取り入れなければ、全体が回らなくなる。

プロジェクトがひと回りして、出発点に戻ってきたら、再生が必要になる。これまでの成果を手放してほしい。僕が尊敬する企業やリーダーやデザイナーは、自分が生み出した偉大な成果を自分で過去のものにするすべを知っている。iPod の大成功を iPhone は自ら奪った。アーティストが新しいスタイルを生み出して、自らの作品を時代遅れに見せることもある。あなたも、あなたの最新の作品を過去のものにする努力が必要だ。クリエイティブなキャリアへの姿勢として、それは難しいけれども健全でバランスのとれたやり方だ。自分と競い合うということは、あなたは決して終わらないということだ。

人生の中で大きな締めくくりを迎える場面では、「試合のはじまり」の心構えに戻り、不満と好奇心を呼び起こし、やるべきことをたくさんリストに加えて、「終わった」という感情を抑えてほしい。イタリア人作家で哲学者でもあるウンベルト・エーコは、「人がリスト好きなのは死にたくないからだ」[11]と言っている。リストは終わりを妨げてくれる。もっとやるべきことがあるという気持ちが、僕たちを学習と成長に向かわせてくれる。リストは僕たちを生かしてくれる。人生に満足してもいい。だが自分がつくり出したものに満足してはいけない。過去にやったことより今やっていることによって自分を満たしてほしい。活動を続けよう。

最高の終わりは新しいはじまりだ。「終わった」という感情はその最大の障害になる。最後の1マイルは次の新しい1マイルにつながるものでなければならない。そして再び、頭の中から離れない何かをはじめてほしい。すべての可能性を無邪気に受け入れられるような場所で、問題に苦しむ人たちに共感したとき、あなたを魅了する何か、または不満を感じる何か（両方の感情を抱いたときはもっといい）に、取り組んでほしい。いつも好奇心を糧にして、心を開き、以前にうまくいったからまたうまくいくと思い込んではいけない。

ピンチとチャンスを乗り越えてゴールにたどりつくまでの波乱の旅の道中は、だんだん楽になるわけでなく、同じことも起きない。ビジョンと現実のあいだの障壁がそこにある。波乱の道中は人生そのものであり、ゴールテープを切って非凡なプロダクトを世に出せたら、みんながその恩恵を受ける。そう考えると、全員が同じ船に乗っているようなもので、みんなが失敗から学び、自分の旅で得た知見を分かち合い、道中の困難を乗り越え、もっと素晴らしいアイデアが日の目を見ることを助け合っている。未来をつくるのは、波乱の道中を耐え忍んで乗り越えた人たちだ。あなたも、そして僕たちも、諦めずに進み続けよう。

謝辞

共同創業者、投資家、顧問、部下、そして学生として、僕が参画することを許してくれた創業者やチームがいなかったら、この本はどのページも空虚なものにしかならなかっただろう。この本のためにインタビューや調査に応じてくれた数百人もの起業家やリーダーたち、そして特に長年にわたって一緒に仕事をしてくれた人たちに感謝している。あなたたちが与えてくれた経験と、シェアしてくれた知恵は、この本を書くにあたって大いにインスピレーションを与えてくれた。僕が受け取ったものをほかの人にも伝えられるよう、最善を尽くしたつもりだ。僕と僕のチームを迎え入れ、僕たちが人生で最も偉大な仕事をできるようにしてくれたアドビの優れたデザイナー、エンジニア、リーダーにも同じく感謝している。僕はこの会社と、アドビがクリエイティブな世界で果たそうとしている目的を愛するようになり、皆さんと一緒に働けることをとても幸運に感じている。また、マティアス・コレラ、デイブ・スタイン、クリス・ヘンリー、ブライアン・ラッテン、ジャッキー・バルザー、ザック・マッカロー、クレメント・ファイディ、アレックス・クルーグ、そして特に不安定な途上の時期を一緒に乗り越えたベハンスチームの初期メンバーにも敬意を表したい。

この本が生まれるのをサポートしてくれた以下の人たちに、感謝を捧げたい。初稿全体に対して編集者としての役割を果たしてくれて、僕がひっきりなしに途中で行き詰まり、この本のプロジェクトが終わるのではないかと思っていたときに、思考を深める素晴らしい伴走者として、また時折応援団長として献身的にサポートしてくれたジョージア・フランシス・キング。追加の情報源が必要になったときに、リサーチと集まった情報をまとめるのを手伝ってくれたリー・フェスラー。本の表紙、及びグラフィックデザインを担ってくれたレイウィン・ブランドン。彼女は長年にわたってコミュニケーションデザインもサポートしてくれている。僕のアイデアが、まだランダムでまとまりのないコレクションだったときに僕を見つけ出し、本を書くよう励まし、プロジェクトをゴールに導くのにコミットしてくれた、ペンギンのインプリントであるポートフォリオ社の僕の担当編集者、ステファニー・フレリック。長年僕のエージェントを務めてくれているレヴィーン・グリーンバーグ・ロスタン・リテラリー・エージェンシーのジム・レヴィーン。彼は約10年前に『アイデアの99％』というアイデアを持っていた僕にチャンスを与えてくれた人物で、今回のプロジェクトも実現に向けて再び励ましてくれた。

また、本書を完成へと導くにあたって、励ましてくれた次の人たちにも感謝したい。イタイ・ディノール、マイケル・シュワルベ、マイク・ブラウン、エリン・ブラナン、アレックス・シャープシズ、ギャレット・キャンプ、ティム・フェリス、イヴ・ベアール、デイブ・モリン、ジェニファー・ハイマン、ジョスリン・グレイ、フェリキタス・イェスケ、マイケル・マイヤー、ベンチマークのチームメンバーたち、ホームブリューのハンター・ウォークとサティヤ・パテル、フレッド・ウィルソン、ジョアンヌ・ウィルソン、アルバート・ウェンガー、ファウンダー・コレクティブ、J・B・オズボーン、エミリー・ヘイワード、ベッキー・グロスマン、ベン・グロスマン、パスタナック一家、ジョシュ・エルマン、セミル・シャー、ジュリオ・ヴァスコンセロス、アンドリュー・バー、プリファーのチームメンバーたち、アドビの素晴らしいプロダクト・リーダーシップ・チーム、スウィートグリーンのみんな、ミュージック・ナウ・チーズ・ショップのマイク、ラビ・エリオット・コスグローブ、ジェームス・ヒガ、エリオット・ツァイゼル、ジョン・マエダ、サイモン・シネック、そしてセス・ゴーディン。長年僕のエグゼクティブ・アシスタントを務めてくれているニーナ・ビンガム。彼女の判断力、献身性、才能によって、僕は毎日を最大限に活用することができる。

両親のナンシーとマーク、妹のジュリーとジーラにも感謝を。常に応援してくれる彼らは、僕の中に間違いなく自分の能力以上の自信を与えてくれた。そしてこの機会に、僕のジェットコースターのようなキャリアを歩み、何度も国境を越え、多くのクリエイティブなプロジェクトを成し遂げるのを支えてくれた、次の親戚たちにもありがとうと伝えたい。エレン・ロイゼンとアラン・ロイゼン、アンドリュー・ワインスタインとレミー・ワインスタイン、アレックス・モデル、スーダン・カプラン、アフヴィ・ゴールデン。

何よりも、本書の執筆を支えてくれた妻エリカ、娘クロエ、息子マイルズに最大の感謝を捧げる。何年にもわたり週末を執筆に費やし、ときに執筆のために籠もり、そして真夜中に突然メモを書き出すことに耐えてくれた。この本が実現したのは家族のおかげだ。そして同時に、僕が優先したいことを前面に打ち立て、自分の価値観を中心に据えることをも可能にしてくれた。「旅の途上」に耐え、最適化し、そして何より楽しむために、僕たち家族以上のチームはないだろう。みんな、愛している。

スコット・ベルスキ

8. Jen Wieczner, "Not Buying Google Is Berkshire Hathaway's Biggest Mistake," *Fortune*, May 6, 2017, http://fortune.com/2017/05/06/warren-buffett-berkshire-hathaway-apple-google-stock.

9. Andrew Merle, "If You Want to Be Like Warren Buffett and Bill Gates, Adopt Their Voracious Reading Habits," *Quartz*, April 23, 2016, https://qz.com/668514/if-you-want-to-be-like-warren-buffett-and-bill-gates-adopt-their-voracious-reading-habits.

10. Steve Jordon, "Investors Earn Handsome Paychecks by Handling Buffett's Business," *Omaha World-Herald*, April 28, 2013, https://omaha.com/news/nation-world/business/investors-earn-handsome-paychecks-by-handling-buffetts-business/article_bb1fc40f-e6f9-549d-be2f-be1ef4c0da03.html.

11. Susanne Beyer and Lothar Gorris, "We Like Lists Because We Don't Want to Die," *Spiegel*, November 11, 2009, www.spiegel.de/international/zeitgeist/spiegel-interview-with-umberto-eco-we-like-lists-because-we-don-t-want-to-die-a-659577.html.

88. Ray Dalio, "How to Build a Company Where the Best Ideas Win," TED talk, April 2017, www.ted.com/talks/ray_dalio_how_to_build_a_company_where_the_best_ideas_win/transcript?language=en.

89. Rob Copeland and Bradley Hope, "The World's Largest Hedge Fund Is Building an Algorhythmic Model from Its Employees' Brains," *Wall Street Journal*, December 22, 2016, www.wsj.com/articles/the-worlds-largest-hedge-fund-is-building-an-algorithmic-model-of-its-founders-brain-1482423694.

90. 同上.

91. Ray Dalio, "Full Text of 'Bridgewater Ray Dalio Principles,' " archive.org, 2011, https://archive.org/stream/BridgewaterRayDalioPrinciples/Bridgewater%20-%20Ray%20Dalio%20-%20Principles_djvu.txt.

92. John Maeda (@johnmaeda), "Knowing *when* to ignore your experience is a true sign of experience," Twitter, May 1, 2016, 8:32 p.m., https://twitter.com/johnmaeda/status/726977556008701952.

93. Behance Team, "Seek Stimulation from Randomness," 99U, accessed March 23, 2018, http://99u.adobe.com/articles/5693/seek-stimulation-from-randomness.

94. "Sabbath Manifesto," www.sabbathmanifesto.org, 2010, www.sabbathmanifesto.org.

95. "Join Our Unplugging Movement," sabbathmanifesto.org, 2010, www.sabbathmanifesto.org/unplug_challenge.

96. "National Day of Unplugging," accessed March 23, 2018, www.nationaldayofunplugging.com.

97. 前掲 "Sabbath Manifesto."

98. Hrishikesh Hirway, "Episode 70: Weezer," Song Exploder, April 18, 2016, https://songexploder.net/weezer.

Part 3 ゴール直前

1. Josh Constine, "A Year Later, $19 Billion for WhatsApp Doesn't Sound So Crazy," *TechCrunch*, February 19, 2015, https://techcrunch.com/2015/02/19/crazy-like-a-facebook-fox/.

2. Rani Molla, "WhatsApp Is Now Facebook's Second- biggest Property, Followed by Messenger and Instagram," *Vox*, February 1, 2018, https://www.vox.com/2018/2/1/16959804/whatsapp-facebook-biggest-messenger-instagram-users.

3. Rohan Gunatillake, "You Are Not Your Work," 99U, 2015, https://www.youtube.com/watch?v=dbQpxZm9z14.

4. Isuzu Sakurada, *Sakurada: Zen Chef*, directed by Hirokazu Kishida, Seattle, 2016, http://zenchef.strikingly.com.

5. "Warren Buffett: Latest Portfolio," Warren Buffett Stock Portfolio, February 14, 2018, http://warrenbuffettstockportfolio.com.

6. Henry Blodget, "Here's the Real Reason Warren Buffett Doesn't Invest in Technology— Or Bitcoin," *Business Insider*, March 26, 2014, www.businessinsider.com/why-buffett-doesnt-invest-in-technology-2014-3.

7. Chuck Jones, "Apple Is Now Warren Buffett's Largest Investment," *Forbes*, February 15, 2018, www.forbes.com/sites/chuckjones/2018/02/15/apple-is-now-warren-buffetts-largest-investment/.

70. Jaffe, "Upworthy's Headlines Are Insufferable."

71. Lehrer, "The Itch of Curiosity."

72. 84 Lumber, "84 Lumber Super Bowl Commercial— The Entire Journey," February 5, 2017, YouTube video, 5:44, www.youtube.com/watch?v=nPo2B-vjZ28.

73. Victor Luckerson, "Tesla's New 'Ludicrous Speed' Might Make Your Brain Explode," *Time*, July 17, 2015, http://time.com/3963205/tesla-ludicrous-speed.

74. Tom Kendrick, *Identifying and Managing Project Risk: Essential Tools for Failure-Proofing* (New York: AMACOM, 2015), 335.

75. Barry Schwartz, *The Paradox of Choice: Why More Is Less* (New York: Ecco, 2004).（邦訳：『購買選択の心理学』ダイレクト出版、2014年）

76. 同上.

77. Gerd Gigerenzer, *Gut Feelings: The Intelligence of the Unconscious* (New York: Viking, 2007), 5.（邦訳：『なぜ直感のほうが上手くいくのか？』小松淳子訳、インターシフト、2010年）

78. Tom Stafford, "Why We Love to Hoard ... and How You Can Overcome It," BBC, July 17, 2012, www.bbc.com/future/article/20120717-why-we-love-to-hoard.

79. Jason Fried, "Some Advice from Jeff Bezos," *Signal v. Noise*, October 19, 2012, https://signalvnoise.com/posts/3289-some-advice-from-jeff-bezos.

80. Joe Fernandez (@JoeFernandez), "Look for investors that respect the fact you're not always going to follow their advice," Twitter, May 20, 2016, 7:03 a.m., https://twitter.com/JoeFernandez/status/733659372535091200.

81. Macworld Staff, "What They Said About the iPod: 'Another One of Apple's Failures Just Like the Newton,' " *Macworld*, October 23, 2006, www.macworld.com/article/1053500/consumer-electronics/ipodreax.html.

82. 同上.

83. Seth Godin, "Measure What You Care About (Re: The Big Sign over Your Desk)," sethgodin.typepad.com, February 14, 2015, https://seths.blog/2015/02/measure-what-you-care-about-avoiding-the-siren-of-the-stand-in/

84. superpaow, "My eyes hurt," Reddit, August 2017, www.reddit.com/user/superpaow.

85. Nikhil Sonnad, "The Misleading Chart Showing Google Searches for 'My Eyes Hurt' After the Eclipse," *Quartz*, August 23, 2017, https://qz.com/1060484/solar-eclipse-2017-solar-eclipse-2017-google-search-data-for-my-eyes-hurt-didnt-really-spike-after-the-solar-eclipse.

86. "Poll of U.S. Muslims Reveals Ominous Levels of Support for Islamic Supremacists' Doctrine of Shariah, Jihad," Center for Security Policy, June 23, 2015, https://centerforsecuritypolicy.org/nationwide-poll-of-us-muslims-shows-thousands-support-shariah-jihad/.

87. Lauren Carroll and Louis Jacobson, "Trump Cites Shaky Survey in Call to Ban Muslims from Entering US," PolitiFact, December 7, 2015, www.politifact.com/factchecks/2015/dec/09/donald-trump/trump-cites-shaky-survey-call-ban-muslims-entering/.

50. 同上.

51. Scott Belsky, *Making Ideas Happen* (New York: Portfolio, 2010), 75.（『アイデアの99%』関美和訳、英治出版、2011年）

52. Aaron Levie (@levie), "To make everyone happy with the decision, you'll make no one happy with the outcome." Twitter, April 23, 2013, 5:06 a.m., https://tweetgrazer.com/levie/tweets/6.（2024年9月現在アクセスできない）

53. Jeffrey P. Bezos, "2016 Letter to Shareholders," SEC, accessed March 23, 2018, www.sec.gov/Archives/edgar/data/1018724/000119312516530910/d168744dex991.htm.

54. Becky Kane, "The Science of Analysis Paralysis: How Overthinking Kills Your Productivity & What You Can Do About It," *Todoist*, July 8, 2015, https://blog.todoist.com/2015/07/08/analysis-paralysis-and-your-productivity.

55. Barry Schwartz, "The Tyranny of Choice," *Scientific American*, December 2004, www.scientificamerican.com/article/the-tyranny-of-choice/

56. "Herbert Simon," *Economist*, March 20, 2009, economist.com/node/13350892.

57. Kane, "The Science of Analysis Paralysis."

58. Muriel Domingo, "Dieter Rams: 10 Timeless Commandments for Good Design," *Interaction Design Foundation*, March 9, 2018, www.interaction-design.org/literature/article/dieter-rams-10-timeless-commandments-for-good-design.

59. Daniel McGinn, "Life's Work: An Interview with Jerry Seinfeld," *Harvard Business Review*, January– February 2017, https://hbr.org/2017/01/lifes-work-jerry-seinfeld.

60. Austin Carr, "I Found Out My Secret Internal Tinder Rating and Now I Wish I Hadn't," *Fast Company*, January 11, 2016, www.fastcompany.com/3054871/whats-your-tinder-score-inside-the-apps-internal-ranking-system.

61. 同上.

62. 同上.

63. Bo Burlingham, "Jim Collins: Be Great Now," *Inc.*, May 29, 2012, www.inc.com/magazine/201206/bo-burlingham/jim-collins-exclusive-interview-be-great-now.html

64. Alice Calaprice and Trevor Lipscombe, *Albert Einstein: A Biography* (Westport, CT: Greenwood, 2005), 2.

65. Russell Golman and George Loewenstein, "An Information- Gap Theory of Feelings About Uncertainty," Carnegie Mellon University, January 2, 2016, www.cmu.edu/dietrich/sds/docs/golman/Information-Gap%20Theory%202016.pdf.

66. George Loewenstein, "The Psychology of Curiosity: A Review and Reinterpretation," *Psychological Bulletin*, 116, no. 1 (July 1994): 75– 98, https://pdfs.semanticscholar.org/f946/7adac17f3ef6d65cdcf38b46afb974abfa55.pdf.

67. Eric Jaffe, "Upworthy's Headlines Are Insufferable. Here's Why You Click Anyway," *Fast Company*, www.fastcompany.com/3028193/upworthys-headlines-are-insufferable-heres-why-you-click-anyway.

68. 同上.

69. Jonah Lehrer, "The Itch of Curiosity," *Wired*, August 3, 2010, www.wired.com/2010/08/the-itch-of-curiosity/.

31. Pauline de Tholozany, "Paris: Capital of the 19th Century," Brown University Library Center for Digital Scholarship, 2011, https://library.brown.edu/cds/paris/worldfairs.html.

32. CBS Team, "Eiffel Tower— The Fascinating Structure," *CBS Forum*, January 14, 2013, www.cbsforum.com/cgi-bin/articles/partners/cbs/search.cgi?template=display&dbname=cbsarticles&key2=eiffel&action=searchdbdisplay. （2024年9月現在アクセスできない）

33. Phil Edwards, "The Eiffel Tower Debuted 126 Years Ago. It Nearly Tore Paris Apart," *Vox*, March 31, 2015, https://www.vox.com/2015/3/31/8314115/when-the-eiffel-tower-opened-to-the-public.

34. 同上.

35. Oliver Smith, "Eiffel Tower: 40 Fascinating Facts," *Telegraph*, March 31, 2014, www.telegraph.co.uk/travel/destinations/europe/france/paris/articles/Eiffel-Tower-facts.

36. 同上.

37. CBS Team, "Eiffel Tower."

38. Paul Goldberger, "Pei Pyramid and New Louvre Open Today," *New York Times*, March 29, 1989, www.nytimes.com/1989/03/29/arts/pei-pyramid-and-new-louvre-open-today.html.

39. Elizabeth Evitts Dickinson, "Louvre Pyramid: The Folly That Became a Triumph," *Architect*, www.architectmagazine.com/awards/aia-awards/louvre-pyramid-the-folly-that-became-a-triumph_o.

40. Richard Bernstein, "I. M. Pei's Pyramid: A Provocative Plan for the Louvre," *New York Times*, November 24, 1985, www.nytimes.com/1985/11/24/magazine/im-pei-s-pyramid-a-provative-plan-for-the-louvre.html.

41. "The Louvre Pyramid: History, Architecture, and Legend," Paris City Vision, accessed March 23, 2018, www.pariscityvision.com/en/paris/museums/louvre-museum/the-louvre-pyramid-history-architecture-legend. （2024年9月現在アクセスできない）

42. Dickinson, "Louvre Pyramid."

43. "Life of Pei: Creator of Famous Louvre Pyramid Survived the Critics, and Today He Turns 100," *South China Morning Post*, April 26, 2017, www.scmp.com/news/world/europe/article/2090450/life-pei-creator-famous-louvre-pyramid-paris-was-savaged-then.

44. 同上.

45. M. P. Singh, *Quote Unquote* (Detroit: Lotus Press, 2005), 85.

46. Charalampos Konstantopoulos and Grammati Pantziou, eds., *Modeling, Computing and Data Handling Methodologies for Maritime Transportation* (New York: Springer, 2017), 2.

47. Mark Suster, "My Number One Advice for Startups or VCs: Conviction > Consensus," *Both Sides of the Table*, May 3, 2015, https://bothsidesofthetable.com/my-number-one-advice-for-vcs-conviction-consensus-7a73d7d8b45b.

48. Forrest Wickman, "Who Really Said You Should 'Kill Your Darlings'?" *Slate*, October 18, 2013, www.slate.com/blogs/browbeat/2013/10/18/_kill_your_darlings_writing_advice_what_writer_really_said_to_murder_your.html.

49. 同上.

14. Charles Duhigg, "What Google Learned from Its Quest to Build the Perfect Team," *New York Times*, February 25, 2016, www.nytimes.com/2016/02/28/magazine/what-google-learned-from-its-quest-to-build-the-perfect-team.html.

15. Tim Ferriss (@tferriss), "The more voluntary suffering you build into your life, the less involuntary suffering will affect your life," Twitter, January 15, 2017, 1:28 p.m., https://twitter.com/tferriss/status/820744508778246144.

16. Ben Thompson, "The Curse of Culture," *Stratechery*, May 24, 2016, https://stratechery.com/2016/the-curse-of-culture/.

17. Johana Bhuiyan, "Drivers Don't Trust Uber. This Is How It's Trying to Win Them Back," *Vox*, February 5, 2018, https://www.vox.com/2018/2/5/16777536/uber-travis-kalanick-recruit-drivers-tipping.

18. Teresa Amabile and Steven J. Kramer, "The Power of Small Wins," *Harvard Business Review*, May 2011, https://hbr.org/2011/05/the-power-of-small-wins.

19. Peep Laja, "8 Things That Grab and Hold Website Visitor's Attention," *Conversation XL*, May 8, 2017, https://cxl.com/blog/how-to-grab-and-hold-attention/.

20. David Marquet, "The Counterintuitive Art of Leading by Letting Go," 99U, accessed March 23, 2018, https://www.behance.net/blog/the-counter-intuitive-art-of-leading-by-letting-go.

21. Marshall McLuhan, *Understanding Media: The Extensions of Man*, (New York: McGraw-Hill, 1964).（『メディア論』栗原裕・河本仲聖訳、みすず書房、1987年）

22. Vanessa Van Edwards, "3 Tips for Women to Improve Their Body Language at Work," *Forbes*, May 21, 2013, www.forbes.com/sites/yec/2013/05/21/3-tips-for-women-to-improve-their-body-language-at-work/.

23. Scott Belsky, "Avoiding Organizational Debt," *Medium*, September 12, 2016, https://medium.com/positiveslope/avoiding-organizational-debt-3e47760803a0.

24. Aaron Dignan, "How to Eliminate Organizational Debt," *Medium*, June 30, 2016, https://medium.com/the-ready/how-to-eliminate-organizational-debt-8a949c06b61b.

25. Charles Duhigg, *Smarter Faster Better* (New York: Random House, 2016), Kindle location 80.『生産性が高い人の8つの原則』鈴木晶訳、早川書房、2024年）

26. Jocelyn Glei, *Unsubscribe: How to Kill Email Anxiety, Avoid Distractions, and Get Real Work Done* (New York: Public Affairs, 2016), 11.

27. 前掲書. 13.

28. Paul Graham (@paulg), "It's easier to tell Zuck that he's wrong than to tell the average noob founder. He's not threatened by it. If he's wrong, he wants to know," Twitter, May 8, 2017, 1:31 a.m., https://twitter.com/paulg/status/861498777160622080.

29. Paul Graham (@paulg), "What distinguishes great founders is not their adherence to some vision, but their humility in the face of the truth," Twitter, May 8, 2017, https://twitter.com/paulg/status/861498048949735424.

30. Daniel Gilbert, "Humans Wired to Respond to Short- term Problems," NPR, July 3, 2006, www.npr.org/templates/story/story.php?storyId=5530483.

32. "The best way to complain": James Murphy, "The Best Way to Complain Is to Make Things," *Startup Vitamins*, accessed March 22, 2018, http://startupquotes.startupvitamins.com/post/41941517470/the-best-way-to-complain-is-to-make-things-james.

Part 2 波に乗る

1. James Temple, "Everything You Need to Know About Skybox, Google's Big Satellite Play," *Vox*, June 11, 2014, https://www.vox.com/2014/6/11/11627878/everything-you-need-to-know-about-skybox-googles-big-satellite-play.

2. Jessica Livingston, "Subtle Mid- Stage Startup Pitfalls," *Founders at Work*, April 29, 2015, http://foundersatwork.posthaven.com/subtle-mid-stage-pitfalls.

3. Nicholas Negroponte, "Being Decimal," *Wired*, November 1, 1995, https://www.wired.com/1995/11/nicholas.

4. John Maeda, "Did I Grow Up and Become the Yellow Hand?" *Medium*, January 25, 2016, https://medium.com/tech-diversity-files/did-i-grow-up-and-become-the-yellow-hand-dea56464237c.（2024年9月現在アクセスできない）

5. Peter Schulz, "Introducing The Information's Future List," *The Information*, October 6, 2015, www.theinformation.com/articles/introducing-the-informations-future-list.

6. Gabrielle Hogan- Brun, "People Who Speak Multiple Languages Make the Best Employees for One Big Reason," *Quartz*, March 9, 2017, https://qz.com/927660/people-who-speak-multiple-languages-make-the-best-employees-for-one-big-reason.

7. 同上.

8. Gabrielle Hogan-Brun, "Why Multilingualism Is Good for Economic Growth," *The Conversation*, February 3, 2017, http://theconversation.com/why-multilingualism-is-good-for-economic-growth-71851.

9. Simon Bradley, "Languages Generate One Tenth of Swiss GDP," *Swiss Info*, November 20, 2008, www.swissinfo.ch/eng/languages-generate-one-tenth-of-swiss-gdp/7050488.

10. Hogan-Brun, "People Who Speak Multiple Languages."

11. Angela Grant, "The Bilingual Brain: Why One Size Doesn't Fit All," *Aeon*, March 13, 2017, https://aeon.co/ideas/the-bilingual-brain-why-one-size-doesnt-fit-all.

12. Amy Edmondson, "Psychological Safety and Learning Behavior in Work Teams," *Administrative Science Quarterly* 44, no. 2 (June 1999), www.iacmr.org/Conferences/WS2011/Submission_XM/Participant/Readings/Lecture9B_Jing/Edmondson,%20ASQ%201999.pdf.

13. Erica Dhawan, "The Secret Weapon for Collaboration," *Forbes*, April 14, 2016, www.forbes.com/sites/ericadhawan/2016/04/14/the-secret-weapon-to-collaboration/.

15. Julie Scelfo, "Angela Duckworth on Passion, Grit and Success," *New York Times*, April 8, 2016, www.nytimes.com/2016/04/10/education/edlife/passion-grit-success.html.

16. Jennifer Wang, "How 5 Successful Entrepreneurs Bounced Back After Failure," *Entrepreneur*, January 23, 2013, www.entrepreneur.com/article/225204.

17. 同上.

18. 同上.

19. Kathryn Minshew, "The Muse's Successful Application to Y Combinator (W12)," The Muse, accessed March 22, 2018, www.themuse.com/advice/the-muses-successful-application-to-y-combinator-w12.

20. Wang, "How 5 Successful Entrepreneurs Bounced Back."

21. "Women of Character: Kathryn Minshew," Anthropologie, September 30, 2015, www.youtube.com/watch?v=M32tPGYzCXs.

22. Derek Thompson, "The Amazon Mystery: What America's Strangest Tech Company Is Really Up To," *The Atlantic*, November 2013, www.theatlantic.com/magazine/archive/2013/11/the-riddle-of-amazon/309523/.

23. Jeffrey P. Bezos, "1997 Letter to Shareholders," *Amazon*, accessed March 22, 2018, www.amazon.com/p/feature/z6o9g6sysxur57t.

24. Arjun Kharpal, "Amazon CEO Jeff Bezos Has a Pretty Good Idea of Quarterly Earnings 3 Years in Advance," CNBC, May 8, 2017, www.cnbc.com/2017/05/08/amazon-ceo-jeff-bezos-long-term-thinking.html.

25. Aaron Levie (@levie), "Startups win by being impatient over a long period of time," Twitter, January 12, 2013, 5:17 p.m., https://twitter.com/levie/status/290266267682758656.

26. Marc Graser, "Epic Fail: How Blockbuster Could Have Owned Netflix," *Variety*, November 12, 2013, http://variety.com/2013/biz/news/epic-fail-how-blockbuster-could-have-owned-netflix-1200823443.

27. 同上.

28. Greg Satell, "A Look Back at Why Blockbuster Really Failed and Why It Didn't Have To," *Forbes*, September 5, 2014, www.forbes.com/sites/gregsatell/2014/09/05/a-look-back-at-why-blockbuster-really-failed-and-why-it-didnt-have-to/

29. "Netflix Is No House of Cards: It's Now Worth $70 Billion," *CNN Money*, May 30, 2017, https://money.cnn.com/2017/05/30/investing/netflix-stock-house-of-cards/index.html.

30. Alexandra Appolonia and Matthew Stuart, "Wonder Woman Director Patty Jenkins on the Biggest Challenge She Faced Bringing the Hero to the Big Screen," *Business Insider*, May 30, 2017, www.businessinsider.com/wonder-woman-director-patty-jenkins-biggest-challenge-faced-pressure-2017-5.

31. Jason Fried (@jasonfried), "Outlasting is one of the best competitive moves you can ever make. Requires a sound, sustainable business at the core which is why it's so hard for so many to do." Twitter, January 28, 2018, 5:25 p.m., https://twitter.com/jasonfried/status/957786841821802496.

注記

Part1 耐える

1. Monica Mehta, "Why Our Brains Like Short- term Goals,"*Entrepreneur*, January 3, 2013, www.entrepreneur.com/article/225356.

2. "Medicine and Health," *Stratford Hall*, accessed March 22, 2018, www.stratfordhall.org/educational-resources/teacher-resources/medicine-health.（2024年9月現在アクセスできない）

3. "Death in Early America," *Digital History*, December 30, 2010, https://web.archive.org/web/20101230203658/http://www.digitalhistory.uh.edu/historyonline/usdeath.cfm.

4. Ben Horowitz, "How to Tell the Truth," Andreessen Horowitz, accessed March 22, 2018, https://a16z.com/how-to-tell-the-truth/.

5. Hugo Macdonald, "Friction Builds Fires, Moves Mountains, and Makes Babies—And May Be the Key to Social Progress," *Quartz*, March 29, 2017, https://qz.com/944434/friction-builds-fires-moves-mountains-and-makes-babies-and-may-be-the-key-to-social-progress/.

6. Richard F. Taflinger, "Taking ADvantage: Social Basis of Human Behavior," *Social Basis of Human Behavior*, May 28, 1996, https://public.wsu.edu/~taflinge/socself.html.

7. E. O. Wilson, "Biologist E.O. Wilson on Why Humans, Like Ants, Need a Tribe," *Newsweek*, April 02, 2012, www.newsweek.com/biologist-eo-wilson-why-humans-ants-need-tribe-64005.

8. Sarah Green Carmichael, "Sheryl Sandberg and Adam Grant on Resilience," *Harvard Business Review*, April 27, 2017, https://hbr.org/podcast/2017/04/sheryl-sandberg-and-adam-grant-on-resilience.

9. 同上.

10. Eric Ravenscraft, "The Impediment to Action Advances Action," *LifeHacker*, October 9, 2016, https://lifehacker.com/the-impediment-to-action-advances-action-1788748064.

11. Maria Popova, "Do: Sol LeWitt's Electrifying Letter of Advice on Self-Doubt, Overcoming Creative Block, and Being an Artist," *Brain Pickings*, accessed March 22, 2018, www.brainpickings.org/2016/09/09/do-sol-lewitt-eva-hesse-letter.

12. Tim Ramsay, Sarasa Togyama, Alexander Tuttle, et al, "Increasing placebo responses over time in U.S. clinical trials of neuropathic pain," *Pain* 156, no. 12 (December 2015): 2616–26, https://journals.lww.com/pain/pages/articleviewer.aspx?year=2015&issue=12000&article=00027&type=abstract.

13. Angela Duckworth, *Grit: The Power of Passion and Perseverance* (New York: Scribner, 2016).（邦訳：『やり抜く力』神崎朗子訳、ダイヤモンド社、2016年）

14. Angela Duckworth, "Grit: The Power of Passion and Perseverance," filmed April 2013 in Vancouver, Canada, TED video, 6:09, www.ted.com/talks/angela_lee_duckworth_grit_the_power_of_passion_and_perseverance.

［著者］

スコット・ベルスキ（Scott Belsky）

起業家、作家、投資家。

ゴールドマン・サックスを経て、2006年にベハンスを創業。CEOとして、同社のクリエイター向けプラットフォームを5000万人超が利用するまでに成長させた。

Adobeに売却後は、Creative Cloudのサービス・ローンチに従事。

現在は、同社の最高戦略責任者（Chief Strategy Officer）及びデザインと新製品担当の上級副社長を務めている。

また、投資家としても活躍しており、Pinterest、Uber、sweetgreen、Carta、Cheddar、Airtable、Ramp、Meter、Periscopeなどのベンチャーに対し、立ち上げ初期からのアドバイザーや投資家として支援した。

さらに、クリエイティブチームの実行面だけを専門に研究するシンクタンク「99U」、紙とウェブの両方に対応している仕事効率化アプリケーション「アクション・メソッド」の創始者。

「2010年最もクリエイティブな100人」（『ファスト・カンパニー』誌）選出。

著書に『アイデアの99%』（英治出版）ほか多数。

https://www.scottbelsky.com/

［訳者］

関 美和（せき・みわ）

翻訳家。杏林大学外国語学部准教授。慶應義塾大学文学部卒業。

電通、スミス・バーニー勤務の後、ハーバード・ビジネススクールでMBA取得。モルガン・スタンレー投資銀行を経てクレイ・フィンレイ投資顧問東京支店長を務めた。

主な翻訳書に、ハンス・ロスリングほか『FACTFULNESS』、リーアンダー・ケイニー『ジョナサン・アイブ』（以上、日経BP）、ピーター・ティールほか『ゼロ・トゥ・ワン』（NHK出版）、ジェフ・ベゾス『Invent & Wander』（ダイヤモンド社）、スコット・ベルスキ『アイデアの99%』、デビッド・マギー『ジェフ・イメルトGEの変わりつづける経営』、ナンシー・ルブリン『ゼロのちから』（以上、英治出版）などがある。

◉ 英治出版からのお知らせ

本書に関するご意見・ご感想を、E-mail（editor@eijipress.co.jp）で受け付けています。また、英治出版ではメールマガジン、Webメディア、SNSで新刊情報や書籍に関する記事、イベント情報などを配信しております。ぜひ一度、アクセスしてみてください。

メールマガジン：会員登録はホームページにて
Webメディア「英治出版オンライン」：eijionline.com
X / Facebook / Instagram：eijipress

ザ・ミドル　起業の「途上」論

事業創造という迷宮を突破するための114の言葉

発行日　2025年1月20日　第1版　第1刷

著者　スコット・ベルスキ
訳者　関美和（せき・みわ）

発行人　高野達成
発行　英治出版株式会社
〒150-0022 東京都渋谷区恵比寿南
1-9-12 ピトレスクビル 4F
電話：03-5773-0193
FAX：03-5773-0194
www.eijipress.co.jp

プロデューサー　廣畑達也
スタッフ　原田英治　藤竹賢一郎　山下智也　鈴木美穂　下田理
田中三枝　平野貴裕　上村悠也　桑江リリー　石崎優木
渡邉吏佐子　中西さおり　齋藤さくら
荒金真美　廣畑達也　太田英里　清水希来々
装丁　三森健太（JUNGLE）
校正　株式会社ヴェリタ
印刷・製本　シナノ書籍印刷株式会社

ISBN978-4-86276-274-0　C0034　Printed in Japan